ger : le port en sus.   1 franc le numéro.

REVUE
COSMOPOLITE

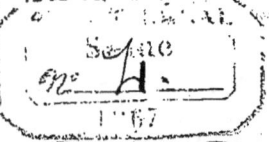

ARTS, SCIENCES, LITTÉRATURE, INDUSTRIE
COMMERCE, COURRIER DE PARIS
CRITIQUE THÉATRALE, NOUVELLES ET VOYAGES

PREMIÈRE ANNÉE

N° 4 — 7 Février 1867

SOMMAIRE

COURRIER COSMOPOLITE.	Olympe Audouard.
REVUE DES SALONS.	Comtesse de Marly.
FOIRE AUX FIGURES (I. — Paul de Saint-Victor).	Fortuné Calmels.
EXCURSION SCIENTIFIQUE ET INDUSTRIELLE EN AMÉRIQUE (3e partie).	Léon Garnier.
LES ARTISTES	Denis Guibert.
MARSEILLE, son commerce, son avenir, ses grandes usines et ses grands industriels.	XXX.
LA VIE.	Franz.
A PROPOS DE CRITIQUE DRAMATIQUE.	Denis Guibert.
PETITES TABLETTES.	XXX.

Rédacteur en chef : **OLYMPE AUDOUARD**

PARIS
BUREAUX : 2, RUE MÉNARS

: le port en sus.   1 franc le numéro.

REVUE
COSMOPOLITE

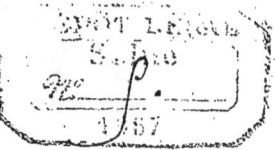

ARTS, SCIENCES, LITTÉRATURE, INDUSTRIE
COMMERCE, COURRIER DE PARIS
CRITIQUE THÉATRALE, NOUVELLES ET VOYAGES

PREMIÈRE ANNÉE

N° 5 — 14 Février 1867

SOMMAIRE

LA SOCIÉTÉ ROMAINE EN 1867	XXX.
REVUE DES SALONS	Comtesse de MARLY.
LA FOIRE AUX FIGURES (II. — Champfleury) . . .	FORTUNÉ CALMELS.
CORRESPONDANCE. — Lettre d'un épicier à M. Albéric Second. — A Mme Audouard.	***.
A M. Charles de B***	***.
THÉATRES.	MAX.
LE TROUSSEAU DU PETIT SAINT-THOMAS	M.-D.

Rédacteur en chef : OLYMPE AUDOUARD

PARIS
BUREAUX : 2, RUE MÉNARS

: le port en sus.   1 franc le numéro.

REVUE
COSMOPOLITE

ARTS, SCIENCES, LITTÉRATURE, INDUSTRIE
COMMERCE, COURRIER DE PARIS
CRITIQUE THÉATRALE, NOUVELLES ET VOYAGES

PREMIÈRE ANNÉE

N° 6 — 21 Février 1867

SOMMAIRE

LA FEMME EST-ELLE UN INDIVIDU? — DE L'OPINION QU'ON A DES ÉCRIVAINS. — CE QUE DEVRAIT ÊTRE LA SOCIÉTÉ DES GENS DE LETTRES...	Olympe Audouard.
LES JOURNAUX (I. — La Gazette de France)...	Olympe Audouard.
MARSEILLE. — Le Fort et l'ancienne chapelle de Notre-Dame de la Garde...	Silva.
REVUE DES SALONS...	Comtesse de Marly.
FÉCAMP. — De l'industrie du bâtiment; scierie mécanique et machines à bois propres à faire la menuiserie à la mécanique...	Jonathan.
THÉATRES...	Max.

Rédacteur en chef : OLYMPE AUDOUARD

PARIS

BUREAUX : 2, RUE MÉNARS

: le port en sus.   1 franc le numéro.

REVUE
COSMOPOLITE

ARTS, SCIENCES, LITTÉRATURE, INDUSTRIE
COMMERCE, COURRIER DE PARIS
CRITIQUE THÉATRALE, NOUVELLES ET VOYAGES

PREMIÈRE ANNÉE

N° 7 — 28 Février 1867

SOMMAIRE

COURRIER COSMOPOLITE	Olympe Audouard.
LE COMTE BEUGNOT.	Denis Guibert.
REVUE DES SALONS	Comtesse de Marly.
LE DÉSERT. — Le Mirage. — Le Khamsim. . . .	Olympe Audouard.
REVUE MUSICALE.	Eugénie de Jersey.
THÉATRES.	Max.
BULLETIN FINANCIER	E. Bierfuhrer.

Rédacteur en chef : OLYMPE AUDOUARD

PARIS
BUREAUX : 2, RUE MÉNARS

r : le port en sus. 1 franc le numéro.

REVUE
COSMOPOLITE

ARTS, SCIENCES, LITTÉRATURE, INDUSTRIE
COMMERCE, COURRIER DE PARIS
CRITIQUE THÉATRALE, NOUVELLES ET VOYAGES

PREMIÈRE ANNÉE

N° 8 — 7 Mars 1867

SOMMAIRE

CAUSERIE.	Olympe Audouard.
LES ARTISTES.	Edmond Castellan.
REVUE DES SALONS.	Comtesse de Marly.
ÇA ET LA A TRAVERS LA LOUISIANE	Marc André.
MARSEILLE. — Le Fort et l'ancienne chapelle de Notre-Dame-de-la-Garde (suite).	Sylva.
THÉATRES.	Olympe Audouard.
BULLETIN FINANCIER	E. Bierfuhrer.

Rédacteur en chef : OLYMPE AUDOUARD

PARIS

BUREAUX : 2, RUE MÉNARS

25 francs par an. Étranger : le port en sus. 1 franc le numéro.

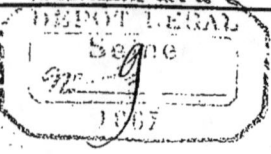

REVUE
COSMOPOLITE

ARTS, SCIENCES, LITTÉRATURE, INDUSTRIE
COMMERCE, COURRIER DE PARIS
CRITIQUE THÉATRALE, NOUVELLES ET VOYAGES

PREMIÈRE ANNÉE

N° 9 — 14 Mars 1867

SOMMAIRE

CAUSERIE.	Olympe Audouard.
LE CARNAVAL A ROME.	Comte Escamerios.
REVUE DES SALONS.	Comtesse de Marly.
LES JOURNAUX. — (II. Le Siècle.)	Comte Jonvalos.
L'EXPOSITION	Léon Garnier
THÉATRES.	Denis Guibert.
CONCERT MÉLA.	Olympe Audouard.
COURRIER DE LA MODE	Anne de Brianne.
BULLETIN FINANCIER	E. Bierfuhrer.

Rédacteur en chef : **OLYMPE AUDOUARD**

PARIS

BUREAUX : 2, RUE MÉNARS

Étranger : le port en sus.   1 franc le numéro.

REVUE
COSMOPOLITE

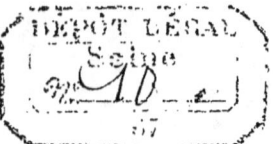

ARTS, SCIENCES, LITTÉRATURE, INDUSTRIE
COMMERCE, COURRIER DE PARIS
CRITIQUE THÉATRALE, NOUVELLES ET VOYAGES

PREMIÈRE ANNÉE
N° 10 — 21 Mars 1867

SOMMAIRE

CAUSERIE.	OLYMPE AUDOUARD.
COURRIER DES SALONS.	Comtesse DE MARLY.
PETITES NOUVELLES.	DENIS GUIBERT.
MARSEILLE. (La question du port des Catalans.)	XXX.
MON BÉBÉ.	Gazette des Etrangers
LES LIVRES.	EDMOND CASTELLAN.
THÉATRES.	Comte ESCAMERIOS.
LA MODE.	ANNE DE BRIANNE.
BULLETIN FINANCIER	E. BIERFUHRER.
LE PETIT SAINT-THOMAS.	ANNE DE BRIANNE.

Rédacteur en chef : OLYMPE AUDOUARD

PARIS
BUREAUX : 2, RUE MÉNARS

: le port en sus.   1 franc le numéro.

REVUE COSMOPOLITE

ARTS, SCIENCES, LITTÉRATURE, INDUSTRIE
COMMERCE, COURRIER DE PARIS
CRITIQUE THÉÂTRALE, NOUVELLES ET VOYAGES

PREMIÈRE ANNÉE

N° 11 — 28 Mars 1867

SOMMAIRE

CAUSERIE	OLYMPE AUDOUARD.
CORRESPONDANCE D'ESPAGNE.	PICCOLINA.
FIGURES CONTEMPORAINES. (III. — Charles Baudelaire.)	FORTUNÉ CALMELS.
DIVAGATIONS	PAUL DEVÈZE.
COURRIER DES SALONS	Comtesse DE MARLY.
NOTICE SUR LES USAGES DANS LES VALLÉES VAUDOISES.	ÉMILE DE POILPRÉ.
THÉATRES	ARMAND R.
BULLETIN FINANCIER	E. BIERFUHRER.

Rédacteur en chef : OLYMPE AUDOUARD

PARIS
BUREAUX : 2, RUE MÉNARS

20 francs par an. Étranger : le port en sus. 1 franc le numéro.

REVUE
COSMOPOLITE

ARTS, SCIENCES, LITTÉRATURE, INDUSTRIE
COMMERCE, COURRIER DE PARIS
CRITIQUE THÉATRALE, NOUVELLES ET VOYAGES

PREMIÈRE ANNÉE
N° 12 — 4 Avril 1867

SOMMAIRE

CAUSERIE	Olympe Audouard.
INDISCRÉTIONS PARISIENNES.	Comte Escamerios.
REVUE DES SALONS	Comtesse de Marly.
LES REINES DE LA TRAGÉDIE. (I. — Sarah Siddons.). . .	Hipp. de Vattemare.
EXPOSITION UNIVERSELLE.	Olympe Audouard.
SOUVENIRS DU BORD. (II. — L'Assurance mutuelle.). . .	M. P. Salvator.
NOUVELLE MANIÈRE D'ACHETER UN PIANO.	X.

Rédacteur en chef : OLYMPE AUDOUARD

PARIS
BUREAUX : 2, RUE MÉNARS

: le port en sus.   1 franc le numéro.

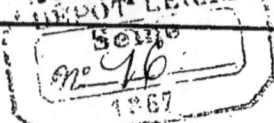

REVUE
COSMOPOLITE

ARTS, SCIENCES, LITTÉRATURE, INDUSTRIE
COMMERCE, COURRIER DE PARIS
CRITIQUE THÉATRALE, NOUVELLES ET VOYAGES

PREMIÈRE ANNÉE

N° 13 — 11 Avril 1867

SOMMAIRE

CAUSERIE	Olympe Audouard.
INDISCRÉTIONS PARISIENNES.	Comte Escamerios.
REVUE DES SALONS	Comtesse de Marly.
LES REINES DE LA TRAGÉDIE. (II.—Rachel.)	Hipp. de Vattemare.
LA SEMAINE D'UN BADAUD.	G. de Kergolven.
THÉATRES.	Max.
COURRIER DE LA MODE.	Anne de Brianne.
L'ORIENT ET SES PEUPLADES.	Olympe Audouard.
GRANDE EXPOSITION AUX STATUES DE SAINT-JACQUES.	X.

Rédacteur en chef : OLYMPE AUDOUARD

PARIS

BUREAUX : 2, RUE MÉNARS

25 francs par an — Étranger : le port en sus. 1 franc le numéro.

REVUE
COSMOPOLITE

ARTS, SCIENCES, LITTÉRATURE, INDUSTRIE
COMMERCE, COURRIER DE PARIS
CRITIQUE THÉATRALE, NOUVELLES ET VOYAGES

PREMIÈRE ANNÉE

N° 14 — 18 Avril 1867

SOMMAIRE

CAUSERIE . . . . Olympe Audouard.
INDISCRÉTIONS PARISIENNES. . . . . Comte Escamerios.
REVUE DES SALONS . . . . Comtesse de Marly.
MARSEILLE. (La Grand'rue et Notre-Dame des Accoules.) . Sylva.
THÉATRES. . . . . Olympe Audouard
                                                                  et Comte Escamerios.
SOUVENIRS D'UN SPAHI. (El Roumi.) . . . . . Eugène Razoua.

Rédacteur en chef : **OLYMPE AUDOUARD**

PARIS
BUREAUX : 2, RUE MÉNARS

25 francs par an.   Étranger : le port en sus.   1 franc le numéro.

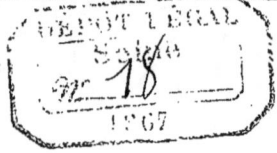

REVUE
COSMOPOLITE

ARTS, SCIENCES, LITTÉRATURE, INDUSTRIE
COMMERCE, COURRIER DE PARIS
CRITIQUE THÉÂTRALE, NOUVELLES ET VOYAGES

PREMIÈRE ANNÉE

N° 15 — 25 Avril 1867

SOMMAIRE

CAUSERIE.	Olympe Audouard.
LA QUESTION DES QUADRILATÈRES.	Comte Escamerios.
REVUE DES SALONS.	Comtesse de Marly.
LES REINES DE LA TRAGÉDIE. (III. — Adélaïde Ristori.).	Hipp. de Wattemare.
CONCERT SPIRITUEL DU SAMEDI SAINT AU THÉÂTRE IMPÉRIAL DES ITALIENS.	Olympe Audouard.
A MIA PEPICITA (Poésie).	J.-B. Courmont.
SOUVENIRS D'UN SPAHI (El Roumi), fin.	Eugène Razoua.
COURRIER DE LA MODE.	Anne de Brianne.

Rédacteur en chef : OLYMPE AUDOUARD

PARIS
BUREAUX : 2, RUE MÉNARS

REVUE COSMOPOLITE

ARTS, SCIENCES, LITTÉRATURE, INDUSTRIE
COMMERCE, COURRIER DE PARIS
CRITIQUE THÉATRALE, NOUVELLES ET VOYAGES

PREMIÈRE ANNÉE
N° 16 — 2 Mai 1867

SOMMAIRE

L'EXPOSITION.	Olympe Audouard.
FUSILS A AIGUILLE.	Comte Escamerios.
THÉATRES	Max.
REVUE DES SALONS	Comtesse de Marly.
LA GOULE	André Thourzo.
LES THÉATRES EN CHINE	D. Sinibaldo.
UNE PETITE-FILLE DU ROI JEAN SOBIESKI. (Nouvelle historique.)	Szajnocha.

Rédacteur en chef : **OLYMPE AUDOUARD**

PARIS
BUREAUX : 2, RUE MÉNARS

REVUE COSMOPOLITE

AVIS A NOS ABONNÉS

Un grand nombre de nos abonnés nous ayant fait observer que notre format n'était pas commode pour la lecture, qu'il était impossible de porter notre revue dans la poche, et difficile de la faire relier pour conserver la collection, nous nous sommes empressée de nous rendre à leur désir, et de leur donner un nouveau format, qui, nous l'espérons, leur conviendra.

A partir du prochain numéro, notre Revue Cosmopolite contiendra deux feuilles supplémentaires : l'une sera consacrée à une revue financière de la semaine, et l'autre servira de guide à l'étranger dans Paris; à la fin de celle-là se trouvera une causerie spécialement destinée aux femmes du monde.

Nos abonnées verront ainsi que nous avons pris leur demande en considération et que nous nous rendons à leur désir.

COURRIER COSMOPOLITE

C'est le cas de dire : *Se non è vero, e ben trovato.* Voici ce que raconte une feuille anglaise d'un journal... qui n'est pas un journal anglais... Laissons la parole à notre confrère britannique : « Dernièrement, les actionnaires d'un journal... furent convoqués. Le directeur-gérant leur exposa ainsi le bilan : « Les annonces ont couvert les frais ; « comme bénéfices nous aurons à partager quatre cent « mille francs souscrits par la Prusse, et trois cent mille « par l'Italie !... » En entendant cet exposé clair, net et précis, tous les actionnaires se voilèrent la face et s'écrièrent en chœur : « Quoi ! vous avez vendu le journal « à l'étranger ! Et vous croyez que nous consentirons à « partager cet argent ? Fi ! l'horreur ! jamais, jamais !... »

« Le directeur-gérant attendit que le premier mouvement de juste indignation fût calmé, et puis il continua avec un sourire placide : « Messieurs, prévoyant qu'il

« vous répugnerait de toucher à cet argent étranger, je
« n'ai pas encaissé ces deux sommes, nous pouvons donc
« rester purs en les restituant. Nous allons voter au scru-
« tin secret : les boules noires voudront dire qu'il faut
« accepter l'argent; les blanches, qu'on le refuse et qu'on
« préfère un dividende nul à un remords de conscience. »

« On vota au scrutin secret... et après son dépouille-
ment on ne trouva que des boules noires !

« S'il y avait eu une seule petite boule blanche, chacun
se la serait attribuée pour se draper dans une vertu d'emprunt... Mais pas une !... c'était vraiment désespérant !

« Ces messieurs prirent le parti d'en rire, sans se soucier du qu'en dira-t-on ! »

Cette facétie de la feuille anglaise m'a fait rire aussi. Je la répète, étant convaincue que ce n'est qu'une simple mystification... Le journal anglais écrit pourtant en toutes lettres le nom du coupable... mais je n'admettrai jamais qu'un vieux et vertueux journal ait pu commettre une semblable imprudence.

Un baron illustre, bien connu dans le monde financier par les bénéfices qu'il a faits dans les différents emprunts italiens, s'est senti pris tout à coup d'une fièvre... je ne sais quel nom lui donner... Un rival inattendu, le comte Dumonceau, fait en Italie une affaire colossale, dans laquelle ledit baron n'est pour rien absolument. Cette pensée devient un cauchemar pour lui, il se trouve mal à l'aise à Paris, et il annonce un beau jour qu'il part pour... Nice... Là il est si près de l'Italie qu'il ne peut résister à la tentation d'y aller, au risque d'assister à un spectacle dont il n'a guère l'habitude, c'est de voir un autre que lui gagnant de bons et gros millions.

Bien sûr, M. le baron se consolera du double échec auquel il s'expose, celui de n'avoir pas fait l'affaire et de la voir faire par un autre ; il se consolera, dis-je, en achetant quelques tableaux plus ou moins bons... En attendant, on annonce l'arrivée à Paris d'une descente de croix d'Albert Durer, et si celle-là lui échappe encore, cela sera le cas de lui dire : « Pends-toi, brave Crillon... » avec une légère variante.

S'il est dans ce moment un souverain gâté, choyé par ses... j'allais dire confrères : au fait, pourquoi pas?... enfin par les autres souverains, c'est bien le vice-roi d'Égypte. L'Angleterre lui a envoyé l'ordre du Bain, porté par un amiral à la tête de toute son escadre. Le roi d'Italie lui envoie à son tour l'ordre de l'Annonciade par l'entremise du comte Castiglione, qui doit s'embarquer à Brindisi ces jours-ci.

Le vice-roi doit se dire avec un certain sentiment de méfiance : « Que me veut-on?... Quelle est l'épine qui se cache sous ces roses embrillantées? »

Je me demande aussi quel peut être le but de ces démonstrations... que signifient toutes ces cajoleries?...

La Liberté m'a enlevé le plaisir de donner un bon point de géographie au *Moniteur*. Nouveau Christophe Colomb, il crée un nouveau port dans la Méditerranée, le Caire...; à moins pourtant que cette feuille officielle n'ait cru que les vaisseaux de l'escadre anglaise pouvaient se ranger avec les colis du chemin de fer et arriver ainsi au Caire?... Et dire que cinq journaux ont répété la nouvelle donnée par *le Moniteur*, avec un grand sang-froid et pas le moindre étonnement!

La Liberté annonce que le prince Humbert est attendu très-prochainement à Vienne... Pas si prochainement que ça, car pour le moment le jeune prince se dispose à donner une brillante fête aux dames de Milan. Grande rumeur dans le monde féminin, nous écrit notre correspondant; toutes les dames ont un petit air mystérieux et affairé, qui du reste leur sied bien. « N'en disons rien, pensent-elles, mais courons au télégraphe pour commander notre toilette à Paris. » Elles y vont toutes et s'y rencontrent, et elles font la grimace en voyant que les autres ont la même idée qu'elles! Le télégraphe de Milan à Paris est donc très-occupé. Ce bal sera donné dans la villa Reale, c'est dire qu'il aura même le succès d'un magnifique local.

En Turquie, on ne danse pas, on songe à des choses plus sérieuses. Le sultan veut, à ce qu'il paraît, donner une constitution à ses peuples. Les députés seront élus indistinctement parmi les chrétiens, les musulmans et les juifs. On ne peut qu'applaudir à ce pas fait dans la voie du progrès, et qui prouve une fois de plus l'esprit libéral de cet empire, si souvent et si injustement calomnié. Que les Crétois se mettent à la gauche, et tout sera dit. A propos de ces braves Crétois, je dois dire au nom de la vérité que ce n'est pas précisément le joug musulman qui les indigne, mais qu'ils sont d'une nature remuante et ingouvernable. Leurs apirations sont toujours vers le contraire de ce qu'ils ont. Ainsi en 1860, lorsque je visitai leur île, je trouvai tout le monde très-exalté, très-préoccupé ; on signait, à l'adresse du sultan, une pétition qui était déjà couverte de plusieurs milliers de signatures. Or que demandaient les Crétois?... D'être réunis à la Grèce?... Non; ils demandaient d'avoir V... Pacha pour gouverneur, et de devenir indépendants comme l'Égypte avec le vice-roi... Le sultan n'a pas jugé à propos d'adhérer à cette prétention, et franchement peut-on lui en vouloir pour cela?

Du reste, la Canée, grâce aux soins d'un pacha turc intelligent, est une des villes les moins arriérées de l'Orient. Ainsi, dès 1855, elle possédait des réverbères à l'huile pour éclairer ses rues, qui avaient des noms et des numéros à l'instar de l'Europe. Le même gouverneur voulut faire comprendre aux Crétois qu'un pays doit avoir des routes praticables, il leur en traça plusieurs qu'il essaya de faire faire par la corvée ; mais les Crétois se révoltèrent, jugeant qu'il était préférable de sommeiller dans un *kieff* bien-aimé que de travailler à faire des routes. — Ils pétitionnèrent tous en masse à Constantinople pour obtenir un gouverneur moins ami du progrès...

Le peuple crétois passe son temps à manier la plume pour signer des pétitions, lorsqu'il ne manie pas le fusil... La Porte l'a si bien habitué à satisfaire à ses caprices, qu'en enfant gâté qu'il est, il se fâche tout rouge si on lui résiste.

Pendant mon séjour dans cette île, j'assistai à un singulier spectacle. Les Crétois s'étaient donné le mot d'ordre... de ne pas payer l'impôt. de se laisser saisir. Le gouverneur, forcé dans ses retranchements, se décida à cette triste extrémité; les hommes de la police allaient de porte en porte et saisissaient tout ce qu'ils pouvaient. On vendait les meubles à la criée, mais aucun Crétois n'achetait; si bien que le gouverneur se trouva bientôt à la tête de deux ou trois mille tables et lits, de quinze ou vingt mille chaises, d'un nombre incalculable d'ustensiles de cuisine... Grand fut alors son embarras. Que faire de cela, ne pouvant rien vendre dans l'île?... L'envoyer à Constantinople?... Le gouvernement aurait été assez en peine de tirer profit de ce nouveau genre d'impôt; il se serait vu forcé de payer la solde de ses soldats avec une chaise ou une table!... Le gouverneur suspendit les saisies, il fit déposer tous les meubles sur la place, et chacun vint reprendre ce qui lui appartenait. — C'est ainsi que finit l'émeute, mais rien ne fut payé à la Porte.

Eh bien! je doute que ces braves Crétois trouvent jamais un souverain qui puisse s'arranger de cette façon de payer ou plutôt de ne pas payer l'impôt!...

Pour certaines choses, pour certaines petites vexations, le peuple français a, il faut en convenir, une patience angélique; il supporte les choses les plus agaçantes avec beaucoup de philosophie une fois qu'elles ont acquis la valeur d'une habitude. Ainsi chacun conviendra sans doute que la claque dans les théâtres est une chose odieuse, impertinente pour le public, à qui elle impose son opinion, comme si le public n'avait pas assez d'intelligence pour apprécier lui-même les beautés et les finesses de la pièce. Ensuite elle applaudit à faux constamment; enfin, elle est attentatoire à la liberté des citoyens, car, une fois qu'on a payé le droit de donner son avis, on devrait pouvoir applaudir ou désapprouver à son aise. Eh bien! le Français, si amoureux de liberté, supporte la claque avec une résignation incroyable, — il la subit par la seule raison qu'il l'a vue la veille et la reverra le lendemain. — Une autre chose tout aussi ennuyeuse, c'est la conviction qu'ont les directeurs qu'il est d'absolue nécessité que le spectacle dure jusqu'à minuit ou une heure. Ont-ils une pièce courte, ils commencent plus tard que l'heure indiquée, ils font, sans façon et sans respect pour le public, des entr'actes d'une longueur assommante. Ainsi, au Théâtre-Lyrique, *Freyschutz* n'a que trois actes, qui sont même courts : eh bien, au lieu de mener rondement le spectacle et de donner la facilité au public de regagner son domicile avant minuit, le directeur annonce le spectacle pour huit heures; sans façon il fait poser ce bon public trois quarts d'heure ; le premier acte commence à neuf heures moins le quart; on fait des entr'actes de trente-cinq minutes; c'est vraiment odieux et fait pour dégoûter du théâtre ceux qui sont le plus épris de ce genre de distraction : car enfin, si les loges étaient faites comme en Italie, si on pouvait y boire, y manger, y recevoir des visites, on prendrait patience ; mais rester quatre heures au théâtre et en rester deux à considérer la toile, en étant, par-dessus le marché, mal assis et mal à l'aise, c'est, on en conviendra, passablement désagréable.

OLYMPE AUDOUARD.

REVUE DES SALONS

Quelle bonne fortune de commencer une revue des salons en février, ce mois par excellence pour les fêtes et les causeries! — En décembre on est encore très-éparpillé dans les châteaux, en janvier on n'est pas installé, mais en février on est casé et l'on a pris ses habitudes pour l'hiver. — Les réunions ont débuté par un grand cachet d'intimité, mais depuis huit jours elles ont pris de l'extension et les maisons à grandes réceptions préludent à leurs bals par *des soirées* qui sont très-suivies. Les lundis de Mme Perrière Pilté sont des modèles en ce genre. Mme Pilté a voulu avoir une valeur personnelle en outre de sa grande position; elle a cueilli des lauriers artistiques qui seraient une fortune si elle en avait besoin, et, comme elle est femme de cœur autant qu'intelligente, elle a su réunir autour d'elle un cercle d'amis qui font de sa maison le plus agréable centre de Paris. Ses lundis sont ouverts pendant neuf ou dix mois, et tous les grands artistes viennent y chercher à leur début une protection qui ne leur manque jamais. Après le succès, ils y viennent par reconnaissance, et souvent ils y restent par cette attraction qui est un des dons de Mme Pilté. — Elle avait lundi la plus jolie réunion musicale qui ait eu lieu cet hiver. D'abord Kowalsky, le pianiste qui fait aimer le piano aux plus récalcitrants; Mlle Hébé, une Suédoise engagée au Théâtre-Lyrique, et qui a une voix aussi fraîche que son nom; Mlle Castellan, dont le violon est si mélodieux qu'il fait oublier ce que cet instrument peut avoir de disgracieux dans les mains d'une jolie femme; Malézieux, surnommé autrefois le Duprez de la chansonnette, et qui a su si bien interpréter ce qu'il a chanté qu'une belle étrangère s'est écriée que cette musique *devait* être de lui; enfin Nadaud arrivant d'Italie, d'où il a rapporté les plus charmants souvenirs, et entre autres une mélodie sur *Venise* qui a réuni tous les suffrages. — L'assistance était très-nombreuse, les noms très-historiques, les toilettes très-belles, et tout le monde sous l'impression de cette grâce qui émane de la maîtresse de la maison. — Il est positif que les mêmes personnes auraient été moins aimables dans tel salon de la rue de l'Université qu'au milieu de la bonne atmosphère que l'on respire dans le charmant hôtel de la rue de Monsieur. On parle beaucoup des mariages de rois et de bergères qui vont se faire en Allemagne! Le roi de Bavière a donné le premier exemple; il a trouvé que, *quoique roi*, il avait le droit d'être heureux, et il a eu le courage de chercher le bonheur près d'une femme aimée et digne de l'être. Cela a ouvert les yeux de trois grands seigneurs, le comte O'Sullivan et deux princes de la Tour et Taxis, qui épousent avec acharnement des actrices. Si cette crise ne se ralentit pas, elle va tourner toutes les têtes de nos étoiles dramatiques, et si la grandeur du mari doit être proportionnée au mérite de l'actrice, on se demande *qui* pourra prétendre à la main de Mlle Patti?

La comtesse d'Indy devait faire jouer cette semaine une opérette, *Méprise et Surprise*, du vicomte Wilfrid d'Indy, qui a été remise à huitaine par l'indisposition d'un des acteurs. — On attend cette soirée avec une vive curiosité. Il y tant de *méprises* et de *surprises* que chacun se fait un *libretto* à sa façon. Ce dont on peut être sûr à l'avance, c'est que l'on sera charmé et pas surpris de l'être dans cette maison si agréable sous tous les rapports. — Le second bal des Tuileries a été plus nombreux que le premier. L'Impératrice portait une toilette bouton d'or, constellée de diamants, qui lui allait à ravir. On aurait pu croire que le type blond de l'Impératrice ne se marierait pas avec ce genre de toilette, mais elle était si belle que tout le monde en a été frappé et que cette nouvelle victoire de la beauté a prouvé une fois de plus qu'il y a des types qui peuvent tout braver et tout vaincre.

La salle Herz avait réuni l'autre soir l'élite du monde élégant et intelligent pour applaudir *Une Femme* de M. Ballande. Un seul de ses amis a refusé obstinément d'y venir, en disant que sa femme à lui le fait tant enrager, qu'il serait capable de siffler *celle de M. Balande* par esprit de corps, et qu'il préférait s'abstenir que de risquer un accident qu'il déplorerait ensuite! — Cela a amené les discussions les plus orageuses et les plus interminables sur les maris, sur les femmes, et l'on a terminé en disant, comme le paysan normand, que ceux qui se marient font bien, mais que tous ceux qui ne se marient pas font mieux encore! — Cela dut satisfaire tout le monde, puisque chacun est sûr de faire *bien* ou *mieux!* Ce mot nous amène à la maréchale Randon, qui avait au ministère de la guerre les plus jolies réceptions de Paris, et qui les a transportées à la rue Barbet-de-Jouy, où elles sont encore plus charmantes, si c'est possible. Tous ses fervents l'ont suivie dans son exil, et ses dimanches soirs ont le cachet le plus aristocratique. La maréchale doit se sentir aujourd'hui *aimée pour elle-même*, et cela doit avoir bien son charme pour une nature comme la sienne!

Le concert de mercredi, chez la comtesse de Béhague, a été admirable de composition artistique et mondaine. Les réceptions de Mme de Béhague ont un grand renom d'élégance, et bien des gens sont fiers de faire savoir qu'ils sont admis dans ce centre envié.

Les histoires de somnambulisme sont bien usées, mais

elles sont comme les vieilles lunes, qui redeviennent jeunes, et il faut que nous vous racontions celle dont tout Paris est occupé. — Une très-jolie marquise aime son mari plus qu'on ne le croit, et elle fut obligée de l'avouer il y a deux ans à un duc qui devenait trop affectueux pour elle. Le duc, pour se venger du marquis, qui était son meilleur ami, cela va sans dire, informa la pauvre marquise que le club ne prenait pas tout le temps de son mari, et qu'il en donnait une grande partie à Mlle Jeanne, telle rue, tel numéro! — La marquise voulut voir par elle-même, elle vit, hélas! son mari entrer... et sortir très-tard, ou très-tôt, comme vous voudrez! Scènes, larmes, promesses et pardon enfin, parce que, je vous le répète, elle l'aimait beaucoup! — Il n'y a que des infidèles pour avoir ces chances-là! — — Elle le croyait rangé, si ce n'est dévoué, quand l'autre soir une lettre l'informe qu'elle est de nouveau trompée!... Elle bondit chez Alexis, qui lui dit de suite pourquoi elle vient à lui, et, pour lui donner confiance, lui raconte dans les moindres détails l'épisode de Mlle Jeanne; puis, quittant le passé pour le présent, il lui donne les indications les plus exactes sur Mlle D..., qui la remplace... C'était si clair, si précis, qu'il n'y avait qu'à croire et à vérifier. Elle le fit et trouva plus qu'elle ne cherchait... Elle n'est pas contente, vous comprenez, et, l'on assure qu'elle va poser un ultimatum duquel pourra sortir une guerre aussi acharnée que celle de Troie... Toujours les mêmes motifs, seulement, cette fois, Ménélas est l'infidèle, et la belle Hélène est l'inconsolable... Ce n'est plus l'histoire ni la pièce des Variétés, mais on pourra en faire une autre quand on saura le dénoûment de ce petit drame conjugal.

COMTESSE DE MARLY.

LA FOIRE AUX FIGURES

I

Paul de Saint-Victor

Tra la, tra la, la la, lalaire... Ma foi ! monsieur, ceci est un vers, et ce vers, — le premier des *Variations sur le Carnaval de Venise* de Théophile Gautier, — s'impose victorieusement à mon esprit au moment où je viens d'écrire le nom du célèbre feuilletoniste de *la Presse.* Son nom ne suggère-t-il pas, en effet, l'image d'un de ces mardis gras intempérants, tels qu'on en rêve d'après Véronèse, Canaletto — ou Paganini ? Certes, si l'on a pu comparer avec quelque justesse Hugo à un Espagnol, Leconte de Lisle à un Indou, Gautier à un Turc, je compte n'être point taxé de témérité en affirmant que Saint-Victor, par les défauts comme par les qualités d'un talent composite, est un Vénitien.

Le costume des Parisiens modernes le déguise mal. Impossible de ne point se le représenter tout vêtu de drap pailleté, comme Arlequin, ou de brocart d'or, comme un Magnifique.

Il suffit d'avoir lu deux ou trois de ses articles pour se convaincre de sa vraie patrie. En littérature, il appartient à l'école des coloristes quand même. Il y a de la pyrotechnie dans sa phrase ; les adjectifs flamboient, les métaphores rutilent, les concetti éclatent comme des escarboucles, ou, si vous préférez, comme des marrons fulminants. Les dragons fabuleux qui gardent les trésors magiques pourraient seuls soutenir sans clignoter l'éclat de tous ces étincellements, et je ne voudrais pas répondre que certaines vues délicates puissent goûter son style autrement que munies d'un abat-jour vert. Lamartine disait une fois : « Quand j'ai lu six colonnes de Saint-Victor je suis éteint pendant huit jours. » Imaginez M. de Carné ou M. Viennet se livrant imprudemment à la même lecture. Vite un oculiste! M. Viennet est aveugle, et M. de Carné mêmement...

Vous vous rappelez sans doute l'histoire du chien de La Fontaine, qui, sitôt qu'il agitait patte, pied ou queue, eût pu renouveler le miracle du chemin de Saint-Jacques, tant il semait sur ses traces les gemmes de toutes sortes. Notre critique n'a qu'à remuer sa plume pour produire une pluie du même genre. Aussi est-ce certainement l'homme de France qui a dépensé en prose le plus de perles et de rubis.

Une prodigalité si monstrueuse est faite pour étonner, — surtout en un temps où les lois prononçant l'interdiction, loin d'être abrogées, paraissent tous les jours plus en vigueur. Honoré de Balzac, émerveillé déjà des miracles accomplis par les feuilletonistes de son époque, écrivait dans sa fameuse *Monographie de la presse parisienne* : « Dans aucun pays on ne pourrait trouver cette exubérance d'esprit, cette moquerie sur tous les tons, ces trésors de raison dépensés follement, ces existences qui se vouent à l'état de fusée, à une parade hebdomadaire incessamment oubliée, et qui doit avoir l'infaillibilité de l'almanach, la légèreté de la dentelle, et parer d'un falbala la robe du journal tous les lundis... Cette vivacité de production spirituelle fait de Paris aujourd'hui la capitale la plus *amuseuse*, la plus brillante, la plus curieuse qui fut jamais. C'est un rêve perpétuel. On y consomme les hommes, les idées, les systèmes, les plaisanteries, les belles œuvres et les gouvernements, à faire envie au tonneau des Danaïdes. »

Ce que Balzac admirait, lui, l'ouvrier indomptable qui connaissait toutes les fièvres, toutes les anxiétés, toutes les agonies de la production, comment ne l'admirerions-nous pas, nous autres ? Eh quoi ! sous le plus mince prétexte, — à propos d'un vaudeville au gros sel ou d'une revue mort-née, à propos de ce coq-à-l'âne, de cette comédie ou de ce ballet, — à propos de M. Choler ou de M. de Jallais, grands dieux !.. voilà le forçat du feuilleton mis en demeure de créer une œuvre véritable, une œuvre savante, ayant du style, de l'esprit, et le reste, — et cela sur l'heure, inspiré ou non. Y avez-vous jamais songé, bonnes gens qui, lorsqu'on prononce les noms de Jouvin ou de Saint-Victor, demandez en ouvrant des naseaux pleins de stupéfaction : « Un lundiste ? Et puis, après..., qu'est-ce qu'il a produit ? » Ah ! bonnes gens, bonnes gens ! quand comprendrez-vous qu'il n'y a pas de genre secondaire en littérature pour les talents de premier ordre ?

Anomalie étrange : M. Ponson entasse des Pélions de barbarismes sur des Ossas de solécismes... C'est un écrivain. — Roqueplan, ou tel autre critique dramatique, fournit chaque lundi ses douze et jusqu'à ses dix-huit colonnes de feuilleton, écrites d'un français digne de Crébillon fils ou de Rivarol. Qu'est-ce que Roqueplan ? — Un eunuque peut-être... En vérité je vous le dis, les sauvages en riraient !

Balzac disait encore : « Le métier de feuilletoniste est si difficile qu'il n'en est que deux sur vingt qui se fassent lire avec plaisir, et dont la verve soit attendue le lundi. » Aujourd'hui surtout où le feuilleton est devenu une sorte de maréchalat littéraire, il n'est pas sans gloire d'être placé sur la même ligne que des écrivains tels que Gautier, Jules Janin, Sarcey, Nestor Roqueplan et B. Jouvin.

La manière de Paul de Saint-Victor peut déplaire violemment à quelques jansénistes du style; quant à son talent, il ne me paraît pas contestable.

Lisez, à l'appui de mon dire, le fragment suivant, — écrit à propos des Tsiganes de la Russie, — et avouez avec moi que, malgré une ou deux outrances, c'est là un morceau achevé :

« Les Almées du Caire pâliraient, dit-on, auprès des Bohémiennes de Moscou. Elles ensorcellent la jeunesse de la ville et font le dégât d'une invasion dans ses patrimoines. Elles y exécutent des danses d'Hérodiade, des danses qui semblent piquées au talon par une cantharide. L'air s'allume au tournoiement de leurs robes; leurs yeux fous, leurs gestes lascifs, promettent des voluptés enflammées. Un frisson d'amour circule dans la salle, les têtes s'exaltent, les cœurs bondissent, on lance des poignées d'or et de bijoux à leurs pieds... Elles, restent froides comme des salamandres dansant au fond d'un brasier. Elles s'enfuient après avoir allumé ce grand feu, et qui les suivrait à la sortie de ces bals les verrait courir au loin, dans la plaine, vers un camp nocturne, ou rejoindre un saltimbanque ronflant sur le fumier d'une étable. Il y a de la méchanceté dans l'hystérie de leur danse : on dirait que ces cruelles baladines s'amusent à irriter la passion et à torturer le désir. Leur costume favori semble l'emblème de ce jeu féroce. C'est une jupe jonchée de morceaux d'étoffe rouge découpés en cœurs : cœurs navrés, cœurs transpercés, cœurs pris comme des papillons au vol de la danse, brûlés au feu de ces yeux arides et splendides, et piqués sur la jupe brillante qui les a séduits avec les épingles de l'*envoûtement*; cœurs ennemis exposés sur la basquine lascive, comme des têtes de giaours entre les créneaux du sérail; écrin de cœurs massacrés, étalé sur la beauté cruelle qui s'en pare, comme la panthère des taches de sa robe! »

A quelqu'un qui n'aurait jamais lu Saint-Victor, c'est un morceau de ce genre que je voudrais faire connaître. C'est là sa note familière et, comme disent les gens du métier, sa corde. Ce critique, voué exclusivement à la critique, est avant tout peintre et poëte; il met sans cesse son savoir en tableaux, jamais en syllogismes. Il adore l'érudition, mais à la condition qu'elle soit pittoresque, rare et piquante. La couleur! toujours la couleur! Il s'y délecte, et parfois il s'y grise. Par exemple, les pièces à décors, les revues de fin d'année ou les féeries, lui fournissent d'étincelants articles. Pas de jongleur chinois, pas de baladine ou de gymnaste qui ne soit pour lui une bonne fortune, et qui ne lui vaille au moins cent lignes. Ce sont là sujets propices à images rutilantes et qui s'arrangent naturellement en tableaux.

J'insiste sur cette faculté descriptive qui est, à n'en pas douter, sa faculté maîtresse, — si maîtresse qu'il semble parfois que l'image commande la pensée de l'écrivain au lieu d'être provoquée par elle, — mais qui lui permet en mainte occasion d'imprimer à sa pensée une force vraiment singulière.

C'est ainsi qu'ayant à parler de Piron :

« Le poëte de l'*Ode à Priape* — dit-il — rima des psaumes dans ses vieux jours. Cette priapée de jeunesse qu'il avait improvisée à vingt ans dans la fumée d'un souper pesa durement sur sa vie. Partout il retrouvait l'Hermès impudique qu'il avait sculpté se dressant contre lui et lui barrant le passage. »

C'est osé, n'est-ce pas? mais comme c'est réussi !

N'est-il pas regrettable que les pages où de semblables bonheurs d'expression se rencontrent soient insoucieusement jetées chaque semaine au vent de l'oubli?

Voici cependant qu'au moment où j'écris ces lignes, Paul de Saint-Victor vient de réunir une trentaine de fragments détachés de ses feuilletons. Et c'est là tout : cinq cents pages in-8°. *Hommes et Dieux*, tel est le titre du volume. Les morceaux qui le composent reproduisent uniquement des scènes et des figures d'autrefois, et je crois pouvoir affirmer qu'aucun contemporain ne s'y trouve non-seulement discuté, mais même nommé. L'auteur y fait d'un bout à l'autre œuvre d'artiste, non de polémiste. Une chose frappante, c'est qu'il n'y est pas une seule fois question de théâtre ou d'auteurs dramatiques. Est-ce une gageure? L'étude de certaines divinités païennes, l'étude des mœurs et des idées à diverses époques du passé, celle de plusieurs grands personnages historiques et de quelques artistes célèbres, embrassent la presque totalité de l'ouvrage. Qu'un livre de cette sorte ait été extrait d'une collection d'articles sur le théâtre contemporain, c'est ce qui pourra surprendre ceux qui ne connaîtraient pas la façon dédaigneuse qui caractérise notre lundiste. N'avais-je pas raison de vous dire tout à l'heure que ce Parisien est bien de Venise? C'est dans les tableaux de Véronèse qu'il a appris non-seulement l'art de consteller sa phrase comme une idole, mais encore celui d'adapter en manière d'astragales autour du sujet primitif tant de divagations historiques, philosophiques, voire ethnographiques. *Qualis artifex!* ah! quel artiste!

— Oui, sans doute, m'objectera un lecteur grave ; mais en le considérant comme critique, qu'en pensez-vous ?

— Je croyais l'avoir dit déjà...

— Vous avez dit que c'était un peintre, un poëte, voire même un philosophe...

— Oui, monsieur, et je le maintiens.

— Soit. Mais est-ce, oui ou non, un critique ?

— Pardon. Pourriez-vous me dire, par hasard, ce que vous entendez par un critique ?

— Plaisante question — dans la bouche d'un... critique !

— Pas autant que vous paraissez le croire. Estimez-vous que la critique soit une et indivisible, — en un mot *absolue ?*

— Dame ! j'aurais peut-être besoin de réfléchir... En attendant, monsieur l'aristarque, vous ne voulez pas me répondre ?

— Eh bien ! non.

Fortuné Calmels.

UNE EXCURSION SCIENTIFIQUE ET INDUSTRIELLE

EN AMÉRIQUE

— TROISIÈME PARTIE —

Les Américains, heureux comme le sont les audacieux, ont vu, depuis quatre-vingts ans qu'ils existent, croître leurs richesses avec leur audace. A peine une crise ou un accident passager les prive-t-il d'un trésor, tarit-il momentanément ou pour toujours les sources de l'industrie nationale et de la richesse publique, qu'une découverte nouvelle vient remplacer l'industrie disparue et compenser au delà les pertes subies par le commerce américain.

C'est ainsi que le sucre a été remplacé par le coton, le coton lui-même soutenu et distancé par l'or de la Californie, et lorsque les placers ont diminué de richesse et qu'une guerre de géants a arrêté presque complétement pendant deux ans la production cotonnière, les explorateurs des bords de l'Erié et de l'Ontari ont rencontré l'*Oil-Region* et découvert ces merveilleux puits de pétrole, dont la production inonde en ce moment le nouveau monde et l'ancien.

C'est de Meadville que les « capitalistes anglais, » comme les appelaient les journaux, partirent pour l'*Oil-Region*. MM. Morton et Mac Henry les abandonnèrent momentanément pour retourner à New-York. La petite caravane se divisa encore une fois : la plus grande partie poursuivit sa route jusqu'à *Oil-City*, tandis que MM. Smith et Lillo allèrent visiter *French-Creek*. Il va sans dire que French-Creek est en plein territoire pétrolifère. On y rencontre des puits d'huile extrêmement lourde (865 degrés environ). On en fabrique sur les lieux une huile à graisser qui a l'apparence et la consistance du miel.

Oil-City ne comptait pas plus de sept ou huit habitations il y quelques années; c'est aujourd'hui une ville de quinze mille âmes. Comme Franklin, comme la plupart des centres habités de l'*Oil-Region*, le développement de sa population date d'hier, du jour où l'on a trouvé l'emploi de l'huile minérale qui fait la richesse de cette zone et par contre-coup de toute l'Amérique du Nord.

Il est curieux de remarquer qu'il existe des modes en industrie comme en alimentation et en confection d'habits. Le pétrole, le naphte, le bitume liquide, les huiles minérales, en un mot, étaient connus bien avant le XIXe siècle. Si nous remontons dans l'antiquité sacrée et profane, nous rencontrons à chaque pas ces substances communes dans tout l'Orient, et employées à de nombreux usages. Les remparts de Babylone étaient construits en briques cimentées et pétries avec de l'asphalte. C'est la mer Morte, l'immense réservoir où furent englouties Sodome et Gomorhe, qui fournissait à l'Assyrie les matériaux de ses gigantesques constructions. Le bitume fut plus tard exploité en France et en Albanie. La Birmanie renferme des sources d'huile minérale qui servent à différents usages d'éclairage et de chauffage. Sur les rivages de la mer Caspienne, les feux de Bakou, dont notre éminent collaborateur Alexandre Dumas entretient en ce moment les lecteurs de la *Revue*, ne sont autre chose que des jets enflammés de vapeur de naphte. Dans le duché de Parme on a découvert des sources d'huile minérale dont le produit a servi à éclairer la ville de Gênes. Partout enfin on retrouve, dans l'industrie ancienne ou moderne, l'emploi du précieux combustible qui nous occupe. Mais rien n'égale en richesse élémentaire, en abondance, en facilité d'exploitation, les sources d'huile minérale de la région pétrolifère américaine, et jamais à aucune époque et dans aucun pays le commerce de cette matière première n'avait pris une aussi grande extension.

J'ajoute que le moment était très-favorable à l'apparition du nouveau combustible. La production de l'huile de baleine, si diminuée déjà dans ces derniers temps, menace de s'arrêter tout à fait. Ces grands mammifères se cachent soigneusement dans les glaces du pôle. Au nord comme au midi, il devient presque impossible de les rencontrer, quelle que soit l'audace, l'intrépidité aventureuse des pêcheurs. Aussi la demande du produit animal a-t-elle presque entièrement cessé : on se rattrape sur l'huile de pierre, dont l'usage est plus commode et les applications plus nombreuses.

Mais il faut revenir à Oil-City.

Cette ville est située dans le comté de Venango, sur la rivière d'Alleghany, à l'embouchure d'Oil-Creek, qui traverse le nord-ouest de la Pensylvanie. Comme toutes les cités américaines de formation récente, elle n'a qu'une rue principale et elle est construite près d'un mamelon abrupt au pied duquel passe une route importante, et s'échelonne sur les corniches qui courent au-dessous des hautes collines dont elle est dominée. Au bord de la rivière on a déjà construit de charmants cottages, édifiés presque tous en bois, à la mode du pays, mais avec toute l'élégance et tout le confort qui est comme le cachet de l'architecture américaine.

Chose remarquable, dans ce pays neuf, où tout se fait si bien et si vite, le service de la voirie est complétement négligé. Les Américains veulent pouvoir franchir en quelques heures l'espace qui sépare New-York du lac Ontario, mais ils ne sentent pas le besoin d'aller commodément rendre visite à un voisin. Point de pavé, encore moins de macadam, de trottoirs, de chaussée disposée pour l'écoulement des eaux. Lorsqu'en Europe on veut construire une rue, on commence par raffermir le sol de la voie publique, par en étancher les flaques d'eau au moyen d'un drainage intelligent. On creuse et on voûte des égouts, on dispose les tuyaux de descente et les fosses ménagères, on n'élève enfin de constructions au-dessus du sol que lorsque le dessous est suffisamment préparé à satisfaire à toutes les exigences de l'hygiène et de la circulation. En Amérique, peu importe la rue. Des palais bordent des monceaux de boue ; on piétine, chaussé de véritables bottes d'égoutier, dans un sol mouvant qui se dérobe à chaque pas. Les voitures, si bien suspendues qu'elles soient, ne marchent que par cahots énormes. L'habitude seule empêche d'avoir le mal de mer avec ce roulis d'un nouveau genre. Mais les Américains sont tous plus ou moins marins, et, pourvu qu'ils aillent vite, peu leur chaut les ornières ou même les fossés. Ils ont un mot pour expliquer cette négligence ou ce dédain calculé. « La rue ne rapporte rien, » disent-ils, et ils passent. Quelle singulière théorie dans la bouche des « circulateurs » par excellence ! N'admettre que les extrêmes et nier le point de départ, le principe même des communications sociales, voilà où en est la pratique américaine. Ils n'admettent le confort qu'au moment où ils se reposent : tant qu'ils agissent, ils ne veulent que l'utile, le strictement utile. Mauvais calcul, qui vient d'un esprit trop pratique plutôt que d'un raisonnement faux, et surtout de ce qui manque absolument à la race anglo-saxonne, le sens artistique.

C'est donc au moyen de voies à peine frayées que nos excursionistes parcoururent Oil-City et Pithole, résignés à rebondir à toute minute sur les dures banquettes des chars à bancs, ni plus ni moins que ces bons hommes en caoutchouc que l'on promène au sommet des orgues de Barbarie et auxquels les vibrations musicales donnent la vie et le mouvement par saccades. Ils visitèrent les usines environnantes, entre autres *Humbold-Petroleum-Works*, grande usine qui pompe l'huile minérale à trois milles de distance et la fait arriver jusque dans ses chaudières. De là à Pithole la route n'est pas longue.

Pithole est un nouveau centre de production qui a à peine une année d'existence, et déjà les travailleurs y affluent par milliers, les maisons s'y construisent comme par enchantement. Le gros de la ville a été bâti en cinquante-neuf jours, et il renferme trente-quatre hôtels! Jugez le reste en proportion. Point encore de système bien arrêté pour l'extraction de l'huile, les sources abondent et on recueille sans s'être encore demandé si c'est le plus économiquement possible. Il en est de cela comme de toutes les exploitations auxquelles a nui l'abondance des biens, comme de la coupe des forêts d'acajou, dont on ne songeait pas à utiliser les racines, comme du traitement des sables aurifères de la Californie, dont personne ne s'occupera tant que l'on rencontrera des pépites.

Dans certains puits, l'huile ne jaillit pas naturellement; il faut pomper. Dans d'autres, le mouvement des gaz souterrains est si violent que le liquide bouillonne et lance le pétrole hors de la veine; il est alors plus facile à recueillir. Quelques-uns des puits de Pithole donnent jusqu'à 1300 barils d'huile par jour. Les fermes environnantes s'éclairent en allumant les petits jets de pétrole qui sourdent sous forme de vapeurs. On se sert aussi de ces foyers permanents pour faire marcher des locomobiles utilisées d'autre part à pomper le précieux liquide, de sorte que l'on peut dire que le pétrole se pompe et s'emmagasine lui-même, qu'il est son propre exploitateur.

C'est dans cette partie de leur exploration que nos voyageurs quittèrent les voitures pour monter à cheval. Il fallait se suivre à la piste, comme des Indiens sur le sentier de la guerre, et même s'appeler de temps à autre pour se rallier au milieu de l'épaisseur des forêts vierges. Heureusement que ces forêts ne sont plus, comme autrefois, peuplées de guerriers scalpeurs ou de bêtes fauves. Si Bas-de-Cuir revenait aux bords de l'Ontario, il ne reconnaîtrait plus ses anciens pays de chasse.

Plus on avance dans la région de l'huile et plus les puits sont nombreux ; l'exploitation n'en est d'ailleurs gênée par aucune formalité administrative. Voulez-vous devenir concessionnaire ? Il suffit de payer au propriétaire du terrain dix ou quinze mille piastres, de parfaire les dépenses du creusement et des machines aspirantes, et d'abandonner au fermier concédant le quart ou la moitié de l'huile extraite. Moyennant ce tribut, un peu léonin je l'avoue, vous pouvez pomper à perpétuité le pétrole dans le terrain que vous avez payé. Il va sans dire que la main-d'œuvre y était hors de prix avant la construction des chemins de fer.

Après une longue visite aux fermes qui environnent Pithole, les invités de M. Mac Henry reprirent le chemin de Meadville. Ils allaient s'y reposer et se préparer à continuer l'intéressante excursion où nous les suivrons prochainement.

Léon Garnier.

LES ARTISTES

UN MOT DE BRION. — LES ATELIERS. — PORTRAIT DE M. OUDINOT. — HISTORIQUE DE LA PEINTURE SUR VERRE. — LES VITRAUX DE LA CHAPELLE DES MORTS.

La conception dans les arts plastiques et la conception de l'idée abstraite sont deux genres d'aptitudes qui semblent s'exclure l'un l'autre. Ce sont deux opérations de l'esprit tellement puissantes que celle qui prédomine absorbe l'autre. Ce ne sont pas des contraires, mais des antipathiques. Le sculpteur ou le peintre, l'œil sur la ligne ou la couleur, voit et n'abstrait pas. Bien loin de généraliser, il tue l'abstraction en l'individualisant; et l'allégorie où il tente de se rapprocher du philosophe est un mode inférieur et insupportable.

J'ai bien vu quelques artistes raisonner subtilement, mais leurs œuvres, savamment conçues et parfois habilement exécutées, ne parlent ni aux sens ni à l'esprit. Le sujet sort du cadre.

L'hiéroglyphe, qui est le dernier mot de l'allégorie, est une chose barbare.

Qu'on ne se récrie pas là-dessus : ce manque de sens philosophique est peut-être une grande qualité. Les raisonneurs d'ordinaire sont intolérants, rogues, lourds, entêtés, absurdes surtout; — ils ne se trompent pas à demi; — ils ont défloré leur imagination, ce sens délicat de l'esprit qui vivifie tout ce qu'il touche. L'artiste, au contraire, est simple, franc d'allures, inconsistant dans ses idées, ce qui ne permet pas à l'erreur d'avoir prise sur lui; naïf, et quoique les vanteries de quelques-uns d'entre eux aient passé à l'état légendaire, il est modeste.

Je ne veux à cela que citer un mot de M. Brion, au sujet de deux tableaux encore sur le chevalet à cette heure, qui figureront à l'exposition, et dont nous parlerons dans un prochain article, deux chefs-d'œuvre dans deux ordres d'idées bien différents. M. Goupil, après les avoir examinés quelque temps, en sa double qualité de connaisseur et de marchand, lui offrit douze mille francs de chacune de ses peintures, et marché conclu.

Lorsque M. Goupil s'est retiré, M. Brion, s'étant retourné vers un de ses amis, lui dit en faisant allusion aux vingt-quatre mille francs que lui valaient ses pinceaux : « J'ai donc du talent! »

Le mot est significatif dans la bouche d'un artiste aussi puissant et aussi net que M. Brion, de l'auteur de *Jésus et Pierre sur les eaux*, des *Pèlerins de Sainte-Odile*, du *Siége d'une ville par les Romains* et d'*une Noce en Alsace*, toutes œuvres remarquables et d'une valeur incontestée.

Corneille n'estimait, dit-on, ses pièces que sur l'argent qu'elles lui rendaient. N'y a-t-il pas là quelque parenté dans le génie?

Le peintre ou le statuaire est, comme Corneille, insouciant de la beauté de sa création. Il a porté son fruit comme le pommier porte des pommes. Il ne se glorifie pas de ce qui lui semble aller de soi; tandis que le raisonneur grandit lui-même outre mesure ce qu'il a créé, dupe des fantasmagories de son imagination.

C'est peut-être à cette absence de philosophie que les artistes doivent leur gaieté, leur franchise et leur cordialité. L'inspiration agrandit les traits et pousse à l'expansion, la réflexion ride le visage et rétrécit le cœur. Je n'irai pas jusqu'à dire avec Rousseau que l'homme qui pense est un animal dépravé, mais il est certain qu'on n'est pas impunément un profond métaphysicien. C'est le plus pur de l'âme qui fournit au cerveau l'aliment de la méditation.

Qui n'a pas passé quelques soirées d'hiver chez des artistes ne se doute pas de la puissance, du brio, de la hardiesse de l'esprit français : le diable, dans ses meilleurs jours, n'aurait pas la verve qu'ont ces messieurs. Si le génie gaulois dans toute sa verdeur et son efflorescence s'est réfugié quelque part, c'est dans ce monde. Tout y est permis, hors d'être un niais.

Je suis persuadé qu'on pourrait composer pour les lecteurs peu effarouchés un livre singulier, fait de paillettes d'or sur un fond grossier, si l'on veut, mais étincelant et unique en son genre, sous ce titre : *les Charges d'atelier*. C'est une sorte de poésie homérique et rabelaisienne fort libre, un peu plus que libre, qui se transmet de génération en génération, passant par mille bouches et s'embellissant des plus capricieuses saillies de l'esprit à chaque édition nouvelle. Les rapsodes sont de tout temps, il ne leur manque qu'un Pisistrate qui recueille dans un écrin les diamants bruts et épars.

Je l'avoue, — et honni soit qui mal y pense ! — j'aime ces réunions où toutes les audaces du langage sont permises. Hippocrate recommande de faire un excès de table par mois; ce profond physiologiste avait reconnu la nécessité de réveiller par un coup de fouet vigoureux notre machine qui d'elle-même tend au repos et à l'anéantissement. Et l'esprit ! ne faut-il pas, lui aussi, le réveiller de temps à autre par quelque intempérance d'imagination, par quelque débauche de gaillardises qui, du reste, ne font qu'effleurer l'épiderme, un feu de bouche, rien de plus ? C'est une hygiène salutaire que celle qui nous jette quelquefois au delà des limites du sens commun.

Puis au milieu de ces saillies la note grave revient par intermittences, comme un rappel au sérieux de la vie : le *delenda Carthago* de Caton dans le tohu-bohu populaire du forum. La note grave était venue un soir, il m'en souvient : c'était dans l'atelier de notre excellent peintre en vitraux, M. Eugène Oudinot; le portrait de l'artiste, peint par lui même et habilement éclairé, posait au milieu de nous avec ses tons roux et ardents, comme une vieille figure du Titien ou du Schiavone, et, sur l'honneur, elle ne se trouvait pas trop désorientée. Chacun disait son mot. Un musicien exprima le regret que le secret des vives couleurs de nos anciens vitraux fût perdu. Sur cela les artistes se récrièrent : — Ce secret, dirent-ils, n'a jamais été ni perdu ni retrouvé, comme ont essayé de le faire croire quelques habiles qui voudraient bien se faire passer pour les restaurateurs d'un art qui tout simplement était tombé en discrédit. Si nos vitraux modernes, supérieurs aux anciens par le dessin, la perspective, le jeu des ombres, les demi-teintes, n'atteignent point, en quelques parties, l'éclat de ton de ceux-ci, il faut l'attribuer uniquement au poli et à l'homogénéité des verres dont aujourd'hui se servent les artistes. Les irrégularités d'épaisseur du verre accroissent l'intensité de la lumière. En somme, si notre industrie était moins perfectionnée, nous aurions surpassé les anciens de toute manière. Les œuvres d'art s'accommodent volontiers de quelques imperfections de détail. Les Anglais, si adroits et si soigneux dans tout ce qui tient à l'industrie, ont contre eux, dans les beaux-arts, ces qualités mêmes.

Du reste, comment oser avancer que nous avons perdu les procédés des anciens ? Théophile, dit *le Moine* ou *le Prêtre*, médecin et artiste qui vivait au Xe ou XIe siècle, dans un ouvrage fort intéressant pour l'historique de l'art : *Diversarum artium shedula*, nous donne exactement les procédés de son temps, qui sont encore ceux de nos jours.

Ces procédés, à l'époque même de Théophile, étaient déjà anciens.

La coloration du verre et les effets qu'on peut obtenir par ce moyen étaient connus de toute antiquité. Une statue de Sérapis, dont parle Appien, était en verre coloré. Je ne veux citer ici ni Théophraste, ni Diodore de Sicile..., passons au déluge. Les Romains faisaient avec cette même matière des bijoux, par un système ingénieux qui leur permettait de reproduire le même type à un assez grand nombre d'exemplaires. L'art chrétien appliqua cette découverte aux basiliques dès les premiers temps du christianisme. Saint-Jean Chrysostome et Prudence en parlent en divers endroits de leurs ouvrages. Mais les premiers spécimens connus de vitraux à figures ne remontent pas au delà du XIIe siècle. Ces vitraux étaient de simples mosaïques : un assemblage de petites pièces de verre teintes, de dimensions variables, qu'on unissait au moyen de tiges de plomb. Les couleurs dont se servaient les artistes étaient fort limitées, c'étaient le rouge, le blanc, le violet, le vert et le jaune. « Ce procédé de marqueterie, dit Dupiney, qui appartient plutôt à l'art du vitrier qu'à celui du verrier, a reçu des archéologues le nom de *peinture en verre*, pour le distinguer de la *peinture sur verre*, qui s'exécute avec des couleurs vitrifiables appliquées au pinceau à la surface des verres blancs, puis rendues adhérentes au moyen de la chaleur, absolument comme la peinture sur porcelaine. »

Théophile connaissait bien ce dernier procédé, en usage de nos jours, qu'il nous donne comme très-ancien, et dont on ne se servait même plus de son temps.

Quoi qu'il en soit, du reste, de ces différentes appréciations sur les procédés, il est incontestable que le XIIe siècle a été la plus belle époque de l'art du vitrail et de la mosaïque. Les tons des verres de ce siècle ont une puissance de couleur et une limpidité qui n'a jamais été égalée depuis. Pour convaincre le lecteur de cette vérité nous le renvoyons au chevet de la basilique de Saint-Denis.

Le XIIIe siècle modifie les procédés du siècle précédent et lui est très-inférieur. Dans les vitraux du XIIe siècle le sujet se détache franchement de l'ornementation ; dans ceux du XIIIe siècle il est presque toujours confondu dans la masse, ainsi qu'on peut s'en assurer par les vitraux de la Sainte-Chapelle.

Cet art va toujours en déclinant jusqu'au XVe siècle, où a lieu une transformation : on abandonne la légende pour aborder le tableau. La Renaissance se pressent; ce ne sont plus des mosaïstes qui font les vitraux, mais des peintres.

Vient le XVIe siècle et avec lui Enguerrand le Prince, Pinaigrier, Jean Cousin, Bernard de Palissy, qui ont laissé tant de merveilles à Bourges, Limoges, Rouen, les Andelys, Alençon, Beauvais, Paris, etc., etc.

Au XVIIIe siècle la décadence est complète ; l'art religieux s'éteignait avec la foi. L'Empire et la Restauration ressuscitèrent cet art, qui en ce moment semble entrer dans une voie nouvelle de progrès.

Et c'est à ce moment même que le jury de l'exposition a décidé que les œuvres des peintres verriers seraient reléguées parmi les produits industriels.

Il est certain que le vitrail touche de très-près au commerce, et parfois s'en ressent ; que quelques fabricants d'objets de dévotion font confectionner fort habilement des vitraux, à tant le mètre, qui n'ont rien à démêler avec l'art. Mais alors pourquoi ne pas reléguer aussi avec les œuvres industrielles les peintures religieuses sur toile : n'en fabrique-t-on pas aussi, à tant le mètre, où l'art divin de Raphaël n'a rien à voir ?

Que le jury soit sévère, rien de mieux, — et certes il ne l'est guère pour la peinture religieuse, on dirait qu'il veut la discréditer,—mais que devant des œuvres comme celles de M. Oudinot il ne veuille voir qu'un produit industriel, une marchandise, c'est une souveraine injustice.

La magnifique légende de saint Etienne, dans le style du XIVe siècle, que cet artiste a exécutée pour Notre-Dame, et qui se trouve dans la seconde chapelle absidiale à droite, au-dessus de l'autel, n'est-elle pas une merveille de composition et de coloris? Peut-on lui comparer aucune des fresques modernes de nos églises, même des meilleures?

Je citerais bien encore du même artiste la légende de la Vierge, mais il faudrait aller voir ce chef-d'œuvre d'ornementation et de grâce à Saint-Pierre de Limoges. Arrêtons-nous simplement dans la chapelle des morts, à la tour Saint-Germain-l'Auxerrois, où se trouvent deux vitraux représentant, l'un la résurrection de Lazare, et l'autre la parabole de Lazare et du mauvais riche. N'est-ce pas là de l'art, dans l'acception la plus pure et la plus élevée du mot? La parabole du mauvais riche peut être placée hardiment parmi les plus originales compositions de la Renaissance. Jean Cousin n'eût pas hésité à la signer.

J'ai en ce moment sous les yeux quelques-uns des dessins de la *Vie de la Vierge* qui, traduits en vitraux, orneront bientôt l'église de la Trinité, encadrés dans trois fenêtres à double baie, — style Renaissance. Ces dessins, acceptés à l'unanimité par la commission des beaux-arts de la ville de Paris, sont d'un grand caractère, je dirai plus, d'un sens religieux assez rare, — plus que rare aujourd'hui. La peinture religieuse semble vouloir se sauver par la peinture sur verre, au moment même où l'on confine ce chef-d'œuvre de patience et de génie au milieu des bahuts et des potiches.

Le jury en reviendra, et nous en causerons encore.

Edmond Castellan.

MARSEILLE

SON COMMERCE, SON AVENIR, SES GRANDES USINES ET SES GRANDS INDUSTRIELS.

Le 19 décembre dernier on a vendu aux enchères la raffinerie de sucre de Saint-Louis, pour la somme de 736,000 fr. Cette raffinerie est située au quartier dont elle porte le nom, sur la route impériale de Marseille à Aix.

Construite en 1856-57, par MM. Séraphin frères, de Paris, pour le compte de la société Franco-Belge, cette usine a dévoré en moins de neuf ans plus d'une vingtaine de millions.

Après la déconfiture de la société Franco-Belge, déconfiture qui ne laissa rien aux actionnaires et seulement quelques pour cent aux créanciers, l'usine de Saint-Louis fut vendue une première fois aux enchères, et adjugée à plus d'un million à M. E..., lequel s'en porta acquéreur pour une nouvelle société, qui a eu le même sort que la première : M. E... a pris la fuite l'année dernière ; ses actionnaires et ses créanciers ont eu — zéro, et le produit de la liquidation ne suffira qu'à payer les droits dus à la Douane.

Si les deux catastrophes industrielles de cet établissement

n'étaient qu'un fait isolé, nous n'appellerions pas sur elles l'attention de nos lecteurs, et surtout celle des hommes compétents dans le genre d'industrie qui nous occupe. Malheureusement il n'en est pas ainsi, et si nous avions à écrire l'histoire de la raffinerie de sucre à Marseille, nous n'aurions qu'à enregistrer une longue série de désastres financiers.

Nous ne croyons pas être démenti ni accusé d'exagération si nous disons que le bilan de cette industrie dans notre ville se solde par peut-être plus de soixante-dix millions de perte, pour une période de trente années seulement.

A l'appui de notre dire citons encore deux faits contemporains.

Il y a quelques annés qu'un homme jeune, intelligent, plein d'énergie et d'audace, M. C. R..., parvint à constituer une société dont le capital fut porté jusqu'à la somme de dix millions. M. C. R... créa une usine d'une puissance peut-être unique en Europe, usine modèle soit par ses constructions, soit par la perfection de son outillage. Eh bien! deux ans d'exercice ont anéanti totalement le capital et fait perdre en outre huit à dix millions à divers créanciers.

Vers la même époque, une autre usine se construit, allume ses fourneaux, et voit sa marche arrêtée quasi à ses débuts. Le gérant ne sauva ses actionnaires d'une perte totale que par la vente immédiate de l'immeuble à MM. Auguste Lafon et fils.

L'industrie du raffinage du sucre n'est pas jeune à Marseille : bien avant la fin du siècle dernier notre ville possédait douze raffineries en activité, et ce nombre s'est maintenu à peu près le même jusque vers 1845.

De toutes ces anciennes usines, celle de MM. Massot et fils, place extérieure de la porte d'Aix, est la seule qui n'ai jamais éteint ses fourneaux, si ce n'est pour travaux d'agrandissement ou de réparation; toutes les autres sont aujourd'hui

LA VIE!

Qu'est-ce donc, la vie?

Un pont jeté sur deux rives immenses, le passé et l'avenir.

Sur le premier de ces rivages, le gazon est frais, sans cesse renaissant, et l'air toujours pur. Un demi-jour y règne de toute éternité, répandant sur cette riche nature une lueur douce que les rayons du soleil ne peuvent jamais dissiper.

Le pont est large et sans parapets. Il est composé de tous les métaux que la terre renferme; le granit s'y mêle à l'or, au fer; le moellon au diamant, au porphyre : antithèse éternelle; ses piles de platine viennent se plonger dans les eaux noires, écumantes, d'un fleuve toujours bouillonnant, toujours grondant, *le fleuve des Passions*, le torrent le plus terrible de tous les mondes.

La rive opposée est horrible. On ne trouve sur ses bords que des roches dénudées, des galets affreux, des silex aigus.

— On n'y rencontre aucun vestige de végétation, et une nuit perpétuelle s'appesantit sur ces tristes solitudes.

Le soleil ne brille qu'au-dessus de l'infernale vallée. — Il éclaire et réchauffe la foule qui se presse sur le pont et les flots qui roulent leur fange épaisse sous les arches immenses. — Du côté où règne un perpétuel printemps, les bords du rivage s'inclinent vers le fleuve. Un phénomène incessant de création s'y produit. — A chaque pas la terre s'entr'ouvre pour laisser apparaître des êtres nouveaux, aussi différents qu'ils sont infinis, de couleur aussi variée, de formes aussi diverses que l'imagination puisse le rêver, et tous se précipitent vers l'entrée du pont.

Le mouvement y est continu, le voyage constant.

Les premiers pas sur cet unique chemin sont insouciants et folâtres. Les pleurs y sont de peu de durée, les cris de joie et d'étonnement nombreux, et pourtant à chaque rire la foule diminue, laissant sur la route un cadavre de plus. — Les uns sont étouffés, les autres sont entraînés, écrasés, ou n'aperçoivent pas les ronces et les cailloux tranchants que cache ce gazon si doux à fouler.

Ceux-ci marchent en sautillant, ceux-là semblent à peine effleurer le sol, tellement ils ont hâte d'arriver vite, et tous grandissent à vue d'œil et s'en vont, le regard fixé sur le milieu du pont.

Après la première arche, la course redouble et devient infernale. — Celui-ci part comme un fou et disparaît tout à coup dans le gouffre qu'il n'a pas vu, ou franchit le parapet pour tomber dans ce fleuve qui ne pardonne point. Celui-là est entraîné par ses voisins. L'un est porté par tous; il n'a pas même la peine de faire la route : chacun est à ses pieds et lui fait un rempart et un soutien de son corps. Cet autre marche à l'écart et à l'abri derrière cette masse qui le protége. C'est l'éternelle combinaison des éléments les plus étranges, les plus disproportionnés, les plus fantastiques, pour arriver au même but, la mort!

Chaque groupe forme un tableau. — L'un, la tête inspirée, marche en avant et trébuche à chaque pas pour aller mourir un peu plus loin. — L'autre, plus fort que ses voisins, se sert d'eux pour avancer. Celui-ci fait attention à l'endroit où il va poser ses pieds. Celui-là, indécis, incertain, court de groupe en groupe. Mais, phénomène incroyable, pas un ne regarde en arrière pour juger du chemin parcouru et savoir s'il doit espérer atteindre l'extrémité; pas un ne lève les yeux au ciel pour y chercher la consolation et le moyen d'arriver sûrement au but, où tous tendent, — le rivage de l'Éternité.

Mais la troisième arche est passée, et la foule est moins considérable, la course moins rapide. Les fatigues du voyage et les douleurs éprouvées, ont affaibli tous ces êtres si pleins de force et de vie il n'y a qu'un moment.

L'un voudrait bien s'arrêter pour jouir des diamants que le hasard a placés sous ses pas, et les faire admirer plus longtemps à ceux qui l'entourent ébahis....; mais il a beau ramasser de nouveaux trésors, il n'en souffre pas moins. L'autre pleure à chaque pas ce qu'il a perdu, et se traîne languissamment le long du sentier, recueillant ce que la foule émiette sur son passage. Celui-ci, honni, conspué, chassé du piédestal où la foule l'avait posé, essaye de retrouver un chemin doux et solitaire qui lui laisse un peu de repos et lui permette d'achever sans bruit la carrière qu'il doit parcourir.

Celui-là, l'œil hagard, le geste saccadé, recherche maintenant ceux qu'il avait fuis et dédaignés autrefois; mais c'est en vain : à son tour, il est montré au doigt.

Des exemples plus consolants se présentent heureusement au milieu de cette masse errante. Cet homme s'avance entouré de la bénédiction de tous ceux qu'il a rendus heureux et dont il est resté l'ami. Cet autre, content et fier d'un voyage bien rempli, des œuvres qu'il a créées, marche la tête haute. — Mais, là-bas, quel est ce groupe ? Quelle sérénité sur leurs visages ! quelle tranquilité dans leur démarche ! Ils s'en vont lentement sans écouter le bruit de la foule qui les entoure. De sexes différents, ils se sont réunis dès le début du voyage qu'ils devaient entreprendre, et, appuyés l'un sur l'autre, ils se sont acheminés doucement, doucement, vers l'extrémité du pont. Ceux-là sont les heureux.

Plus on approche du but, plus les regrets, les remords, les inquiétudes, les désirs, augmentent chez tous ces êtres dégradés, avilis. Quelques-uns veulent alors se retourner pour juger du voyage, mais il est trop tard, et l'effroi les gagne quand ils voient ce qu'ils ont fait et l'isolement où ils se trouvent. Ils étaient si nombreux au départ : ils le sont si peu maintenant ! Puis, la rive voisine avec toutes ses horreurs, avec sa nuit sombre, commence à s'apercevoir, et pourtant il faut toujours marcher. Supplice effrayant pour ceux qui n'ont pas le contentement d'eux-mêmes et qui envisagent avec crainte ces rives inconnues ! Mais le voyage est terminé. Peu à peu chacun disparaît dans les ténèbres, suivi incessamment par une foule nombreuse également insatiable, entassant faute sur faute, parcourant les mêmes ornières, sans que l'exemple de celui qui précède arrête un seul instant la marche de celui qui suit. Quant au fleuve, il roule perpétuellement ses eaux sombres, entraînant tous ces êtres inanimés qui, le long de la route, ont roulé dans son gouffre béant. Quelle masse d'êtres essayant en vain de lutter contre le flot impitoyable ! Bien vite anéantis, ils disparaissent pour n'être plus loin que d'informes cadavres qu'un courant toujours constant entraîne vers la rive rocailleuse, où ces restes étranges s'entassent, froissés, heurtés, déchiquetés, jusqu'à ce qu'une vague plus forte en enlève quelques débris pour aller les porter un peu plus bas, sur les rives de l'éternité.

Pendant ce temps, les âmes de tous ces corps passent et repassent dans l'éternelle nuit, accourant par groupes jusqu'au bord du rivage et s'efforçant, mais en vain, quelquefois encore, de repasser ce fleuve pour recommencer un nouveau voyage.

Insatiable désir de l'inconnu qui les poursuit même au delà de la rive du monde, et qui leur fait lire ce nom magique inscrit sur l'immense voûte d'un ciel toujours pur, ce nom, le plus doux des mots, la suprême consolation… *l'Espérance!*

FRANZ.

A PROPOS DE CRITIQUE DRAMATIQUE

Quelques sénateurs bien intentionnés écrivaient, il y a déjà six ans : « Les lettres sont l'honneur d'un règne, et fécondent le génie d'une époque. » Cet aphorisme, dans sa forme un peu solennelle, pourrait surtout être appliqué à la littérature dramatique. Le théâtre reflète évidemment, mieux que les mémoires ou les gazettes, les mœurs, les instincts et les goûts de tous les temps, et surtout du nôtre. Et un érudit qui voudrait prouver cette proposition littéraire et lui donner un corps, en entrant dans le détail des faits, ferait une œuvre remarquable, — s'il est possible qu'un érudit fasse jamais une œuvre remarquable.

Nous attachons conséquemment une réelle importance aux productions dramatiques, si infimes, si basses et si peu littéraires soient-elles. Nous ne pourrions, sans elles, suivre, apprécier et reproduire le mouvement intellectuel qui emporte le monde, dont Paris est à la fois le cœur et le cerveau, vers ses destinées éclatantes ou fatales. Il nous paraît donc intéressant et utile, avant d'inaugurer notre métier de feuilletoniste et de suivre pas à pas les progrès ou la décadence du théâtre moderne, de jeter un coup d'œil en arrière et de rechercher quelles sont les tendances du goût public, et quelle est la fin morale et probable de la période que nous traversons.

Ce qui caractérise surtout notre époque, c'est le développement toujours croissant des intérêts et des besoins de l'esprit. On lit toujours davantage ; on recherche de plus en plus les spectacles ; les moindres œuvres se répandent ; on fait de nouveaux efforts pour activer ce mouvement intellectuel qui nous emporte et qui nous dévorera peut-être. Nous n'avons par conséquent que deux questions à nous adresser : Les efforts que l'on tente doivent-ils produire des résultats, bons ou mauvais ? Quelles sont surtout les œuvres qui se répandent ?

Or, un fait regrettable domine notre situation littéraire : la critique est aujourd'hui forcée de considérer plutôt la valeur réelle et intrinsèque des nouvelles productions dramatiques que leur portée littéraire ou sociale.

A notre avis, c'est là un signe certain d'abaissement et une cause de ruine. Et si l'on nous demandait quelle est la morale dominante des ouvrages dramatiques de ce temps, quelle est l'inspiration qui les a produits, quelle est en un mot la tonique générale de ce concert intellectuel, nous montrerions les affiches de nos spectacles, qui ne contiennent guère que des promesses d'exhibitions de toute nature.

Notre littérature reflète, malheureusement depuis longtemps, les préoccupations matérielles qui agitent notre monde las et troublé : elle vit de ces préoccupations et les glorifie dans la mesure de ses forces, avec une ardeur qui n'a d'égales que son habileté et son impuissance ; il est donc naturel que sa morale soit la satisfaction des instincts et non leur anoblissement, moins encore leur direction ; que son inspiration soit la joie de l'assouvissement physique — et sa note.... Je vous renvoie à MM. Meilhac, Crémieux et Halévy, illustrés par Jacques Offenbach.

On s'efforce donc toujours de produire des œuvres littéraires et dramatiques qui avivent encore notre fièvre de réalisme, et les œuvres qui se répandent sont celles qui poussent jusqu'à la folie, jusqu'au rire enfantin ou à l'érotisme sénile, cette excitation qui dévore les forces vives de nos jeunes générations.

Si les spectacles étaient comme autrefois des exploitations de luxe, nous n'aurions certes rien à dire et nous ne saurions rien regretter. Autrefois les ouvrages dramatiques s'adressaient exclusivement aux classes élevées ou moyennes, qui étaient parfaitement en mesure de les juger, et avaient même de plus que nous un sens qui se perd de jour en jour : le goût. Et s'il plaît aujourd'hui à nos gentilshommes oisifs, ou à nos bourgeois trop occupés, de payer cinq cents francs pour voir une jeune personne vêtue d'un arc et d'un maillot, nous trouvons cela parfaitement inoffensif et nous n'avons que le courage de hausser les épaules, pourvu qu'ils soient les seuls à contempler l'arc et le maillot.

Mais la littérature dramatique s'adresse non-seulement aux bourgeois et aux gentlemen riders, mais au peuple et à cette caste si nombreuse des demi-lettrés, qui ne peuvent pas raisonner, mais doivent subir leurs sensations intellectuelles. Et s'il est dangereux, comme on l'a reconnu partout, de faire lire à un homme du peuple les exploits de Rocambole, il ne l'est pas moins de laisser une femme, une jeune fille ou un collégien, écouter jusqu'au bout certaines pièces que nous désignerons dans un prochain article, en passant en revue toutes les productions dramatiques de l'année dernière.

Nous avons voulu seulement indiquer à nos lecteurs quels sont les principes qui nous guideront dans l'appréciation des œuvres nouvelles, et protester tout d'abord contre certaines tendances qui menacent, non-seulement la gloire la plus pure et le renom littéraire de notre pays, mais aussi notre avenir intellectuel, nos familles et nos mœurs.

Denis Guibert.

PETITES TABLETTES

Nous empruntons ces deux nouvelles à la *Gazette des Étrangers* :

« L'Athénée prend décidément faveur. Si l'heureuse nouvelle à laquelle nous ouvrons nos colonnes se confirme, comme tout le fait présager, ce sera son baptême définitif. Il n'est question de rien moins, pour la fin de février, que de l'exécution, dans cette salle privilégiée, du grand oratorio de Michel Costa, *Naaman*, qui a eu tant de succès à Londres. Costa viendrait ou plutôt viendra diriger l'orchestre en personne. Les *soli* seront chantés par Mlle Adelina Patti, — pourvu que M. Bagier y consente, — par la comtesse Pepoli, redevenue pour un soir Marietta Alboni, par Faure (M. Perrin a eu le bon goût de donner déjà son consentement). La partie du ténor paraît réservée à M. Nicolini.

« Une cérémonie à la fois élégante et touchante réunissait l'autre jour l'élite de la colonie russe de Paris. Il s'agissait du mariage de l'une des filles du prêtre Vasily, de l'Église orthodoxe.

« L'ambassadeur et Mme de Budberg, la princesse Radziwill,

M. et Mme Martchenko, la princesse Wolkonski Mme Rimsky-Korsakow faisaient partie de l'assistance. On a beaucoup remarqué la toilette de Mme Korsakow, en satin clair, toute garnie de magnifique martre zibeline.

« Le père Vasily a parlé de la façon la plus touchante. Ses autres filles et leur mère formaient autour de la mariée un groupe de famille tout à fait patriarcal. L'église, admirablement éclairée, faisait à ce tableau un cadre étincelant.

« Le prince Soutzo, âgé de seize ans, et un jeune attaché d'ambassade tout nouvellement nommé à Paris, remplissaient dans la cérémonie les fonctions analogues à la tenue du poêle dans le mariage romain.

« Toute la partie masculine de l'assistance était en grande tenue, chacun avec les plaques de ses ordres. »

*
* *

On annonce une pièce de P. Meurice à l'Odéon, qui devient décidément le dernier asile du romantisme.

*
* *

A l'Opéra, le *Don Carlos* de Verdi occupe toujours les pensionnaires de cette solennelle académie. On remet toujours à deux mois la première représentation. Mais voilà six mois qu'on la remet.

*
* *

Aux autres théâtres rien d'intéressant pour l'avenir. On vit partout de reprises ou de succès : c'est à désespérer la critique.

       *
      * *

La question des nominations académiques est toujours celle dont on s'occupe le plus.... Le P. Gratry et M. Jules Favre sont les candidats qui paraissent devoir réunir le plus de voix; ce sera peut-être une raison pour qu'ils ne soient pas nommés : l'Académie nous a habitués depuis longtemps aux surprises.

XXX.

OUVRAGES DE Mme OLYMPE AUDOUARD :

Chez DENTU, Palais-Royal

(GALERIE D'ORLÉANS)

Les Mystères de l'Egypte dévoilés, fort in-18, 2e édition.	5 »
Les Mystères du Sérail et des Harems turcs, in-18, 3e édition.	3 50
Le Canal de Suez (brochure in-8)	1 »
Histoire d'un Mendiant, in-18.	2 »
Un Mari mystifié, in-18	3 »
Comment aiment les hommes, in-18, 4e édition.	3 »
Guerre aux hommes, in-18, 2e édition.	3 »

VA PARAITRE :

L'Orient et ses Peuplades, fort in-18 de 500 pages. 5 »

PARIS, IMPRIMERIE JOUAUST, RUE SAINT-HONORÉ, 338.

LA SOCIÉTÉ ROMAINE EN 1867

Nous recevons de notre correspondant de Rome un tableau de la situation présente tracé d'une main si ferme, avec tant de finesse d'observation et d'intelligence, que nous nous serions empressés de le publier dans toute son étendue. Mais M. Jouaust, notre imprimeur, se refusant à insérer l'article tel qu'il est, nous sommes forcés de laisser en blanc les passages qui l'ont alarmé. Nos lecteurs pourront, s'ils le veulent, trouver cette étude au complet chez Dentu, où elle paraîtra en brochure cette semaine.

Nous serons heureux d'offrir cette brochure à nos abonnés qui nous en feront la demande.

I

. . . .
. . . .

II

C'est à juste titre qu'on a donné le nom d'États de l'Église au territoire qui constituait le royaume du saint-père, car aujourd'hui le mot *Église* est tout un symbole pour les fidèles, un mot d'ordre pour les adeptes, un cri de guerre pour les fanatiques.

Cette Église n'est pas celle des premiers chrétiens, — Église de communion et d'extase, — ce n'est pas celle des protestants, — Église de raison et de conscience, — c'est l'Église catholique moderne, celle du concile de Trente, c'est-à-dire un corps solidement organisé, un rouage administratif admirable, une institution savante, soutenus par une hiérarchie aussi exactement graduée qu'un instrument de précision, arbre gigantesque dont le tronc s'appuie sur le sol romain et qui projette son ombre sur le monde entier.

Pour défier comme il l'a fait les attaques du temps, ce chêne dix fois séculaire devait envahir de ses racines toutes les couches de ce terrain volcanique si remué, si fouillé, si disputé, en fondre tous les détritus, en pulvériser tous les décombres, réduire en sable le granit de ses sédiments et les blocs de lave de ses volcans souterrains.

Aussi fallait-il approprier à chaque caractère un langage différent.

S'adresse-t-on aux plus exaltés, on leur représente Rome comme la ville des grandeurs, comme la pierre angulaire de l'édifice social actuel. Quoi de plus grandiose que le spectacle d'un pontife-roi au milieu de cette cité de marbre, bénissant du haut des basiliques la ville et l'univers? Cette image grandie par le prisme d'une imagination méridionale séduit encore plus d'un Italien rêvant la grandeur municipale de la Rome d'autrefois. Il se sacrifiera bientôt à cette idée, hors de laquelle tout ne sera pour lui que barbarie et ténèbres, et il tressaillira d'horreur à la seule pensée qu'un préfet piémontais puisse résider un jour au Quirinal ou au palais Farnèse.

Aux âmes timorées et fatiguées des combats de la vie, c'est la tranquillité et le repos qu'on vient offrir. La métaphysique qu'enseigne l'Église catholique est la seule complète et qui ait réponse à tout; c'est un océan tranquille sur lequel on peut voguer à pleines voiles sans craindre l'orage. Puis il y a le baume du mysticisme et la sublime quiétude de l'extase; pour les imaginations plus ardentes, le prestige de l'image et l'ascendant des rites, toujours invincibles aux moments d'épreuve. — Le sentier est tout tracé, il n'y a qu'à le suivre. Du reste, quoi de plus doux que de se laisser conduire quand on est fatigué des luttes de l'existence? Quoi de plus naturel que de renoncer à toute initiative et de se remettre entre les mains d'un directeur? Ce directeur pardonne nos faiblesses, tolère nos écarts, procède avec indulgence, ne menace jamais, avertit sans punir, mais s'empare de notre esprit, règle notre vie privée, décide de notre avenir, juge nos affaires de famille, pénètre nos secrets, agit en notre lieu et place, et nous gouverne à notre insu, sans que nous cessions un instant de bénir la main qui nous opprime.

Aux heureux de la terre il faudra tenir un autre langage, et ce sera celui de l'intérêt. Tout millionnaire sera prince, car on lui conférera immédiatement des titres de noblesse. Tout prince restera millionnaire, car chaque famille princière aura un majorat inaliénable. De cette façon, tous les aînés de grande famille seront intéressés à ce que le gouvernement se maintienne, et les cadets, n'ayant qu'une pension insuffisante, engageront bientôt leur épée ou leur volonté à son service. Après cela, renoncez à toute initiative et ne cherchez qu'à bien vivre, et l'on aura toutes sortes de ménagements pour vos petites faiblesses; n'oubliez pas surtout que l'on vous tient en réserve tout un arsenal de petites persécutions, si vous vous occupez jamais d'autre chose que d'archéologie ou de peinture. Du reste, dormez tranquille sous vos lambris et au milieu de vos vastes possessions, vous ne pouvez certes que prier le ciel de conserver le plus longtemps possible un gouvernement aussi sage, dont les lois sont une digue morale opposée aux progrès du flot populaire.

A qui ne vit que médiocrement de ses biens au soleil il faut offrir l'appât de la sinécure ; aussi le gouvernement théocratique doit-il avoir besoin d'un grand nombre d'employés. Toute la petite bourgeoisie y passera, l'emploi gouvernemental sera son pain quotidien. Si l'administration du pays n'y suffit pas, le gouvernement se mêlera des entreprises commerciales et industrielles, peu importe, et il y entrera comme associé, y jettera ses monsignori et ses commis, y établira son contrôle et se réservera la plus grosse part du gâteau. Il pourra ensuite, s'il le veut, en abandonner les morceaux à ceux qui sauront se courber davantage pour les ramasser.

A qui raisonne et se contente de peu il faudra assurer le bien-être matériel assuré ; aussi ce paysan crédule qui le dimanche, à Saint-Pierre, use de ses baisers les pieds du saint en bronze qu'il ignore être un Jupiter antique, devra-t-il être plus heureux dans les États de l'Église que dans n'importe quel autre pays. Il ne payera pas d'impôts, il ne sera pas enrégimenté de force et trouvera assez de travail pour gagner son pain. S'il est intelligent, il entrera dans un séminaire ; s'il est ambitieux, il pourra même devenir cardinal, prince de l'Église et, qui sait, peut-être pape un jour. — Veut-il rester ignorant, il n'en sera pas moins heureux, car, pourvu qu'une fois par mois il aille conter ses gros secrets dans une boîte de bois noir toute sombre, il est parfaitement sûr de gagner un jour le paradis.

III

Quand un étranger est arrivé à Rome avec deux ou trois lettres de recommandation et qu'il a été reçu par son ambassadeur, il est tout étonné, au bout de huit jours, de n'avoir plus une demi-heure à lui pour visiter une galerie, de ne plus fréquenter sa table d'hôte qu'une ou deux fois par semaine, et il se surprend quelquefois à rentrer à son hôtel vers deux ou trois heures du matin. Si, muni d'un nombre égal de lettres de recommandation, il visite ensuite Florence, Milan ou Naples, il ne manquera jamais d'observer que les corsos y sont moins animés, les équipages moins nombreux dans les rues; il s'apercevra bientôt qu'il y fait moins de visites, et, s'il n'a pas ensuite le courage d'affronter quelque médiocre opéra, il ne sait parfois à quoi employer sa soirée.

Ce grand contraste s'explique assez facilement.

A Rome, où, grâce à l'institution des majorats, l'aristocratie du nom est en même temps celle de l'argent, le *high life* se compose d'une coterie privilégiée, mais restreinte, dont le corps diplomatique est comme le centre d'attraction, et il s'y dépense à chaque saison, en visites, parties de chasse et de campagne, dîners de gala, bals et grandes fêtes, une somme d'effervescence mondaine étonnante pour une capitale en miniature. Comme partout ailleurs, la richesse y éprouve le besoin irrésistible de s'imposer par le luxe, mais ce luxe peut y être affiché à un prix beaucoup moins élevé que partout ailleurs. En effet, palais, mobilier, équipages, vaisselles, diamants, tout cela, à Rome, se transmet par héritage, aussi tout noble romain dépensera-t-il beaucoup moins à illuminer son palais et à y donner une fête qu'il ne le ferait à Paris en y menant seulement huit jours l'existence que d'ordinaire y mènent les étrangers. Seulement à Rome ses salons sont immenses et ses antichambres ressemblent à des salles de bal; aussi est-ce une nécessité pour lui de voir envahir ses appartements, et devra-t-il, à l'opposé du sage, bénir la foule inconnue qui essaye vainement de les remplir. L'étranger de distinction devient donc pour lui un ornement indispensable, c'est une réclame vivante qui le fait valoir *extra muros*, une chronique internationale et ambulante où il pourra acquérir la publicité sans satisfaire aux droits du timbre et sans courir les périls de la censure.

A Milan, à Florence, à Naples même, le nouvel état de choses a déjà nivelé bien des fortunes, fait vendre bien des palais, limé bien des ambitions, réduit à l'économie bien des familles princières; il n'y a plus que très-peu d'ostentation et très-peu de désir de paraître. Le besoin de publicité disparaît alors tout naturellement, chacun se renferme chez soi, il se forme des cercles de famille plus ou moins intimes, où les plaisirs et les devoirs de la société n'appellent qu'un petit nombre de familiers. L'étranger est alors considéré comme un témoin parfois dangereux, toujours importun, et quand il aura visité les curiosités et objets d'art de la ville, et applaudi suffisamment la *prima donna* du grand théâtre, il pourra partir sans emporter le moindre regret.

Cette existence si bien remplie par les occupations mondaines est sans doute une distraction agréable pour l'étranger qui vient passer à Rome quelques semaines de carnaval, mais pour le jeune Romain d'aujourd'hui elle constitue une occupation sérieuse et il s'y adonne comme à une carrière. La jeunesse est une force morale, elle ne peut être utilisée que si on lui donne un *point d'application;* aussi en Angleterre, le jeune homme riche voyage ; en France, il joue au baccarat ; en Allemagne, il étudie ; en Italie, il se contente de servir dans quelque régiment de cavalerie ; mais, à Rome, existe-t-il pour son exubérance un dérivatif quelconque ? L'uniforme de garde noble pourrait bien ne pas le séduire, il n'osera s'adonner aux études philosophiques, serait compromis aux yeux mêmes de sa famille en confiant un écrit à la publicité, et fort mal noté s'il s'absentait pour trop de temps du foyer paternel. Eût-il même le courage de vouloir devenir ingénieur, qu'il ne pourrait à Rome faire les études nécessaires pour atteindre ce but. La seule carrière intelligente qui lui soit ouverte est la carrière ecclésiastique ; mais combien de jeunes gens s'en sentiront-ils, surtout à présent, la vocation ? Restant jusqu'à l'époque de son mariage comme attaché à la glèbe des devoirs du monde, il en arrivera, comme ce triste héros d'un roman célèbre, au point de sacrifier son honneur et ses vrais devoirs aux sentiments de vanité et de fausse honte, qu'il décorera du nom pompeux de gloire du nom de famille et de décorum.

Les nobles romains ne confient l'éducation de leurs enfants qu'aux soins des ecclésiastiques, soit que cette éducation doive se faire à Rome, soit qu'on nourrisse en secret le projet de la faire faire à l'étranger.

Du reste, à Rome, les *meilleurs* instituts d'éducation sont entre les mains des jésuites. Un des plus aristocratiques est le collége Mondragone, à Frascati : il est admirablement situé, jamais la *mal' aria* ne s'y fait sentir et les promenades aux environs sont magnifiques. C'était autrefois une villa seigneuriale dont Vignola fut l'architecte. Vous entrez dans la cour, vaste enceinte sablée : ce ne sont que trapèzes, parallèles, cordes, escarpolettes et mâts de cocagne. De superbes réfectoires bien aérés s'ouvrent au rez-de-chaussée ;

au premier, des dortoirs parfaitement disposés. Dans un autre corps de bâtiment on vous fait voir les salles d'étude : vous entrez, chaque pièce contient cinq ou six pupitres rangés le long des murs; sur chacun d'eux s'étalent les livres d'étude des jeunes élèves : recueils et anthologies littéraires progressives; en latin, quelques morceaux de Tite-Live et de Cicéron, fort peu de Sénèque et point de Suétone; en italien, les sermons de Segneri, quelques chants choisis et épurés du Dante, absence complète des modernes, y compris même Manzoni; ce sont ensuite quelques résumés historiques et géographiques *approuvés,* puis des traités scientifiques en italien, dans lesquels la physique se présente à l'esprit sous la forme d'expériences divertissantes, et la géométrie se déduit tout entière de quelques axiomes, du reste irrécusables, que l'on vous fait admettre au commencement. Les pages les plus importantes de tous ces recueils sont marquées par des images du sacré cœur de Marie ou de saint Joseph, et une délicieuse petite chapelle avec son autel et des vases de fleurs en miniature surmonte chaque pupitre. Vous voyez là aussi des *ex-voto* et quelquefois un sonnet en l'honneur de saint Pierre ou des vertus de Pie IX, signé du nom illustre d'un *principino* de quinze ans.

Les bons Pères sont d'une politesse exquise, d'une amabilité extrême, ils ne vous font même pas grâce des cœurs d'argent et des chandeliers de la chapelle, dons d'une main pieuse. Ils vous font promettre que vous reviendrez bientôt les voir, et ne regrettent qu'une chose, c'est de ne pouvoir vous montrer la charmante villa de la Ruffinella (1), qui

---

(1) Ancienne propriété des princes de Carignan, léguée aux Jésuites par un testament. Ce testament fut attaqué par Charles-Albert devenu roi de Sardaigne; on ne put l'empêcher de gagner le procès et de transmettre la villa à Victor-Emmanuel II, son successeur.

les avoisine et dont ils auraient fait si volontiers un collége.

Tout est calme et tranquillité dans ces pieux asiles ; là point de cris discordants, point d'applaudissements aux maîtres, comme dans les universités ! A quoi servirait cette émulation envieuse, cette ambition de grand concours de la jeunesse des lycées ? — Est-il besoin de se lever avant l'aurore et de pâlir sur des traités de six cents pages ? — Quelle nécessité cruelle pourrait forcer le petit-neveu des papes à s'embarrasser la mémoire de formules et de dissertations ? — N'en saura-t-il pas toujours assez pour vérifier l'exactitude des payements de ses fermiers ? — Des connaissances militaires, qu'en ferait-il ? l'époque des guerres n'est-elle point passée ? — Les études géographiques et commerciales, à quoi bon ? Pourra-t-il voir au monde une ville qui lui offre le spectacle de Rome ? Le sol de ses vastes possessions n'est-il pas assez fertile ? — De retour dans sa famille, il apprendra à danser et à monter à cheval, et son éducation sera complète, car bientôt il sera le plus brillant cavalier des chasses à courre, le plus élégant danseur des fêtes de la saison.

Il n'y a que fort peu de princes romains, récemment alliés aux plus illustres familles de l'aristocratie anglaise ou du faubourg Saint-Germain, qui puissent obtenir la faveur de faire élever leurs enfants à l'étranger. La France est alors choisie de préférence, et l'on trouve bien vite, aux environs de Paris, quelque établissement recommandable, dirigé par les pères jésuites, ou tout au moins par des ecclésiastiques libres, le moins gallicans que possible.

En France, le *système* est encore le même ; mais il est cependant beaucoup moins rigoureusement appliqué. Les impressions que l'on s'efforce d'abord de faire naître dans l'esprit des jeunes élèves y germent beaucoup plus difficilement, car le vent de la grande capitale, qu'ils ont traversée avant d'entrer au collége, y a déjà jeté quelque graine perdue qui se développera d'autant plus vite que les sorties seront plus fréquentes. Comment, du reste, supprimer les sorties, quand elles constituent précisément la récompense du travail et de la bonne conduite ?

Il faut rendre cette justice aux colléges ecclésiastiques français, que les études y sont assez bien réglées, et beaucoup plus fortes que dans les colléges italiens ; aussi est-il plus que probable, si l'élève s'est tant soit peu appliqué aux études et n'a mérité qu'un petit nombre de punitions, qu'il aura acquis au bout de cinq ans un fonds de connaissances sérieuses. Après cela il quittera le collége, et pour peu qu'avant de rentrer à Rome, il cède à la tentation de pousser une pointe dans la région des plaisirs faciles et de la littérature condamnée par la congrégation de l'Index, il se promettra bientôt *in petto* d'adorer ce qu'il avait brûlé et de brûler ce qu'il avait adoré jusqu'alors. Le voici revenu dans son pays natal ; s'il n'est point tout d'abord subjugué par l'amabilité intéressée de la princesse *** et ses vendredis dansants ; s'il ne perd point la tête aux réceptions de l'ambassade d'Autriche, agréable cohue de princesses resplendissantes comme des idoles hindoues, et de cardinaux éclatants comme des gardes anglaises, son mauvais naturel l'aura décidément emporté, et désormais on le comptera au nombre des *suspects*. Mais sa famille possède le plus beau palais du corso, la plus belle villa des environs, et l'on doit des ménagements au descendant, même dégénéré, d'une illustre race. D'ailleurs, n'en a-t-il pas infiniment lui-même ? Ne fait-il pas l'amour comme tous les jeunes désœuvrés de Rome, passant et repassant cent fois par jour sous la même fenêtre ? Sait-on après cela qu'il a des amis inconnus à tous, mais qu'il reconnaît, lui, à certains signes? S'aperçoit-on qu'ils échangent quelques mots tout bas dans un club de courses ou dans une salle d'armes ? Mais prenez-y garde ! plus tard on se rassemblera, on se comptera, on parlera au peuple, on créera au gouvernement l'*opposition*, et l'on jettera bientôt de l'eau bouillante sur le manteau de glace de l'inertie populaire.

Voilà pour les jeunes gens de l'aristocratie; quant aux hommes mûrs, Rome peut se vanter d'en contenir toute une génération qui, certes, ne rêve pas de siéger un jour au sénat du royaume d'Italie.

Un tel, le prince X..., riche à millions, prince et banquier, ne voudrait à aucun prix se compromettre; un autre, le duc V..., de simple boulanger devenu dix fois millionnaire, place aujourd'hui ses écus sous la protection de la mitre; celui-ci, le prince Z..., recevant chaque année une assignation aussi inutile que régulière, perdrait tous ses biens dans un procès si l'on inaugurait à Rome l'ère de la liberté (1); celui-là, le prince U..., engraissé, ainsi que le prince T..., par un népotisme tout récent, hésite encore à sacrifier la poule aux œufs d'or.

Il est malgré cela des nobles pleins de courage qui, appelés à de hautes fonctions municipales, osent demander une garde urbaine au gouvernement, et parlent au peuple un langage aussi noble que les lettres S. P. Q. R. qui surmontent leurs proclamations. Il y a aussi des princes artistes, littérateurs, plus spirituels que des journalistes, et plus aimables encore que spirituels, vivant, hélas! confinés au fond de leurs palais, et abandonnés parfois par leurs familles durant les maladies les plus graves, pendant lesquelles on exile leurs médecins particuliers (2).

---

(1) Le marquis Bolognetti-Cenci, descendant de Beatrice Cenci, condamnée à mort et spoliée de tous ses biens par le pape Paul V, qui les donna à sa propre famille, envoie chaque année une assignation pour procès au prince Z... Cet usage existe dans les descendants des Cenci depuis la spoliation.

(2) Fait récemment arrivé au duc de S...

IV

Si l'on enjoignait à un architecte qui n'a établi que très-peu solidement encore les fondations d'un édifice d'en poser au plus vite le toit, sans lui laisser le temps d'achever complétement aucun des étages, son premier soin devrait être d'étayer sa construction avec des barres de fer puissamment forgées, pour pouvoir au moins pour quelque temps en assurer l'équilibre et en conserver la stabilité.

C'est là précisément ce qui advint au grand édifice européen.

A peine le régime féodal se fut-il établi sur les débris de la colonie romaine, qu'à la fois, de tous les points de l'Europe, on vit sortir de terre la colonnade hardie des monarchies absolues; mais ici les fondations n'étaient pas assez bien assurées et les colonnes s'abaissaient, là on les entamait à coups de pioche, plus loin on négligeait même de les achever; n'importe, la main fiévreuse de l'humanité superposait déjà à ce portique chancelant l'architrave téméraire de la monarchie constitutionnelle, s'impatientant encore que l'édifice ne fût point déjà couronné par la souveraineté populaire.

La clef de voûte qui sauva ce Panthéon branlant fut l'influence de la bourgeoisie.

Née dans les villes par le travail et l'association des individus, elle se fit d'abord le rempart de la royauté naissante contre les attaques des grands vassaux et devint plus tard le bouclier qui protégea la démocratie chancelante encore contre les coups du pouvoir royal devenu excessif et illimité. Dans tous les pays où la bourgeoisie s'écarta de ce rôle, il reste encore à reconstruire tout un côté de l'édifice social.

En Italie, le grand *carroccio* municipal, toujours faiblement soutenu contre les empereurs souverains étrangers par les papes, qui, s'appuyant sur lui, auraient pu devenir souverains nationaux, fut bientôt renversé dans la fange et brisé par mille aventuriers ambitieux. Ces derniers, après en avoir dispersé les débris souillés dans toutes les villes de la péninsule, exploitèrent au profit de leur tyrannie les vains efforts qu'elles firent durant tout le moyen âge pour se les arracher l'un à l'autre.

Alexandre III, abandonnant la ligue lombarde à la fureur de Frédéric Barberousse, rejette loin de lui l'arme redoutable qui aurait pu assurer la constitution de l'Italie unie sous les successeurs de saint Pierre. Le but manqué une première fois, l'arme devenait inutile ; mais pour qu'elle ne servît point à d'autres, les papes cherchèrent d'abord à en émousser le tranchant, et, n'ayant point assez de force pour en briser la lame, ils la laissent aujourd'hui se consumer par la rouille.

Il est inutile que nous nous étendions ici sur les persécutions que le gouvernement pontifical fit subir de tout temps à la bourgeoisie de ses États. Diviser pour régner, telle fut la maxime qu'il appliqua dans cette guerre ; aussi pendant qu'il conférait des titres de noblesse aux plus riches bourgeois pour les enrégimenter de force dans le nombre des *dévoués*, sa main inexorable cherchait à replonger dans le gouffre de la misère tous ceux qui s'efforçaient d'en sortir par le travail courageux et l'assiduité persévérante. Il nous suffira de jeter un rapide coup d'œil sur la bourgeoisie de Rome pour nous assurer de l'état de torpeur dans lequel y végète aujourd'hui improductive cette force vive des nations modernes.

« Les terrains de la campagne de Rome, dit Massimo d'Aze-
« glio dans ses Mémoires, appartiennent tous aux familles
« nobles, aux églises et aux congrégations religieuses. » A
la bourgeoisie restent donc les emplois du gouvernement, le
commerce, les professions libérales, le fermage des grandes
propriétés et l'industrie.

Il est évident que dans tout gouvernement théocratique,
l'ecclésiastique devra avoir le pas sur le laïque dans les
emplois ; du reste à Rome ces emplois sont fort mal ré-
tribués. Personne ne peut arriver à un emploi sans un
protecteur, le protecteur y est une condition *sine qua non*
d'existence. « Il en faut un pour se faire rendre justice,
« pour toucher son revenu, pour conserver son propre
« bien. — Ce pays peut être comparé à l'Orient, avec cette
« différence que ce n'est pas la force, mais l'adresse qui
« mène les choses. L'homme habile et bien appuyé peut
« tout obtenir, et alors la vie devient un long combat sous
« terre, où l'on se mine et se contre-mine par des manœuvres
« savantes et des chausse-trappes creusées dix années à
« l'avance (1). »

Le commerce, qui est complétement à la discrétion du
gouvernement, constitue un monopole dont il n'enrichit que
ses créatures. L'exportation est presque nulle. Les droits
sur l'importation des produits varient suivant la malléabilité
des tribunaux ; tout dépend de la façon dont *est noté* le commerçant. Aussi tel marchand d'estampes qui vendra des
photographies du monument de l'Immaculée Conception
sera-t-il tout spécialement recommandé aux étrangers dans
les Guides, et pourra bientôt, grâce à sa nombreuse clientèle,
occuper un magnifique magasin place d'Espagne. Il en est

---

(1) H. Taine, *Voyage en Italie*.

de même de toutes les branches du commerce. Les petits boutiquiers, en revanche, sont la plupart libéraux et parlent avec attendrissement du bastion Saint-Pancrace qu'ils ont défendu en 1849; mais s'ils en parlent trop haut, on cherchera le moyen de leur faire faire de mauvaises affaires, et l'on y parviendra sans doute beaucoup plus facilement que naguère encore avec un orfévre célèbre dont les sérieuses connaissances égalent le patriotisme.

Parmi les professions libérales, celle d'artiste est la plus ambitionnée et la plus facilement obtenue. L'existence de sculpteur est pleine de séductions, mais il faut avoir des commandes, car le désordre de la vie d'artiste et la *traite des blancs*, largement tolérée du reste, pourvu que l'on en cache les crudités derrière quelque billet de confession, exigent des rentrées de fonds assez fréquentes. Aussi, pour attirer les étrangers, la statuaire emploiera-t-elle les couleurs pour obtenir des effets nature comme au temps du Bas-Empire; ou bien, passant immédiatement du plaisant au *sévère*, le sculpteur s'appliquera-t-il à copier les mièvreries du Bernin; et bientôt, grâce à la protection du valet de chambre ou du barbier de quelque cardinal, il sera admis à écorner, lui aussi, les deux cent mille francs que donnent chaque année les fidèles de l'Europe entière pour les embellissements de l'église de Saint-Paul hors les murs.

La peinture (excepté les fresques), la musique et la poésie offrent encore beaucoup moins de ressources; aussi, s'il n'y a presque point de sculpteurs libéraux, trouve-t-on, en revanche, assez de peintres, de musiciens et de poëtes qui le sont à l'excès.

Il n'y a pas jusqu'au métier de *librettiste* qui ne soit un métier difficile, dans un pays où la main prévoyante d'un monsignore allonge la jupe des danseuses et couvre de ratures jusqu'aux titres même des opéras célèbres (1). Les acteurs eux-mêmes sont condamnés à l'amende *s'ils sont trop dans leur rôle*; — il est vrai cependant qu'ils subissent exactement la même condamnation dès qu'ils en sortent : ainsi, récemment, un *buffo* fut vertement tancé par le monsignore préposé aux théâtres pour avoir osé substituer à quelques mots qu'il devait fredonner dans un récitatif les premières cadences de l'hymne de Garibaldi. La chose avait fait scandale..... d'applaudissements. « Je ne croyais certes pas, lui répondit-il, qu'il en adviendrait ainsi, car à Bologne j'ai essayé, dans la même circonstance, de l'hymne de Pie IX, et l'on m'a couvert de sifflets. »

Personne à Rome ne peut s'adonner aux sciences, voire même aux sciences exactes, sans être immédiatement tracassé par les visites domiciliaires, sous prétexte qu'il cache des livres politiques ou recèle des gravures obscènes. Les professeurs des universités sont la plupart des ecclésiastiques, et leurs appointements sont peu tentants. La médecine, la jurisprudence, l'économie politique, tout est dans l'enfance. Veut-on aller chercher des connaissances à l'étranger, on en est le maître; mais bientôt on tirera sur vous le verrou de l'exil, car, sous un gouvernement théocratique surtout, nul ne doit être prophète dans son pays.

Les nobles romains donnent généralement à bail leurs

---

(1) C'est ainsi que *la Forza del destino* de Verdi s'appelle à Rome *Don Alvaro*, — *il Birrajo di Preston* de Ricci, *il Liquorista di Preston*, — *la Norma, la Sacerdotessa d'Irminsul.* — Pourquoi? On n'a jamais pu le savoir.

Se pourrait-il que la bière fût une boisson plus révolutionnaire que les liqueurs, bien que fabriquées également en Angleterre? Dans tous les cas, le titre de *Norma* aurait pu être conservé, il a au moins le mérite de ne pas compromettre le clergé... sur les affiches. Il est vrai qu'à Rome le clergé ne se croit pas compromis en se montrant dans les théâtres.

grandes propriétés aux fermiers de campagne. Ce fermage constitue une spéculation pour ceux auxquels il échoit, et il faut des moyens pour savoir en tirer parti. Le paysan quelque peu instruit peut devenir fermier de campagne (*mercante di campagna*); il lui suffit alors, pour faire fortune, de sous-louer assez cher aux pâtres napolitains les prairies qu'il a louées lui-même pour un prix fort minime. On peut gagner des millions à ce jeu innocent, et l'on voit à Rome des fermiers de campagne enrichis qui raisonnent, font bâtir et ne désirent rien tant qu'une révolution qui les mette à la tête des affaires municipales. Pourvu qu'ils sachent refuser les titres de noblesse que leur offrira le gouvernement pour se les attacher, ils deviendront en peu de temps les vrais chefs de la bourgeoisie intelligente.

Quant au reste de la bourgeoisie romaine, tous ces moyens de subsistance deviendraient bientôt insuffisants si elle n'avait recours, en dernière instance, aux expédients et à l'industrie des métiers inédits. La première de ces nobles professions est celle d'entremetteur des affaires arrêtées dans les bancs de sable des congrégations et des chancelleries. Pour bien l'exercer, il est nécessaire de connaître tout et tout le monde, d'être au courant de toutes les intrigues, de tous les secrets, des influences et des aboutissants. Il ne faut pas non plus ignorer les amours, les haines et les jalousies, et faire marcher tous ces rouages pour mener l'affaire à bonne fin. — Restent encore le jeu, la loterie, la spéculation sur les denrées, l'usure et la contrebande. Chacun ne pense qu'à jouir, *a godersela*, et répugne essentiellement au travail. Un employé à cent écus par mois ne pourra se passer de ces moyens, qui lui permettront de loger dans un appartement convenable, de louer une voiture au mois, une villégiature à la saison, et d'avoir pour sa famille une demi-loge à Tordinona avec l'étalage de toilettes nécessaires pour y faire figure.

L'économie devient alors impossible ; on ne pense point à doter les filles, et le jour où le chef de la famille vient à manquer, tout ce luxe s'écroule comme un château de cartes, et l'on tombe sans aucune transition de la prospérité dans la misère.

Cet appauvrissement exerce une influence pernicieuse sur le caractère des individus : les plus honnêtes s'habituent aux transactions avec la morale et laissent s'émousser la délicatesse des sentiments et la rectitude de l'esprit ; pour eux l'arbitraire devient une loi, la servilité et la ruse une nécessité, l'indifférence et l'égoïsme une condition d'existence.

« L'effet général du gouvernement est déprimant ; l'homme
« est plié aux bassesses, il est habitué à trembler, à baiser
« la main de l'ecclésiastique, à s'humilier de génération en
« génération, la fierté, la force et la résistance civile ont été
« extirpées comme de mauvaises herbes. Un type de cet état
« d'esprit est le *Cassandrino* des anciennes marionnettes ;
« c'est le laïque accablé, affaissé, qui a pris parti de rire de
« tout, même de lui, et qui, arrêté par les brigands, se laisse
« dépouiller en plaisantant, leur disant : « Vous êtes des chas-
« seurs. » Amère bouffonnerie, arlequinade volontaire qui
« aide à oublier les maux de la vie. Ce caractère est fréquent ;
« le mari résigné, avili, subit le bonheur de sa femme. Sa
« part faite, il se promène, va prendre au café sa tasse de
« trois sous, regarde le temps qu'il fait et se donne le plaisir
« d'étaler dans les rues le drap neuf de sa redingote. Un
« Romain, une Romaine, mettent sur eux tout l'argent qu'ils
« gagnent ou qu'on leur donne. Ils se nourrissent peu et mal,
« mangent des pâtes, du fromage, des choux, du fenouil ;
« point de feu l'hiver ; leurs meubles sont misérables, tout
« est pour l'apparence. On voit dans les rues, au Pincio,
« quantité de femmes en superbes manteaux de velours, une
« foule de jolis jeunes gens, frisés, en gants neufs ; le dessus

« est pimpant, reluisant, frais, mais n'allez pas jusqu'au
« linge.

« On se demande à quoi tous ces jeunes gens passent leur
« temps. — A rien ; la grande affaire dans ce pays est d'a-
« gir le moins possible. Le jeune Romain s'habille le mieux
« qu'il peut et va passer sous une certaine fenêtre. — Cela
« dure des après-midi. — Il se promène ensuite sur le Corso,
« — suit les femmes, — sait leur nom, leur petit nom,
« leur amant, tout le passé et le présent de leurs intrigues.
« — Il vit ainsi la tête remplie de commérages. Du reste, à
« ce métier l'esprit s'aiguise et devient perspicace. — Entre
« eux, ces jeunes gens sont souriants, polis, complimenteurs,
« mais dissimulés, toujours en garde, occupés à se supplan-
« ter et à se jouer de mauvais tours.

« A côté de la paresse fleurit l'ignorance, comme un char-
« don à côté d'une ortie. On me cite une famille qui vit dans
« deux chambres et en loue cinq autres. — C'est là tout leur
« revenu. Des quatre filles, une seule est capable d'écrire
« une note ; on l'appelle la savante (*la dotta*). Le père et les
« fils vont au café, boivent un verre d'eau bien claire, lisent
« leur journal, voilà leur vie.

« Nul avenir pour un jeune homme ; il est tout heureux
« d'obtenir dans la daterie ou ailleurs une place de six écus
« par mois ; — ni commerce, ni industrie, ni armée ; beau-
« coup se font moines, prêtres, pour pouvoir un jour vivre
« de leurs messes.

« Tout le monde s'accommode pourtant à cette vie qui nous
« semble si réduite et presque morte. Faute de lectures et
« de voyages, les Romains ne font pas de comparaisons et
« de retour sur eux-mêmes ; les choses ont toujours été ainsi.
« elles seront ainsi toujours. — Une fois acceptée, cette né-
« cessité ne paraît pas plus étrange que la *mal' aria*. D'ail-
« leurs, ne vit-on point à très-bon marché ? Un ménage qui a

« deux enfants ne dépense pas plus de 2,500 francs. On
« peut sortir en casquette, en habit râpé; personne ne con-
« trôle autrui, chacun songe à prendre du plaisir; les fre-
« daines sont tolérées. Ayez votre billet de confession, fuyez
« les libéraux, faites preuve de docilité et d'insouciance, vous
« trouverez le gouvernement patient, accommodant, d'une
« indulgence paternelle. Du reste, on n'est point exigeant en
« fait de bonheur : une promenade le dimanche, en bel habit,
« à la villa Borghèse, un dîner dans une *trattoria* à la cam-
« pagne, voilà une perspective qui défraye leurs rêves pour
« une semaine. Ils savent flâner, bavarder, se contenter du
« peu qu'ils ont, savourer une bonne salade fraîche, jouir
« d'un verre d'eau bien pure dégusté en face d'un bel effet
« de lumière. De plus il y a chez eux un fond de bonne hu-
« meur; ils croient qu'il faut passer son temps agréablement,
« que l'indignation inutile est une sottise, que la tristesse
« est une maladie; leur tempérament va vers la joie comme
« une plante vers sa fleur (1). »

Y a-t-il encore quelque ressort moral? On peut en douter, car le gouvernement a bien gâté l'homme. La classe bourgeoise est excessivement intelligente, calculatrice et rusée, mais non moins égoïste; — jamais à elle seule elle n'aura l'initiative de risquer quoi que ce soit pour la cause commune. Le courage dérive en grande partie de l'éducation, et là on croupit encore dans l'ignorance. Les seuls fermiers de campagne enrichis — il n'y en a qu'un fort petit nombre, — classe plus intelligente et essentiellement indépendante, pourront s'allier un jour aux rares nobles plus avancés pour essayer de répandre, de concert avec le peuple, les premières lueurs de l'intelligence et les lumières de la raison.

---

(1) H. Taine, *Voyage en Italie.*

V

Un journal humoristique illustré, fort spirituel, qui se publie à Turin, représentait allégoriquement, dans une gravure récente, l'unité de l'Italie par un banquet auquel étaient conviés et attablés les différents *masques* des villes de la Péninsule. C'était, pour le Piémont, *Gianduja*, le bon bourgeois de Turin ou de Coni, dévoué à ses principes et à la dive bouteille; pour Naples, *Pulcinella*, le lazzarone insouciant de Santa-Lucia; dans un autre groupe on distinguait *Meneghino*, petit industriel de Milan, bon vivant et sentencieux, fraternisant avec *Stenterello*, le Florentin loquace et frondeur.

Cette idée, puérile en apparence, est plus profonde qu'on ne le pense. C'est bien en effet la petite bourgeoisie et le peuple des villes qui ont été les promoteurs du mouvement italien actuel. Milan, Bologne, Ferrare, avaient eu leurs barricades contre l'étranger avant que le calme et le bon sens de leur population ne vinssent décider de leur constitution en parties intégrantes d'un grand État indépendant. Dans ce mouvement, le peuple des campagnes est toujours resté neutre, et s'il ne devint pas hostile comme il l'est encore dans quelques provinces où les villes sont clair-semées, ce fut tout ce qu'on put obtenir de lui : agricole et dévouée au sol, cette partie de la population ne pouvait guère aimer les changements.

A Rome, on a beau faire des recherches, parcourir les jours de fête les faubourgs et Transtevere, la *maschera*, le type populaire, ne peut point encore se préciser. Malgré l'énergie naturelle à l'homme du peuple, malgré les gloires de la villa Pamphili et du bastion Saint-Pancrace, le creuset de la solidarité d'intérêts n'a pu encore fondre les haines et les rivalités de maîtrises et de confréries qui divisent la classe industrielle et commerçante.....

Dans cette masse grouillant en haillons dans des taudis impossibles à décrire, le principe moderne le plus fécond en conséquences, celui de la liberté d'association, a jeté de profondes racines.....

Parmi ces confréries, ces associations, il en existe de vraiment curieuses à observer. Ainsi, pour la partie de Rome habitée par les étrangers, ce sont les cochers, classe polie, obligeante, libérale, respectueuse et familière à la fois; les *facchini* du port de Ripetta, aux formes athlétiques et au cœur de bronze, se laissant quelquefois emprisonner et condamner aux galères plutôt que d'avouer qu'ils ont soustrait à la surveillance de la douane des envois destinés au comité national; les pompiers, montant une garde d'honneur au palais de leur colonel le duc de S..., expérimentés, habiles et dévoués.

De l'autre côté du Tibre, les *San-Pietrini,* ouvriers attachés aux réparations de la basilique de Saint-Pierre, largement salariés et partant se courbant avec une conviction fanatique sous la main qui les nourrit; les *selciajoli* (paveurs) et les *carrettieri di vino* de Transtevere, exclusifs, jaloux de la pureté de leur sang, et repoussant même le moine quand il cherche à s'introduire dans leurs familles. Ils ne se marient qu'entre eux, et ces mariages, condamnés généralement comme peu profitables au sang, ne le sont peut-être que pour la classe aisée et plus énervée de la société, car, à voir les Transtéverins, on les prendrait pour les vrais descendants des légionnaires romains. Malgré leur rudesse et leur ignorance, leur aspect a quelque chose de fier et de calme tout à la fois : on ne voit point parmi eux de gens obèses; tout est muscles et vigueur; ils se posent, se drapent avec un air de grandeur que l'on retrouverait difficilement à Rome dans les classes plus élevées de la société. Si vous les traitez bien, ils sont polis et obligeants ; si vous leur montrez de la fierté, ils se souviendront de suite qu'ils sont les derniers vestiges d'une race qui a subjugué le monde. Avec toutes leurs passions, ils ont pourtant de la bonhomie dans les mœurs ; c'est ainsi qu'ils permettent aux peintres étrangers de venir, les jours de fête, dans leurs *osterie*, esquisser les belles têtes de leurs femmes ; mais gare aux coups de couteau s'ils veulent s'aventurer davantage. Comme les anciens Romains, ils ont la passion des spectacles et des jeux de hasard : la loterie (*lotto*) les ruine, et si une musique militaire joue dans une promenade publique, ils courent se grouper autour des musiciens. Quant au prêtre, ils le considèrent comme revêtu d'un caractère sacré, bien qu'ils le repoussent dans d'autres circonstances, et le pape, passant dans Transtevere, ne manque jamais d'y être acclamé par la population.

Toutes ces confréries se détestent comme au moyen âge et habitent des quartiers de la ville asez éloignés les uns des autres. N'ayant entre elles aucun contact, il serait difficile, au cas d'une révolution à Rome, de les faire marcher de front ; elles se soulèveraient certainement, mais les unes contre les autres.

L'énergie domine aussi dans le caractère des populations de la campagne, qui descendent en droite ligne de ces anciens Samnites que Rome républicaine eut autrefois tant de peine à dompter. Le mendiant se drapant dans ses guenilles et ayant toujours l'air de poser devant un peintre ou un sculpteur ; le berger à cheval, chaussé de guêtres de cuir, armé d'une longue pique et chassant devant lui de longs troupeaux de buffles ; le laboureur, qui fait cinq ou six milles à pied pour se rendre à son travail, respectueux envers son maître, le tutoyant toujours comme dans la langue primitive, poussant le dévouement jusqu'à se charger de sa vengeance, et ne reculant pas même devant le meurtre, sont autant de types que l'on rencontre dans la campagne romaine.

C'est en laissant se développer jusqu'à l'excès cette énergie sauvage que le gouvernement a cherché à démoraliser cette race, une des plus guerrières de l'Italie ; peut-être ne serait-il jamais arrivé à la dominer par un régime répressif.

Le premier principe qu'il a proclamé a été la réhabilitation possible du forçat. Aucun gouvernement ne peut se maintenir devant l'opinion publique sans des bagnes pour les malfaiteurs, le gouvernement pontifical en a donc comme les autres. Un homme qui a tué son semblable pour venger une offense, ou commis tout autre méfait de ce genre, est condamné aux galères à vie ; mais l'année suivante une grâce du saint-père le comprend dans le nombre des condamnés à terme ; puis l'année d'après, s'il se conduit apparemment bien au bagne, on lui diminue la peine d'un an ; s'il est intelligent, s'il a contracté des habitudes de travail, on l'enverra travailler plus tard à quelques fouilles, et sa grâce arrivera pendant ce temps, car il sera toujours régulièrement confessé. Il reviendra donc dans son village, sera *la persona colta del paese*, gagnera en considération et inspirera de la crainte à tout le monde. Il pourra même un jour aspirer aux emplois publics. C'est là, comme on le voit, un apprentissage qui devient presque désirable pour qui vit ignoré.

Mais ce n'est pas tout, et le forçat libéré a encore le choix : si la vie errante de la montagne lui sourit davantage, il pourra tenter la carrière nomade du *capo banda*, descendre dans les villages les jours de foire, redresser les torts à sa manière, et, décoré du nom de *bravo giovinotto*, traiter avec le gouvernement de puissance à puissance.

Si le colon pauvre de *l'agro romano* désire timidement de devenir un jour un forçat libéré, dans ses moments d'exaltation il rêve l'existence du *capo banda*, le forçat émancipé de la justice.

Il y a enfin un troisième moyen de démoralisation, c'est le manque d'encouragement au travail. Bien des sociétés se sont présentées pour assainir la campagne romaine en y plantant des forêts, en y faisant des travaux d'irrigation, en la sillonnant de chemins et de canaux. Le gouvernement a toujours entravé les concessions, et si, mis au pied du mur, il les a octroyées, il n'a pas manqué en même temps de semer la défiance parmi les populations, de telle sorte que les sociétés ont dû faire venir les travailleurs des Romagnes ou des Abruzzes, et que le paysan romain a continué à croupir dans la misère.

En face de ce système aussi savant que pervers, le peuple des campagnes est resté sans défense. « Le gouvernement
« apparaît à ces gens comme un être fort qu'il faut se con-
« cilier, et la vie comme un combat dans lequel il faut se dé-
« fendre. En fait de religion, leur imagination italienne ne
« comprend que les rites; les pouvoirs célestes, comme les
« pouvoirs civils, sont pour eux des personnages redouta-
« bles dont on évite la colère par des génuflexions et des
« offrandes. En passant devant un crucifix ils se signent et
« marmottent une prière; à vingt pas de là, quand le Christ
« ne les voit plus, ils recommencent à blasphémer. — Avec
« une pareille éducation, on juge s'ils ont le sentiment de
« l'honneur et si, en matière même de serment, ils se croient
« astreints à quelque chose. — Dans l'état de guerre, la sin-
« cérité est une duperie : pourquoi donner des armes à qui
« veut nous combattre (1)? » La *mal'aria* ayant pour conséquence de réduire les populations à l'état nomade, rien ne les attache à la terre et partant à la famille et au foyer do-

---

(1) H. Taine, *Voyage en Italie.*

mestique, comme en Lombardie et en Piémont; et quant à la religion, ce n'est que de la frayeur, car comment ne pas craindre le maître de tant de dorures et de belles choses? On n'ose s'adresser directement à lui pour obtenir ce que l'on demande; il faut l'intermédiaire du saint patron, qui intercédera auprès de la sainte Vierge, laquelle obtiendra la grâce sollicitée du divin *Bambino*, et ainsi de suite.

En résumé, à Rome, les mêmes bons éléments existent dans le peuple et la classe industrielle; mais, hélas! l'ignorance tient divisés tous ces membres d'une même famille. Dans les campagnes la démoralisation est complète, grâce au gouvernement lui-même : on n'y trouve partout que la haine du travail et une exaltation poussée jusqu'au fanatisme, malgré les qualités innées de la population.

L'élément populaire ne pourra entrer comme *moteur* dans le progrès de ce pays qu'autant qu'il aura été régénéré par le travail intelligent, et reconstitué sur d'autres bases par la division de la propriété territoriale.

VI

. . . .
. . . .

Pour copie conforme :

OLYMPE AUDOUARD.

REVUE DES SALONS

Dans un moment où l'exposition tourne toutes les pensées vers l'industrie, commençons par en signaler une qui nous appartient de droit puisqu'elle s'exerce dans les salons. — Il y a longtemps qu'elle existe, mais elle prend dans ce moment une telle extension, qu'il est utile d'en parler pour la modérer un peu. Voici la manière de procéder : — Une famille parisienne pauvre ou avare, ce qui revient au même pour le monde, fait la connaissance d'une nuée d'Américains qui viennent à Paris manger de gros revenus ou d'énormes capitaux, — cela ne nous regarde pas. La Parisienne, Mme L*** si vous voulez, car c'est un type dans ce genre, commence par *câliner* les Américains, qui prennent ses amabilités pour argent comptant, les imprudents! Mme L*** leur prouve d'abord que le Grand-Hôtel est trop cher, et leur loue mille francs par mois le rez-de-chaussée de sa maison, qui en vaut à peine quatre cents ; elle fait mettre les deux petites filles dans une pension plus que secondaire, mais qui consent à prendre sa fille, à elle, par-dessus le marché ! Puis elle leur recommande tous ses fournisseurs, qui ne lui donnent pas le cinq pour cent, — elle ne l'accepterait pas, croyez-le bien, — mais qui ne lui demanderont ses notes que quand il lui plaira — et lui plaira-t-il jamais? — Elle leur persuade qu'il faut se faire *une maison*, en commençant par donner des dîners — dont elle fait les honneurs, et enfin elle leur fait donner des fêtes !... Au bas des invitations on met: *De la part de $M^{me} L^{***}$*, ce qui fait que l'on dit : *Je vais avenue de l'Impératrice, chez $M^{me} L^{***}$*...— c'est-à-dire chez des Américains qu'elle patronne! Le jour de la fête on ne salue qu'elle, on ne fait danser que ses filles, on ne met des cartes que chez elle le lendemain; on rend les politesses reçues en l'invitant, et les Américains ont pour toute récompense d'entendre dire : *C'était joli, mais il y avait un peu trop d'étrangers!* — Ceci n'arrive que dans le cas où $M^{me} L^{***}$ leur a permis d'inviter leurs parents et quelques rares amis. Vous avouerez que cela doit leur donner une singulière idée de l'hospitalité parisienne!

Les grands bals ont été nombreux et charmants cette semaine... Les plus remarqués ont été celui de mardi, chez la comtesse de Cossé-Brissac; celui de mercredi, chez la marquise de Champigny ; celui de jeudi, chez la comtesse du Hauvelt; les trois représentations théâtrales chez la comtesse d'Indy, qui ont eu lieu mardi, jeudi et vendredi; le bal de jeunes filles de vendredi chez la marquise d'Aoust, et enfin ceux de dimanche, chez Mme d'Algara, la comtesse de Greffulhe et la comtesse Louis de Mortemart. Rien n'est frais et charmant comme ces bals de jeunes filles. — On dit que les gandins leur préfèrent les bals de jeunes femmes ; mais, au premier coup d'œil, ceux de jeunes filles sont encore plus gais et plus jolis. Il y règne un entrain que l'on ne retrouve pas plus tard. — Les jeunes femmes, même les plus heureuses, ont laissé bien des illusions au seuil de leur chambre de jeune fille, et leur gaieté n'est plus la même. — Et pourtant toutes ces charmantes petites têtes aspirent à se couronner des traditionnelles fleurs d'oranger, et quand elles apprennent le mariage de l'une d'elles, toutes les autres accourent et bourdonnent autour de celle qui devient la reine de la ruche de par le titre qu'elle va acquérir. Ah! l'inconnu, quel charme!... en attendant qu'il devienne souvent quelque chose de trop connu et surtout de trop irréparable! — Tenez, mesdames, ne réfléchissons pas trop là-dessus et revenons plutôt aux joies de la semaine!

Mlle Enella a délicieusement chanté lundi chez Mme Pilté, avec Franceschi. Leurs voix se marient et font ensemble le plus charmant effet. Mlle Enella n'est pas appréciée à toute sa valeur; on a commencé par l'affubler de ce nom disgracieux de *femme ténor*, on a voulu chercher dans sa voix des notes *étranges*, et cela a empêché d'y trouver tout ce qu'elle renferme de sympathique et de mélodieux. Quant à Franceschi, il n'y a plus rien à en dire, et pourtant l'on n'arrivera jamais à peindre ses notes aussi douces et aussi expressives qu'elles sont à l'oreille, ce que le bleu du ciel est à l'œil!

On parle beaucoup *costumes* à propos de plusieurs bals travestis qui sont annoncés ou espérés chez Mme Pilté, chez Mme O'Connel, chez Mme d'Algara, chez la duchesse de Bajana *peut-être*, et dans les ministères.

On en avait annoncé un chez Mme Rimski-Korsakoff, mais elle se trouve trop petitement logée et y renonce pour cet hiver.

Un des jolis costumes annoncés sera une gitana en satin rouge et noir, avec des masses de sequins; une bohémienne de haut parage couverte d'inscriptions et disant à chacun *ses vérités;* un bouquet de cerises en satin blanc, vert et rouge, couvert de fruits, et que l'on se gardera bien de vouloir croquer, de peur de ne plus le retrouver aux bals suivants.

Une étrangère a commandé un costume de reine de France, dont la robe seule est de sept mille francs, sans la coiffure ni les pierreries.

On cite aussi une Chinoise et deux Marie-Antoinnette. Une d'elles doit se faire peindre non pas *dans* son costume, mais *pour* son costume, car on doit peindre sa figure d'après le portrait de Lebrun de la reine martyre.

Cela nous semble pousser l'amour de l'exactitude jusqu'à ses dernières limites!... On annonce aussi plusieurs bals d'enfants costumés, et nous avouons ne rien trouver de ravissant comme ces petites créatures, déjà si charmantes par elles-mêmes et que l'on met à toute leur valeur par leur élégance! — On prépare un *Amour* qui sera *au moins* plus jeune que Mlle Cora Pearl, et qui sera tout français par sa beauté et son accent. — Une jeune mère parle aussi de faire de son baby un Moïse sauvé des eaux; mais ce costume-là nous semble n'exiger qu'une corbeille en forme de gondole, et il nous faudra avoir vu le développement de cette idée pour pouvoir nous en rendre compte.

Les bergères Watteau et les marquises seront nombreuses; mais ce qui va le mieux à ces minois éveillés, ce sont les soubrettes Louis XV et les bouquetières. Les fleurs vont si bien à l'enfance! C'est si joli de voir l'aurore de la vie au milieu des fleurs qui ont l'air de lui sourire comme à l'aurore du ciel! — Laissons-les s'amuser en paix, ces petits anges! Chacun aura plus tard sa part des peines de ce monde, et ils garderont un bon souvenir de ce temps où ils étaient en Amour, en berger, en mousquetaire! Cela sera une étape dans leur mémoire, un de ces points lumineux qui font sourire du passé, quelles que soient les larmes du présent!

Comtesse de Marly.

LA FOIRE AUX FIGURES

II

Champfleury

Avant de s'adonner tout entier au *réalisme*, l'auteur des *Amis de la nature* composa, sans trop de parti pris, des contes qu'il n'est pas inutile de rappeler. Je parle notamment des *Confessions de Sylvius*, des *Noireau* et de *Chien-Caillou*, que M. Champfleury, en les republiant, déclare avoir été écrits « à une précieuse époque de naïveté où tout ce qui sort de la plume semble parole d'Évangile. » Certes, la langue y était déjà traitée avec une étrange familiarité ; les ellipses douteuses, les termes impropres foisonnaient déjà ; mais, en fin de compte, cela avait une certaine grâce du diable et des qualités d'observation qui, outrées plus tard, devaient dégénérer en platitude et en niaiserie. Précieuse *naïveté*, qu'alliez-vous devenir ? M. Champfleury nous apprend que Victor Hugo daigna patronner *Chien-Caillou*, et dès lors, — méritiez-vous une telle ingratitude, ô poëte ? — dès lors, dis-je, germèrent dans l'esprit de cet écrivain naïf les projets les plus ambitieux. Jeune écervelé, il eut hâte de jeter son innocence par-dessus les moulins, et, tout plein d'une présomption comique, rêva de devenir à son tour, lui chétif, un homme-phare, d'avoir *son système*, d'être chef d'école enfin, ni plus ni moins que Balzac ou Victor Hugo.

Restait à trouver ce système.

Il y a dans l'Inde des fakirs qui passent leur vie à contempler leur nombril et qui prétendent par là être fort agréables à Dieu.

Voilà — littérature à part — un système d'adoration superbe de simplicité !

M. Champfleury, lui, imagina autre chose ou plutôt il n'imagina rien du tout, si ce n'est un barbarisme. Je veux m'expliquer.

Il ne faut pas croire que l'étude de la réalité soit nouvelle en littérature. Homère, Sophocle, Térence, Plaute, — Aristote lui-même ! — sont remarquablement réalistes ! Sans parler des anciens, est-ce que Villon, Regnier, Saint-Amand, Scarron, etc., est-ce que Hurtado et Quevedo, l'Arétin et le cardinal Bibbiena — et tant d'autres ! — dédaignèrent jamais la vérité littérale ? Non, cent fois non. Seulement, l'amour de la vérité ne les empêche pas d'être artistes ; à côté du réel il y a l'idéal ; ils emploient l'un comme repoussoir au second, — jamais autrement.

M. Champfleury ne fut jamais un Homère ou un Quevedo. Son défaut de discernement s'opposait à ce qu'il fût capable d'un triage et d'une élimination savante. Il se reconnaissait ignorant et d'imagination stérile, et de plus tout aussi incapable de philosophie que d'idéal. Alors M. Champfleury, qui, on le voit, n'était pas la fleur des champs, — il n'est ni si simple ni si suave ! — M. Champfleury inventa ou du moins proclama qu'il inventait le *réalisme*.

Parbleu ! ce *réalisme* avait l'air de quelque chose ; — d'abord c'était un mot, — quel mot !... Pourtant il y eut des gens qui voulurent aller au fond ; — ils découvrirent que réalisme était synonyme de *rachitisme* et divulguèrent leur découverte. Le prétendu romancier avait agi d'une façon très-simple. N'étant ni savant, ni poëte, ni philosophe, ni romancier, il s'était borné à déclarer que la philosophie, la poésie, le style, l'imagination, étaient misérables; après quoi il s'était écrié superbement : Ευρεχα! Ce système n'est pas nouveau : c'est celui du *renard qui a la queue coupée*; il peut se définir : l'*Art de se faire une réputation avec une infirmité*.

Mais ce *rachitisme,* ou si vous voulez ce *champfleurysme,* M. Champfleury ne l'a même pas inventé.

Je ne vous ai pas encore nommé son vrai, son seul maître. Mon Dieu! il ne fallait pas aller le chercher si loin! L'auteur de *Mademoiselle Mariette*, qui n'est pas bachelier, — je le constate sans lui en faire un crime, — n'a pas vraisemblablement fouillé beaucoup les littératures pour créer sa fameuse manière. Allons! nommons-le tout de suite, ce maître : ce maître fut Restif de la Bretonne, tout simplement. C'est de lui qu'il procède, et non pas, comme il voulait un jour nous le faire croire, de Balzac ou de Stendhal, ces robustes anatomistes qui savaient étreindre la réalité dans ses sommets comme dans ses bas-fonds. Le père des *Bourgeois de Molinchart*, comme celui de *M. Nicolas*, n'a guère dépassé la contemplation ombilicale des fakirs : les cimes lui sont interdites.

Jamais son observation n'a pu s'élever au-dessus du fait trivial et vulgaire.

Aucun souffle généreux n'agrandit ses petites scènes de la vie bourgeoise où le fait se heurte confusément au fait et ne produit jamais d'étincelle. Aucune lumière dans ses tableaux si étriqués, où le grossissement des détails contrarie perpétuellement l'ensemble et brouille tous les plans. Tout ce qui se présente est reproduit indistinctement; l'accessoire devient le principal. Est-ce là la réalité? Allons donc! M. Champfleury me rappelle ce tailleur chinois qui, ayant à faire un habit d'après un modèle européen, en rapporta un avec une tache dans le dos et une pièce au coude conformes à l'original; seulement il décuple le nombre des taches.

Quant au style, quel style! c'est plat, sec, incolore et incorrect. Enfin Restif de la Bretonne, — qui écrivit dans le *Pied de Fanchette* cette phrase baroque : « *Les femmes qui se chaussent à plat comme les infâmes petits maîtres, se pataudent et s'hommassent d'une manière horripilante, tandis qu'au contraire les souliers à hauts talons affinent la jambe et sylphisent le corps,* » — Restif seul eût été capable de trouver ce mot barbare que mes contemporains ont si bravement accepté : le *réalisme*.

Et c'est pourtant grâce à ce mot que cet écrivain, ivre de vulgarité et qui a la *conviction* des gens ivres, a pu passer pour un inventeur distingué. Une fois à la tête de son barbarisme, il a pu s'instituer législateur et maître dans la *république* des lettres, formuler d'un ton rogue les préceptes qui sont en tête de ses *Grandes figures d'hier et d'aujourd'hui*, écrire jusqu'à deux numéros de la *Gazette de Champfleury*, avoir jusqu'à un disciple, M. Duranty, et des éditeurs pour ses innombrables volumes. Voilà donc un bien grand mot et un grand enseignement.

M. Champfleury obtenait il y a quelques mois la direction d'un théâtre de funambules. On sait qu'au mépris du *Bœuf enragé* et du *Songe d'or*, il a essayé de fonder la pantomime réaliste. Ah ! du moins s'il eût pu s'adonner tout entier à ce genre et laisser en paix la syntaxe !

Fortuné Calmels.

CORRESPONDANCE

LETTRE

D'UN ÉPICIER A M. ALBÉRIC SECOND

A Mme Olympe Audouard.

Madame,

Hier j'étais dans le salon d'un homme de lettres, où j'attendais Sa Seigneurie, pour voir d'encaisser une centaine de francs qui m'étaient dus pour sucre, café et autres fournitures.

Sur un guéridon je vis une brochure et m'en emparai, histoire de tuer le temps. C'était la *Revue cosmopolite*.

En lisant le premier article, je vis que vous étiez un peu en mic-mac avec un monsieur du *Paris-Magazine*, et cela pour une vétille : un mot mis pour un autre, une lettre mise en plus, une autre mise en moins. Qu'est-ce que, diable ! ça peut-il bien faire à ce monsieur? — Napoléon le Grand n'y regardait pas de si près.

Enfin, madame, comme j'eus la chance de toucher mon argent, et que j'étais tout satisfait de ce résultat, auquel je suis peu habitué, je résolus d'employer les centimes qui ne m'avaient pas été retenus à acheter un *Paris-Magazine*, pour lire tout au long l'article de M. Albéric.

Vieille habitude, voyez-vous, de voir le fond des choses : quand nous étions jeunes et qu'à la pension on nous donnait des livres corrigés et expurgés par un abbé quelconque, nous n'avions rien de plus pressé que de nous procurer l'édition originale.

Je me déboutonnai donc de trente centimes.

Je n'eus pas à feuilleter pour trouver la prose de M. A. Second ; je la trouvai tout d'abord s'ébattant à la devanture du magasin.

Eh bien! franchement, ce monsieur n'était pas en veine ce jour-là ; car, pour remplir son cornet, il avait pris des épices à droite et à gauche, et cela peu heureusement; enfin, j'ai trouvé qu'il mettait trop de chicorée dans son café, ainsi que nous disons nous autres du métier.

Mais j'ai hâte d'arriver à ce qui motive ma lettre. Voici :

M. Albéric Second vous reproche d'avoir dit que la *Revue cosmopolite* s'occuperait d'art, de science, d'industrie, de commerce et de littérature. Vous auriez dû dire, selon lui : « de littérature, etc., » c'est-à-dire donner le pas à la littérature sur tout le reste.

Cher monsieur Second, on pourrait fort bien vous appliquer la fameuse phrase de Molière, vous savez?

En outre, monsieur Albéric, est-ce que l'utile ne doit pas, chez les gens sensés, passer avant l'agréable?

Je ne veux pas, monsieur, débiner votre métier ; car il vous fait vivre, et n'est pas sot métier celui qui nourrit son homme : le vôtre vous nourrit tout à fait bien, ça fait plaisir à voir.

Permettez-moi cependant, très-honoré monsieur, de vous dire que sans vous et tous les autres de la petite et de la grande presse, le monde tournerait tout de même, et qu'à mon point de vue, — que vous trouverez peut-être bien court, — l'art, la science, l'industrie et le commerce — voire même le boulanger du coin — doivent avoir le pas sur *votre* littérature.

Vous allez me dire que je raisonne comme un épicier. — Dà, monsieur ! — on fait comme on peut.

Tenez, — une supposition, — demain, il y a un tel branle-bas dans Paris, que vous et mon boulanger restez seuls debout. Eh bien, est-ce le boulanger qui courra chez vous, ou vous qui irez chez le boulanger ?

Si ces quelques lignes, madame, pouvaient trouver un tout petit coin disponible dans votre revue, vous me feriez un grand plaisir de les y mettre : après avoir été épicier et garde national, ça me chatouillerait encore d'être écrivain à mon jour.

Veuillez, madame, me croire votre tout dévoué et très-obéissant serviteur.

Auguste ***, *épicier*.

P. S. Si vous publiez ces lignes, veuillez ne mettre que mon petit nom; autrement on pourrait croire que je me fais de la réclame, et, en outre, mes voisins pourraient me gausser.

A Monsieur Charles de B.

J'ai lu avec plaisir, monsieur, votre lettre insérée dans le numéro du 31 janvier de la *Revue cosmopolite*.

Vous critiquez Marseille, mais d'une manière si gaie et avec tant de bienveillance, que je ne puis que vous remercier de votre article. Seulement, permettez-moi de vous dire que votre critique porte souvent à faux et qu'elle est par trop fantaisiste.

Vous dites dans votre lettre à Mme Audouard : « Votre collaborateur — c'est moi, monsieur — assure que cette ville fait peau neuve ; qu'elle a à présent de l'eau pour faire ses ablutions tous les matins. C'est vrai, j'ai vu des fontaines partout ; mais, franchement, il faudrait la robuste imagination du poëte pour parler de *leur eau cristalline et limpide*. » Puis vous ajoutez que vous avez cru que nos fontaines débitaient du chocolat.

Hélas ! non, monsieur, nous n'avons pas ce bonheur qui nous donnerait des déjeuners gratis ; nos fontaines n'ont rien de commun avec celles des contes de Fénelon : elles coulent de l'eau tout simplement, et parfois — trop souvent — de l'eau boueuse.

Sur ce point votre critique est juste, et elle m'effarouche d'autant moins que je suis, comme vous, fort peu disposé à trouver cela charmant, et que dans ma chétive prose il n'est nullement parlé — d'eau limpide et cristalline.

Enfin, monsieur, nous avons dépensé trente-cinq à quarante millions pour avoir de l'eau en abondance : nous en avons. Encore quelques millions et nous aurons, il faut l'espérer, de l'eau toujours claire : de grands travaux se font dans ce moment pour arriver à ce résultat.

En attendant, lorsque par des jours de pluie et d'orage la Durance nous vient trouble, nous filtrons la Durance.

Dans mon impartialité j'accepte votre dire sur nos fontaines, mais je ne puis que me récrier lorsque vous dites que nos marchandes de fleurs « se tiennent dans de mauvaises échoppes. »

Franchement, monsieur, cette phrase pourrait faire supposer que votre séjour à Marseille remonte à quinze ans en arrière, et non pas à quelques jours seulement.

Nos bouquetières ont à leur usage de très-gracieux pavillons en fonte, surmontés d'une élégante marquise soutenue par quatre légères colonnes ; des jardinières en métal reçoivent les fleurs.

Ces petits pavillons, au nombre de seize, sont fort coquets et trouvés tels par tous ceux qui les voient. Dans ce moment on en édifie sept, tout pareils, à la place Paradis.

Si je continue la lecture de votre lettre, je vous vois à la recherche d'un commissionnaire, chose introuvable à Marseille, selon vous.

Comment, monsieur, vous êtes logé au grand hôtel Noailles, et vous sortez pour trouver un commissionnaire ? — Et ceux de l'hôtel !

Je suppose que vous n'en vouliez pas pour un motif quelconque. — Eh bien ! aux allées, à la Cannebière, à la rue Paradis, à la place Royale, etc., vous avez des « salons de toilette » qui ont toujours des commissionnaires à la disposition du public.

Si vous ignorez cela, je suis heureux de vous l'apprendre ; mais, s'il faut vous dire toute ma pensée, je vous soupçonne de n'avoir privé notre ville de commissionnaires que pour motiver votre joli portrait d'une *porteiris*.

Ainsi que vous le dites, monsieur, les maisons de Marseille, sauf quelques-unes, n'ont pas de concierge. Est-ce un bien?

est-ce un mal? Dans cette question on pourrait plaider le pour et le contre. Je m'en abstiendrai pour ne pas rendre cette lettre trop longue, et vous dirai seulement que les diatribes continuelles des Parisiens contre leurs concierges nous font supposer que tout n'est pas roses avec l'institution des portiers. — Une seule réflexion. Ne croyez-vous pas que nos sonnettes sont bien plus discrètes et moins cancanières que vos cerbères mâles et vos viragos femelles?

En finissant, laissez-moi, monsieur, vous remercier de votre jugement sur les Marseillais : « Moins de forme et plus de fond que le Parisien, » dites vous. Je trouve de toute convenance de m'abstenir d'émettre mon opinion là-dessus.

Je serais heureux, monsieur, si vous vouliez bien me faire savoir, par la boîte de la *Revue cosmopolite,* votre plus prochain passage à Marseille : je vous offre de venir partager avec moi — *uno bouiabaisse vo ben un' aioli.*

Espérant que mon invitation, faite de tout cœur, sera acceptée de même,

Je vous salue avec considération.

***

THÉATRES

THÉATRE-LYRIQUE. — Première représentation de *Sardanapale*, opéra en trois actes et cinq tableaux, poëme de M. Beck, musique de M. de Joncières.

D'abord constatons un succès : l'œuvre sérieuse et consciencieuse de M. de Joncières a été accueillie au Théâtre-Lyrique d'une façon sympathique. C'est un succès, pas d'enthousiasme, mais d'estime.

Cet opéra est monté avec soin et interprété d'une façon irréprochable. Mlle Nilsson remplit son rôle de Myrrha avec talent; elle a su plusieurs fois, par la beauté de sa voix et le dramatique de son jeu, faire éclater dans la salle des applaudissements frénétiques.

M. de Joncières paraît appartenir à l'école de Wagner. Son opéra est pur, vierge de toute mélodie; il est parsemé de longs récitatifs, rempli d'accords sonores du milieu desquels la pensée mélodique ne se dégage pas parfaitement. Pendant toute la durée de ces trois actes l'oreille est haletante, attentive ; elle cherche à saisir, au milieu de ces accords parfois harmonieux, souvent trop bruyants, le motif, la pensée : eh bien, elle n'y arrive pas, et elle finit par se fatiguer.

L'ouverture de *Sardanapale* est écrite dans un style large, magistral; c'est une belle page, et qui prouve que M. de Joncières est un compositeur de talent.

Le premier acte est sans contredit le meilleur, les deux autres ont des longueurs et des redites. Le trio chanté par Mlle Nilsson, Monjauze et Cazeaux, a été très-apprécié et chanté avec une rare perfection. Ce trio a emporté les bravos de tout l'auditoire.

Le chant de Myrrha, pendant le festin sardanapalesque, a du brio, et même un brin de mélodie : l'auteur s'est oublié !

Le finale est d'une facture savante, et il indique sinon un maestro de talent, mais un maestro d'avenir. Je suis persuadée que si M. de Joncières avait été moins préoccupé de la pensée de faire une œuvre à part, ayant un cachet original, il aurait fait mieux. Ainsi, il a trop abusé des effets de cuivre qui, pour être d'une originalité parfaite, n'en sont pas pour cela plus agréables à l'oreille.

Quant au poëme, l'auteur ne s'est pas, en vérité, trop torturé l'imagination. A cette histoire de Sardanapale, que tout le monde connaît, il a fait quelques petites variantes, et voilà tout. Par exemple, M. Beck a eu, à mon avis, une idée fort malheureuse en supprimant la scène du rêve ; il me semble que M. de Joncières aurait pu broder quelques fines et élégantes mélodies que Sardanapale nous aurait chantées tout en sommeillant.

Cette pièce est parfaitement montée et l'exécution en est excellente.

On a lu samedi, au théâtre des Nouveautés, *les Joueuses*, une pièce de M. Dutertre. Espérons que, comme pendant à cette pièce, on fera *les Joueurs*.

L'Odéon nous prépare une première, *la Vie nouvelle*, de M. Paul Meurice. Cette pièce sera interprétée par Mmes Jane Essler et Periga, MM. Berton, Miron et Taillade.

LL. MM. l'Empereur et l'Impératrice, après avoir assisté à une représentation de *Maison neuve* au Vaudeville, ont envoyé à Mlle Fargueil un superbe bracelet, en témoignage de leur admiration pour son grand talent. Ce bracelet est, dit-on, d'un goût exquis : c'est un fer à cheval or mat, avec chiffre en brillants.

La Porte-Saint-Martin a un vrai succès avec sa reprise du *Bossu*. Cette pièce fait salle comble tous les soirs. Leurs Majestés Impériales ont déjà honoré deux fois de leur présence cette reprise.

*
* *

Pour samedi était annoncée une première de la pièce de M. Jules Barbier; mais la censure ayant exigé quelques changements, la représentation est retardée de quelques jours.

*
* *

Au Théâtre-Français, le public accueille avec empressement la reprise de *l'Aventurière*. Cette comédie est la meilleure production de M. Émile Augier. Ces quatre actes sont bien charpentés, savamment menés et remplis de brillantes étincelles; c'est une de ces rares bonnes pièces qu'a vu éclore notre siècle.

*
* *

Grand désespoir aux Italiens, grand désespoir parmi les dilettanti! La diva, la charmeresse, l'enfant gâté des peuples de l'Europe, le *Cara Bulbul* des chanteuses, comme diraient les Turcs, la Patti est indisposée. La semaine passée elle n'a pu chanter et à été forcée de se faire remplacer. Du reste, la remplaçante, Mlle Harris, a du talent, et elle a trouvé des applaudissements sympathiques et bienveillants dans la salle Ventadour.

⁂

A propos de théâtre, M. Belmontet a lu l'autre soir, chez M. le comte Walewski, une tragédie en cinq actes, *Fernand Cortez, ou la conquête du Mexique*. Cette lecture a duré près de quatre heures ! Un des heureux auditeurs disait en sortant de cette soirée : « Pourquoi diable n'a-t-on pas convoqué tous les principaux porteurs d'obligations mexicaines ? Ils se seraient consolés en jouissant du charme de cette lecture de longue haleine. »

MAX.

LE TROUSSEAU
DU PETIT SAINT-THOMAS

Oh! si M. Dupin vivait encore et s'il voyait le merveilleux trousseau qui s'étale dans l'exposition du Petit Saint-Thomas, à coup sûr, de la tribune du Sénat, il aurait fait entendre encore un discours bien senti sur le *luxe effréné* des femmes!

Mais M. Dupin n'est plus là pour effaroucher nos belles élégantes, aussi, grande révolution dans le monde féminin ; ce trousseau acquiert l'importance d'un événement, on en parle partout, dans tous les salons on se demande : « Avez-vous vu? »

Mais, chose singulière, c'est que les hommes, eux aussi, vont l'admirer. Ce qui prouve que les femmes ne se laissent entraîner par ce maudit *luxe effréné* que parce qu'elles savent très-bien qu'il plaît aux hommes.

Que vous dirai-je de ce trousseau? C'est l'art dans l'industrie poussé dans ses dernières limites. Il y a là des dentelles qui semblent n'avoir pu être faites si fines, si merveilleuses de dessin, que par des doigts de fée; un volant en point de Venise qui coûte la bagatelle de neuf cents francs le mètre! Il n'en faut que huit ou dix mètres pour une robe! Un autre volant de Chantilly qui a obtenu le prix à l'exposition, quatre cents francs le mètre; enfin un volant point à l'aiguille, dont je ne dirai pas le prix, l'âme de M. Dupin bondirait d'indignation. Ajoutez à cela des barbes, des tuniques, des châles, ensuite quarante robes!

Oui, quarante robes, il y en a en velours, en pou-de-soie, en satin, en taffetas, en paille, en moire; toutes les nuances douces, harmonieuses, s'y trouvent réunies : deux d'entre elles sont des chefs-d'œuvre de patience et de bon goût, l'une est blanche et l'autre est noire; elles sont brodées à la main sur métier.

Cinq cachemires des Indes s'étalent dans cette corbeille; le prix de ces cinq châles formerait une jolie petite fortune.

Eh bien, ce ne sont pourtant pas ces quarante robes, ces cinq châles, et cet amas vaporeux de dentelles qui attirent le plus l'attention des femmes, voire même des hommes. Ce qui excite l'admiration de tous, c'est la lingerie : il y a là des douzaines et des douzaines de... ce vêtement que je ne nomme pas, car les Anglaises crieraient *schoking!* des jupons, des mouchoirs, des corsages, et sur tout cela, le myosotis, le bouton de rose, la marguerite, se marient et s'enlacent, formant des guirlandes capricieuses et fantasques; il y a là le travail de plus d'un an de plusieurs centaines d'ouvriers. C'est un calcul que je me suis amusée à faire; il m'a, du reste, fait faire cette réflexion, que ce luxe n'est pas si répréhensible puisqu'il a nourri tant de pauvres femmes.

En attendant la grande exposition, les flâneurs se portent donc en masse vers le Petit Saint-Thomas, et plus d'une femme revient rêveuse et préoccupée.

M.-G.

LA FEMME EST-ELLE UN INDIVIDU ?

DE L'OPINION QU'ON A DES ÉCRIVAINS.

CE QUE DEVRAIT ÊTRE
LA SOCIÉTÉ DES GENS DE LETTRES.

Un jour, en Provence, que je me promenais le fusil sur l'épaule et que je faisais une guerre meurtrière et sans pitié aux cailles et aux grassets, je me trouvai tout à coup, au détour d'un sentier, en présence du sous-préfet de la petite ville d'A...

« Ah! ah! me dit-il, vous chassez, madame?

— Mais comme vous voyez, répondis-je. » Et, ouvrant mon carnier j'ajoutai : « Vous voyez même que je ne suis point trop maladroite.

— Gageons que vous n'avez pas de port d'armes?

— Certes, pas le moindre.

— Mais vous vous exposez à avoir un procès-verbal, tout comme la comtesse de B... en a eu un l'autre jour.

— Allons donc! m'écriai-je : est-ce qu'on verbalise contre les femmes!

— Certainement, madame, me répondit mon ami le

sous-préfet. La loi n'a pas la moindre tendance à la galanterie, elle ne fait aucune exception en faveur du beau sexe, et dans ses rigueurs elle le confond avec le sexe laid et barbu.

— Je reconnais avec vous que la loi n'a aucune douceur pour la femme, mon cher monsieur, mais elle dit : « *tout homme* pris en fragant délit de chasse..., » et elle ne dit pas *toute femme prise en fragant délit de chasse*...; donc, en vertu de cet oubli, les femmes peuvent chasser impunément.

— Un moment, un moment, madame! Vous auriez peut-être raison s'il en était ainsi, mais la loi dit tout *individu* pris en flagrant délit.

— Ah! ah! Auriez-vous, monsieur, l'impertinence de croire que la femme est aussi comprise dans cette dénomination peu jolie?

— Moi, non; mais la gendarmerie prétend que la femme, tout comme l'homme, est désignée par ce mot *individu*, et lorsquelle rencontre une femme chassant sans permis, elle l'arrête; et les juges étant de l'avis de la maréchaussée, la femme est bel et bien condamnée; exemple : la comtesse de B... a eu cinquante francs d'amende à payer et s'est vu confisquer un très-joli fusil.

— Mais alors, si l'on verbalise contre les femmes qui chassent sans permis, on leur donne sans doute des permis de chasse tout comme aux hommes?

— Parfaitement : l'*individu*, à quelque sexe qu'il appartienne, peut avoir un permis de chasse moyennant vingt-cinq francs, » me répondit le sous-préfet.

Je tenais à mon fusil, qui était tout petit, tout léger, et d'une grande précision; ainsi avertie des dangers que je courais, je m'empressai de prendre un permis de chasse. Je pus du reste me convaincre que la loi représentée par MM. les gendarmes comprend par individu bel est bien la femme tout comme l'homme, car plus d'une fois j'eus à exhiber mon permis.

Mais de cet article de la loi les femmes ne doivent pas se plaindre, puisque, si elles sont soumises aux mêmes charges que l'homme, elles ont les mêmes droits que lui.

L'ancienne loi sur la presse, celle qui nous régissait avant la lettre de Napoléon III, disait : *tout Français qui veut fonder un journal politique, doit obtenir l'autorisation préalable et déposer un cautionnement.* Eh bien! je demande si ce mot *Français*, tout comme celui *individu*, désignait l'homme et la femme? Si moi, femme, j'avais demandé à M. le ministre de l'intérieur l'autorisation de fonder un journal politique, me déclarant prête à déposer mon cautionnement, que m'aurait repondu le ministre?

Car enfin, tout comme dans l'article du Code sur la chasse, il se trouve dans la loi sur la presse un article qui permet aux tribunaux de me condamner si, sans cautionnement, je parle politique dans mon journal. Je suppose donc que puisque pour me punir la justice se sent forte de ce paragraphe du Code, et trouve qu'*individu*, que *Français*, signifie homme et femme, devant les bénéfices de cette même loi il doit en être de même?

Bientôt l'autorisation préalable va être supprimée, dit-on, par la volonté libérale de l'Empereur; tout *individu* qui voudra fonder un journal n'aura qu'à déposer un cautionnement et à se conformer aux lois du timbre. Parfait; la *Revue cosmopolite* pourra donc devenir un journal politique, excepté que l'on me soutienne que la femme n'est ni un *Français*, ni un *individu* : alors je demanderai ce qu'elle est?

Nulle carrière ne devrait, à mon avis, paraître plus digne d'envie que celle des lettres. Personne n'aurait à plus juste titre le droit de s'enorgueillir de sa profession, qui est presque un sacerdoce, que l'homme de lettres ; car pour tenir une plume, pour écrire, pour faire des articles de journaux, de revues, sur n'importe quel sujet ; pour écrire un roman, voire un roman médiocre ; pour être enfin un littérateur, il faut savoir, savoir beaucoup, il faut connaître à fond bien des choses, il faut s'être rougi les yeux à lire toutes les productions de l'esprit, des anciens auteurs et des auteurs modernes. Il faut en un mot, avoir de l'esprit, de l'intelligence et le don de pouvoir exprimer ses pensées, ses observations et donner un corps aux chimères de l'esprit.

Vivre de sa plume, c'est-à-dire des fruits de son intelligence, me paraît beau et noble.

Et pourtant, il faut, hélas ! en convenir, le romancier, le journaliste, ne jouissent pas des sympathies de tous. Pour beaucoup de personnes, *écrivain* est le synonyme homme menant la vie de bohème, se grisant, ayant des notions fort incomplètes au sujet de la délicatesse, de l'honnêteté, brillant par le débraillé des manières joint à celui du costume. Le journaliste surtout est réputé comme dangereux : on le craint, mais on l'aime peu ; on le flatte, mais on s'en tient à l'écart. Bref, *journaliste* est presque devenu le synonyme d'homme peu délicat. Eh bien, franchement, je me suis souvent demandé à quoi tenait cela, car enfin la bohème est morte, bien morte. Dans ce moment-ci, ceux de nos écrivains qui n'ont pas encore un hôtel à eux, ne logent plus dans des mansardes ; il se trouve dans les lettres une foule de personnes parfaitement honorables, ayant les manières de l'homme du monde ; il en est même qui portent des noms que l'on retrouverait dans *d'Hozier*.

Pour mon compte, je connais des journalistes et des écrivains qui sont l'honneur et la délicatesse personnifiées. J'aime la littérature, j'ai un grand respect pour tout ceux qui tiennent noblement et dignement la plume, je trouve que l'aristocratie du talent doit être placée bien au-dessus de celle des écus et même au-dessus de celle du nom. Ce sentiment de réprobation du monde pour les ouvriers constructeurs et ciseleurs de la pensée a toujours fait naître en moi un sentiment de douloureux étonnement.

Mais à quoi tient cette réprobation?

Dans la grande famille des lettres n'y a-t-il pas une foule de gens *purs, intacts?*

Certes, je le répète, il y en a, et beaucoup!...

Y a-t-il dans ce travail de la pensée, dans ce travail d'enfantement moral, quelque chose qui puisse diminuer le sens moral de l'homme qui s'y adonne?...

Non, au contraire, à ce labeur il doit sentir s'élever son âme!...

Alors, est-ce déshonorant de travailler à jeter ses idées sur le papier, à leur donner la vie, à éclairer les masses, à les distraire, à les émouvoir?

Non, la tâche est belle, noble, grande, pour celui qui sait la comprendre.

Mais ce qui cause tout le mal, mais ce qui est cause de tout cela, c'est que la Société des gens de lettres n'est pas organisée comme elle devrait l'être; elle ne comprend pas sa mission, elle ne se préoccupe pas assez de l'intérêt de la famille entière, de la corporation qu'elle représente. Voyez plutôt. Les agents de change, les notaires, les avoués, les imprimeurs, etc., etc., forment eux aussi une corporation; mais on fait subir une sorte d'inquisition, au passé et au présent, à celui qui se présente pour y être admis; il faut, en un mot, qu'il fasse ses preuves d'honorabilité; et lorsque pendant l'exercice de leurs fonctions un de ces hommes faillit à l'honneur, la chambre de sa corporation l'expulse : c'est une brebis galeuse que l'on éloigne du bercail pour préserver les autres !

Mais tout le monde peut se dire homme de lettres, et pour être admis dans la Société des gens de lettres il ne faut prouver qu'une chose, qu'on a écrit deux ou trois volumes ; pas de chambre, pas de conseil pour expulser, preuves en mains, les brebis galeuses. Il en résulte que les bons payent pour les mauvais, que les faute des uns déteignent sur tous.

Pour faire cesser cet état de choses, il faudrait que la Société des gens de lettres formât un conseil choisi parmi les vieux bien connus par l'intégrité de leur caractère, que ce conseil ne donnât le titre d'homme de lettres qu'aux hommes honorables, qu'on fît pour l'aspirant ce qu'on fait pour l'aspirant au notariat par exemple, une enquête sur sa vie, ses antécédents. Il faudrait que l'écrivain manquant aux lois de l'honneur et de la délicatesse en fût chassé et perdît son titre. Il faudrait que les rares écrivains qui déshonorent la presse en chargeant leur plume en pistolet, et qui, faisant une variante à la phrase du bandit, disent sans vergogne : *De l'argent ou le déshonneur ! de l'argent ou je vous jette à la face injures, calomnie et boue !* fussent chassés et perdissent leur titre. Il faudrait que lorsqu'on viendrait dénoncer au comité un coupable, il s'érigeât en juge, et fît une enquête sérieuse et impartiale. Alors tout écrivain honnête et sérieux tiendrait à honneur de faire partie de la Société ; alors il pourrait se faire gloire de son titre d'*homme de lettres*. Il saurait que les propriétaires des journaux qui se respectent n'oseraient pas se servir de la plume de celui qui a perdu ce titre, que l'éditeur ne voudrait pas éditer l'œuvre d'un stigmatisé. Alors les quelques hommes qui déshonorent la presse se verraient contraints de retourner carrément aux seules carrières qui leur conviennent.

Ceux qui aiment la boue et la fange se feraient présenter au préfet pour obtenir un *balai municipal*, et ils pourraient se vautrer à leur aise dans leur élément.

Ceux qui se servent de leur plume pour faire *chanter* les crédules ou ceux qui manquent de courage reprendraient l'accoutrement du voleur. Ainsi de suite... De cette façon, le public, le monde, serait forcé d'accorder aux écrivains l'estime, la sympathie et l'admiration qu'ils méritent.

Si quelques-uns des expulsés persistaient à écrire, un seul mot suffirait pour faire justice d'eux : *Il n'est pas homme de lettres!...*

On serait fixé.

Je serais heureuse qu'un écrivain plus éloquent que moi, qu'une plume plus aguerrie que la mienne développât mieux ma pensée, et fît ressortir ce que mon idée mise à exécution aurait de bon et de profitable pour toute la grande famille des ouvriers de la pensée !

M. Villemessant a déjà signalé le besoin d'un tribunal d'honneur qui jugerait les différends, et essayerait d'arrêter cette malheureuse tendance qu'ont les journalistes de se couper la gorge à propos de tout et à propos de rien. Celui que je propose serait le complément de l'autre; et si M. de Villemessant voulait bien en soutenir l'utilité et faire comprendre les avantages qu'en retireraient les gens de lettres, je suis sûre que l'autorité de sa plume ferait admettre mon idée.

OLYMPE AUDOUARD.

Ainsi s'en vont les meilleures choses, ainsi s'éteignent des astres qui ont longtemps donné au monde qui les entourait une lumière douce et bienfaisante. Nous voulons parler d'une femme de cœur et de talent dont la longue carrière n'a été marquée que par de bonnes actions. Cette carrière-là ne vaut-elle pas celle de bien des gens de talent qui ne laissent derrière eux qu'un peu de bruit, dont le monde oublieux ne se souvient même plus le lendemain? Mme Saint-Phal, un esprit supérieur, un cœur d'or, vient d'être enlevée à sa famille et à ses amis. Mme Saint-Phal possédait un talent de pianiste classique et inimitable, et était l'auteur de plusieurs morceaux de musique fort appréciés par un petit nombre de gens de goût.

O. A.

LES JOURNAUX

I

La Gazette de France

L'homme qui lit un journal par désœuvrement ou par goût ne se doute pas de ce qu'il entre d'éléments hétérogènes dans ce pain quotidien. Il jouit sans se douter du pourquoi.

Dussions-nous, lecteur bénévole, te faire perdre tes illusions, nous voulons te montrer le derrière des coulisses. Tu souris ? Ces honnêtes gens ont tous un fond de libertinage... Je voulais dire simplement que ce n'est pas une petite besogne que de fonder un journal, cette hydre de Lerne, ce monstre à plusieurs têtes, ce protée, ce phénix qui chaque matin renaît de ses cendres. Il faut d'abord une idée ou une apparence d'idée — l'apparence vaut même mieux que l'idée — et une devise.

L'idée, on l'a toujours, elle ne se définit pas ; on laisse au temps et au génie de chaque rédacteur le soin de la développer : c'est un germe inclus dans les flancs de l'avenir.

Mais la devise, il la faut claire, précise, grande comme le monde, allant en trois mots de l'*alpha* à l'*oméga*. Un journal sans devise est comme un mirliton sans vers, une boutique sans enseigne, un temple sans inscription, ou, si vous préférez une comparaison tirée de notre grand poëte épique, un âne sans croupière. Un journal de droit divin, *la Gazette de France*, ou *l'Union*, se fonde. La première trouve ces simples mots : *Tout par le peuple et pour le peuple ;* et l'autre, avec une modeste variante : *Tout par la France et pour la France.*

Ne voilà-t-il pas des devises excellemment appropriées au fond même du journal? Ces simples mots inscrits au fronton de l'édifice ne disent-ils pas clairement que Dieu est grand et que Mahomet est son prophète ; que Saül, à l'exclusion de tous autres, a été sacré roi en Israël ; que lorsque le berger a parlé, les moutons n'ont plus qu'à se taire ; que..... que..... enfin tout ce que démontrent pertinemment *la Gazette* et *l'Union ?*

La puissance des formules indéfinies est incalculable. Pourquoi les oracles parlaient-ils en termes ambigus? Ils ne savaient pas et laissaient supposer ; voilà tout.

La Gazette et *l'Union* ont quelque accointance avec les oracles, et leur devise a évidemment été inspirée par l'esprit de Python — *alias* : serpent.

Je ne sais pas si l'honnête Renaudot, qui donnait tant d'antimoine à ses malades et qui fonda *la Gazette de France* en 1631, en regard des petites gazettes de Hollande, aurait été de force à imaginer cette agréable pasquinade, cette antiphrase narquoise, cette inscription ironique due au génie d'un des héritiers de sa plume.

Son adversaire, Guy Patin, l'eût plutôt trouvée que lui, ce nous semble. Ce Guy Patin était un méchant railleur, à en juger du moins par l'anecdote suivante :

Renaudot l'avait malmené, il l'attaqua devant le parlement. Renaudot, très-camus, perdit son procès et, fort penaud, descendait l'escalier du Palais, lorsqu'il se trouva nez à nez avec son adversaire en belle humeur. Guy Patin va au-devant de lui, lui serre la main et dit : « Vous devez être enchanté, monsieur le gazetier. — Je suis furieux, répond l'autre. — Comment, diable! répond Guy Patin, vous entrez ici camus et vous en sortez avec un pied de nez, et vous n'êtes pas content! »

Ces Français ont toujours été les mêmes, d'incorrigibles gouailleurs. Ils ne seront sérieux que lorsque les Anglais seront plaisants ou les Espagnols modestes.

La Gazette vécut de longues années, en honnête fille, sans faire beaucoup parler d'elle. Ce ne fut que sous la Restauration qu'elle prit une réelle importance. Elle devint l'organe de l'oligarchie, même aux dépens du principe monarchique. Elle remontait par ses tendances à la France féodale, à ce bon vieux temps, de si regrettable mémoire, où le droit divin régnait sans conteste.

M. Genou était à la tête de ce terrible engin de guerre qui servait la royauté comme autrefois la servait le clergé; il disait au prince : « Prince, Dieu vous doint de commander à cette canaille; mais à la condition d'enter le trône sur l'autel : nous sommes la pierre angulaire; et surtout anoblissez moi! »

A cette humble supplique, le jacobin Louis XVIII répondit que puisque le Genou voulait de la particule, il fallait lui en *flanquer* et devant et derrière. Les bons mots d'un monarque ne sont pas de ceux qu'on laisse tomber à terre, et le Genou devint monsieur de Genoude. L'homme, du reste, fait son nom, et M. de Genoude fit le sien. Il a marqué dans le journalisme par une théorie ingénieuse et bâtarde dont personne aujourd'hui ne veut accepter la paternité.

Il chercha à coudre ensemble le vieux et le neuf, au risque de voir le neuf emporter la pièce.

C'était un esprit batailleur et absolu, qui se faussa à plaisir pour les besoins de la cause. Du reste écrivain de talent et ne reculant pas devant la mise en œuvre de ses théories.

En 1830, lorsque le front de bataille changeait, il s'adjoignit comme collaborateur M. Lourdoueix-Lelarge, qui avait publié un livre dont le titre porte bien la date du temps : *les Folies du siècle*, quelque chose de naïf et de prodigieux. Ce Lelarge, chef de la division des beaux-arts, sciences et belles-lettres au ministère de l'intérieur, fut créé baron, puis officier de la Légion d'honneur, enfin, *de chute en chute*, comme La Harpe, tomba en 1827 à la direction de la censure. Comment ce philosophe doux et mystique entendait-il la chose?

Il inventa — ou mérita d'inventer — la fameuse devise : *Tout par le peuple et pour le peuple.* Mais cette maxime, enveloppée pour lui des brumes d'un platonisme éthéré, ne devait rien représenter de positif. Il n'en voyait pas l'application ; d'autres la virent, et ses propres partisans le surnommèrent *l'hérésiarque de la légitimité*, — et comme à cette époque on aimait les sous-titres, on ajouta : — *ou le Voltairien de la droite.* Comme qui dirait : *Victor, ou l'Enfant de la forêt.* Pourquoi aussi ce rêveur à la Fénelon fourrait-il le peuple là dedans? Et le suffrage universel! L'ont-ils demandé à son de caisse et de trompe, ce suffrage universel! La République gracieuse le leur octroya, et, voyez l'à-propos, mons de Genoude meurt en 1849, les yeux tournés vers cette terre promise dont la conquête du suffrage universel allait sans doute préparer les voies.

Le mourant se trompait sur le couronnement de l'édifice : *sic vos non vobis...*

La Gazette avait manqué le coche. Il ne lui restait plus qu'à mourir comme la vieille garde à Waterloo ; elle préféra, comme Varron après la perte de la bataille de Cannes, vivre et espérer.

M. de Lourdoueix succéda à M. de Genoude dans la propriété du journal.

M. de Lourdoueix, écrivain élégant, n'était pas un journaliste. Il mourut en 1860, et eut pour successeur Janicot-Cunctator, dont le sens politique, pourtant si profond, n'a point encore rétabli les affaires de *la Gazette* périclitante. Il a beau dire tous les matins aux uns :

> Je suis oiseau, voyez mes ailes ;

et aux autres :

> Qui fait l'oiseau? C'est le plumage.
> Je suis souris, vivent les rats!

les premiers lui répondent : « Qui fait l'oiseau? C'est le plumage. Donc vous êtes souris. » Arrière ! Et les seconds : « Vous avez des ailes, vous êtes oiseau. Arrière ! »

A des situations nouvelles il faut des hommes nouveaux ! — Qui donc a dit cette grande parole? Je l'ignore. Quoi qu'il en soit, M. Janicot ne fut point un inventeur et ne sut point tirer des arcanes de son encrier une nouvelle devise adaptée aux espérances nouvelles que *la Gazette* eût dû faire briller aux yeux de ses lecteurs.

Mais s'il ne possède ni l'initiative de M. de Genoude ni la raison abstraite et pénétrante de M. de Lourdoueix, il sait à merveille de quels ingrédients se compose la rédaction d'une gazette quotidienne et de nuance azurée. Il sait que si les poisons sont utiles en médecine, quelques grains de folie sont indispensables dans la composition d'un journal. Des gens sains d'esprit, qui ne voudraient ni imprimer des sottises ni rabâcher chaque matin la même chose, n'écriraient pas dix lignes par jour ; et le journal a six colonnes à la page, cent cinquante lignes à la colonne, et trois pages — sans parler des annonces.

Aussi, quels beaux éléments de succès dans la phalange que M. Janicot a serrée autour de lui! les esprits les plus divers et les mieux disciplinés, depuis le solide et consistant Tiengou de Trefferiou, qui a déserté avec armes et bagages, emportant à la semelle de ses souliers le feuilleton des théâtres, qu'il avait juré de n'abandonner qu'avec la vie, jusqu'au tirailleur de Lescure, qui fourrage dans le Parc aux Cerfs, A. M. D. G.

Et cet enthousiaste Véran, l'oublierons-nous, lui qui s'en allait les yeux bandés frappant de droite et de gauche, et quelquefois plus fort sur ses amis que sur ses adversaires, lui qui mettait en ébullition les calmes bureaux de la rédaction, et qui eut de si glorieuses prises avec l'héraldique de La Roque et le vieux capitaine Levret?

M. de La Roque, chercheur patient, bénédictin de blason, auteur du *Catalogue des gentilshommes qui ont fait partie des états de* 1789, ouvrage qui depuis la loi de 1858 fait autorité dans les procès en revendication de noms et de titres, partisan tranquille des principes de 89, de la fameuse devise et des opinions de *la Gazette*, qui du reste sont assez élastiques pour se prêter à bien des combinaisons, M. de La Roque souriait de son sourire anodin aux emportements de M. Guillaume Véran. Celui-ci, qui n'entendait point raillerie, — fût-ce la plus innoffensive, — s'emportait de plus belle. M. de La Roque découvrait alors ses batteries et ouvrait le feu. La bataille ainsi engagée ne pouvait être terminée que par l'intervention de l'ancien capitaine de frégate M. Levret de La Barre, esprit positif, quelque peu railleur et sceptique, qui pour séparer les combattants jetait entre eux une pincée de poudre à tabac.

Ces temps sont loin déjà : M. Guillaume Véran a quitté *la Gazette* et a publié depuis un ouvrage qui a causé une profonde sensation dans le monde politique et philosophique. C'est toute une révélation de vérités jusqu'à ce jour inédites, et l'on ne sait ce qu'on doit admirer le plus dans ce livre unique, de la nouveauté des idées ou de la majesté sereine de la forme.

M. Levret, qui dans les anciens bureaux du journal se tenait sans bruit au bord d'une petite table, savant aussi modeste que distingué, ancien professeur au *Borda*, a, au moment de la guerre d'Italie, jeté un certain éclat sur la pâle rédaction de *la Gazette*, par des lettres remarquables qu'il écrivit de l'état-major du général Mac-Mahon, auquel il était attaché comme volontaire. Il dressa à la suite de cette même campagne des cartes topographiques fort remarquables. Tout cela faisait tache dans les colonnes de *la Gazette*; M. Janicot s'en offusqua, et M. Levret dut se retirer... Que M. Escande, qui quelquefois s'avise aussi de faire tache, se tienne sur ses gardes; qu'il se souvienne que la hauteur moyenne est la hauteur Tiengou de Trefferiou...

J'ai dit : Tiengou de Trefferiou...

Au premier abord ce nom ne présente pas une consonnance bien catholique. *Le Charivari*, qui s'occupe à éclairer tous les graves problèmes du temps, avait demandé à ce sujet quelques explications à *la Gazette*. Tiengou de Trefferiou prit lui même la plume, sa bonne plume ; il affirma qu'il n'avait rien à démêler avec l'*Empire Céleste;* — loin de là — il était Breton, et, pour lever toute espèce de suspicion sur la catholicité de son nom, il apprit au *Charivari* que lui Tiengou avait eu des aïeux, des Tiengou de Trefferiou authentiques, en Cour criminelle, à Rennes.

« En quelle qualité? » demanda *le Charivari*.

En supposant que M. Tiengou descende réellement des Trefferiou qui ont été assez estimés en leur temps pour figurer à Rennes en cour criminelle, il ferait bien cependant de se méfier de son nom qui lui donnera quand même un faux air de mandarin, d'autant que son style a quelque chose de la grâce légère du chinois.

Ce chinois du reste est merveilleux : c'est une langue où tout est substance. En français, nous disons : Jacques, Paul, Gaspard ; et Jacques, Paul et Gaspard ne signifient pas autre chose que Jacques, Paul et Gaspard. En chinois c'est tout autre chose : Tien-té signifie d'abord Tien-té, qui fut un des prétendants à l'Empire Céleste; puis il signifie *vertu divine*; en sorte que vous ne pouvez prononcer le nom de Tien-té sans faire une double opération de l'esprit. N'y aurait-il pas quelque chose de semblable dans le nom de Tiengou? Il doit y avoir un professeur de chinois à la Bibliothèque impériale, et je m'en éclaircirai auprès de lui.

Quoi qu'il en soit, au reste, des mystères du nom, il est grand dommage que M. Tiengou ait quitté *la Gazette*. Il en était comme le régulateur. M. Boissieu, qui publie tous les vendredis une causerie littéraire sous ce titre : *Lettres d'un passant*, est sans doute un écrivain d'infiniment d'esprit et dont les articles sont très-justement remarqués, mais — il y a toujours un *mais* — il ne ressemble pas à M. Tiengou.

Je m'aperçois que je me laisse entraîner par le plaisir de parler de M. Tiengou, et que j'ai commis l'inconvenance de placer dans cette notice le feuilletoniste avant le directeur, avant M. Janicot, à qui revenait l'honneur de la première place, — si toute fois honneur il y a. — Du reste, il y a peu à dire de M. Janicot, qui ne s'est encore manifesté au monde que par des bulletins à demi voilés, — je veux dire composés dans une gamme modeste comme couleur et idée. Le dieu se dissimule. Fils d'un ancien officier supérieur d'artillerie, secrétaire de M. de Genoude, après avoir combattu longtemps aux côtés de M. de Lourdoueix, comme l'Achille du tableau du Louvre combat à côté du Centaure, il est arrivé à la direction du journal. Par quel prodige de politique, de sagesse, de mesure, d'effacement, d'audace et de discrétion, c'est ce qu'on ne saura jamais. Il se dépense souvent plus de génie dans ces affaires domestiques que dans le gouvernement d'un royaume. En somme, si le but est différent, les moyens sont les mêmes : les passions et les hommes ne sont pas autres, à quelque étage qu'on les loge.

De cette longue lutte qui a mené M. Janicot au but longtemps convoité il est resté à ce jeune directeur un air réservé, des allures de diplomate, une physionomie de sphinx. On ne sait pas quel monde et quelles destinées futures s'élaborent dans ce crâne olympien. Le masque pâle, l'œil éteint, ne révèlent pas peut-être un grand tumulte d'idées, mais une volonté que rien ne détourne, parce que rien ne peut la distraire.

Je ne sais quel rhéteur craignait l'homme d'un seul livre; je conseille aux politiques et aux hommes d'action de craindre l'homme d'une seule idée.

Il a posé quelque temps dans le monde pour le confident des dieux exilés ; mais les dieux, qui entendent être servis à leur heure et à leur façon, l'ont désavoué. Ces dieux n'en font jamais d'autres!

Pour qui parle-t-il donc aujourd'hui, cet oracle sans trépied, ce *cunctator* qui, en fin de compte, pourrait bien un beau jour rester à terre... entre deux selles?

Recueillons-nous, mon Dieu, et ne désespérons jamais. Tant va la cruche à l'eau... Ce sont de vieilles vérités. Il en est d'autres que M. Janicot doit connaître aussi bien que n'importe qui : lorsque les vieux habits sont percés au coude, on les quitte; si le parfum des roses se perd quand la rose est flétrie, les vieilles reliques doivent finir aussi par s'éventer et perdre leurs vertus. Renaudot donnait de l'antimoine, nous donnons du bismuth.

Il est pourtant des natures qui sont d'un bloc, qui gardent leurs vieux habits percés au coude, et dont la vie et la pensée sont au dernier jour ce qu'elles étaient au premier. Ceux-là sont des sages ou des artistes. Les premiers obéissent à une loi de la conscience qui veut que tout changement d'opinion soit une faiblesse ou une trahison, et les seconds obéissent aux emportements d'une nature qui les entraîne à rebours de leur ambition, de leurs intérêts, de leurs résolutions propres ou du mot d'ordre des partis dans lesquels ils sont enrôlés ; ils sont variables, inconstants, divers, et pourtant toujours un.

Tels sont MM. Escande et Ponroy.

Ésope était bossu, et comme on se moquait de sa difformité : « Il ne faut pas juger, disait-il, le contenu du vase sur le vase lui-même. » Ésope avait raison. A. Escande est né à Castres, en 1810 ; il fit de brillantes études à Sorrèze, où il avait pour condisciples Gailhaud de Lavergne et, le croirait-on? ce fougueux Granier de Cassagnac, aujourd'hui *leader* de notre Corps législatif. L'enfant avait l'esprit droit, l'âme honnête ; l'homme ressemble beaucoup à l'enfant. L'entourage, les préjugés de clocher, les rengaines royalistes alors particulières à cette partie du Midi, jetèrent, à ses débuts, M. Escande dans les rangs de l'opposition royaliste. Il vint à Paris, collabora à plusieurs feuilles de couleur blanche, fit le voyage de Belgrave-Square, se lia avec les plus influents personnages du parti, et après la révolution de 1848 retourna en province. Il avait mission de fonder à Montpellier un journal légitimiste, *l'Écho du Midi*. Dès son apparition, *l'Écho* rencontra un redoutable adversaire dans *le Suffrage universel*, journal démocratique et social dirigé par M. Ollivier, le frère du chef actuel de notre tiers parti. Les deux feuilles entamèrent une polémique qui dégénéra bientôt. Au grand scandale de l'aristocratie dévote et bien pensante, M. Ollivier fustigea d'importance les bourgeois gentilshommes de la localité, auxquels on pouvait sans injustice reprocher une vanité ridicule, un esprit étroit, un égoïsme conservateur mal dissimulé derrière les théories du droit national, qui compromirent et firent enfin échouer les espérances de leur parti.

Malheureusement on est chatouilleux à Montpellier autant qu'en ville de France, et tous les geais déplumés par *le Suffrage universel* vinrent s'inscrire au bureau du journal pour demander réparation. M. Escande, qui devait gémir à part lui des sottises du parti dont il était l'organe, s'inscrivit bravement en tête. Il avait, je crois, déjà fait ses preuves, le pistolet à la main, il voulait les faire encore. Mais M. Ollivier lui donna quittance. Il choisit pour adversaire un jeune et beau gentilhomme, M. le comte de G..., qui venait de se marier à une des plus riches héritières du pays. M. de G... avait été officier de cavalerie, il n'en était pas plus expert pour cela dans le maniement des armes. On ne voulut pas prendre l'épée et l'on s'arrêta au sabre d'infanterie. Le duel eut lieu au bois de Lavalette, à quatre kilomètres de Montpellier, sous une belle allée de marronniers, refuge ordinaire des amoureux de l'endroit; il dura à peine trois minutes : les deux adversaires se jetèrent vivement l'un sur l'autre, firent une volte et s'enferrèrent réciproquement. M. Ollivier, frappé au haut de la cuisse droite, eut l'artère fémorale coupée et mourut presque sur le coup. M. de G... eut le poumon gauche traversé et resta près de trois mois entre la vie et la mort. La Faculté se distingua en cette circonstance; le malade était de bonne composition, il en revint. Sa guérison fut célébrée, par la population religieuse et royaliste de la ville, comme un miracle éclatant. Il alla solennellement à la messe le jour de ses relevailles, en chaise à porteurs fleurdelisée. On disait dans le peuple qu'Henri V était revenu. Il y a encore des gens, à l'heure qu'il est, qui croient qu'il est passé incognito dans sa bonne ville. Ce sont rengaines de vieillards dont se moquent les jeunes gens du jour, tous dévoués aujourd'hui aux principes de 89 et à l'ordre de choses établi.

A la suite de cet éclat, M. Escande quitta le Midi. Il était attristé par les dissensions qui agitaient le parti auquel il avait consacré ses labeurs d'économiste et son talent de polémiste. Il revint à Paris, décidé à ne plus s'occuper de politique : il se retourna vers l'art, vers la critique, vers le théâtre ; il fut chargé du feuilleton dramatique de *l'Union*, et pendant plusieurs années y fit preuve de bon sens, de finesse, de tact et surtout d'un esprit assaisonné d'une petite pointe gasconne qui faisait le bonheur de quelques gourmets littéraires. Cependant M. Escande avait relevé *la Mode*, l'ancienne *Mode* de M. de Girardin, supprimée, puis reparue, ballottée par d'étranges fortunes, et ressuscitée par A. de Brassac (pseudonyme de M. Escande), le plus spirituel — le seul, je crois — de ses rédacteurs. L'esprit ne suffit pas pour faire vivre les modes. Celle du critique de *l'Union* était décidément condamnée, elle avait fait son temps. Il fallut changer de thème puisqu'on ne pouvait changer les variations. M. Tiengou quittait *la Gazette*, où il faisait de la politique, pour aller faire de la littérature, et quelle littérature!... à *l'Union*; M. Escande quitta *l'Union*, où il n'avait pas *voulu* faire de la politique, pour *la Gazette*, dont il allait être et dont il est toujours le plus sérieux et le plus sympathique représentant.

Si nos parrains et marraines ont eu le bon esprit de nous donner plusieurs noms au baptême, ce n'est pas sans raison;

ils ont voulu sans doute que nous en puissions changer selon l'âge et la fortune : ainsi M. Arthur Ponroy, à l'époque où il écrivait *Formes et couleurs*, son premier ouvrage, pouvait bien être un Arthur ; mais aujourd'hui, étant né en 1816, il lui serait peut-être séant de s'affubler de quelque autre de ses prénoms.

Du reste, je ne prétends pas donner à cette observation plus d'importance qu'elle n'en mérite, surtout vis-à-vis de M. Ponroy, un de ces tempéraments d'artiste qui ne vieillissent guère.

Si M. Ponroy, imagination ardente, esprit ondoyant, eût employé à écrire quelques bons romans la moitié du talent qu'il a dépensé à composer des pièces de théâtre de la force des *Atrides* ou de *l'Enfance d'Homère*, des compilations historiques mal digérées, ou des rêveries philosophiques qui ne riment à rien, il aurait sans doute aujourd'hui une notoriété bien autre que la sienne.

Vieux Gaulois par le cœur et la tête, un peu cousin germain du curé de Meudon, il s'est épris un beau jour d'une passion malheureuse pour Vercingétorix ; et Dieu sait les tours que le héros de Gergovie lui a joués ! Il s'en est pris alors aux quatre fils Aymon et à Charlemagne. M. de Lourdoueix, pour lequel il écrivait sur ce sujet, lui conseilla de malmener l'empereur. — Le directeur de *la Gazette* en voulait aux empereurs. — M. Ponroy, qui voyait dans Charlemagne le représentant du catholicisme au moyen âge, n'écouta que ses sympathies personnelles, et fit l'éloge de l'empereur d'Occident dans un roman en vingt-quatre volumes, où l'on remarque un chapitre *très-précieux* sur le lit de Pepin le Bref, la manière dont ce prince dort auprès de sa femme, et ce qui peut s'ensuivre.

On prétend que l'œuvre la meilleure de M. Ponroy est une

pièce de théâtre sur Mirabeau, dont la censure n'a pas autorisé la représentation.

A l'époque où M. Ponroy était de fait et de nom Arthur Ponroy, à cette époque de verte jeunesse où il donnait dans les hérésies saint-simoniennes, on raconte que dans les salons de *la Démocratie pacifique*, Jean Journet le prophète, charmé de l'éloquence du néophyte, lui dit en l'embrassant : « Vous êtes saint Paul! »

On ignore ce que M. Ponroy a fait de cet apôtre des gentils qui parlait alors par sa bouche. Son grand souci a été depuis de trouver une tragédienne qui pût dignement interpréter ses œuvres dramatiques. Il a fouillé, en compagnie de M. Albert, professeur libre de déclamation, toutes les mansardes et les loges à concierge de Paris, et le phénix est encore à trouver.

De leurs pérégrinations on composerait une odyssée.

Enfin Karoly vint...,

mais je ne sache pas que de sa mâle voix elle ait jeté au parterre de l'Odéon aucun hémistiche de M. Ponroy.

Aujourd'hui peut-être, en contemplant les froides reliques de ses œuvres, M. Ponroy se dit avec amertume : Jean Journet avait raison, et j'ai manqué mon affaire !

Pends-toi, brave Arthur... Mais non, console-toi; c'est un roman à composer sous ce titre : *Un quart d'heure trop tard*, avec ce vers de Jean Journet pour épigraphe :

Comment en un plomb vil l'or pur s'est-il changé ?

Signalons pour terminer quelques-uns des tirailleurs de *la*

Gazette, — et parmi les plus braves, — MM. Victor Fournel, Charles Garnier, Béchard.

M. Victor Fournel est un infatigable producteur, qui compte les lignes peut-être plus qu'il ne les pèse. Il a débuté jadis dans la *Revue de Paris*, par une série d'articles intitulés : *Odyssée d'un flâneur*. Le néophyte y jetait sa gourme dans de fines descriptions des petits bals de Paris. Il coudoyait la gaillardise et se brossait le coude. Il ne doit plus s'en souvenir, personne du reste ne s'en souvient, et ce que nous en disons ici est simplement pour prouver au lecteur que nous n'avons reculé devant aucune recherche pour être d'une exactitude aussi scrupuleuse que celle même de M. Vapereau, successeur de l'abbé Trublet.

Au reste, M. Victor Fournel, comme tous les petits saints, a toujours eu un goût prononcé pour les innocentes joyeusetés; il a édité le *Virgile travesti*, le *Roman comique*, et je ne sais quels autres ouvrages de même farine. Il a un jour trouvé un excellent titre : *Du rôle des coups de bâton dans les relations sociales, et en particulier dans l'histoire littéraire.* Ce titre vaut à lui seul un volume, et je crois que le public a été de cet avis ; il a lu le titre, et a tenu l'auteur quitte du reste.

M. Victor Fournel publie dans *la Gazette* des articles *Variétés*, dont il serait difficile de dire ni bien ni mal.

Que la plume lui soit légère !

M. Charles Garnier est allé en Italie comme correspondant de *la Gazette*. Il s'est attaché à la fortune du roi de Naples lors des événements de Gaëte, et il est revenu en France commandeur de l'ordre de François Ier,— ce qui fait toujours un ruban à la boutonnière. — M. Charles Garnier est moins connu à Paris qu'à Rome, et à Naples surtout, où il passe pour un personnage politique, une sorte de Cathelineau qui fait jouer les fils mystérieux où se trouvent suspendues les destinées des Bourbons d'Italie.

Quant à M. Béchard, sous-préfet à Montargis sous la République, il eut un jour l'heureuse idée de faire élever un monument au chien qui jadis illustra la cité. J'ignore s'il a été donné quelque suite à ce projet, ou si le monument est resté dans les cartons de la sous-préfecture. M. Béchard est un éclectique qui a écrit dans *l'Artiste, la Patrie, la Revue de Paris, la Gazette,* etc., qui a remporté un prix à l'Académie du Gard, sur ce sujet touchant et toujours neuf : *de la Famille,* avec cette légende :

Où peut-on être mieux qu'au sein de sa famille ?

Avocat, écrivain dramatique, il a fait jouer à l'Odéon et au Vaudeville *les Tribulations d'un grand homme, les Déclassés, le Passé d'une femme.*

On le voit, M. Béchard est un franc archer qui a plus d'une corde à son arc.

La Gazette a donné encore l'hospitalité à des écrivains de physionomies bien diverses : à M. de Pontmartin, le gentilhomme délicat qui, après s'être essayé dans bien des genres, n'a rien trouvé de mieux pour faire parler de lui que de mal parler des autres ; au dernier des romantiques, Ulrich Guttinger, et à l'impétueux Alexandre Weil, qui, comme les comètes, accomplit dans le monde des idées des évolutions impossibles à suivre.

Et toi, débris sacré du passé, relique antédiluvienne, représentant immuable des principes de 89, bouc émissaire de *la Gazette,* plastron généreux, chérubin de l'arche sainte, toi qui donnes la main au colonel Mac-Sheehy, qui brisa son épée en 1830 ; toi que tes dieux terrestres ont honoré d'une tabatière en platine ornée d'un médaillon et d'un portrait, martyr sublime et silencieux, sphinx qui gardes l'entrée du temple, Aubry-Foucault! je ne me pardonnerais pas de t'omettre, toi qui, contrairement à tant d'autres, sais te montrer à l'heure du danger pour appeler la foudre sur ta tête...

Quant au garçon de bureau, je n'en parle pas. Si vous entrez à *la Gazette* à l'heure matinale où les rédacteurs s'éveillent, vous le trouverez lisant paisiblement *le Siècle,* comme s'il faisait la chose la plus simple du monde.

OLYMPE AUDOUARD.

MARSEILLE

Le Fort
et l'ancienne Chapelle de Notre-Dame-de-la-Garde

Au sud de Marseille, dominant la ville, les ports et la campagne, s'élèvent sur une colline rocheuse le fort et la chapelle de Notre-Dame-de-la-Garde.

Si nous en croyons les auteurs latins, cette colline aride, brûlée du soleil et où toute végétation est morte, était de leur temps couverte de grands chênes arbritant les mystères du culte gaulois : des Velléda, la faucille d'or à la main, rendaient leurs oracles là où aujourd'hui la mère du marin va prier pour son enfant celle qui plus que toute autre a connu les angoisses de la maternité.

A quelle époque la pieuse colline a-t-elle perdu sa verte chevelure? — Si l'on peut, avec presque toute certitude, affirmer l'existence du bois sacré qui couvrait ses hauteurs et ses versants, on ne peut, par contre, dire la date ni même indiquer vaguement le siècle où la montagne de Notre-Dame s'est vue privée de ses vieux chênes, ni qu'elle fut la cause de son déboisement.

Au commencement du XIIIe siècle, une tour fut élevée

au point le plus culminant de l'ancienne colline gauloise. Cette tour était une tour de guetteur, destinée à échanger des signaux avec celles placées à *Marsioveire* et en d'autres lieux.

L'érection de la chapelle Notre-Dame-de-la-Garde date à peu près de la même époque; le fort fut élevé en 1525, sous le règne du roi chevalier. Dans quel but, nous l'ignorons complétement : le sanctuaire de la Vierge n'était pas assez riche alors pour demander à être gardé.

Toujours est-il que le roi de France nommait à cette façon de fort des gouverneurs qui n'avaient pas grand'chose à gouverner.

De ces gouverneurs, le plus généralement connu est Georges de Scudéri, soldat académicien, poëte vaniteux, qui disait de lui : « Ne me croyant que soldat, je me suis encore trouvé poëte... et j'ai usé beaucoup plus de mèches en arquebuses qu'en chandelles. »

Il ne garda pas longtemps ce poste, « la tête dans les nues, regardant avec mépris tout ce qui était au-dessous de lui, » comme disait malicieusement Mme de Rambouillet, car, nommé gouverneur en 1650, en 1656 — si je ne me trompe — il avait déjà,

> Retournant en cour par le coche,
> Emporté la clé dans sa poche,

comme disent Chapelle et Bachaumont que nous citons de mémoire, et quitté le

> Fort Notre-Dame-de-la-Garde,
> Gouvernement commode et beau,
> A qui suffit pour toute garde
> Un suisse avec sa hallebarde
> Peint sur la porte du château.

Ce petit fortin a eu une existence bien tranquille et a peu fait parler de lui. Ses murailles n'ont jamais été démantelées par le choc des boulets et de la mitraille, et les injures du temps sont à peu près les seules qu'il ait eu à subir. Presque toujours il s'est contenté de jouir en paix de l'azur du ciel de Provence, des chauds rayons de son soleil et des senteurs amères de la brise de mer.

Cependant, ce fort qui n'a jamais subi d'assauts a été pris, ou pour mieux dire s'est laissé prendre plusieurs fois.

En 1591, lors de la tentative que fit Cazault pour rendre à Marseille son indépendance, le fort Notre-Dame se donna le luxe de lancer sur la ville quelques boulets qui ne portèrent pas, et se laissa enlever — ceci est de l'histoire — par un moine, deux prêtres et deux mousquetaires.

Après l'assassinat de Cazault par Libertat, sous Henri IV, le fort, qui tenait toujours pour les indépendants, se rendit — aux discours d'un jeune homme de vingt-deux ans.

Enfin, le 30 avril 1789, cinquante citoyens, sous prétexte d'entendre la messe, s'introduisirent dans la vieille forteresse royaliste, s'en rendirent maîtres sans effusion de sang, et le drapeau fleurdelisé céda la place aux couleurs nationales portant la sombre devise : *La liberté ou la mort!*

En 93, le fort Notre-Dame-de-la-Garde servit de prison à Philippe Égalité, duc d'Orléans, et à une partie de sa famille.

Notre génération a pu voir encore l'armée française représentée, dans ce fort minuscule, par un sergent et quelques soldats qui, pour tuer le temps et chasser l'ennui, jouaient aux cartes, fumaient et buvaient à la cantine, ou, couchés l'été à l'ombre des murs et l'hiver au soleil, regardaient les navires entrer au port ou en sortir. Aujourd'hui le génie militaire l'a totalement abandonné.

Autrefois, l'ascension de la colline de Notre-Dame-de-la Garde était pénible à faire : chemin rocailleux, montée roide, nombreux escaliers pavés en cailloux ronds et glissants; puis encore plus de cent marches à monter lorsque le touriste ou le pèlerin arrivaient au bas du fort, et ces marches, disloquées par le temps, amincies et creusées par le frottement des chaussures, n'offraient au pied qu'un appui mal assuré.

Un pont-levis en bois jeté sur un fossé circulaire conduisait sous une lourde voûte de pierre servant d'entrée au fort. Arrivé là, le visiteur avait en face de lui une grille de fer : c'était la porte de la chapelle, que le fort en s'élevant avait renfermée dans ses murs. En prenant, à droite de la grille de fer, un petit escalier, on parvenait à la partie supérieure de l'édifice ; on contournait le haut des murailles et des toits de la chapelle, et le visiteur arrivait sur une petite esplanade où se trouvait, et où se trouve encore, le mât de la vigie qui signale l'arrivée des navires.

En 1835, tous les soirs, les habitants des faubourgs de Marseille et de la banlieue se portaient en foule sur tous les points d'où l'on peut apercevoir ce mât de signaux : c'est qu'alors le choléra décimait d'une manière effrayante la population marseillaise, et que le soir de chaque jour le mât de vigie donnait, au moyen de signaux convenus, le chiffre des morts.

De cette esplanade élevée l'œil parcourt un splendide panorama. C'est, de l'ouest à l'est, au premier plan, les îles de *Pomègue*, de *Ratonneau* et le château d'*If;* puis, la mer sans limites visibles. En continuant à suivre la ligne de l'horizon, voici le cap *Couronne*, les montagnes de *Carri*, de la *Nertle* de l'*Esbtaque* et de *Saint-Henri*, qui forment le magnifique bassin du golfe de Marseille; la colline de la *Viste*, les *Aigalades*, la chaîne de l'*Étoile*, et, pour limites à l'est, les montagnes d'*Allauch* et le pic du *Garlaban*.

Aux pieds de l'observateur sont les ports et l'étendue immense des toits de la ville. Au delà de ces toits, dont presque rien n'interrompt la monotone uniformité, un large espace d'un vert sombre attire le regard : c'est le cimetière de Saint-Charles avec ses plantations de cyprès ; la grande nécropole, bien plus peuplée que sa voisine la cité des vivants. Ici les fils s'agitent, se culbutent, se passionnent ; là les pères dorment de l'éternel sommeil ; là les générations s'entassent et reposent sur un sol formé des débris des générations précédentes.

Eh bien ! ce sol sacré, cette terre sainte, les vivants l'envient aux morts : Marseille — comme une femme trop féconde — veut élargir sa ceinture ; bientôt il va nous falloir exhumer les dépouilles de nos frères, de nos enfants, de tous nos morts bien-aimés, et emporter sur une autre couche toutes ces chères reliques. La vie exproprie la mort !

Sylva.

(*La fin au prochain numéro.*)

REVUE DES SALONS

Parlons d'abord du soleil! Il a brillé, cette semaine, du doux éclat qu'il sait avoir en Février, et il a fait apparaître au bois et sur les boulevards les élégantes qui d'ordinaire ne se montrent qu'aux bougies. Il faut avouer qu'elles ne sont pas *aussi fraîches* le matin que le soir, et que la poudre de riz est moins avantageuse au soleil qu'aux lustres. Un petit garçon a fait son procès en disant l'autre jour à sa mère : « Mais, maman, vous me dites toujours de me faire laver la figure parce qu'il ne faut pas être barbouillé, et vous, vous vous mettez un tas de chose pas plus propres que le chocolat ou la confiture. Et puis, ce n'est pas beau, maman, cela vous fait ressembler à toutes les poupées, et j'aime bien mieux votre bonne figure du matin. » On dit que l'on va revenir forcément au naturel et à la simplicité, par l'excès du luxe et de la peinture.

L'abus de la crinoline a amené l'*aplatissement* actuel, et

il arrivera la même chose pour les peintures et toutes les verroteries dont se décorent les élégantes : on s'apercevra un beau jour que c'est très-laid, on y renoncera, et l'on rira comme on rit aujourd'hui des modes de la Révolution ou de la Restauration. C'est-à-dire que l'on en rira jusqu'à ce qu'on les reprenne, car c'est surtout pour les modes qu'est vraie l'histoire de ces vieilles lunes qui redeviennent jeunes.

La passion du moment est décidément la comédie de société. Les trois représentations de la comtesse d'Indy ont très-bien réussi.

Le comte Wilfrid d'Indy est un compositeur d'un mérite réel, et sa pièce de *Méprise et surprise* pourra aborder un public moins indulgent que celui des salons de sa mère.

La représentation donnée chez la comtesse Duchatel a eu lieu le samedi au lieu du vendredi, jour de ses réceptions habituelles, pour éviter une affluence que la santé du comte Duchatel ne supporterait pas en ce moment. Il y avait seulement une centaine d'élus pour applaudir aux *Tablettes de la marquise,* sur lesquelles le vicomte Duchatel a inscrit en lettres ineffaçables ses premiers lauriers d'auteur. Il a su joindre toute la finesse de son esprit à tout l'esprit de l'homme du grand monde, et de tout cela réuni il est sorti une pièce très-remarquable sous tous les rapports. On a admiré dans cette intimité un peu étendue le vrai talent de la duchesse de la Trémoille et de la comtesse Le Marois. La duchesse a une diction aussi nette et aussi harmonieusement ordonnée que la meilleure actrice de la Comédie-Française, et elle y joint la distinction et l'aisance qui la font remarquer dans tous les salons. Quand les femmes du monde sont douées comme la duchesse de la Trémoille, elles deviennent du premier coup des actrices incomparables, parce qu'elles n'ont pas besoin d'étudier la grâce, qui est leur élément natif.

Nous comprenons très-bien le charme que des femmes

intelligentes doivent trouver à des représentations théâtrales. Elles sont, en général, précédées de véritables études dirigées par les maîtres de l'art, et par conséquent elles réunissent le plaisir du travail au charme du succès. Et puis on ne les joue guère qu'entre gens très-liés, et cela amène des réunions très-gaies.

La baronne de Meyendorff n'a pas encore décidé les représentations que l'on espère chez elle, mais tous les dimanches elle a des matinées charmantes, auxquelles assiste l'élite de la société parisienne et étrangère. La baronne a dit dimanche avec Mme Hernst la scène de Célimène et d'Arsinoë avec un talent digne d'un plus vaste auditoire. Le très-léger accent étranger de la baronne est un charme de plus dans sa récitation, et elle y a mis le tact parfait qui la distingue. Mme Hernst a dit ensuite un sonnet charmant, et enfin *les Pauvres Gens* de Victor Hugo d'une manière qui a profondément ému tous les assistants. Mme Hernst est connue dans tous les salons artistiques, et elle mérite tous les éloges qui lui sont prodigués partout. Elle a fait de la déclamation une étude consciencieuse et elle est parvenue à acquérir la diction des meilleurs jours de la Comédie-Française.

M. de Rambuteau, qui est un bon juge en cette matière, et que sa cécité rend doublement susceptible pour la moindre faute dans la prononciation, a dit de Mme Hernst qu'elle est *un modèle* dans cet art si difficile.

Les bals costumés sont la grande affaire du moment. On en annonce un le 23 chez Mme O'Connell; le 4 chez Mme Pilté; le 4 *probablement* aux Tuileries, un chez la comtesse Walewska, et plusieurs autres aux ministères. On prépare de très-beaux costumes pour le 4. Il y aura un *coq* qui distribuera *des œufs* pleins d'esprit... Espérons qu'on les fera éclore et qu'ils donneront à nos salons le sel qui leur manque souvent! *On dit* que le bal des Tuileries sera exclusivement en costumes du temps de Henri II, ce sera de *rigueur*, et l'on parle déjà de différents costumes aussi splendides qu'exactement copiés. Plusieurs personnes ont fait faire des dessins qui sont charmants, et qui resteront de vrais tableaux s'ils ne sont pas les modèles voulus pour le bal annoncé.

On parle beaucoup du prochain mariage du comte de Talleyrand, fils aîné du duc de Dino et de Mlle de Sainte-Aldegonde, avec une très-jolie Américaine, Mlle Curtis. Ce mariage s'est fait à Nice au retour du Mexique, où le comte de Talleyrand est allé recevoir bravement le baptême du feu, héréditaire dans sa famille.

On annonce aussi comme très-prochaine l'union du comte de Chabot avec Mlle de Vindé. — Le comte de Chabot est allié aux Gontaut, aux Biencourt, à toutes nos plus grandes familles, et Mlle de Vindé est sœur de cette charmante comtesse de Narillac si appréciée dans les meilleurs salons. — Comme le grand monde n'aime pas à s'amuser sans savoir que les pauvres ont part à ses joies, on applaudit beaucoup à la belle pensée de l'Empereur, qui a institué dans les quartiers les plus pauvres des fourneaux où pour *un sou* les malheureux peuvent trouver une bonne portion d'excellent bouillon, ou des légumes, ou même une part de viande qui peut être bien précieuse pour des malades. Toutes les grandes familles se sont empressées de *s'associer* par leurs dons à cette institution si utile, et cela a produit dans tous ces quartiers la plus heureuse impression. Plusieurs jeunes gens du plus grand monde ont voulu voir par eux-mêmes le contenu de ces fameux fourneaux, et ils sont revenus émerveillés de la bonne exécution de cette belle idée. Tous ces aimables étourdis avaient entrepris *ce voyage*, car c'en est un pour eux d'aller à la Bastille, afin de satisfaire une frivole curiosité, et ils en sont revenus *émus* de tout le bien que l'on peut faire à si peu de frais. Cela revient au dicton modifié par lequel on dit : « Si l'on savait un peu, l'on pourrait beaucoup ! ».

On raconte la persévérance du cuisinier d'un comte très-gourmet, qui fit venir *cet artiste* la veille de la fermeture de la chasse, et lui ordonna d'aller acheter une provision de gibier. Le Vatel revient avec tout un chargement de chevreuils, lièvres, lapins, perdrix et bécasses. — Le comte lui reprocha de ne pas avoir pris quelques faisans. Le Vatel s'excusa en disant qu'il n'en avait pas trouvé, et le comte lui dit : « Prenez une voiture et allez en chercher au moins quatre *à la Chasse impériale*.

Le Vatel ne voulut pas avouer son ignorance sur la position topographique du magasin de Fromont, et dit au cocher avec toute la majesté d'un domestique commandant à un autre : *A la Chasse impériale !* — Le cocher, qui n'en savait pas plus long que lui, le mena bravement au bois de Boulogne, pensant non sans raison qu'une chasse doit être dans un bois ! — Ne voyant pas de gibier, il prend le parti de s'informer un peu, et un cantonnier intelligent leur affirme qu'ils trouveront les faisans demandés au Jardin d'acclimatation. — Ils s'y rendent, et là on présente au cuisinier des faisans ordinaires qu'il trouve trop maigres; on lui montre des faisans argentés — trop maigres encore. — Enfin on lui offre des faisans dorés de la Chine, et lors même qu'ils ne sont pas très-grand de taille, il les trouve si gras qu'il se décide à en prendre deux paires. — On lui en demande trois cents francs; et comme le prix le fait hésiter, on lui propose de les envoyer conditionnellement à l'hôtel du comte. — Quand son Vatel lui rendit compte de ses recherches, il poussa les hauts cris et refusa un rôti qui aurait pu remplacer un oiseau de paradis sur un chapeau, pour le prix et pour la beauté. — Il en fut donc pour les sept heures de la voiture qui avait promené son cuisinier, et il jure bien que désormais il donnera des instructions plus précises.

La fermeture de la chasse a amené à la campagne plusieurs chasseurs désireux de fêter, le fusil à la main, ces dernières heures de carnage. — Beaucoup de chevreuils sont morts, et l'on a gardé les sangliers pour le moment où leur chasse seule est permise comme animal nuisible. On continue à pouvoir chasser dans les parcs complétement clos de murs, mais il y en a très-peu dont l'étendue permette des chasses sérieuses.

En outre des grandes réceptions du monde, il y a beaucoup de bals dans le haut commerce, et l'on en annonce un de ce genre chez une dame belge qui habite l'avenue d'Eylau, et qui a fait fortune dans un des premiers magasins de dentelles de la place de la Bourse. On dit que le bal réunira plusieurs jolies Américaines.

Les grands salons parisiens ne sont pas très-accueillants pour les étrangers, et ils ont pris le sage parti de se recevoir entre eux. — Cela ne leur donne certes pas une idée exacte des maisons parisiennes, mais ils ont au moins l'illusion de croire qu'ils sont dans le monde *de* Paris, parce qu'ils sont dans le monde *à* Paris.

Les salons élégants sont très-sympathiques à une jeune fille, Mlle Marthe Bierfuhrer, qui ne tardera pas à devenir une de leurs étoiles de prédilection. — Elle a chanté plusieurs fois avec Mlle Milla et a recueilli, surtout dans *la Marguerite* de Faust, les applaudissements les plus mérités.

La maréchale Régnault de Saint-Jean-d'Angely a repris vendredi ses belles réceptions à l'École militaire. Elle partageait avec la maréchale Randon le sceptre des réunions les plus aristocratiques du monde officiel, et elle va y régner seule maintenant que la maréchale Randon n'est plus au ministère de la guerre, et se contente de recevoir des amis nombreux et dévoués dans son élégant hôtel de la rue Barbet de Jouy.

Cette rue a le privilége de réunir les maisons les plus agréables de Paris. — La baronne de Meyendorff y possède ce fameux hôtel connu dans le monde entier par sa décoration et par les merveilles artistiques qu'il renferme. La comtesse de Montebello y a fait bâtir un hôtel qui est un écrin presque digne d'elle, et c'est beaucoup dire!... La comtesse Duchatel y demeure, et la comtesse Louis de Mortemart y a invité pour un dimanche et deux samedis les compagnes de sa fille. — Il n'y a que trente-six danseuses invitées à chaque bal, pour éviter un encombrement désolant auquel ne pensent pas assez les maîtresses de maison.

Une chose qui frappe tout le monde, c'est combien les jeunes filles sont moindes avides de bals qu'autrefois. — Nos grand'mères nous ont conté qu'un bal était pour elles une si grande joie qu'elles n'en dormaient pas plusieurs nuits à l'avance. — Aujourd'hui nos jeunes filles leurs préfèrent souvent le coin du feu de la famille, et nous en connaissons de très-jolies, très-fêtées, qui se laissent coiffer d'un air désolé et demandent ensuite comme une faveur de ne pas sortir! — Est-ce un malheur? Est-ce un progrès? — Dans dix ans leurs maris nous le diront!!...

COMTESSE DE MARLY.

FÉCAMP

DE L'INDUSTRIE DU BATIMENT

SCIERIE MÉCANIQUE

ET MACHINES A BOIS PROPRES A FAIRE
LA MENUISERIE A LA MÉCANIQUE.

On entend généralement par scierie mécanique un hangar servant d'abri à deux ou trois machines à scier, verticales et circulaires, plus ou moins éclopées ; quelquefois il s'y trouve une machine à faire du parquet, mais alors ce sont les grands établissements.

Chez les fabricants de wagons, on voit en plus quelques outils mécaniques faisant soit une mortaise soit un tenon à la fois.

A cela se borne à peu près l'outillage des différentes scieries qui existent en Europe, et pour peu qu'on ait la moindre connaissance mécanique, on voit à première inspection que toutes ces machines à scier, à parquet, à tenons et à mortaiser, ont été construites à bon marché et sont loin de rendre à l'industrie les services en vue desquels elles ont été construites.

Cela tient à ce que personne encore ne s'est occupé sérieusement du travail du bois par des procédés mécaniques, et cela par la raison que de bonnes machines, bien établies, bien étudiées, coûtent trop cher pour que le placement en soit facile. Quand nous disons que personne ne s'est occupé sérieusement de cette importante question de l'industrie du bâtiment, nous nous trompons, et voici ce que nous apprenons, à ce sujet, de l'indiscrétion d'un de nos amis.

M. Victor Fréret, à Fécamp, est propriétaire du plus grand et du plus complet établissement de scierie et de menuiserie mécanique qui existe ; il a inventé depuis quelques années une série de machines à travailler le bois, les plus belles et les plus ingénieuses possible, et aujourd'hui on exécute chez lui, sans aucun secours manuel, toutes les pièces de menuiserie les plus compliquées qui puissent exister.

Nous ne donnerons point ici une description technique de cet immense établissement, unique dans son genre, ce serait l'objet d'un travail trop long pour le cadre qui nous est donné.

Nous disons seulement que la disposition du bâtiment, l'emplacement des chaudières, du moteur, de l'atelier d'ajustage, la distribution des magasins, le système de transmission de mouvement, la place occupée par cinquante machines qui y fonctionnent, que tout cela, en un mot, est admirable sous tous les rapports et d'une conception on ne peut plus ingénieuse.

1° Un terrain d'une contenance d'environ 6,000 mètres carrés, faisant face à un quai où les navires débarquent les bois et où un chemin de fer est établi, est surmonté de bâtiments servant de bureaux, logement de contre-maître, ateliers, magasins et de hangars. Un chalet plus coquet et plus joli qu'aucun de ceux qui embellissent les environs de Paris et le bois de Boulogne, sert d'habitation au fondateur de l'établissement, qui en a conçu les dessins et l'a construit à l'aide de ses procédés mécaniques. L'atelier principal, contenant les machines, est composé d'un bâtiment à trois étages projetant sur le quai un pignon très-joliment ornementé de bois découpés. Les transmissions sont installées dans un sous-sol immense, parfaitement éclairé, de façon à ce que toutes les machines reçoivent leur mouvement d'en bas.

Par ce moyen, les accidents si fréquents occasionnés par le passage des courroies sont complétement évités. Dans toutes les scieries les machines à scier font un bruit effrayant, tandis qu'ici on entend simplement le passage de la scie dans le bois, *rien de plus*. Aussi l'entretien des machines à scier est-il insignifiant, pour ne pas dire nul ; sept de ces machines fonctionnent et peuvent ensemble porter soixante à soixante-dix lames de scie. Il existe aussi dix machines, scies circulaires, admirablement montées sur des bâtis en fonte. Cela seulement vous donnera une idée du travail de sciage qui peut être produit en douze heures.

A ce même étage on voit huit machines à fabriquer des parquets et des moulures ; ces machines font quatre mille tours à la minute, et cependant il ne se produit aucune vibration, ce qui est d'autant plus extraordinaire qu'elles sont montées sur des planchers sans maçonnerie pour les supporter, et qu'elles ne sont même pas tenues par des boulons ; leur poids seul suffit à les maintenir inébranlables.

Ces machines sont, nous ne craignons pas de le dire, le dernier mot de cette industrie ; elles remplaceront, quand elles seront connues, toutes celles qui ont été employées jusqu'à ce jour. Le bois mis brut en sort mouluré sur les quatre faces de la manière la plus parfaite, et cela avec une rapidité telle que douze heures suffisent à la production de 4,000 mètres courants.

Au premier étage, vingt machines plus ingénieuses les unes que les autres font toutes les parties de la menuiserie, sans en excepter aucune ; toutes font quatre mille tours à la minute et pas une vibration ne se produit : c'est à n'y rien comprendre.

Les machines à mortaises, au lieu d'une mortaise en font six, et de largeurs différentes, ce qui est plus extraordinaire. N'allez pas croire qu'il faut un ouvrier capable pour faire le service de cette machine ; pas du tout, un enfant suffit et, serait-il aveugle, que le travail serait aussi bien fait.

Une autre machine fait aussi, d'un seul coup, toutes les coupes d'onglet quelles qu'elles soient.

Quant aux machines à tenons, il y en a trois : une arrase deux tenons à la fois et produit dix fois le travail d'une machine à tenons ordinaire ; un enfant assis place le bois, qui se trouve entraîné et tombe tout travaillé de l'autre côté de l'outil.

Une machine arrase les lames de persiennes d'une façon toute mathématique. Une autre fait les pièces d'appui, une autre les jets d'eau, cette partie si ouvragée de la menuiserie.

Puis un outil spécial fait les plates-bandes dans les panneaux des portes.

Nous avons aussi remarqué une machine très-belle et très-ingénieuse ; c'est celle qui fait dans les battants de persiennes les entailles destinées à recevoir les lames, et qui en même temps perce le trou qui logera le petit tourillon de la lame. Puis, en même temps qu'elle fait ces deux opérations, elle dresse le battant et le met d'équerre avec l'entaille, ce qui est, il paraît, une des plus grandes difficultés vaincues en menuiserie.

Une série de machines à dresser, à dégauchir, à moulurer, à percer, à chantourner, à faire une seule mortaise, complètent cet atelier.

A l'étage supérieur est la partie artistique, c'est-à-dire

l'atelier des machines à découper, qui sont au nombre de quatre.

Les spécimens d'ornementation qui tapissent les murs et les plafonds de cette grande pièce sont d'un goût exquis ; on y remarque de magnifiques dessins arabes qui rappellent l'Orient, pays qu'a longtemps habité le propriétaire de cette magnifique usine.

Nous croyons qu'un grand avenir est réservé à cette nouvelle industrie, et nous faisons tous nos vœux pour qu'il en soit ainsi, non-seulement dans l'intérêt du fondateur de l'établissement et de l'inventeur de ces machines si intelligentes, mais encore, avant tout, dans l'intérêt des masses.

Car il est évident pour tous qu'une fois ces machines propagées et entrées dans l'usage, l'industrie du bâtiment en retirera des avantages immenses au point de vue économique. Leur emploi secondera le gouvernement, qui se préoccupe, avec raison, de la cherté des logements pour les ouvriers. En effet, il est constant qu'avec les moyens mécaniques dont nous venons de parler, la main-d'œuvre pour fabriquer la menuiserie va se trouver réduite de 75 pour 100. La preuve, c'est que pour faire une fenêtre un maître menuisier reçoit en moyenne 4 fr. par mètre superficiel, et ce prix n'est point rémunérateur, tandis qu'au moyen des machines Fréret, cette main-d'œuvre revient à 1 fr. par mètre superficiel. La construction des wagons va profiter, nous n'en doutons pas, la première, de l'économie que présente l'emploi d'une partie de ces machines à la confection du matériel roulant des chemins de fer.

Depuis déjà longtemps cet établissement a exécuté de grands travaux avec une rapidité inouïe. C'est à cette usine qu'ont été confectionnées les habitations en bois qui ont été installées dans l'isthme de Suez pour le compte de la compagnie de Suez. Toutes les charpentes, les menuiseries et les ravissantes ornementations de la maison d'administration que cette compagnie a fait édifier à Ismaïla, et qui fait l'admiration de tous les voyageurs dans l'isthme, ont été fabriquées en vingt-deux jours dans l'atelier de M. Fréret; il n'aurait pas fallu moins de six mois avec les moyens ordinaires.

Chaque année plusieurs navires complétement chargés de portes et fenêtres, partent de Fécamp pour Alexandrie (Egypte).

Les kiosques des surveillants des voitures de place que l'on voit dans tous les quartiers de Paris ont été fabriqués par les procédés mécaniques de M. Fréret, sous les ordres de M. Alphand; les menuiseries de l'asile Sainte-Anne, à Reuilly, d'une grande quantité de maisons rue Moncey, quartier neuf du Luxembourg, Champs-Elysées, faubourg Saint-Antoine, boulevard Malesherbes, etc., etc., de la mairie du onzième arrondissement, sortent de l'établissement de Fécamp, ainsi qu'une grande quantité de chalets exposés dans divers pays. Malgré la grande supériorité de ces produits, ils ont encore à lutter contre la routine, et ce ne sera que grâce à l'intelligence des architectes et des grands entrepreneurs de travaux qu'ils pourront être rapidement introduits dans la pratique.

Trois des machines principales de cette usine figureront, nous dit-on, à l'exposition. Nous regrettons qu'on n'y puisse pas voir fonctionner l'établissement entier, parce qu'alors on pourrait suivre toutes les transformations par lesquelles passe une pièce de bois brute avant de devenir une fenêtre, une persienne ou une porte, et chacun pourrait, comme l'ami qui a visité cette usine, fabriquer lui-même une de ces pièces de menuiserie, au moyen des machines-outils dont nous venons de parler.

JONATHAN.

THÉATRES

AMBIGU-COMIQUE. — *Maxwel*, drame en cinq actes, avec prologue, de M. Jules Barbier.

M. Jules Barbier a déployé une vigueur, une énergie et une puissance de talent incontestables dans *Maxwel*; son drame est fortement charpenté, tous les actes sont aussi bons les uns que les autres, il n'y a pas de longueurs, et le spectateur y est tout le temps sous la pression d'un intérêt poignant.

Maxwel est une œuvre capitale, qui met en évidence une thèse généreuse, des sentiments nobles, et un beau et sublime caractère qui ne se dément pas un seul moment, celui du juge Maxwel.

La passion y a sa large part, les effets dramatiques sont habilement ménagés, le style est pur et correct.

La donnée en est sinon neuve, du moins peu exploitée.

Un magistrat, un juge bien connu par son intégrité et sa haute honorabilité, a condamné un homme à mort. Toutes les preuves étaient contre le malheureux accusé, il n'avait pour lui le bénéfice d'aucune circonstance atténuante ; si bien qu'après avoir signé l'arrêt de mort de cet homme, le juge, la conscience calme et tranquille, se dit : « J'ai fait mon devoir, la justice des hommes est satisfaite !... »

Mais un jour Maxwel apprend qu'il a condamné un innocent..., qu'il a enlevé la vie à un honnête homme, à un père de famille ; il apprend de plus que sa pauvre femme est devenue folle de désespoir, et qu'ainsi se trouvent abandonnés les deux enfants de ce couple infortuné, les victimes de son erreur.

La douleur, les remords du juge sont dépeints de la façon la plus vraie, la plus émouvante... Il veut réparer le mal autant qu'il est en son pouvoir, il recherche les enfants. La fille s'est laissé entraîner par le vice, elle est perdue ; mais Maxwel recueille le petit garçon, il l'entoure de soins, d'amour paternel, et il n'est plus préoccupé que d'une chose, réhabiliter la mémoire du père, rendre un nom sans tache à cet enfant. Pour cela, il fait des recherches constantes pour retrouver le vrai coupable. Hélas ! il réussit, mais ce coupable est... son propre frère, un Maxwel !... Devant ce terrible coup, le juge intègre reste ferme, il condamne son frère, mais il tombe mort après avoir signé ce nouvel arrrêt...

Plusieurs scènes où la courtisane, la fille de l'innocent condamné, est en scène, sont très-belles, entre autres celle où M. Barbier nous la montre en proie à un sommeil magnétique.

Maxwel tiendra longtemps l'affiche ; toute la catégorie de personnes aimant les émotions poignantes, aimant à verser des larmes sur des héroïnes et des héros fictifs, iront voir ce drame.

Pour moi, tout en reconnaissant que cette pièce est excellente, je déclare détester cordialement le drame : je trouve très-bête d'aller au théâtre pour s'y rougir les yeux. On a si souvent, hélas! à verser de vraies larmes, que j'aime mieux aller au spectacle pour m'y distraire.

*
* *

GYMNASE-DRAMATIQUE. — *Les Idées de Mme Aubray.*

La comédie de M. Dumas fils est en répétition. Bientôt il nous sera donné, dit-on, de l'applaudir. Voici quelle en est la donnée.

Une dame d'une haute vertu, d'une vie irréprochable, sermonne longuement un don Juan vieilli sous la livrée du mauvais sujet; elle lui reproche d'avoir semé le déshonneur sous ses pas, d'avoir mis à mal bien des jeunes femmes, voire des jeunes filles. Elle veut, pour lui faire réparer cette vie de crimes et de méfaits, lui faire épouser une pauvre victime qu'il réhabilitera ainsi. Il est beau, il est grand, il est noble, lui dit-elle, de ramasser une perle de la fange, de sauver une âme!... Il s'attachera ainsi le cœur de la femme, il aura une épouse dévouée, aimante. Elle parle de Dieu, de la morale, de l'autre vie, à faire concurrence au père Hyacinthe. Le don Juan écoute respectueusement, il est presque converti; mais le fils de Mme Aubray a entendu lui aussi cet émouvant plaidoyer en faveur d'une victime de la corruption des hommes, et il est d'autant plus facilement converti, lui, qu'il aime la jeune femme. « C'est moi qui l'épouserai, dit-il à sa mère, c'est moi qui remplirait cette mission de régénération. »

A cet aveu inattendu, la mère reprend le dessus. Mme Aubray veut pour son fils qu'elle adore une épouse pure, sans tache; elle se met donc à plaider en sens inverse. Mais son fils la combat si bien avec ses propres arguments, avec ceux qu'elle a mis en avant pour persuader le vieux don Juan, qu'elle est très-embarrassée. Enfin elle est vaincue par ses propres armes, elle cède et consent au mariage.

Cette pièce brille par une haute morale. Mme Aubray a assez l'air, dit-on, de parler du haut d'une chaire.

*
* *

Mlle Patti doit, à juste titre, être profondément étonnée de voir certains journalistes toujours prêts à lui lancer un mot désagréable, à lui faire des reproches peu mérités; elle doit avoir de leur galanterie une assez piètre opinion. Mlle Patti est jeune, elle est jolie, gracieuse, elle a un certain talent, et tout cela ne désarme pas tous les écrivains. Que l'on dise après cela que le peuple français est le peuple galant par excellence! Dernièrement encore, il se donne un bénéfice aux Italiens, la charmante jeune fille promet son concours gracieux. Le moment arrivé, elle se trouve souffrante: dame! que voulez-vous, les rossignols de la forêt ont eux-mêmes des jours de malaise, ils font relâche quelquefois. Que fait alors Mlle Patti ? Elle écrit une lettre charmante et elle envoie au bénéficiaire un bon de trois mille francs sur ses appointements. Ce procédé, on l'avouera, est plein de délicatesse et de générosité. Eh bien, certains journalistes, sans attendre aucune explication, comme un seul homme, s'étaient déjà écriés : La Patti est égoïste, elle n'est pas bon camarade, elle ne fait jamais de roulade qu'argent comptant, et mille autres aménités de ce genre.

Oui, Mlle Patti doit s'étonner de cette malveillance systématique, car elle a, je le suppose, plus qu'il ne faudrait pour désarmer tous les hommes au cœur le plus dur : la grâce, la beauté, l'amabilité, le talent !...

Oh ! les hommes ! Qu'on dise ensuite qu'ils sont galants !

Max.

COURRIER COSMOPOLITE

La Cour impériale d'Aix vient de rendre un arrêt qui nous paraît digne de figurer dans l'histoire de la vanité humaine, et que les moralistes des âges futurs ne manqueront pas de citer avec force commentaires. Deux familles se disputaient depuis un demi-siècle le droit de porter l'illustre nom de Vauvenargues. Tant que la dispute dura, les représentants des deux partis vécurent tranquilles, affirmant chacun de son côté sa bonne foi, la justice de ses prétentions et la placidité de sa conscience. Mais, un beau jour, la dispute est devenue procès, et qu'en est-il advenu? C'est que la Cour a renvoyé les plaignants dos à dos... mais aussi penauds l'un que l'autre; elle a déclaré qu'aucun des deux prétendants n'était allié directement ou indirectement à la famille de l'illustre moraliste, et n'avait le droit de porter le nom de Vauvenargues.

*
* *

Ceci nous rappelle l'histoire assez piquante que nous racontait, sur l'un de ses confrères, un auteur dramatique fort charitable. Ce dernier avait écrit une rapsodie en cinq actes, et en vers s'il vous plaît, qui, par un de ces hasards inouïs qui bouleversent la vie des hommes, fut reçue à l'Odéon par le comité de lecture. Le directeur, qui traitait, à juste titre peut-être, son comité d'*assemblée d'idiots* (sic), refusa de ratifier cette décision, et se tira de ce mauvais pas d'abord par des promesses, ensuite par des refus. Cela dura dix ans.

Pendant tout ce temps, le malheureux poëte vécut d'emprunts, de crédit et d'expédients sur sa pièce reçue. Sa vanité elle-même — chose incroyable — était satisfaite : n'allait-il pas être joué ?

Malheureusement il fut un beau jour pressé par son tailleur ou par son gargotier amoureux de littérature de payer ses dettes ou de faire représenter son chef-d'œuvre. Il envoya du papier timbré au directeur, qui fut condamné à jouer la pièce.

Il la joua ! Hélas ! trois jours après, le pauvre auteur mourait de rage, de misère et de désespoir. Ses amis, qui le saluaient autrefois parce qu'ils *craignaient* un succès, se moquaient de lui ; ses fournisseurs lui refusaient tout crédit ; le public riait. O public !

*
* *

Revenons à Aix : aussi bien, par ce temps de politique et de haut philosophisme, on a besoin de quitter Paris pour faire la chasse aux nouvelles gaies.

Sous ce beau ciel provençal vivaient deux amis, l'un marié, et par conséquent infidèle, l'autre encore libre, et par conséquent volage. Ce dernier était le coq, le don juan de l'endroit, et, pour jouer son rôle pénible avec autant d'exactitude que possible, il se mit à courtiser la femme de son Pylade. Pylade, voyant ce manége, fit ce petit raisonnement :

« Puisque mon ami courtise ma femme et non ma maîtresse, mon ami étant homme de goût, c'est que ma femme doit être charmante. »

Et il revient à sa femme. L'ami, voyant cet été de la Saint-Martin, résolut d'attendre l'hiver et se rabattit sur la maîtresse. Nouvel embarras du mari et nouveau raisonnement :

« Puisqu'il courtise ma maîtresse, c'est que ma maîtresse est décidément adorable. »

Et il se précipite encore aux genoux de sa maîtresse.

Ce manége dure depuis six mois. Quel sera le dénoûment? Hélas! la confusion de l'un et la désillusion de l'autre.

*
* *

Les amateurs de sport voient revenir les beaux jours avec une certaine satisfaction : nous n'en voulons pour preuve que la gaieté qui n'a cessé de régner dimanche aux courses de Porchefontaine.

L'intérêt principal de cette journée n'a pas, comme les gens naïfs pourraient le croire, résidé exclusivement dans les deux chutes qui ont égayé l'assistance. L'attention a été principalement attirée par la dispute de Mlles X... et Z..., dispute qui a dégénéré en pugilat et plus tard en véritable bataille... à coups de pierres.

*
* *

La *Gazette des Étrangers* nous fournit une nouvelle que nous sommes heureux d'enregistrer :

Jose Maria, le charmant opéra-comique de M. Jules Cohen, a été représenté jeudi dernier à Lille avec un très-grand succès. Le compositeur était présent, et le public a voulu l'associer aux manifestations qu'il a prodiguées aux artistes chargés des rôles principaux de la partition. Le maire l'a fait appeler dans sa loge et alors ont éclaté dans la salle des applaudissements sans fin auxquels se sont joints ceux des musiciens de l'orchestre. M. Jules Cohen a dû paraître sur la scène pour remercier le public de cet accueil enthousiaste. A la sortie du théâtre, il a été accompagné jusqu'à son hôtel par une foule considérable.

Olympe Audouard.

LE COMTE BEUGNOT [1]

C'est peut-être une gloire unique dans l'histoire des nations modernes, et dont la France peut à juste titre revendiquer l'honneur, que d'avoir produit, dans les circonstances les plus diverses et souvent les plus critiques, des hommes dont l'esprit, les tendances et le caractère s'accusaient au début même de leur carrière, et qui pouvaient dès leur jeunesse juger les événements avec un sang-froid toujours égal, une logique impitoyable et railleuse.

Jamais, peut-être, ce privilége, que j'appellerais volontiers une *faculté nationale,* ne nous a été plus largement départi par la Providence que vers les dernières années de l'ancien régime. On dirait, si l'on pouvait introduire dans l'examen des faits historiques autre chose que la raison pure, un élément sentimental qui doit d'ailleurs en être sévèrement banni, que l'intelligence suprême qui préside à nos destinées créait

---

(1) *Mémoires du comte Beugnot,* ancien ministre, 1783-1815, publiés par le comte Albert Beugnot, son petit-fils. 2 vol., chez Dentu, Palais-Royal.

alors les jeunes hommes et les armait de toutes pièces, afin qu'ils pussent traverser la Révolution en souriant, et ne point laisser perdre les vieilles habitudes rigides et les traditions sereines de l'esprit français.

Ce fut la classe moyenne qui fournit à cette époque la plupart des individualités remarquables, et ceci ne fut point un simple effet du hasard.

On peut affirmer hardiment que c'est pour un peuple un inestimable bonheur que de posséder, parmi les éléments qui le constituent, une bourgeoisie intelligente, contre-poids nécessaire de deux forces extrêmes et également aveugles : l'aristocratie et le peuple. Telle nation qui a vu s'engloutir dans les plus horribles convulsions son gouvernement, sa liberté, son existence elle-même, jouerait peut-être en Europe un rôle glorieux et utile, si elle n'avait pas été composée presque exclusivement de nobles ou de paysans. Je ne veux pas m'attacher à développer cette formule historique, les hommes d'intelligence et de raison pourront vérifier son exactitude.

En France, à l'époque qui nous occupe, la bourgeoisie fut certainement un corps solide et parfaitement agrégé. Nés dans une période de décadence morale et de renaissance intellectuelle, nourris des leçons d'une école philosophique à laquelle ne manquait ni la rigueur ni un enthousiasme particulier, élevés sagement et sobrement par des gens qui avaient le culte des traditions, mais manquaient absolument de sens critique, les jeunes hommes de cette génération devaient sentir résider en eux-mêmes la seule force résistante du pays, et ils purent l'exercer plus tard avec une patience qui ressemble à de l'héroïsme.

Cette considération explique seule pourquoi nous voyons avec un étonnement qui se reproduit sans cesse les représentants de cette caste rester calmes au milieu de la lutte qui les emportait ou les dévorait, juger impartialement les uns et les autres, se réserver, attendre et rire des vainqueurs et des vaincus jusque sous la hache du bourreau.

Le comte Beugnot est, parmi tous les hommes de second plan, illustres ou dignes de l'être, qui traversèrent comme acteurs ce drame terrible et vécurent encore après le dénoûment, celui qui représente le plus complétement les idées, je dirais presque les mœurs intellectuelles de la race bourgeoise, parce que sa vie s'étant prolongée bien au delà des temps où les solutions se sont produites, elle offre un champ plus vaste à l'observation. Si je ne craignais d'offenser sa mémoire, je développerais cette pensée : qu'il y a entre lui et M. de Talleyrand un point de ressemblance. Tandis que celui-ci personnifiait cette noblesse affaiblie par toutes les corruptions; qui, ne pouvant être la plus forte, se résignait à devenir la plus habile celui-là restait le type de cette vieille bourgeoisie, plus hautaine que la noblesse parce qu'elle avait le sentiment de ses droits, et qui, n'ayant plus rien à gagner aux habiletés, affirmait hautement sa puissance et se relevait seule triomphante et préparée pour l'avenir.

Le comte Beugnot fait aussi partie, d'ailleurs, de cette race puissante qui ne s'est jamais perdue dans notre pays, dont l'élévation fut le fruit et la récompense des travaux de plusieurs générations, et qui est soutenue, dans l'accomplissement de sa mission par le respect de traditions pures et par la dignité d'une morale fondée sur la raison.

Ses *Mémoires*, recueillis avec un soin pieux et publiés récemment, prouvent la vérité de cette appréciation. Je vais d'ailleurs suivre pas à pas la carrière de cet homme d'État, et cette analyse offrira sans doute quelque intérêt.

Né en 1761, d'une famille riche et bien posée dans la vieille province de Champagne, il embrassa fort jeune encore la carrière du barreau, et si nous jugeons de son talent oratoire par le style des premiers fragments de ses *Mémoires*, qui ressemble fort peu à celui qu'il emploie généralement, nous devons penser qu'un esprit aussi fin, aussi sobre, aussi naturellement porté vers toutes les délicatesses, devait être fort prisé à une époque où l'affectation des sentiments à effet passait de la littérature dans le langage usuel, et commençait même à envahir l'antique domaine des parlements.

Il fut du reste tout d'abord servi par les circonstances. Il avait connu et aimé quelque peu la fameuse comtesse de Lamothe-Valois, et lorsqu'elle fut arrêtée après l'escroquerie du Collier, elle voulut le charger de la défendre.

M. Beugnot, poussé par un sentiment de modestie peut-être exagéré, refusa cet honneur. Mais le choix de l'accusée dut évidemment attirer les yeux sur lui, et comme l'affaire avait un retentissement immense, lui donner parmi les jeunes avocats une sorte de renommée qui servit sans doute ses projets ultérieurs. Les *Mémoires* donnent sur l'affaire du Collier des détails personnels fort intéressants, mais qui ne modifient en rien l'opinion qu'un honnête homme devait, après avoir lu les publications antérieures, concevoir de cette infâme comédie et des personnages qui la jouèrent. Le seul éclaircissement nouveau que l'on puisse, sur ce point, retirer de la lecture de ces souvenirs, résulte de l'argumentation qu'emploie le comte Beugnot pour prouver qu'au point de vue de la jurisprudence du temps, le Parlement, en envisageant l'affaire du Collier comme une simple escroquerie, outrageait à la fois et sciemment les mœurs, la justice et la monarchie.

L'accent d'indignation avec lequel le légiste dénonce cet incroyable abus commis par une cour souveraine est celui d'une conscience droite et loyale, que n'ont pu fausser ni les sophismes intéressés des divers partis qui servaient alors de monstrueuses ambitions, ni les lieux communs égalitaires qui avaient cours dans le monde des robins.

« La révolution était déjà faite, dit-il, dans les esprits qui ont pu considérer une pareille insulte au roi, dans la personne de sa femme, avec cette indifférence coupable, ou ce sang-froid insolent. »

Du reste, rien ne peut donner une idée plus nette de l'effroyable corruption de tout ce vieux monde, que la lecture de ce premier fragment. Prélats, ministres, juges, courtisans se précipitent avec une ardeur sénile, sur tous les chemins ouverts à leurs appétits monstrueux et à leurs ambitions mesquines, et rien n'égale la dépravation des mœurs publiques, si ce n'est l'horrible dévergondage des mœurs intimes. C'est une folie! un vertige! Les consciences ne sont déjà plus troublées par les remords ni par l'effroi ; tout est naturel, presque légitime, et le délire des esprits égale presque alors la rage aveugle des sens.

Ce spectacle est plus triste encore et revêt des couleurs plus sombres dans l'histoire des élections que les trois ordres de Champagne firent pour les états généraux. M. Beugnot était envoyé à Chaumont, où se tenait l'assemblée des électeurs, en qualité de procureur-syndic du tiers état; et le tableau qu'il trace des intrigues des uns et de la dépravation des autres serait grotesque s'il n'était poignant. Il montre la noblesse ingrate, servile et corrompue, le clergé grossier, sensuel et méchant, le tiers ignorant, en proie à toutes les passions brutales, et faisant déjà un usage ridicule des droits nouveaux qu'on lui avait accordés.

M. Beugnot se méprenait d'ailleurs, comme toutes les âmes généreuses, sur la portée et la signification de la Révolution qui commençait.

Il pensait alors que le progrès naturel des institutions existantes pouvait opérer les réformes, dont il sentait aussi bien que personne la nécessité impérieuse, sans compromettre l'ordre de choses établie et le pouvoir lui-même ; et il offrit loyalement à ses concitoyens son concours pour cette œuvre difficile en posant sa candidature.

Ses concitoyens le repoussèrent logiquement et lui préférèrent un paysan, un avocat famélique et une sorte d'hercule.

La principale raison qui détermina les électeurs du bailliage de Chaumont à choisir tout autre que M. Beugnot pour les représenter aux états généraux mérite d'ailleurs d'être signalée.

« Que doit-on faire des Parlements ? lui demande un de ses collègues, embarrassé pour la rédaction du cahier des doléances.

« Les supprimer ! » répond hardiment M. Beugnot.

Et pour prix de cette belle réponse il faillit être roué de coups.

M. Beugnot, qui, du reste, évite de développer cette opinion dans ses *Mémoires* et ne parle plus des Parlements, avait donc compris que les plus grands obstacles qui s'opposaient à la réconciliation du peuple et de la monarchie furent toujours l'influence et l'esprit de ces cours souveraines, qui, en entravant dans les moments les plus critiques l'exercice de l'autorité royale et en suscitant au pouvoir exécutif, qu'elles jalousaient, mille embarras cruels et misérables, encourageaient les factions et donnaient à toutes les audaces et à toutes les révoltes des gages certains d'impunité. Il avait compris la signification que tout esprit juste doit donner au rôle que joua le Parlement de Paris pendant la Fronde, et il était décidé, « en franc économiste, » dit-il lui-même, à demander la séparation du pouvoir judiciaire et du pouvoir politique, dont la réunion dans les mêmes mains pouvait produire de tels excès.

Cependant les événements se précipitent. Enfin les États-généraux se réunissent, Paris s'insurge, le peuple prend la Bastille, Bailly fait des discours insolents, Lally-Tollendal des paraphrases emphatiques et ridicules ; le roi, entouré de traîtres ou d'hommes à courte vue, reste sans force au milieu de cet incroyable déchaînement de passions contraires. Dans les campagnes, sourdement travaillées par les émissaires de toutes les factions, le brigandage s'organise, on pille les châteaux, on constitue des comités composés de drôles et d'ignorants, et l'on arrête les voyageurs sur les grandes routes, et on leur distribue des coups de poing en leur demandant *s'ils ne sont pas contre la nation.* En fait, les fureurs s'attisent, les pouvoirs anciens cèdent avec une sorte de stupeur et sans aucune résistance la place à toutes les nouvelles tentatives soutenues par la force ou seulement par l'audace. Tout cela forme un tableau navrant, et les détails de cette sombre histoire ne sont plus que des crimes ou des violences. M. Beugnot en était « plus attristé que surpris. »

C'est ici d'ailleurs que commence sa carrière politique. La division de la France en départements lui permit de se faire nommer député à l'Assemblée législative. Il apporta dans cette enceinte où devaient se jouer bientôt de si sanglantes parties la modération naturelle de son caractère et de sa raison, la supériorité que lui donnaient sur plusieurs de ses collègues, plus brillants ou plus écoutés, une instruction solide, et enfin une grande rectitude de jugement...

Il eut plus tard le courage de résister aux offres que lui fit Danton, qui comprenait qu'un homme dont la conscience était pure pouvait être utile dans quelque parti qu'il s'engageât, et il dut expier bientôt cet acte d'indépendance : il fut arrêté et conduit à la Conciergerie.

Les détails du séjour de M. Beugnot dans « ce repaire de toutes les horreurs et de toutes les douleurs » sont navrants. Il n'existe certainement pas une conception littéraire, pas un effort d'imagination qui puisse atteindre à l'intensité d'intérêt et de pathétique que produit le récit de ces événements intimes et des faits qui s'y rattachent. La simplicité touchante, presque naïve et toujours gracieuse du style ajoute encore à l'effet, et à la vue de ces saturnales sanglantes, de ces monstruosités étalées au grand jour de leur triomphe, de ces iniquités impunies, le cœur se serre d'indignation et de dégoût.

Jeté, par suite d'une erreur commise par le greffier de la prison, dans un cachot, entre un *voleur* et un *parricide*, M. Beugnot ne passa à l'infirmerie de la prison que pour éprouver des tortures morales mille fois plus horribles.

« En présence, dit-il, de tant et de si profondes misères, j'ai rougi d'être né homme. »

Il rencontra successivement, dans cette antichambre de la mort, Lamourette, Ducos, Fonfrède, Fauchet, Bailly, Clavières, Houchard, dont la mort lui fournit une page digne de Plutarque, Mme Roland, qui devient séduisante en devenant malheureuse, le duc du Châtelet, et jusqu'à cette fille perdue, nommée Eglé, dont l'histoire est l'un des plus étonnants exemples de ce que peut produire chez les femmes l'exagération d'un sentiment noble et pur.

On ne faisait que passer dans ce séjour de larmes où l'espérance elle-même était un crime et une folie ; et le dénoûment du drame était toujours le même — l'échafaud.

Ici M. Beugnot nous représente bien l'homme de son siècle, résigné à mourir comme un être libre et raisonnable, méprisant les tyrans, les juges et les bourreaux, et supportant toutes les souffrances sans se plaindre, par le seul effort de sa dignité et du respect de sa personne. Il voulait, du reste, se soustraire à l'échafaud, et portait toujours sur lui une de ces pastilles empoisonnées que Cabanis avait préparées et qui épargnèrent alors tant d'ouvrage à maître Sanson. Chose étrange ! ce fut le docteur Guillotin qui lui vendit la sienne.

Son tour allait venir lorsqu'il fut, sur les instances de sa femme, transféré à la Force. C'était là un adoucissement de sa captivité et presque une raison d'espérer sa délivrance. En effet, après le 9 thermidor, M. Beugnot put sortir de prison et se trouva mêlé de nouveau au monde politique.

Telle était la fièvre qui dévorait alors la société française, qu'un homme pouvait ainsi passer en un seul jour d'une condition désespérée à une situation presque enviable.

Du reste, les jugements que porte l'auteur des *Mémoires* sur les événements qu'il voit s'accomplir autour de lui pendant cette sinistre période sont tous empreints d'une grande modération, et c'est un privilége vraiment remarquable, dont jouissaient sans doute fort peu de ses contemporains, que celui qui lui permettait, au milieu de ce déchaînement de fureurs menaçant toutes les têtes, de conserver la lucidité de son intelligence et l'indépendance de son esprit.

C'est ici, croyons-nous qu'il convient de préciser quels étaient les principes généraux qui guidaient M. Beugnot dans sa carrière politique. On serait exposé à se méprendre sur la signification de ses actes, et même sur la portée des idées qu'il exprime, à le considérer comme un de ces hommes vulgaires qui laissent au hasard le soin de fixer leurs incertitudes, et dont les figures, toujours pareilles, se retrouvent dans tous les temps et sous la même livrée, si on le jugeait sans connaître les secrets ressorts de sa conscience et l'ensemble des convictions qui formaient sa morale et dirigeaient sa vertu.

Il n'est d'ailleurs jamais facile de distinguer, en lisant et après avoir lu les mémoires d'un homme d'État, quelle est la force qui fait l'unité de sa conduite. L'auteur de souvenirs personnels prend forcément pour point de départ une hypothèse qui n'est pas toujours réalisable pour ses lecteurs. Il suppose que les événements auxquels il a été mêlé sont connus déjà dans leur ensemble, et il se borne à révéler des détails d'autant plus intéressants et d'autant plus susceptibles d'égarer une intelligence superficielle, qu'il les juge d'après ses passions ou d'après les nécessités de son attitude.

Ce qui distingue M. Beugnot des hommes de sa génération qui servirent plusieurs pouvoirs, c'est qu'il ne perdit jamais de vue que la république était une forme de gouvernement purement transitoire.

Il fut avant tout et toujours partisan du principe monarchique.

C'est ce qui explique l'empressement qu'il mit à se rallier à Napoléon, qu'il servit du reste avec un dévouement plein de loyauté jusqu'au jour où, voyant cette cause perdue, il eut acquis la certitude que si l'on voulait sauver la France, on devait porter ailleurs son concours et ses sympathies.

Lucien Bonaparte, qui devina en lui un administrateur de premier ordre, le chargea de l'organisation des préfectures.

C'est là l'œuvre capitale de M. Beugnot : et l'on doit avouer qu'il fallait une habileté merveilleuse et un sens politique exceptionnel pour organiser cette admirable machine dont les rouages fonctionnent avec une régularité qui fait de la France la nation la plus strictement gouvernée de l'Europe. Il est regrettable que les *Mémoires* ne nous donnent ni détails ni explication sur la manière dont M. Beugnot remplit cette tâche glorieuse. Les enseignements qu'on en pourrait tirer seraient certes plus utiles que les traités administratifs qui courent le monde politique.

N'est-il pas probable que, par une affectation de modestie narquoise qui était bien dans le caractère de l'un des hommes les plus spirituels de ce temps, M. Beugnot ait voulu laisser aux gens que sa vie intéresserait assez le soin de s'instruire eux-mêmes sur un fait qu'il considérait, avec raison, comme appartenant tout entier à l'histoire? Il a poussé cette raillerie de bonhomme jusqu'à ne point parler de son séjour à Rouen, où il laissa d'ailleurs d'excellents souvenirs, et de son passage au Conseil d'État. Il aime mieux s'attarder à rappeler les souvenirs que lui laissa la période la plus tranquille de sa longue vie, son séjour dans le grand-duché de Berg.

Il remplissait dans cette belle province allemande, ridiculisée méchamment et fort injustement par Voltaire, des fonctions à peu près analogues à celles de vice-roi.

Le contraste que présentaient en ce pays la stabilité des mœurs, la douceur placide des relations et l'honnêteté calme des caractères, avec ce qu'on voyait alors en France et dans les autres pays européens, troublés par l'invasion des théories nouvelles autant que par la guerre, agit profondément sur l'âme du comte Beugnot, et dut le confirmer dans cette croyance instaurée déjà dans son esprit, qu'un peuple ne doit attendre son salut et son bonheur que du développement régulier et progressif des institutions dont il est doté.

S'il ne se livre pas à ces réflexions dans ses *Mémoires*, c'est qu'il craint sans doute de dévoiler trop naïvement ses pensées intimes, et qu'il est captivé par le plaisir de décrire par le menu son gouvernement, son entourage, où ne se trouve pas le moindre petit-cousin du baron de Thunder-ten-Tronckh, sa vie publique et privée; mais on peut les lire entre les lignes : elles occupent son esprit et lui rendent ses travaux attrayants et faciles.

Ses aptitudes économiques se révèlent d'ailleurs ici avec un éclat d'autant plus grand qu'il est dégagé de toute préoccupation personnelle.

Le comte Beugnot s'occupe des finances et de l'agriculture, ces deux grandes affaires de tout gouvernement paisible, et se livre, à propos de la constitution politique du grand-duché, à une étude profonde qui l'amène à écrire cette phrase remarquable : « *Il se peut que ce soit encore une question indécise que celle de savoir si le système industriel est plus favorable à la classe des hommes de peine et de travail, c'est-à-dire à l'infiniment plus grand nombre, que l'était jadis le système féodal.*

Au milieu de cette quiétude féconde, les premiers symptômes de la décadence impériale viennent le surprendre.

Il analyse toujours par le détail les causes de cette lamentable décomposition avec une fermeté de jugement et une clairvoyance vraiment poignantes. Il montre Napoléon s'irritant de ses premiers revers et cherchant à s'illusionner lui-même sur la portée des disgrâces de la fortune. C'est un tableau douloureux et cruel.

Essling et Wagram présagent la Bérésina, qui présage Leipzig. Tout se confond, tout s'agite, tout se désagrége : l'invasion approche, et l'on n'a plus même le temps d'organiser la défense.

Le comte Beugnot est envoyé à Lille. Que peut un homme contre vingt armées ? Bientôt la dernière barrière est brisée, et le comte Beugnot, nommé par Talleyrand membre du gouvernement provisoire, doit faire soixante lieues déguisé en cantonnier pour se rendre à son poste de ministre de l'intérieur.

Cependant l'ordre renaît au milieu de ce chaos, et la présence du comte d'Artois fait succéder un calme relatif à ces sanglantes dissensions. M. Beugnot retrouvait dans le principe que représentait la maison de Bourbon un écho de ses propres sentiments, et s'attacha comme Français et comme politique à ce dernier espoir. Il poussa même le dévouement jusqu'à rédiger de son cru, pour *le Moniteur*, la fameuse réponse de *Monsieur* au discours de M. de Talleyrand : « *Rien n'est changé en France, il n'y a qu'un Français de plus.* » Enfin tout s'apaise, on reprend courage, et le roi entre à Paris.

Nommé directeur général de la police, le comte Beugnot fut aussi chargé de se présenter, en qualité de commissaire du roi devant les membres du Sénat et du Corps législatif chargés de discuter la charte de 1815. Le récit très-complet des débats de cette commission, composée d'hommes de premier ordre, est peut-être la partie la plus sérieuse et la plus profonde des *Mémoires*. L'homme d'État s'y montre tel qu'il est, instruit et habile, prévoyant et libéral. Ce fragment mériterait, selon nous, une étude spéciale, que nous interdisent et la nature de notre recueil et les bornes de ce travail.

Du reste, le précis historique de cette discussion est de tous points admirable, et le comte Beugnot y joue un rôle capital.

Après cet effort d'intelligence et de raison qui couronne sa vie publique et qui prouve que l'organisateur des préfectures fut aussi utile à la Restauration qu'à l'Empire, le comte Beugnot suivit Louis XVIII à Gand. Il est fâcheux qu'après le triomphe définitif du principe que représentait la maison de Bourbon, M. Beugnot ait été éloigné des affaires par le crédit d'une coterie aveugle et idiote. Il eût pu, dans des circonstances critiques, rendre des services plus grands encore :

son rapport sur l'attitude du duc d'Orléans pendant les premiers temps de la Restauration en est une preuve décisive.

Les *Mémoires* se terminent donc par une accusation d'ingratitude, et, chose déplorable! les plaintes du vieux ministre ne sont que justes et ne cachent pas la moindre rancune, puisque le comte Beugnot, mort en 1835, refusa toujours de se rallier au gouvernement de Juillet.

Ainsi se termina la carrière de ce représentant d'une ancienne génération politique. Quoi qu'il en soit du jugement que l'histoire portera sur certains événements encore imparfaitement éclaircis, le comte Beugnot sut garder la dignité de son caractère et de sa raison dans un temps où l'on ne peut s'étonner des plus cruelles défaillances, et c'est là un mérite rare dont tout esprit juste lui tiendra compte.

Denis Guibert.

REVUE DES SALONS

Il est facile de parler monde cette semaine, car les réceptions se sont succédé avec une véritable frénésie. Le plus beau bal de la huitaine a eu lieu mercredi, chez la duchesse Pozzo, dont les salons ont conservé un caractère d'aristocratie exclusive, bien rare de nos jours. — Le même soir il y a eu une réception chez la comtesse de Béhague. Ces dames ont le même jour, et l'on ne s'explique pas pourquoi elles conservent le même soir, recevant le même monde et demeurant porte à porte, ce qui amène, en outre, un véritable encombrement de voitures dans le quartier.—Il y aura donc mercredi prochain le contraire de mercredi passé, c'est-à-dire qu'il y aura un petit mercredi chez la duchesse Pozzo, et un grand bal chez la comtesse de Béhague.

Mme de Pommyer a donné dimanche un bal charmant et qui s'est prolongé très-tard. Les toilettes les plus remarquées ont été celles de Mme de Pommyer, satin bleu, dentelles blanches relevées par des agrafes en perles, et des diamants splendides comme coiffure, collier, bracelets et devant de corsage;

La baronne de Bastard, en satin blanc, peplum en satin cerise et perles blanches ;

La marquise de Laincel, en taffetas rose bouillonné de tulle rose, roses mousseuses et magnifiques diamants.

Il y avait une prodigieuse quantité de jolies femmes à ce bal, et des jeunes filles qui faisaient leur entrée dans le monde et qui s'amusaient si franchement qu'elles n'ont pas eu le loisir de remarquer à quel point on les trouvait charmantes. — Rien n'est admirable comme ces premières fêtes des jeunes filles. Elles y apportent un entrain qui souvent serre le cœur de ceux qui savent combien ce naïf bonheur dure peu, et tout ce que le monde garde de mécomptes à celles qui y entrent si bonnes et si joyeuses ! Le comte de Salat disait avec tristesse, en les voyant babiller et jouir des succès de leurs amies sans s'inquiéter des leurs : « Et dire que bientôt le monde les rendra méchantes !... Car on naît bon, et c'est la méchanceté des autres, le besoin de se défendre, qui rend *féroce* comme le sont tant de gens ! »

Il y avait bien du vrai et bien du *triste* surtout dans cette réflexion ! N'est-ce pas navrant de voir cette contagion du mal qui flétrit les meilleures natures comme la *mal'aria* fane les plus belles fleurs ?

Le bal de Mme Dentend de Pingré a eu lieu le même dimanche que celui de Mme de Pommyer et a été aussi très-nombreux, très-élégant et très-prolongé. — Mme Dentend de Pingré possède le joli hôtel qui fait le coin de la rue Balzac et de l'avenue des Champs-Élysées. Cette charmante résidence réunit le calme du beau jardin qui l'entoure à l'animation des Champs-Élysées, qu'elle domine du haut de sa pelouse en pente.

Mme Perrière-Pilté a eu lundi un grand bal dont les toilettes étaient d'une richesse merveilleuse et le souper si abondant, que l'on cite des personnes qui ont mangé indéfiniment des truffes et du raisin ! Ces dames sont si connues pour leur gourmandise, que dans un moment où l'on desservait un buffet pour le remplacer aussitôt, un ami de la maison est allé prévenir Mme Pilté *qu'elles devaient manger les camélias d'une jardinière, pour ne pas rester inactives pendant l'intervalle du souper !*

Le mardi a été marqué par un ravissant bal de jeunes filles chez la marquise de Talhouet, dans son bel hôtel du faubourg Saint-Honoré. Mlle Alice de Talhouet est, sans faire tort à personne, la plus jolie jeune fille des salons élégants, et on lui sait d'autant plus de gré de sa parfaite simplicité, qu'elle aurait plus de droits qu'une autre à appuyer des prétentions sur sa radieuse beauté ou sur la grande position de ses parents. L'église de Sainte-Clotilde a fait concurrence mercredi aux salons les plus vantés. Le mariage de Mlle Marie de Béthune avec le comte de Courouel avait réuni les noms les plus célèbres, les personnifications les plus gracieuses du faubourg Saint-Germain, et cette cérémonie avait amené autour de Sainte-Clotilde, un tel encombrement d'équipages armoriés, que le service des omnibus a dû être changé dans le quartier pendant plusieurs heures. Toute cette foule aristocratique s'est retrouvée le soir à ce beau bal de la duchesse Pozzo dont nous avons parlé au commencement de cette causerie, et le lendemain elle s'est réunie encore dans les beaux salons de la comtesse de Mercy d'Argenteau, rue de Suresnes. Le bal a été splendide et a eu le cachet que l'on retrouve toujours dans les fêtes de cette noble et opulente famille. — Son origine belge la met de pair avec tous les grands noms de ce pays, et ses alliances françaises la placent à la tête de la plus élégante et antique aristocratie de France.

Il y a eu le même jeudi une charmante réception chez Mme Olympe Audouard. Elle sait réunir autour d'elle des célébrités qui demeurent des amis et qui lui font un cercle très-agréable. — Mlle Méla a chanté plusieurs morceaux très-applaudis; Mlle Bierfuhrer a été très-remarquée et Mme de Callias a joué plusieurs morceaux de Chopin avec ce ravissant talent qui rend le piano si sympathique sous ses doigts. Mustapha-Pacha, qui assistait à cette soirée, l'a complétée par la grâce avec laquelle il a accueilli plusieurs personnes qui lui ont été présentées. — Son Altesse vient de s'installer dans un des plus beaux hôtels du boulevard Malesherbes, dont il fera certainement une des belles demeures de Paris, par l'entente avec laquelle il sait y réunir tout ce que l'art et le confort ont produit de meilleur en Égypte et à Paris. Le prince est *né parisien* comme d'autres naissent artistes et il nous semble qu'il devait avoir *le mal du pays* tant qu'il n'a pas été fixé à Paris. — Le beau Paris a le don d'être la patrie de tous ceux qui ont de certaines aspirations morales; il est *deviné* et même *regretté* par bien des gens qui ne le connaissent pas, mais qui sentent que leur atmosphère doit y être. On citait dernièrement une Russe très-intelligente qui s'éteignait faute de se trouver dans son élément intellectuel. On l'envoyait en Italie pour sa poitrine, aux eaux d'Allemagne pour son estomac, aux bains de mer pour la fortifier, et elle dépérissait toujours... Enfin un ami conseilla *Paris* pour elle, et au bout de six mois elle était guérie et heureuse!... On dit souvent que les Suisses, les Bretons et plusieurs autres habitants de telle ou telle province ne supportent pas l'éloignement de leur pays. C'est encore bien plus vrai pour le Parisien, ou plutôt c'est tellement vrai qu'il ne s'en éloigne presque jamais.

Il y a dans ce moment une foule de drames conjugaux qui vont se dénouer devant les tribunaux.

Il en est jusqu'à cinq que l'on pourrait citer. Un duc de cinquante ans affirme n'avoir donné que son nom en échange d'une grosse fortune, et refuse une intimité qu'il prétend ne pas avoir été exigée par contrat. Une jeune femme, qui était une naïve jeune fille il y a peu de semaines encore, envoie un avoué à son mari pour qu'il ait à justifier d'une froideur à laquelle elle donne un autre nom, et qui disparaîtrait peut-être si elle employait des procédés moins violents.

Un mari connu sous le nom de ce *pauvre* comte de ... a eu un moment d'impatience; il eu le tort de se servir d'arguments inconnus dans la bonne compagnie, et le voilà devenu un monstre dont les tribunaux vont faire justice!...

Les deux autres ménages troublés varient ces thèmes-là, mais sont uniformes dans leur désir de se séparer! C'est le seul point sur lequel ils soient d'accord!

La duchesse de Riario Sforza a réuni jeudi un nombreux auditoire dans sa jolie villa de l'avenue d'Eylau, pour entendre une jolie pièce jouée par de bons acteurs. La représentation a été charmante, et l'on espère qu'elle décidera la duchesse à continuer ses réceptions. Elle a le don d'attirer le plus agréable monde autour d'elle, et ses fêtes conservent avenue d'Eylau l'attrait qu'elles avaient à leur début dans son bel hôtel de la rue Royale, et ensuite dans sa première villa Sforza, à Ville-d'Avray.

Malgré toutes les grandes fêtes, on trouve encore de bonnes heures à donner au coin du feu de quelques amis, et ce ne sont pas, certes, les soirées les moins agréables ni les moins recherchées.

Là l'esprit est en négligé; on y cause à cœur ouvert, et l'on y est si heureux que cela fait souvent déserter les plus belles fêtes. Nous entendions l'autre soir un des hommes les plus aimables de Paris répondre à une dame qui lui demandait s'il irait le soir dans telle grande réunion. Ah! non, par exemple! nous serons huit ou dix à prendre du thé chez la princesse, et vous comprenez que pour rien au monde on ne manque une bonne fortune semblable! C'est dans ces précieuses soirées que l'on retrouve *le vrai Paris*. Rome, Londres, Vienne ou Pétersbourg, peuvent avoir des fêtes aussi belles que les nôtres, mais il nous semble impossible de retrouver loin de Paris les causeries charmantes qui sont le type de l'esprit français.

On parlait *élégance* l'autre soir autour d'une de ces cheminées privilégiées, et après une discussion très-vive sur les moyens de parvenir à ce rêve, la maîtresse de la maison mit tout le monde d'accord en lisant plusieurs passages de l'adorable ouvrage d'Eugène Chapus, qu'il a intitulé tout modestement *le Manuel de l'homme et de la femme comme il faut*. C'est merveilleux de finesse et de concision, c'est pratique comme une recette, et l'on y trouve tant de choses *vraies*, que si l'on est pas élégant après l'avoir lu, il vaut mieux y renoncer de suite, certain de ne pas acquérir ce que ce joli livre ne nous aurait pas donné. Il est une pierre de touche, une baguette magique, et s'il y a en vous le moindre feu sacré, il en fera une lumière électrique et permanente!

Comtesse de Marly.

LE DÉSERT

LE KHAMSIM — LE MIRAGE

La vue du désert produit un sentiment étrange, sentiment émouvant et profond : c'est un recueillement de l'âme, qui paraît vouloir se dégager de la matière et s'élever vers le Dieu créateur.

Dans le désert plus que partout ailleurs on sent la grandeur de Dieu !

L'esprit se laisse aller à une muette contemplation, sous l'impression de ce silence que rien ne trouble, ni le bourdonnement des insectes ni le doux bruit du feuillage.

On a sur sa tête le ciel avec toutes ses merveilles, avec tous ses mystères; mystères tantôt remplis de douces espérances, tantôt de doute et d'effroi.

On a autour de soi cette autre immensité, le désert; on ne voit de tous côtés que son sable grisâtre et uniforme.

On se sent seul, ne dépendant que de soi-même, et l'on se

dit : « Me voici libre enfin, loin du monde, de ses folles agitations, de ses petitesses, de ses tyrannies, » et cette sirène enchanteresse, la liberté, vous séduit par son plus gracieux sourire.

Vos poumons aspirent avec bonheur, avec volupté, cet air pur, vivifiant, que rien n'a vicié, cet air que Dieu a créé et que la civilisation n'a pas encore empesté avec ses cheminées à charbon de terre et ses agglomérations d'hommes.

Vos yeux sont charmés aussi, car sur ce sable uni comme une glace de Venise le soleil produit des effets magiques, le matin lorsqu'il se lève, le soir lorsqu'il disparaît; le ciel devient d'une beauté indescriptible et, hélas! inimitable pour le plus savant pinceau; le sable reflète la beauté du ciel : sable et ciel ont l'air de se mirer l'un dans l'autre.

Au soleil couchant, le ciel devient d'abord d'un rouge safran, de larges bandes le coupent en tous sens, des nuages sanguinolents se groupent autour du soleil; puis petit à petit les teintes s'adoucissent, elles deviennent d'un beau rose, et l'on voit le ciel d'un bleu pur se parsemer de flocons de neige rose formant mille dessins fantastiques

Le sable ressemble à un tapis azuré zébré de rose.

Enfin le soleil lance ses derniers rayons, puis il disparaît; alors les nuages perdent tout doucement leur couleur rose, ils deviennent argentés.

La lune, à son tour, vient vous offrir un charmant spectacle : au désert elle vous paraît si brillante, qu'on la prendrait pour un gigantesque diamant suspendu dans le ciel. Ses rayons sont si lumineux, qu'à leur lueur on peut lire et écrire.

Le sable, éclairé par elle, devient d'un gris bleu ravissant, on se croirait alors sur un tapis sans fin, d'un moelleux gris d'argent.

Devant ce sublime spectacle, on est fier, on est heureux,

et comme on est seul à l'admirer, on est tenté de se dire avec un fol orgueil : « Ce spectacle est donné pour moi ! »

On comprend que les musulmans aient choisi le lever et le coucher du soleil pour rendre hommage au Créateur et le remercier de ses bienfaits : car ce sont les deux moments de la journée où sa toute-puissance se manifeste de la façon la plus sensible à l'homme.

Mais soudain à ces sentiments de joie, de bien-être et d'admiration succède un sentiment d'épouvante et d'effroi inexprimable.

Ce silence complet, glacial comme celui de la tombe, vous donne une secrète angoisse. On sent que la vie n'habite plus ce sol, qu'elle l'a déserté à jamais ; on n'aperçoit pas un insecte, pas un oiseau, pas un être vivant ; seuls se roulent dans le sable les serpents à cornes, les vipères atjès : ces bêtes paraissent être là les mandataires et les auxiliaires de la souveraine du lieu, la Mort... car elles donnent la mort à qui a l'imprudence de les toucher !

Le sable, non accoutumé à être foulé aux pieds, grince sous vos pas d'une façon toute particulière ; il a l'air de vous dire : « Que viens-tu faire ici ? »

Le désert, cette immensité qui, pour avoir des limites, ne vous en paraît pas moins sans terme, vous donne le vertige ; vous vous dites : « Si je me trompais de route, si je m'égarais, j'errerais dans ce labyrinthe d'un nouveau genre jusqu'au moment où la soif, la faim, la fatigue, me donneraient la plus horrible des morts ! »

La sécheresse, l'absence d'eau, de toute verdure, de toute plante, fait qu'on se sent la gorge sèche et brûlante : à chaque instant on a envie de boire ; on regarde ces outres fragiles qui contiennent votre vie, la provision d'eau, et l'on se dit : « Si elles allaient se briser !... si le khamsim allait dessécher l'eau !... » Cette pensée vous altère ; on boit avec avidité.

Petit à petit le malaise que l'on ressent augmente ; on regarde autour de soi : cette solitude entière, cette absence de tout bruit finit par vous faire peur ; avec quelle joie on saluerait l'approche d'un être vivant !

Que l'on serat content de voir poindre à l'horizon une caravane !...

Ce seraient peut-être des Bédouins prêts à vous piller, à vous égorger..., mais n'importe, on y songe pas : ce seraient des hommes, ils rompraient le lugubre de cette solitude !...

Le silence, lui aussi, vous irrite ; on se sent le besoin de le troubler ; on essaye de parler, de chanter, mais la voix s'arrête dans la gorge, les faibles sons qui s'en échappent vous paraissent faux et discordants....

Voilà les deux genres d'impressions que produit le désert, alors qu'on y chemine de longues journées : même lorsqu'on est une nombreuse caravane, après trois jours de marche on devient silencieux, grave, et un sentiment de malaise, d'effroi, plane sur tout le monde.

LE MIRAGE

Pendant ma traversée du désert libyque pour me rendre à l'oasis d'Ammon, j'ai vu par expérience combien ce mirage est décevant et irritant.

Tout comme les soldats de Bonaparte, notre caravane a été trompée par lui.

Nous cheminions depuis quinze jours à travers cet océan de sable ; nos provisions étaient presque épuisées et notre fatigue était grande ; le découragement commençait à nous gagner.

Tout à coup un cri de joie s'échappe de nos poitrines : nous apercevions des arbres, de la verdure !

Des arbres, de la verdure, de la fraîcheur, quelle fête pour nous, brûlés depuis si longtemps par les rayons de ce soleil tropical!

Nous pressons gaiement nos montures en secouant le voile mélancolique qui planait sur notre esprit; nous nous disons : « L'oasis est là, à une heure de nous! » Mais plus nous avancions vite, plus elle avait l'air de s'éloigner; il semblait qu'un génie taquin la faisait reculer à mesure que nous nous rapprochions d'elle.

Nous étions le jouet du mirage!... La terre promise nous paraissait n'être qu'à une lieue de nous, et nous marchâmes huit heures sans l'atteindre. Pourtant nous voyions ses huttes, ses palmiers, son eau jaillissante, et tout cela, éphémère vapeur, se dissipait à notre approche. Une fureur sourde s'empara de nous; nous nous mîmes à taper sur nos montures avec rage pour les forcer à avancer plus vite.

Nous nous étions crus à une heure de l'oasis, et nous n'y arrivâmes qu'après douze heures de marche forcée.

La forte chaleur qui règne dans le désert produit cet étrange phénomène.

Les rayons de ce soleil tropical, agissant sur la vaste surface plane de ce sol, le rendent luisant comme une glace, et cette glace reflète tous les objets. Figurez-vous l'effet produit par un candélabre allumé posé sur une table, une glace devant, une glace derrière : ce n'est plus un candélabre que vous croyez voir, c'est dix, vingt, cent candélabres.

Dans la basse Égypte ce phénomène se produit aussi; pendant les fortes chaleurs, souvent le terrain qui se trouve devant vous vous paraît recouvert, à une lieue de là, par une vaste inondation; les villages qui sont placés au delà de cette distance ressemblent à des îles situées au milieu d'un grand lac; cette nappe d'eau ou cette glace fantastique réfléchit l'image de chaque objet qui se trouve dans son rayon; mais à mesure que l'on s'avance, le bras de mer qui semblait vous séparer de votre but se rétrécit, s'éloigne, puis disparaît, et il se reproduit sur-le-champ un nouveau groupe d'arbres ou d'habitations plus éloignése.

C'est ainsi que notre oasis, réfléchie par cette immense nappe d'eau qui nous la montrait tout près, s'éloignait de nous comme un capricieux feu follet, alors que nous croyions l'atteindre.

Les Arabes, avec leur tournure d'esprit poétique, disent que le mirage est l'image de la femme : comme la femme, il vous sourit, vous attire, vous entraîne, vous montre le bonheur, et lorsque, fou d'ivresse, vous vous précipitez pour l'atteindre, alors il s'éloigne, puis s'éloigne encore, et vous tombez de lassitude sans avoir pu l'approcher.

Ils ont développé cette pensée dans plusieurs poésies ; en voici une traduite mot à mot, et que par conséquent je n'ai pu rhythmer en français :

L'amour des femmes !...
C'est le mirage :
On croit l'atteindre,
Il est bien loin.
L'amour des femmes !
C'est le trompeur mirage ;
A sa poursuite on s'épuise,
On s'épuise bien en vain :
Femme et mirage
Ne font qu'un ;
Mais non, pourtant :
Car le mirage trompe pour peu de temps,
Tandis que l'amour des femmes
Trompe, lui, éternellement.

Voici une autre poésie arabe qui a été traduite par un de

nos consuls en Orient et qui est sur le même sujet, avec variantes :

L'AMOUR DES FEMMES

(HATT ENICA)

L'amour des femmes, c'est la lune
Fuyant devant qui la poursuit ;
C'est le ruisseau que suit la dune,
Un dattier qui n'a pas de fruit.

L'amour des femmes !... J'en aime une,
La soif me dévore depuis,
Comme un chacal qui vers la brune
S'épuise en bonds auprès d'un puits.

L'idée du chacal qui s'épuise en bonds auprès d'un puits est inspirée aux Arabes par la vue de ces bêtes, qui, vers le soir, affolées par la soif, viennent bondir auprès des puits pour essayer de se désaltérer ; mais l'eau est trop basse, elles ne peuvent y atteindre et meurent en voyant ce qui pourrait les sauver, supplice pire que celui de Tantale !...

Supplice que les Arabes ont, du reste, mis en poésie.

Le chant arabe est très-monotone, mais on s'y habitue et il vous donne une espèce d'engourdissement qui n'est pas désagréable : doux et mélancolique, ce chant cadre bien avec le paysage qui vous entoure.

LE KHAMSIM

Tout comme les grands événements, le khamsim a ses précurseurs !

Pendant mon voyage à travers le désert, j'ai éprouvé les

violentes émotions et les souffrances intolérables que cause ce vent qui sort du fin fond de l'enfer, disent les Arabes.

Un matin, vers les dix heures, le soleil devint soudain d'un rouge sanguinolent, de grandes taches noires marbraient le ciel.

Les Bédouins se mirent à regarder l'horizon, l'inquiétude se peignit sur leur visage.

Nos dromadaires et nos chameaux firent entendre de petits cris plaintifs, ils tressaillaient comme s'ils étaient agités par de sinistres pressentiments.

Je voyageais avec un vieil Anglais et sa jeune femme, milord et milady Samson.

« Qu'ont donc ces Bédouins? me dit lord Samson.

— Ah! mon Dieu! s'écria milady, apercevraient-ils, par hasard, une caravane ennemie?

— Ils voient pire que cela, chère madame, répondis-je.

— Quoi donc? me dit cette dame d'un air très-effrayé.

— Le Khamsim,

— Oh! bon, bon! ce n'est que cela! » s'écrièrent d'un accent joyeux mes compagnons d'outre-Manche.

Que ça!... les malheureux!...

J'eus la charité de ne pas troubler leur douce quiétude, quoique j'eusse déjà fait mauvaise connaissance dans le désert de Suez, avec ce vilain monstre échappé des enfers, le Khamsim.

Je me contentai de leur dire: « C'est un mauvais vent, que les Arabes redoutent beaucoup : dès qu'il commencera, il faudra suivre à la lettre leurs conseils et les imiter en tout. »

Ils souriaient tous les deux de mon air peu rassuré.

« Oh! commença lord Samson, j'ai eu de bien mauvais vents sur les côtes de l'Océan; celui-ci ne me fait pas peur.

— Eh bien! moi, je suis moins brave, le Khamsim m'épouvante, lui dis-je.

— Vous voulez rire, me dit milady, vous si courageuse avec les Bédouins !.. Mais d'où lui vient ce nom de *khamsim*?

— Khamsim signifie en arabe cinquantaine; or les Arabes prétendent qu'il dure cinquante jours : il se lève vers l'époque de l'équinoxe, et en effet il dure longtemps, plus ou moins fort.

« On l'appelle encore *simoun*, ce qui signifie poison : les Arabes assurent que, son souffle est empoisonné, puisqu'il brûle et tue tout sur son passage. Ils disent encore, et je serais bien tentée d'être de leur avis, qu'il sort des entrailles de la terre et que c'est l'enfer qui le vomit. »

Mes compagnons de route, en écoutant mon explication sur le *simoun* ou khamsim, commençaient à faire la grimace, d'autant plus que l'atmosphère devenait lourde et brûlante... Lord Samson regarda un petit thermomètre Réaumur qu'il avait dans son sac; il marquait 50 degrés.

D'instant en instant le ciel devenait plus rouge, les taches noires s'agrandissaient, elles se groupaient comme un sombre bataillon autour du soleil; l'horizon était borné par un voile de poussière soulevée du sol par un vent qui semblait réellement sortir de dessous terre.

Les Bédouins se montraient de plus en plus inquiets; ils se disaient les uns aux autres d'un air désespéré: « *Khamsim, khamsim!* »

Ce mot répété de bouche en bouche avait le lugubre du « Frère, il faut mourir! » des chartreux.

Nos montures firent entendre un gémissement douloureux et toutes à la fois elles se couchèrent. Nous avions déjà une soif ardente, instinctivement nous nous précipitâmes tous vers la provision d'eau. Quand tout le monde fut désaltéré, je pris une serviette, la trempai dans l'eau, et j'engageai mes compagnons de route à en faire autant; puis je m'assurai si nos outres étaient bien bouchées; les Bédouins prirent des couvertures et les enveloppèrent soigneusement.

« Pourquoi font-ils cela? me demanda lord Samson.

— Pour les préserver le plus possible du souffle de ce vent; car il arrive souvent que, le khamsim calmé, on trouve les outres à sec; le vent a tout desséché.

— Mais si cela arrivait, me dit milady en devenant blême, nous mourrions de soif...

— Hélas! oui, répondis-je; mais espérons que ce malheur nous sera épargné. »

Nos guides se couchèrent le long de leurs chameaux tout contre eux, s'empaquetant le plus possible dans leurs burnous.

« Mais, s'écria milady, nous allons donc rester là?

— Bien forcément : d'abord, vous le voyez, nos montures se sont couchées d'elles-mêmes, devinant le danger; rien ne pourrait les décider à se lever; ni la voix de leur maître, qu'elles écoutent si bien ordinairement, ni même les coups. Du reste, ce serait une imprudence à nous d'essayer de rester debout.

— Ah! ah ! il paraît que ce vent est plus mauvais encore que celui des côtes de l'Océan, » me dit le lord anglais, qui commençait à ne plus sourire de mon appréhension.

Notre drogman vint nous avertir que nous ferions bien d'imiter les Arabes et de nous coucher près de nos montures. Le conseil était bon, car nous commencions à nous sentir soulevés du sol.

Nous nous mîmes les serviettes mouillées sur la figure et nous nous enveloppâmes, nous aussi, le plus que nous pûmes.

Impossible de donner une idée exacte de ce que nous avons souffert pendant six grandes heures !...

Nous ne pouvions faire un seul mouvement, une prostration complète s'était emparée de nous; nous ne respirions qu'avec peine, il nous semblait être dans une fournaise ardente; l'atmosphère n'était plus qu'une immense nuée de poussière; le vent était si violent qu'il soulevait des tourbillons de cailloux qui retombaient sur nous en nous meurtrissant. Pour mon compte, je n'ai jamais passé six heures de souffrances pareilles ! Le sable nous recouvrait; nous avions beau le secouer, un quart d'heure après nous en avions encore vingt-cinq centimètres sur nous et il s'amoncelait autour de nous d'une manière peu rassurante. Il me revenait à l'esprit l'histoire de ces caravanes, de ces armées entières anéanties par ce redoutable vent, et je trouvais que c'était une mort plus affreuse que toutes les autres... Enfin le soleil se coucha, la nuit peu à peu descendit sur la terre, le vent parut se calmer, l'air, sans être frais, devint moins brûlant.

A huit heures, nous pûmes nous lever; nous ressemblions tous à de vrais déterrés : nous étions pâles, des cercles noirs entouraient nos yeux, qui avaient un éclat fiévreux ; c'est à peine si nous pouvions tenir sur nos jambes.

Avec quel sentiment de crainte nous ouvrîmes nos outres, et avec quel bonheur nous vîmes qu'elles contenaient encore de l'eau.

Si rien n'est affreux comme de souffrir de la soif, rien n'offre autant de volupté qu'un verre d'eau lorsqu'on est altéré.

Une petite poussière impalpable s'était introduite dans notre gorge, nos yeux étaient abîmés par elle.

Combien doivent souffrir ceux qui après avoir enduré cette dure épreuve du khamsim, ne trouvent plus un verre d'eau pour se désaltérer !

Un autre danger du désert, c'est encore les trombes de sable. Il arrive parfois que des tourbillons de vent soulèvent des trombes de poussière qui forment de gigantesques colonnes tournoyantes, qui quelquefois s'élèvent perpendiculairement jusqu'au ciel, pour retomber ensuite en masse et lourdement, écrasant tout ce qui se trouve au-dessous d'elles, et qui d'autres fois marchent devant elles avec une rapidité et une force froudroyantes, brisant tout...

Des caravanes entières ont été détruites par ces trombes.

Olympe Audouard.

REVUE MUSICALE

Je ne me féliciterai pas, comme ma noble et spirituelle collaboratrice Mme la comtesse de Marly, de commencer pendant le mois de février mon feuilleton musical.

Quelle pénurie !

Rien de nouveau dans les théâtres lyriques, si ce n'est *Sardanapale*, dont les journaux et le public ont fait justice.

M. Carvalho, auquel on attribue, à tort ou à raison, une grande supériorité de direction, a-t-il bien fait en confiant à Mlle Nilsson le rôle de Myrrha, qui n'est ni dans ses notes ni dans ses moyens ? Mlle Nilsson a un grand talent, mais elle possède une voix essentiellement légère ; pourquoi donc lui avoir imposé un rôle beaucoup trop grave pour elle ?

N'y aurait-il pas dans ce fait une mauvaise pensée, une rivalité ?

Le public commence à trouver sur les affiches trop souvent le nom de Mme Carvalho. Nous sommes loin de contester l'immense talent de cette cantatrice directrice, mais nous ne voudrions pas voir entraver les succès de jeunes talents qui sont écartés aussitôt qu'ils sont adoptés par le public. Ce n'est certes pas dans ce but que le Théâtre-Lyrique impérial a été subventionné.

Mlle de Vries, élève de Dupré, va prochainement remplacer Mlle Nilsson. Est-ce une compensation ? Nous en jugerons.

* * *

J'aurais voulu parler longuement de ce qui intéresse actuellement toutes les intelligences musicales, de l'opéra de *Don Carlos*, mais je ne puis devancer la représentation ni raconter le poëme de cet opéra, qui est connu de tout le monde.

Ce que je puis annoncer d'avance, grâce à quelques indiscrétions amies, c'est que le succès le plus éclatant attend Faure, ce grand artiste dont la bienveillante sollicitude accueille et encourage si bien les efforts de ceux ou celles qui s'engagent dans la carrière difficile des arts.

Mme Gueymard a été remplacée aux répétitions générales par Mlle Mauduit, que l'on trouve toujours sur la brèche.

Mme Gueymard ne doit-elle pas ses fréquentes indispositions aux inintelligentes leçons d'un professeur avec lequel elle travaillait il y a quelque temps, et dont je dévoilerai le système absurde dans un de nos prochains numéros, afin de prémunir contre son danger les imprudents qui pourraient s'y laisser prendre, et consoler les invalides qui y ont laissé leur voix.

* * *

Que dire du Théâtre-Italien, d'un édifice qui s'écroule? La Patti, toujours la Patti : c'est une étoile qui menace de passer à l'état d'étoile filante.

* * *

Un jour de la semaine dernière, il y avait affluence à la station de Bois-Colombe; les voyageurs se dirigeaient vers la charmante résidence de M. X..., où avaient été conviées une foule de notabilités artistiques et financières. Il s'agissait de l'exécution d'un opéra-comique inédit, dont la musique est de M. Bourdeau, organiste de Saint-Philippe du Roule, et les paroles sont de M. Mille-Noé, gendre du châtelain.

La musique de cet opéra a soulevé à plusieurs reprises les bravos de l'auditoire; on y a remarqué notamment une chanson à boire et un duo entre l'amoureux et l'amoureuse obligés de tout opéra-comique.

L'exécution a été parfaite, grâce aux talents de Mlles X... et B...

* * *

Duprez, le grand Duprez, a fait exécuter jeudi dernier, dans sa jolie salle de la rue Turgot, une messe en musique de sa composition. L'exécution a été des meilleures, le succès incontestable. Nous engageons M. Duprez à renouveler cette audition, il peut compter sur notre concours pour faire connaître son œuvre.

*
* *

Le carnaval touche à sa fin, le carême s'avance à grands pas, escorté de tous ses concerts annoncés et à annoncer. Hélas!!!

Les salons de Mme Érard se sont ouverts au public vendredi dernier, pour la première fois de cette année.

Le concert était donné par Mlle Pauline Regnier, jeune et intéressante artiste, affligée à peine de quinze printemps, et dont les dispositions précoces promettent avant peu un talent sérieux d'exécutante. Mlle Regnier est du reste entre bonnes mains, elle est élève de MM. Marmontel et Wolff.

*
* *

Portheaut, qui, après avoir brillamment tenu les premiers rôles à l'Opéra, se contente actuellement des succès de chapelle et de salon, où il est fort apprécié, a chanté, avec le goût et la méthode qui le distinguent, plusieurs morceaux, entre autres l'air de Fontanarose, du *Philtre*.

On annonce pour le vendredi 8 mars, à la salle Herz, le concert donné par Mlle Méla, dont le nom a été estropié deux fois dans nos précédents numéros.

J'ai souvent entendu Mlle Méla dans les salons, où elle obtient des succès d'enthousiasme. Que les admirateurs de son talent ne laissent pas échapper l'occasion de l'applaudir : n'ayant pu s'entendre avec M. Bagier, elle est sur le point de signer un engagement pour la saison de Londres.

EUGÉNIE DE JERSEY.

On trouve des billets du concert de Mlle Méla au bureau de la *Revue cosmopolite*.

THÉATRES

Mlle Formi débutera ce soir dans le petit rôle du page du *Ballo in maschera*, qui vient d'être repris. Ce rôle sera pour attendre un début sérieux, que réclame le talent de cette cantatrice.

Samedi a eu lieu, à l'Opéra-Comique, la première représentation du *Brigadier*.

Mercredi doit avoir lieu celle des *Brebis galeuses*, au Vaudeville, et jeudi, à l'Odéon, *les Ambitions de M. Fauvelle*.

On annonce, mais cette fois sérieusement, au Théâtre-Français, *Galilée* pour le 7 mars prochain. La santé de M. Ponsard, qui a si longtemps inquiété ses amis et ses admirateurs, est maintenant complétement rassurante.

Le mois de mars sera fertile en événements dramatiques et offrira large pâture aux chroniqueurs. Nous aurons d'abord *les Idées de madame Aubray*, œuvre de Dumas fils, ce qui veut dire grand succès.

Le service télégraphique établi entre le Corps législatif et les Tuileries a fonctionné samedi pour la première fois.

Les travaux du nouvel Opéra avancent avec une grande rapidité. Chacun sait que le 8 août prochain doit avoir lieu, dans l'ancien palais de l'Industrie, aux Champs-Élysées, la distribution des récompenses décernées aux exposants. Eh bien, c'est pendant cette journée et au milieu de la fête donnée pour cette solennité, que la façade de l'Opéra sera dépouillée de toutes les planches et toiles qui en cachent en ce moment les colonnes et les magnifiques sculptures. Ce changement à vue sera fait comme s'il était l'œuvre des fées.

MAX.

BULLETIN FINANCIER

Du 18 au 23 Février 1867

Le gros événement financier de la semaine a été l'emprunt des Principautés-Unies (danubiennes).

L'emprunt sera coté aux bourses de Paris et de Londres.

Titres de rentes 8 0/0 émis au cours de 71, remboursables à 100 francs par tirages annuels, en 23 ans. (Jouissance du 1er janvier 1867.)

C'est un placement à 12 0/0 environ en comprenant les bonifications de jouissance, l'escompte de versements et la prime résultant du remboursement au pair.

Les coupons sont semestriels et payables à Paris en francs, et à Londres en livres sterling, les 1er janvier et 1er juillet. — Un tirage aura lieu en décembre de chaque année. — Les titres sortis au tirage sont remboursés au pair le 1er janvier.

L'emprunt contracté le 24 octobre 1866 et ratifié par la chambre des représentants de Bucharest, le 26 janvier 1867, est de 31,610,500 francs, capital nominal.

L'annuité nécessaire, tant aux intérêts qu'à l'amortissement de l'emprunt, est de 3,047,944 fr.

L'emprunt est garanti par une première hypothèque sur le revenu de 119 domaines de l'Etat spécifiés nominativement. Le revenu annuel de ces 119 domaines est inscrit au budget pour 3,755, 610 fr.

Comme surcroît de garantie, une somme annuelle de 2,235,000 fr. est affectée sur l'excédant libre du revenu des douanes.

Cet excédant est de 5 millions de francs environ.

Les coupures sont de 20 fr., de 40 fr., de 100 fr., de 200 fr., de 1,000 et de 2,000 fr. de rente.

Versements, 5 0/0 en souscrivant.

5 0/0 à la répartition, — 10 0/0 le 15 mars, 15 0/0 le 15 avril, — 15 0/0 le 15 mai, — 10 0/0 le 15 juin, — 11 0/0 le 1er juillet, dont il sera déduit 4 0/0 pour coupon semestriel.

Les versements anticipés seront bonifiés au taux de 8 0/0.

L'émission a eu lieu :

A Paris, par MM. Oppenheim Alberti et Cie, rue de Londres, 17 ;

Et à Londres, par MM. Fruhling et Goschen.

La souscription a été également ouverte à Bruxelles, à Francfort, à Berlin et à Bucharest. Ouverte le 19 février, elle a été fermée le 21 au soir, et elle a été couverte avec un tel empressement, qu'il y aura une réduction proportionnelle considérable.

Tableau indicateur.

Rente.	Total a verser.	1er Versement.
20	117,50	12,50
40	355 »	25 »
100	887,50	62,50
1,000	8,875 »	625 »

La nouvelle émission de l'emprunt des Principautés danubiennes a été parfaitement acceptée par le public de la bourse de Paris. Ce fonds se négocie à 1 1/2 de prime.

Ce succès est dû à l'honorabilité et à la solidité de la maison de banque qui a émis l'emprunt.

Les conditions de cet emprunt sont tellement belles, tellement sûres, qu'il n'est pas surprenant que les capitaux de placement le recherchent.

Variations d'une semaine à l'autre des principales valeurs au comptant :

Rente 3 0/0	69 40	69 95
Id. 4 0/0	99 30	100 »
Mexicain 6 0/0.	21 »	21 »
Id. obligations.	140 »	143 75
Consolidés.	90 1/8	» »
Emprunt italien.	54 20	54 40
Banque.	3475 »	3572 50
Foncier.	1520 »	» »
Société générale	437 50	495 »
Crédit industriel.	645 »	655 »
Sous-Comptoir du Commerce. .	435 »	437 50
Foncier colonial	590 »	615 »
Crédit mobilier.	490 »	508 75
Nouveau.	483 75	495 »
Comptoir d'Escompte. Est. . .	758 75	771 25
Compagnie immobilière. . . .	368 75	378 75
Transatlantiques	462 50	» »
Canal de Suez	265 »	» »
Omnibus de Paris..	1082 50	1080 »
Caisse des dépôts	550 »	553 95

Gaz parisien.	1627 50	1630 »
Crédit mobilier espagnol.	298 75	303 75
Orléans.	715 »	930 »
Nord.	1205 »	1222 50
Est.	550 »	555 »
Lyon-Méditerranée	922 50	940 »
Midi.	567 50	577 50
Ouest.	585 »	590 »
Chemins autrichiens.	405 »	417 50
Victor-Emmanuel	80 »	90 »
Sud autrichien-lombard.	405 »	416 25
Saragosse.	130 »	130 »
Romains.	90 »	92 »
Séville, Xerès, Cadix.	32 50	31 »
Nord de l'Espagne.	115 »	116 50

E. Bierfuhrer.

OUVRAGES DE Mme OLYMPE AUDOUARD :

Chez DENTU, Palais-Royal

(GALERIE D'ORLÉANS)

Les Mystères de l'Egypte dévoilés, fort in-18,
2ᵉ édition... 5 »

Les Mystères du Sérail et des Harems turcs,
in-18, 3ᵉ édition................................... 3 50

Le Canal de Suez (brochure in-8)............. 1 »

Histoire d'un Mendiant, in-18.................. 2 »

Un Mari mystifié, in-18.......................... 3 »

Comment aiment les hommes, in-18, 4ᵉ édition... 3 »

Guerre aux hommes, in-18, 2ᵉ édition....... 3 »

VA PARAITRE :

L'Orient et ses Peuplades, fort in-18 de 500 pages.

PARIS, IMPRIMERIE JOUAUST, RUE SAINT-HONORÉ, 338.

CAUSERIE

Simple question : Pourquoi M. Ernest Dréolle écrit-il Hanovre avec deux *n*, et cela avec une persistance digne d'une meilleure cause?

A propos de M. Dréolle, comme il faut être juste, même avec ses ennemis, je constate que c'est un homme adroit, pratique, l'homme du XXe siècle !

Voyez plutôt.

L'an passé, il faisait dans *la Patrie*, journal semi-officiel, des petits feuilletons à scandale; il distribuait aux uns et aux autres, aux femmes surtout, non pas de l'eau bénite de cour, mais des gros mots, des phrases mal sonnantes; enfin il y parlait de telles choses, que l'on se demandait s'il tenait un balai ou une plume à la main. Mais il ne signait pas ces *jolis petits feuilletons* de son nom : je vous ai dit que c'est un homme pratique; il signait *Un Inconnu !!*

Lorsque M. Ernest Dréolle exprime à M. le ministre

d'État, en termes bien sentis, sa profonde admiration; qu'il ne sait plus quels superlatifs inventer pour louer le beau talent de Son Excellence, qu'il lui redit trois colonnes durant, d'une voix emmiellée et émue : « Le peuple français vous admire, vous aime, vous adore. Au souffle de la sainte vérité sortie de vos lèvres, cette opposition niaise, maladroite, mal apprise, a été confondue! » lorsqu'il lui dit tout cela et une foule de choses du même panier, oh! alors, ce monsieur signe bravement *Ernest Dréolle*, et en toutes lettres encore !

Ainsi, monsieur Dréolle, c'est chose convenue, pour louer le ministre d'État, rendre justice au gouvernement, vous signez *Ernest Dréolle*, et pour insulter les gens, vous signez *Un Inconnu* !!

Il est des personnes arriérées qui pourraient trouver ce système... drôle; moi, je trouve cela pratique, et je vous dis : « Journalistes, mes confrères, inclinez-vous devant l'homme du progrès, devant l'homme du XXe siècle! »

États-Unis. — La législature du Kansas a adopté un amendement qui, supprimant dans la constitution les mots *blanc* et *mâle*, admet à la fois les noirs et les femmes au scrutin. Certaines gens pourront être choqués, et trouver peu flatteur pour les femmes de se voir ainsi assimilées aux *noirs*; pour mon compte, cela ne me heurte nullement, et je trouve que du même coup la législature du Kansas a réparé deux grandes injustices en rendant aux noirs et aux femmes leur droit de citoyenneté. Si les Françaises demandaient à être représentées à la Chambre par des femmes, les hommes riraient. « Avec des femmes à la Chambre, diraient-ils, le calme sera compromis, les graves questions seront mises de côté pour faire place à des questions futiles; on causera chiffons et crinolines! »

Eh bien mais, il n'y a au Sénat et au Corps législatif que des hommes, et pourtant il me semble que dans l'une comme dans l'autre de ces doctes assemblées on n'a pas mal parlé crinoline l'an passé!

Il est une autre assemblée où le calme le plus parfait ne règne pas toujours non plus; il est vrai de dire que dans celle-là il y a des femmes : je veux parler des assemblées des gens de lettres.

Il y a eu l'autre jour une réunion générale sous la présidence de M. Paul Féval; elle a été brillante, et surtout très-animée : les interpellations les plus bruyantes, les plus passionnées, se croisaient et s'entre-croisaient comme le bouquet d'un feu d'artifice. On devait voter quatre-vingt-trois articles, on n'en a voté que *trois*, et encore la séance s'est-elle prolongée rien de moins que cinq heures.

On a discuté le projet de fonder un cercle dit des gens de lettres.

Je me demande si les femmes y seront admises : car enfin, puisqu'elles font partie de la Société, il est de toute justice que les portes du cercle leur soient ouvertes. Au surplus, il est admis, ce me semble, que le talent n'a pas de sexe : la femme peintre, la femme auteur, sont un peintre et un auteur.

On a discuté aussi le projet de fonder une maison spéciale de librairie.

Mauvaise spéculation. Beaucoup d'auteurs pourront se convaincre que, vendant eux-mêmes, ils vendront encore moins bien que lorsque l'éditeur de la Société, M. Dentu, vend pour eux.

Le troisième projet discuté a été la fondation d'une caisse de retraite pour la vieillesse. Ce projet-là a eu pour zélé défenseur un homme de lettres, que l'on ne pouvait certes pas accuser de prêcher pour lui. M. le marquis

Alexis de Pomereu, en appuyant avec éloquence et chaleur la fondation de cette caisse, était parfaitement désintéressé dans la question, car tout le monde sait qu'il possède une des plus grandes fortunes du faubourg Saint-Germain, et qu'il possède plus de millions que beaucoup de ses confrères de billets de mille francs.

Je viens de nommer le marquis de Pomereu, et voilà ma plume qui est prise de la fantaisie d'être indiscrète et de tracer sa biographie. Au fait, pourquoi pas?

M. le marquis de Pomereu ne doit pas s'en formaliser, puisqu'il est mon confrère; et puis, un homme d'esprit comme lui ne se fâche pas pour si peu.

Trouver en l'an de grâce 1867 un type curieux, intéressant, sympathique, n'est vraiment pas chose facile; tous les hommes d'aujourd'hui sont uniformément pareils; l'originalité, l'esprit, sont bannis par la sotte prose du siècle. Aussi, lorsqu'on découvre un vrai type, il faut saisir l'occasion aux cheveux bien vite et l'esquisser, au risque d'être indiscret.

Soyons donc indiscrète.

M. le marquis de Pomereu est homme de lettres sous le pseudonyme de *comte du Vornoux*; il a pris un jour celui de *Paysan du Danube* pour signer quelques pages qui sont un chef-d'œuvre de fine satire à l'adresse des d'Orléans. Dans *le Sport*, il a fait des *causeries* dans lesquelles le tact, le bon goût du grand seigneur se marient admirablement avec l'esprit caustique et brillant de l'auteur.

Le marquis de Pomereu est instruit, très-instruit. Quelqu'un disait un jour de lui : « C'est un dictionnaire encyclopédique vivant, vous n'avez qu'à feuilleter et tourner la page; il a même la mémoire des dates. »

M. le marquis de Pomereu est avocat; plus d'une fois il a pris la parole au Palais, et il s'y est fait remarquer par son éloquence, sa verve et ses profondes connaissances du droit.

Le marquis de Pomereu a depuis peu un autre titre à joindre à ceux-là, il est syndic des meuniers de la vallée d'Andel.

Ah! mon Dieu, oui, syndic des meuniers! Ces bonnes gens lui ont exprimé le bonheur qu'ils éprouveraient à l'avoir à la tête de leur syndicat, et le marquis a répondu : « Mais j'en serais très-flatté ! » Et en effet il est tout heureux de pouvoir se dire un peu meunier.

Le héros de ma biographie est donc homme de lettres, avocat, meunier; et un détail à noter, c'est qu'il s'enorgueillit bien plus de ces titres que du beau nom qu'il porte et de la grande fortune qu'il possède. De ces deux derniers titres, il n'en parle que bien rarement et avec beaucoup de modestie; mais des trois premiers, il en parle souvent et avec une petite nuance d'orgueil, bien juste du reste, car il a conquis les trois premiers par son esprit, son intelligence et son bon vouloir, tandis que les deux autres lui ont été légués par ses ancêtres.

Comme caractère?... Ici l'originalité brille d'un vif éclat, et il peut se flatter d'être lui, et de ne ressembler à personne.

Bourru, d'allures peu aimables pour ses pairs, bon, charmant de cordialité et de bienveillance pour ceux qui n'ont pas l'honneur de l'être, adoré des villageois, des ouvriers, des paysans, avec qui il cause avec bonhomie, à qui il donne des poignées de main de tout cœur, très-aimé des artistes et des littérateurs, dans la société desquels il se complaît. Tous ceux qui le connaissent beaucoup ont pour lui une profonde sympathie; ceux qui le connaissent peu le trouvent bourru et désagréable.

Il aime le paradoxe et le soutient avec esprit, il pousse

la franchise au delà de toutes les limites connues ; comme un enfant terrible, il dit tout ce qui lui passe par la tête. Mais, il faut lui rendre cette justice, son esprit mord, dur quelquefois, agace, irrite, mais ne blesse jamais ; avec un grand tact, il ne s'attaque qu'aux travers et aux ridicules. Il a, par exemple, un travers abominable : il ne croit pas à la vertu des femmes, il émet sur elles des opinions qui n'ont pas le sens commun, mais avec tant de bonhomie que pas une ne songe à se fâcher.

Quelques personnes prétendent qu'il est avare. Je vais vous raconter un trait de son avarice, et vous verez qu'elle est des plus originales.

Je le rencontre un jour sur les boulevards.

« Où allez-vous donc ? lui dis-je.

— Je vais m'acheter un tapis, me répond-il.

— Ah ! votre tapissier est par ici ?

— Mon tapissier ! s'écrie-t-il, oh ! mais non ; je n'achète pas mes tapis chez le tapissier, ils me reviendraient bien trop cher ! »

Je restai tout étonnée de cette sortie. Serait-ce vrai, me dis-je, que ce bon marquis est avare ?

« Je vais à l'hôtel des ventes, me dit-il : là on a quelquefois des occasions superbes, et on achète des choses presque toutes neuves pour rien ; et puis, c'est très-amusant, l'hôtel des ventes. Voulez-vous venir voir ? Je gage que vous n'y êtes jamais allée ! »

J'acceptai son offre, d'abord parce que je ne connaissais pas l'hôtel des ventes, ensuite parce que je voulais voir comment le marquis s'y prendrait pour acheter un tapis ne lui coûtant presque rien.

Nous entrons dans une première salle, on vendait des casseroles ; la boutique d'un pauvre ferblantier était là. Ces casseroles ne tentaient personne, et le vendeur avait l'air assez triste... « Cinq cents francs le tout ! » dit le commissaire priseur. « Cinq cent cinquante ! » dit le marquis, et il reste adjudicataire de plus de trois cents casseroles.

« Que diable allez-vous faire de cela ? lui demandai-je : ça ressemble peu à un tapis.

— Ces casseroles, me dit-il, se frottant les mains d'un air joyeux, elles vont faire mon bonheur ; je vais m'amuser beaucoup avec. »

En effet, le lendemain il les faisait plier soigneusement dans du papier bien blanc, et il en envoyait deux ou trois à chacun de ses amis, riant comme un enfant de la stupéfaction de ces gens-là en recevant trois casseroles en cadeau.

De la salle aux casseroles nous passâmes dans une autre salle d'objets d'art.

« Il n'y a pas de tapis, dis-je, ici. — C'est égal, me répondit-il, voyons la vente, cela nous amusera. »

La vente commence, un quart d'heure après, le marquis de Pomereu avait en sa possession dix-sept cannes anciennes, lui coûtant la modeste somme de 7,000 francs, plus, deux morceaux de lapis brut, lui coûtant 1200 francs.

Il est sorti de l'hôtel des ventes sans tapis, mais possesseur de trois cents casseroles, de dix-sept cannes et de deux morceaux de pierre ; le tout pour la somme de 8,750 fr... Et il était venu là pour économiser 200 francs sur le prix d'un tapis ! Ça me paraît fort ; aussi ce bon marquis me permettra de ne pas croire à son avarice : elle n'est que de l'originalité, ou peut-être un prétexte pour qu'on lui demande plus facilement des services qu'il est heureux de rendre au fond, et qu'on demande avec moins de scrupules alors qu'il se pose en avare.

L'hôtel des ventes lui coûte plus de 100,000 francs par

an; tous les bibelots qu'il y achète sont distribués par lui aux uns et aux autres.

Mais sur ces 100,000 francs, il faut déduire les 200 francs qu'il a économisés sur son tapis! Je connais une foule de traits d'économie qui ressemblent à celui-là.

Si le marquis adore la littérature, pour la musique il est de l'avis de Gautier, et trouve que c'est un bruit désagréable.

Un jour, on parlait d'une femme devant lui. « Elle a deux grandes qualités, dit-il, ni elle ne chante, ni elle ne pianote. »

Le marquis de Pomereu est Normand, mais il pourrait tout aussi bien être Breton.

Olympe Audouard.

LES ARTISTES

M. CORDIER. — LES EMBAUMEURS DU QUAI CONTI. — ARISTOTE ET LE GÉNIE. — RÉNOVATION DE L'INSTITUT PAR LA FEMME. — MICHEL-ANGE MYSTIFICATEUR. — SCULPTURE CHRYSÉLÉPHANTINE. — PORTRAITS DE FEMMES.

Lorsque vous remontez le boulevard Saint-Michel et que vous arrivez vers le milieu de la rue de l'Est, vous pouvez remarquer sur votre gauche une maisonnette dont la porte d'entrée, ornée d'un fronton, est surmontée du buste du divin Caracalla.

Entrez hardiment — les artistes sont hospitaliers, — demandez à M. Cordier, le maître de céans, de vous montrer les surprenantes merveilles que renferme son atelier. Si vous avez le sentiment des arts, vous sortirez de là convaincu que vous venez de rencontrer un des artistes les plus éminents de ce temps, un artiste à qui la postérité fera une part plus large que ne la lui font ses contemporains.

M. Cordier, quoique élève de Rude, est son propre maître, et jusqu'ici, que je sache, n'a pas formé d'élèves. Il est seul de sa race, trop original, trop puissant et trop vrai pour avoir beaucoup d'imitateurs parmi les artistes et beaucoup d'amis parmi les membres de l'Institut.

L'Institut, qui n'a jamais rien inventé, a cependant un jour imité le grand Créateur, — le Demiourgos. Il a dit à l'art : « Tu n'iras pas plus loin ! » Et l'art, obéissant, s'est arrêté aux pieds de cette barrière au delà de laquelle se trouve le vaste champ de l'imprévu et du génie.

L'histoire de l'art pourrait, ce me semble, se résumer en quelques lignes.

Avant les poétiques, les grands poëtes. Après Homère, Aristote, qui s'avise un jour d'entrer dans les conseils mystérieux du génie, et de le révéler à la médiocrité. — Ici vient au bout de ma plume un mot vulgaire. J'en demande pardon à l'Académie, qui a laissé faire son dictionnaire par M. Littré, mais ce diable de mot rend mon idée comme nul autre, et je me vois forcé de sacrifier, en cette grave circonstance, la pruderie à l'exactitude : — c'est le mot *ficelles*.

Aristote découvre donc à la médiocrité les ficelles du génie. Depuis lors ç'a été une profanation lamentable des plus saintes choses.

Le mal qu'a fait le Stagyrite est incalculable.

Je ne suis pas de ceux qui regrettent beaucoup que la bibliothèque d'Alexandrie ait été brûlée.

Si un homme de génie apparaît, il entre d'abord dans la voie battue. Il imite : tout homme est singe à son début. On commence toujours à marcher avec des lisières. Il s'y perd quelquefois en s'y embourbant ; mais si le *Daïmon* intérieur, de ses puissantes ailes, le soulève de cette fange terrestre pour le jeter haletant loin des barrières, sur des sommets inconnus, la médiocrité, épouvantée du prodige, se baisse, ramasse des pierres et cherche à lapider le monstre qui vole.

— *Portentum !*

Daïmon et *Portentum* sont là pour me faire pardonner le

mot *ficelle,* quoique je m'adresse ici à une classe de l'Institut dont les membres ne sont pas en général de grands Grecs.

Le monstre vola.

M. Cordier, qui avait reçu du Gouvernement une mission artistique, revint un jour de Grèce et de Rome sur un navire chargé de chimères. Au lieu de surmouler des surmoulages de surmoulages de Phidias, il avait fait, sans s'en douter, comme le grand artiste, que le diable emporte pour les sots imitateurs qu'il nous a donnés! Il avait pris des hommes de chair et d'os, et en avait fait sortir d'un bloc de marbre l'image palpitante et agrandie par sa pensée de créateur.

On l'eût lapidé volontiers des onyx, des albâtres, des bronzes de ses œuvres. On n'osa; on essaya seulement de l'exclure du salon — l'empire de ces messieurs a cent pieds carrés.— L'Empereur le décora.

L'Institut protesta, et rentra dans sa tente — toujours à l'imitation d'Homère.

Depuis ce temps, le monstre a grandi. Le géant a entassé Ossa sur Pélion — encore à l'imitation de quelqu'un. — M. Cordier est comme tous les hommes puissamment doués. Les marbres de la Grèce, la vieille Paros épuisée ne suffisant plus à son inépuisable conception, il a fouillé la haute Egypte pour en rapporter des albâtres plus durs, plus brillants, plus ardents de tons, plus roux que l'onyx, qu'il amollit sous ses doigts robustes, et qu'il jette sur les épaules de ses sultanes, de ses almées, de ses odalisques, de ses négresses, de ses bayadères, de toutes ces divinités humaines qu'il coupe vivantes et un peu surprises au milieu de notre civilisation pratique et incolore.

La femme est ici-bas l'incarnation de la beauté perceptible. Il faut l'aimer avec idolâtrie, ou renoncer à l'art divin. A l'Institut on ne s'en doute pas.

L'Institut ne sera régénéré que le jour où les femmes donneront une âme à cet hémicycle d'automates. Les femmes font les hommes, et surtout les hommes de génie.

On dit que le moyen âge a divinisé la femme. Qui s'en douterait à voir nos mœurs et nos lois, où la femme est réduite à néant, où elle tombe si bas que c'est à peine si un honnête homme ose la regarder en face... Mais nous avons le poëme de Legouvé....

Michel-Ange, pour répondre aux membres de l'Institut de son temps qui le houspillaient, enterra un jour une statue d'enfant, son œuvre, après avoir brisé un bras qu'il cacha dans son atelier. Quand l'humidité de la terre eût donné au marbre vingt siècles d'existence, il le déterra. — Voilà de l'antique! s'écrièrent les membres vénérables de l'Institut; à la bonne heure! L'âge et l'auteur de la statue furent nettement désignés. Elle data, s'il vous plaît, de l'époque des Pisistratides, elle était d'Agoracrite de Samos — on crut déchiffrer le nom sur le socle. *Vivat!*

Michel-Ange montra alors le bras dont les cassures s'adaptaient parfaitement au chef-d'œuvre d'Agoracrite.

Les membres de l'Institut ne se vantèrent pas de cette découverte.

Je suis persuadé que M. Cordier, qui taille dans le marbre des Grecs et des Romains plus habilement qu'aucun des membres de l'Institut, pourrait nous donner une seconde édition du bon tour joué par le Florentin, et que nos grands maîtres du quai Conti s'y prendraient comme les citoyens de la rue *del Cocomero.*

On peut voir à Fontainebleau, dans la cour du grand bassin, une Amphitrite de ce sculpteur, d'une beauté souveraine, simple et grande comme une œuvre de la belle époque de la Grèce, et, qui pis est, douée de la grâce un peu étrange des nymphes immatérielles de Jean Goujon. Ajoutez à cela cette qualité que possédait Michel-Ange à un si haut degré, et qu'on retrouve dans toutes les œuvres de M. Cordier : sous son ciseau le marbre devient chair, en le touchant du doigt on en sentirait la chaleur. Mettez cette Amphitrite sous terre, exhumez-la en présence de l'Institut, et laissez faire : le siècle de Périclès comptera une merveille de plus.

On a dû — je jurerais qu'on l'a fait, — on l'a fait, — on a prononcé au sujet de M. Cordier les mots de *réalisme* et de *décadence*. Réaliste, Grec du Bas-Empire : voilà de bien effroyables injures ! Que font les réalistes ? Ils étudient un coin de la création divine pour le reproduire par les moyens particuliers à l'art qu'ils ont en main. Que font donc les autres ? Où cherchent-ils leurs inspirations, ceux qui ne sont point réalistes ? Qu'étudient-ils, que reproduisent-ils ? — *Quod nusquam est gentium*, peut-être ; ce qui n'est nulle part, pas même sous leur calotte de velours. En finirons-nous avec les imitateurs des imitateurs de ceux qui ont copié quelque froide reproduction des grands maîtres ? Ah ! les Grecs et les Romains nous ont-ils fait assez de mal !

Quant à cette sorte de sculpture chryséléphantine dont M. Cordier est chez nous le rénovateur, ne crions pas trop à la décadence : au VIIIe siècle avant notre ère, les Grecs rehaussaient de couleurs leurs statues, et trois siècles plus tard, à la grande époque classique, c'est avec un mélange de marbre, d'or et d'ivoire que Phidias composait sa Minerve du Parthénon et son Jupiter Olympien.

Il n'y a rien de nouveau sous le soleil, pas même la sottise de ceux qui aboient des mots injurieux, faute de bonnes raisons.

Oui, M. Cordier emploie le marbre, l'or, l'argent, l'albâtre, le bronze et l'onyx ; il unit les métaux les plus précieux aux pierres les plus brillantes pour réaliser ses vivantes conceptions. Quel mal à cela ? Les Grecs le faisaient avant lui.

Il semble que M. Cordier, en jetant aujourd'hui un coup d'œil sur l'ensemble de son œuvre, ait voulu en finir avec ces absurdes querelles; et donner à l'Institut le baiser de paix par une œuvre sévère et charmante à la fois.

L'infatigable voyageur dont le ciseau a reproduit presque tous les types de la race humaine vient de donner à ces races qui s'entre-déchirent et se maudissent une touchante leçon de fraternité. Il a ciselé, l'un en marbre blanc, l'autre en marbre noir, deux enfants qui s'embrassent. Le négrillon porte encore au pied un anneau où pend un chaînon brisé. Sur le socle on lira ces mots que je traduis du latin : « Aimez-vous les uns les autres. »

Il n'y a rien là de grec ni de romain; mais quoi! on ne pouvait s'inspirer d'eux pour une idée de cet ordre. Ces messieurs de l'Institut s'abritent bien sous un dôme, et quelques-uns portent une croix à la boutonnière: tout cela n'est ni grec ni romain, pas plus que leurs chapeaux ou leurs braies. Il est vrai, me diront-ils, que leur chapeau est simplement une colonne d'ordre dorique dont on a retranché le chapiteau. — On leur répondra qu'il n'en est pas plus gracieux pour cela.

En visitant, l'autre jour, l'atelier de M. Cordier, je n'ai pu voir qu'une partie très-restreinte de l'œuvre de sa vie. Bien des marbres et des bronzes que j'avais admirés il y a quelques années avaient disparu, mais ce qui reste en ce moment me paraît plus que suffisant pour juger l'artiste. M. Cordier n'a pas deux manières : il est vrai et vigoureux; il l'est toujours. Il a travaillé sur le vif, naïvement, sans préoccupation d'école d'aucune sorte. Il est varié à l'infini, à l'égal de la nature, en restant toujours le même. En quoi il ressemble aux Grecs de l'époque de Périclès, en quoi il diffère essentiellement des hommes de la décadence, c'est-à-dire des imitateurs maniérés qui parlent de *style* sans savoir ce qu'ils disent, c'est par la simplicité de la conception et la largeur de l'exécution.

La sculpture ne s'accommode guère de mièvreries d'idées. Le marbre traduit la forme, et la forme, si elle est belle, parle assez haut à l'intelligence. Les Grecs lui rendaient un culte et ne la disséquaient pas.

Chacun des marbres de M. Cordier porte, avec le souffle de la vie, l'empreinte d'une race et d'un monde à part. L'étude incessante qu'a faite cet artiste sur les différents types qui peuplent notre globe, sur le jeu de ces physionomies diverses, lui a donné une supériorité incontestable pour le portrait. On en pourra juger au Salon par le buste du baron Taylor. Je n'ai pas l'honneur de connaître l'original du portrait, mais je crois pouvoir dire, sans lui faire injure, que l'artiste — pour me servir d'un terme d'atelier — l'a fait plus grand que nature. Cette tête est celle du Condé épique de Bossuet. Un homme qui porterait une tête pareille sur ses épaules ne pourrait entrer dans un salon ou descendre dans la rue sans y produire l'effet d'une apparition. Je ne veux point détailler ici les caractères de cette physionomie, mais elle frappera tous ceux qui la verrront.

Un autre portrait, celui d'Ismaïl-Pacha, qui, dans la section de l'exposition égyptienne, figurera dans le pavillon que le vice-roi se fait construire, déroutera un peu ceux qui, parlant de réalisme à propos de M. Cordier, pourront comparer l'original à la copie.

Mais parlons des portraits de femmes, en quoi excelle M. Cordier. On dirait que les plus jolies de ce temps se sont donné rendez-vous dans son atelier. M. Cordier les a-t-il embellies? Je n'en voudrais pas jurer, mais il en est bien capable.

Il a d'égales flatteries pour les femmes et les vice-rois.

Dans la section consacrée aux arts décoratifs, — j'ignore

pourquoi pas au Salon, — sera exposé le buste de l'Impératrice. Le corsage est en marbre noir, et la tête en onyx d'une finesse et d'une transparence opalines. Ce portrait est d'une allure calme, presque sévère. Tandis que les autres portraits de femmes ont, pour ainsi dire, des mouvements de tête, celui-ci pose dans une sérénité que rien ne semble devoir altérer. La postérité retrouverait un jour cette tête mutilée, et sans les insignes qui la trahissent, qu'elle dirait : « Celle-ci fut un peu plus qu'une grande dame ! »

Toujours cette puissante divination chez l'artiste, qui lui fait mettre l'âme sur le masque. Ce portrait est pour moi un chef-d'œuvre.

J'ai eu tort de commencer par celui-ci, car je ne parlerai pas maintenant des autres.

Passons au laid, par une brusque transition.

M. Cordier n'aura pas moins de cinq expositions. La plus étrange et la plus curieuse, moins au point de vue de l'art qu'au point de vue de la science ethnographique, est cette douzaine de mannequins qu'il est aller modeler en Nubie et en Égypte. Il faut les voir dans son atelier, rangés en front de bataille, Coptes, Éthiopiens, Fellah, Vaïs, nègres, Arabes, Turcs...

Mais à un autre jour la revue de ces braves gens.

EDMOND CASTELLAN.

REVUE DES SALONS

Commençons par signaler une charmante nouveauté ! — Un adorable petit instrument qui a les sons les plus mélodieux et l'exiguïté d'un carnet pour les cartes de visite ! — Voici l'histoire de cette petite merveille : « Un jeune Bavarois qui est né musicien, comme presque tous les Allemands, s'amusait un jour avec un de ces instruments *agaçants* que l'on nomme des harmonicas-bouches. Il vint à en tirer des notes d'une douceur infinie, il le perfectionna, et aujourd'hui il obtient les sons du plus mélodieux orchestre. Des raisons de famille l'empêchent de faire entendre pour le moment les ravissants morceaux qu'il sait obtenir de son harmonica, mais les meilleurs salons s'inscrivent pour avoir sa première audition, et l'autre soir un des bons joueurs de violon de Paris disait qu'il changerait volontiers son talent si vanté contre celui du jeune Bavarois en question ! Ceci est de la modestie, mais nous le citons pour joindre un suffrage plus compétent à notre sincère admiration. — Et puis ce jeune homme est étranger, et il nous semble que la courtoisie française doit tendre la main aux talents qui n'ont pas une famille pour les entourer au début. — Ne voudrions-nous pas qu'on le fît à l'étranger pour nos frères, pour nos fils, et dès lors n'est-ce pas pour nous un devoir d'offrir à Paris cet appui moral que nous voudrions trouver pour eux à Londres, Vienne ou Pétersbourg ? — Avant de vous parler bals, il faut que vous nous permettiez de vous conter les illusions des propriétaires parisiens à l'endroit des loyers pendant l'exposition. Tous les Parisiens comptent s'envoler le 1er mai, après avoir savouré pendant un instant les merveilles exposées au champ de Mars ; ils veulent presque tous louer leurs appartements, mais ils augmentent tous les jours leurs prétentions, et nous craignons beaucoup que tout cela ne finisse comme le fameux pot au lait de Perrette. — Une dame disait l'autre soir qu'elle voulait louer son appartement deux cents francs, et comme nous trouvions cette prétention raisonnable, nous allions la noter comme une rareté dans l'espèce des propriétaires, quand elle s'est hâtée d'ajouter qu'elle en voulait deux cents francs *par jour*... Or ledit appartement se compose d'un salon assez exigu, d'une salle à manger microscopique et de deux chambres ! le tout d'une fraîcheur plus que *douteuse*, selon l'expression consacrée ! — Et, par parenthèse, pourquoi applique-t-on cette qualification de *douteuse* à des choses qui ne le sont point ? Serait-ce encore une de ces politesses de langage qui font dire que l'on a *assez* d'une chose dont on a *trop*, beaucoup trop ? Ceci posé, revenons aux logements qui préparent d'amères déceptions à leurs propriétaires. Les deux cents francs de cette dame sont un thermomètre inquiétant pour leur état moral, et si j'étais un des visiteurs de l'exposition, je préférerais aller tous les soirs coucher à Versailles, Saint-Germain ou une des villes environnantes que de subir de pareilles exigences. — Le bal de mercredi aux Tuileries a été très-beau et très-somptueux, sans l'être trop pourtant. — L'Impératrice portait une robe en satin blanc bordée dans le bas d'un volant tuyauté en satin, surmonté d'une guirlande de roses blanches diamantées. Cette première robe était recouverte d'une tunique en tulle perlée et ornée de bouquets de roses blanches diamantées, pareilles à la guirlande. La coiffure était assortie et embellie des merveilleux diamants qui vont si bien à la beauté de l'Impératrice. — La princesse Clotilde était en blanc aussi, et Mme Rimski Korsakoff en rose frangé d'argent et portant la célèbre ceinture en émeraudes qui fait événement partout où elle se montre. — On disait que ce bal serait la dernière réception impériale du carnaval, mais que l'on aurait *peut-être* pour la mi-carême le bal costumé dont on avait parlé pour le 4. — Les bals de la semaine ont été très-beaux. Celui du samedi chez la comtesse Louis de Mortemart a été encore plus gai que les deux précédents, et cela donne raison à ceux qui disent qu'il faut aller souvent dans une maison pour s'y bien trouver. Il est positif que les maisons qui reçoivent souvent ou régulièrement deviennent un centre, et que plus on y va, plus on veut y aller. — Le premier bal d'une maison, quelque beau qu'il soit, aura *surtout* un succès de curiosité; mais le second sera plus intime, et ainsi de suite.

Le bal du dimanche de la marquise d'Aoust a été ravissant, comme le sont toujours ses réceptions.

Sa fille, Mlle Blanche d'Aoust, fait son entrée dans le monde, où elle est accueillie bien plus pour elle-même que pour la grande position qui la place à la tête des plus grands partis de la France entière. Autrefois, on disait une *tournure d'héritière* pour peindre ce qu'il y avait de plus disgracieux; mais le siècle a marché là comme partout, et les jeunes filles d'aujourd'hui se croient obligées d'être d'autant plus charmantes qu'elles sont plus riches. C'est ce qui produit des femmes accomplies comme le seront bientôt Mlles d'Aoust, de Talhouet et tant d'autres.

Le lundi a été pris par le charmant bal de la comtesse de Kersaint et par la dernière et brillante réception de l'hôtel

Lambert, dont les hôtes sont partis pour aller passer quelques semaines à Pau, auprès du fils de la belle et si regrettée princesse Ladislas Czartoriska, née duchesse de Rianzarès ! On dit qu'à Paris on n'a pas le temps de se souvenir longtemps, et pourtant la princesse Ladislas a laissé des regrets qui se ravivent chaque fois que son nom revient dans les annales du monde, où elle était si aimée.

La comtesse de Cossé-Brissac a eu mardi un bal ravissant, et celui de mercredi chez la comtesse de Béhague a été des plus brillants. Il y a eu aussi une grande réception chez la comtesse de Vindé pour le contrat de sa fille avec le vicomte Guy de Chabot. Mlle de Vindé est sœur de la charmante comtesse de Narcillac. Le vicomte de Chabot est fils du comte Gérard de Chabot, frère du duc de Rohan ; la mère est une Biencourt. — La grande affaire de la semaine a été le bal du ministère des affaires étrangères. — Nous ne pouvons parler des costumes, car nous serions forcés de dire, qu'ils ne brillaient pas par leur fraîcheur, et qu'ils n'étaient nullement inédits ; au contraire, on les avait déjà admirés ailleurs. Cependant quelques-uns ont eu un succès d'étonnement : celui de La Vallière, si belle qu'aucune Montespan n'osait se montrer, et deux sœurs en ange de la Paix et en ange de la Guerre ! Rien n'y manquait, même les ailes, mais ces deux belles ailes n'étaient peut-être pas très-commodes pour s'asseoir et pour circuler dans le bal ! On a si peu l'habitude de voir des anges dans le monde, que l'on *accrochait* souvent leurs blanches ailes ! — Il y avait aussi un Agamemnon très-majestueux ; un Salvator digne de son maître ; un Schamyl bien des fois victorieux, et enfin un mouton blanc qui avait deux cornes d'or, de belles petites pattes roses et des faveurs roses à ses oreilles, à son cou et même à sa ceinture pour marquer sa *taille*. — Le mouton en question avait fait friser et poudrer ses cheveux de manière à ce que l'on y retrouvât les belles boucles de sa toison, et comme il passe à juste titre pour un des hommes... des moutons, voulions nous dire, les plus aimables de Paris, il ne s'est pas contenté de *bêler* tendrement et est revenu à sa langue maternelle. Plusieurs de ces beaux costumes se sont retrouvés lundi 4, chez Mme Perrière Pilté, où on en a admiré d'autres portés par des personnes qui ne vont pas dans les salons officiels. — On avait espéré que Mme d'Algara donnerait aussi un bal costumé, mais ses salons sont fermés pour le reste de l'hiver à cause de la mort de son beau-frère, M. Lucca d'Algara. — Mme d'Algara est une des femmes les plus sympathiques du grand monde, aussi son deuil est-il un double chagrin pour ses amis.

Il y a eu beaucoup de belles visites cette semaine à l'exposition universelle. — Le champ de Mars commence à être un des buts de promenade de ceux qui aiment à bien voir pour bien comprendre plus tard. — On s'accorde à dire que *tout* ne sera pas entièrement terminé pour le 1er avril, mais que ce le sera assez suffisamment pour que le coup d'œil soit très-beau dès le premier jour.

COMTESSE DE MARLY.

ÇA & LA

A TRAVERS LA LOUISIANE

I. LA NOUVELLE-ORLÉANS. — LES CRÉOLES. — II. LE PONT JACKSON. — LES TERRAINS MOUVANTS. — LES PAYSAGES. — GÉNÉRAL BAUREGARD. — III. LITTÉRATURE. — THÉATRES.

I

La Nouvelle-Orléans est une des villes les plus agréables des États-Unis, et le voyageur européen, fatigué de la monotonie des paysages et de la société de messieurs les Yankees, aime à y retrouver un peu de cet élément artistique qui est presque inconnu dans la grande république.

En effet, les mœurs louisianaises forment un contraste étrange avec les habitudes de leurs voisins. Les goûts français y ont laissé quelques traces, et la mère patrie, avec ses futilités charmantes, son esprit sémillant, ses instincts littéraires, se retrouve au milieu du tohu-bohu des entreprises commerciales ou des assurances maritimes.

Aussi, grâce à ses nombreux plaisirs, ou plutôt grâce aux nombreuses ressources qu'elle offre au spéculateur ruiné ou au touriste flâneur, l'ex-capitale confédérée est-elle devenue une ville presque cosmopolite. Le Français y coudoie le Japonais, et le Yankee pur sang se plaît à converser avec le flegmatique enfant d'Albion.

La population créole est la seule vraiment sédentaire, pour ainsi dire; car le reste des habitants fixes se compose en grande partie de familles émigrées d'Allemagne qui s'allient peu à peu aux Américains proprement dits, et finiront sans doute par se réunir en un clan immense, ennemi des créoles, — propriétaires du sol.

La ville peut donc, pour le moment, se diviser en trois quartiers : l'un appartient aux hommes du Nord; le second est habité par ces Allemands dont je parlais tout à l'heure; dans le troisième, enfin, résident les Franco-Américains ou créoles. Ces derniers sont les seuls représentants de la France en Louisiane; ils sentent leur infériorité contre des ennemis dix fois plus nombreux, et forment entre eux une espèce d'aristocratie où la plus vieille famille est la plus noble.

Dans la guerre que nous avons eu à soutenir contre le Nord, le créole s'est distingué par son énergie et sa fougue impétueuse.

Les fédéraux de Chealow et de Bull-Run se le rappellent et ne l'oublieront pas !

On vit des enfants de quatorze ans s'engager comme soldats dans l'armée confédérée et défendre le « joli petit drapeau bleu, » *the bonny blue flag*, l'étendard aux treize étoiles !

L'un d'eux, un héros de dix-sept ans, vétéran de quinze batailles, entonna un jour le fameux chant de guerre de Smith, pendant qu'on lui coupait le bras :

We are a band of brothers. . . . . . .

« Nous sommes une bande de frères qui combattons pour « la liberté ! »

Aussi, qui a pu compter le nombre des veuves, et des mères en deuil, et des fiancées rappelant leur *doux ami?*

L'un des plus grands généraux du Sud fut le général Bauregard (1), un créole lui aussi. Mais, une fois la guerre terminée, il sentit que son devoir de citoyen n'était pas encore fini; qu'après avoir servi son pays avec l'épée, il devait encore le servir avec la plume : la grande conquête de l'intelligence après la grande conquête du glaive, telle fut sa devise.

Nous allons voir combien elle fut justifiée.

II

La plus grande partie des terres qui avoisinent la Nouvelle-Orléans se composent de marécages où poussent naturellement des cyprès et des pins éternellement verts. On les appelle *les terrains mouvants.*

Avant la guerre, la Nouvelle-Orléans était reliée à New-York par une voie ferrée nommée le *Jackson rail-road* (2), qui traversait ces landes et continuait presque en droite ligne vers le nord, en passant par Richmond, avec un embranchement sur Charlestown.

Mais à vingt lieues de la ville la ligne se trouvait forcément interrompue par les deux lacs Pontchartrain et Maurepas, qui se réunissent en cet endroit.

---

(1) Né dans la paroisse Saint-Charles, près de la ville de la Nouvelle-Orléans.

(2) Appelé ainsi en souvenir du général Jackson, vainqueur des Anglais dans la fameuse bataille de janvier 1815.

Plusieurs ingénieurs essayèrent en vain de jeter un pont qui pût relier les deux rives entre elles, et rétablir ainsi la circulation obstruée par l'immense plaine d'eau où s'opère la jonction des deux lacs. Puis les événements politiques arrivèrent; la ligne fut coupée, le pays ravagé, et l'on ne pensa plus qu'à défendre pied par pied le sol envahi par l'ennemi.

L'agonie du Sud fut longue et grandiose : elle dura cinq ans !

Après la victoire du Nord, il s'occupa de guérir par le fer les blessures que le fer avait faites.

La charrue laboura le sillon fertilisé par les cendres des habitations et les corps des hommes.

Il n'y avait plus besoin d'engrais alors !

Mais les produits commerciaux n'avaient point de débouchés, la navigation des lacs était insuffisante à les écouler : on songea à rétablir la voie ferrée du *Jakson rail-road*.

Les travaux furent repris, et l'administration les confia au général Bauregard. Le vainqueur de Bull-Run, l'illustre défenseur de Charlestown, prit le compas et se mit au travail.

C'est alors qu'il conçut l'idée de bâtir à chaux et à sable le pont que ses prédécesseurs avaient réputé impossible : il médita pendant six mois.

Pour bien comprendre les difficultés sans nombre que l'ingénieur devait trouver sur le vaste chemin que son génie avait tracé, je suis obligé de transporter le lecteur à deux mille lieues de France et d'esquisser rapidement la carte du pays où je le conduis. Qu'on se représente une vaste étendue liquide (1) ayant à peu près la forme d'un 8 mal fermé ou d'une ellipse déprimée au centre de son grand arc. A l'endroit où la largeur est la moins grande, par un caprice malheureux de la nature, l'eau se trouve atteindre son maximum

---

(1) La largeur est d'environ 1560 mètres.

de profondeur : cet obstacle n'arrêta pas le héros confédéré. Mais restait une dernière difficulté à vaincre.

Bâtir un pont permanent, c'eût été obstruer la navigation des deux lacs, et partant augmenter la gêne des commerçants, déjà appauvris par le pillage. Il fallait donc élever une construction qui pût servir au chemin de fer sans entraver la navigation. C'est ce que fit le général. Son plan fut une heureuse imitation du pont de Kehl, ce colosse de pierre qui nargue un fleuve impétueux.

Le pont Jakson tourne sur trois axes de bois mobiles, assez rapidement pour que la circulation ne puisse être jamais gênée. Un quart d'heure avant le passage du train la voie est rétablie, et le télégraphe joue à temps pour annoncer aux deux stations voisines que le convoi peut continuer sa route.

La première fois qu'on voyage sur cette ligne on ressent une étrange impression en voyant trembler à ses côtés le chemin traversé par la locomotive. Le paysage est triste, uniforme ; jamais un monticule au détour du chemin ou un cours d'eau serpentant à travers la campagne, toujours une immensité d'un gris sale et monotone qui fatigue l'œil et l'esprit. Le convoi glisse rapidement sur ses rails en bois, chassant devant lui les animaux sauvages, se recourbant presque sur lui-même dans certains endroits. Quelquefois un long squelette noir se détache sur la terre plate et sans culture : c'est un arbre géant, sans feuilles, tordant à chaque coup de vent ses longues et larges branches, et rongé par l'eau stagnante qui baigne ses racines immenses.

La terre semble porter le deuil de sa liberté; des traces de guerre se retrouvent à chaque pas, et le voyageur qui jadis traversait un pays florissant, n'a plus sous les yeux que ruine et dévastation.

Quand j'entrai pour la première fois dans ces terrains

mouvants, je ne ressentis guère l'impression qui frappe tout d'abord le touriste errant à travers la Bretagne ou les Landes. Comme tout cela est loin des tableaux magnifiques que peignait Chateaubriand, il y a un demi-siècle! Le chantre des *Martyrs* voyait l'Amérique à travers le prisme de la poésie, qui est un peu comme la lunette de Florian.

Au reste, en descendant le Mississipi depuis Cairo jusqu'à la Nouvelle-Orléans, j'avais déjà remarqué combien fausses étaient les descriptions du poëte d'*Atala*.

Écoutez ce qu'il a dit :

« Sur les rives du Meschacebé..... les vignes sauvages,
« les bignonias, les coloquintes s'entrelacent au pied de ces
« arbres..... le magnolia élève son dôme immobile; des
« colibris étincelants, des serpents oiseleurs sifflent sus-
« pendus aux dômes des bois.....

« On voit... remonter des îles flottantes de pistias et de
« nénufars dont les roses jaunes s'élèvent comme des petits
« pavillons... Des serpents verts, de *jeunes* crocodiles, des
« flamants roses, s'embarquent passagers sur ces vais-
« seaux de fleurs. » (*Atala*.)

O puissance de la poésie!

J'avoue ingénuement que pour ma part je n'ai vu ni flamants roses ni *jeunes crocodiles*, mais bien de gros et voraces alligators au dos sale et couvert d'écailles. Il me restait encore une espérance. Je me souvenais avoir lu dans *les Natchez* que sur les rives du fleuve, rives bien monotones, soit dit en passant, on voyait de jeunes Indiennes berçant leur « nouveau-né aux lianes du fleuve. » Mais je vis, hélas! que ces jeunes Indiennes s'étaient métamorphosées en nègres ivres de wisky et se chauffant au soleil comme des lézards fatigués. . . . .

Je me suis éloigné de mon point de départ.

Je reviens donc sans transition au général Bauregard, l'ingénieur de ce pont de Jackson que j'ai cherché à peindre tout à l'heure.

Je veux maintenant mettre sous les yeux du lecteur le général lui-même, sûr d'avance que cette grande figure historique ne trouvera que des admirateurs.

C'est un homme de quarante-huit ans, d'une taille au-dessous de la moyenne; une moustache grisonnante donne à sa physionomie un aspect martial adouci par un regard plein de finesse et de bienveillance. Un nez aquilin fortement prononcé; des yeux d'un gris sombre, profondément enfoncés dans leur orbite et brillant d'un singulier éclat, complètent cet ensemble, où dominent, tempérées l'une par l'autre, l'énergie et la bonté, l'indulgence et l'ironie, la douceur et la force.

Tels sont d'ailleurs les éléments divers dont se compose le caractère de cet homme d'élite.

Homme d'épée, il s'est distingué dans sa carrière par des actes dignes de l'héroïsme antique. C'est lui qui, défendant Charlestown contre les troupes fédérales, n'a pas hésité à livrer aux flammes la ville que désormais il ne pouvait plus protéger. Un autre épisode, plus glorieux peut-être dans son austère dévouement à la cause commune, avait déjà signalé Bauregard à l'admiration des hommes. Sa femme, déjà malade, se trouvait à la Nouvelle-Orléans au moment où la ville fut prise par Butler. Sa maladie subite empira et la mit bientôt dans un état désespéré. Butler, informé de cette circonstance, saisit l'occasion de faire auprès du défenseur de Charlestown une démarche singulière et dont le sens n'a pas encore été bien déterminé. Il fit offrir à Bauregard un sauf-conduit qui lui permettrait de venir voir sa femme et de recueillir son dernier soupir.

Le général savait sans doute à quoi s'en tenir sur la loyauté de son adversaire : il répondit simplement que sa famille n'était rien à côté de la patrie qui lui confiait ses destinées, et que « tant qu'il resterait une cartouche dans les murs de Charlestown, nulle considération ne pourrait l'en faire sortir. »

Voilà pour le soldat.

Comme homme du monde, Bauregard est un type de distinction, souriant avec mépris aux vilenies des traîtres, mais trop noble pour en vouloir à ceux qui n'ont pas eu le même courage que lui.

Aujourd'hui que les hasards de la guerre et les malheurs de la paix ont brisé son épée, le général a fait deux tronçons du glaive de Bull-Run : avec l'un il creuse le roc, avec l'autre il élève des chefs-d'œuvre que le temps respectera.

III

Si jamais ces lignes tombent sous les yeux d'un Français égaré aux États-Unis, il ne sera pas médiocrement étonné en voyant que j'ose appeler une *littérature* ce qui s'imprime au delà l'Océan.

Peut-être, en effet, le mot est-il un peu fort pour désigner le produit de la plume américaine.

Mais quand un pays a eu l'honneur d'enfanter trois hommes comme Washington Irving, Prescoft et Edgard Poe (1), — c'est-à-dire un grand romancier, un grand historien et un

---

(1) N'oublions pas que Fenimore Cooper est mort depuis un demi-siècle.

grand poëte, — ce pays n'eût-il que ces trois hommes, a fait assez pour qu'on en tienne compte.

Mais aussi, en dehors de ces trois noms, il n'y en a pas un seul qui puisse un instant se comparer à nos écrivains français.

Ainsi, les pièces de théâtre, presque toutes, sont traduites du français ; et je me rappellerai toujours la surprise que j'éprouvai en voyant affichée à l'Olympic Theatre une annonce ainsi conçue :

GREAT SPECTACLE!!!

THE THREE GUARDSMEN!!!

BY Mr ALEXANDER DUMAS!!!!!!

GRAND SPECTACLE!!!

LES TROIS GARDES!!!!!

PAR M. ALEXANDRE DUMAS!!!

C'étaient les *Trois Mousquetaires!* mais joués d'une façon à faire sortir Athos de son tombeau.

D'Artagnan était costumé en zouave de la garde avec un bonnet phrygien sur la tête ! J'en passe et des meilleures.

Des théâtres des États-Unis, — je parle des théâtres américains, bien entendu, — il en est un qui a laissé dans mon cœur un impérissable souvenir, — et la soirée que j'y passai comptera parmi les plus douces et les plus heureuses de ma vie.

Edwin Booth, le frère de l'assassin de Lincoln, donnait

une représentation extraordinaire, et il avait choisi le rôle d'Hamlet, — cette sublime création de Shakespeare. Jamais, non jamais je n'ai vu quelque chose de plus émouvant, de plus grandiose.

La salle, haletante, dévorait des yeux le grand tragédien, et à la fin du fameux monologue

> To be or not to be,

toutes ces poitrines humaines poussèrent un seul cri d'admiration et de transport.

Quand Hamlet voit arriver le spectre de son père, Booth, contrairement à l'habitude, est tourné seulement de trois quarts du côté de la salle ; ses yeux, étincelants d'abord, se voilent, et prennent peu à peu un éclat vitreux, suprême expression de terreur et de désespoir.

Les créations les plus horribles de Goya s'oublient à côté de ce spectacle émouvant ; il y a entre les deux la même différence qu'entre la réalité et la fiction.

Le lendemain je retournai voir Booth.

Il donnait le *Richelieu* de Bulwer, et le Talma américain jouait le rôle du grand ministre.

Il fut aussi beau, aussi sublime que cette poésie froide et plate permettait d'être beau et sublime : pour moi j'emportai de lui l'idée que jamais un acteur moderne—c'est-à-dire depuis Talma — n'avait atteint un pareil degré de grandeur et de puissance.

Puisque je suis sur le chapitre des théâtres louisianais, je ne veux pas laisser perdre l'occasion de parler à mes lecteurs d'un spectacle vraiment original, et qui, je crois, aurait à Paris un succès de nouveauté d'abord, et de fou rire ensuite.

C'est ce que nous appelons les *minstrels*.

Des acteurs comiques se noircissent le visage avec une préparation de noir animal et de bouchon brûlé; puis se dessinent de fausses lèvres à l'aide d'une patte de chat sauvage trempée dans du rouge. Les cheveux sont repliés dans une perruque noire et crépue...., et l'illusion est complète; ce sont de vrais nègres.

Joignez à cela un costume ébouriffant, un esprit et une verve sarcastique pleins de charme, et vous aurez une idée de ce que nous appelons des *minstrels*.

Leurs farces sont presque toujours des improvisations.

Voici un spécimen de ces plaisanteries.

Un grand nègre fait la cour à une petite blanche, représentée par une danseuse de vingtième ordre.

Il s'approche, et cherche le moyen d'entrer en conversation.

« Bonjour, mam'zelle Betty (1).

— Mais je ne vous connais pas!

— Allons donc! Vous étiez sur le steamer qui a sauté la semaine dernière sur le fleuve.

— Oui : eh bien?

— Eh bien, nous nous sommes rencontrés dans l'air; je montais pendant que vous descendiez! »

Et la salle de se tordre, d'éclater de rire à chaque saillie.

. . . .

---

(1) Voici la traduction :

— Good morning, miss Betty!

— Well, I don't know you.

— How's that? You were on the steamer that was blown up last week on the river.

— 'Tis true : well?

— Well, we met in the air; I was going up while you were going down.

Je suis arrivé au bout du chemin que je m'étais engagé à parcourir.

Ai-je fait pour le lecteur la route aussi facile qu'il pouvait le désirer?

Je ne sais.

Mais, quoi qu'il en soit, en errant avec lui à travers la Louisiane, en passant des hommes aux choses et de la science à la littérature, j'ai pu apprécier une fois de plus tout ce qu'il y a de vraiment grand, de vraiment admirable dans mon beau pays.

Marc André.

MARSEILLE [1]

Le Fort
et l'ancienne Chapelle de Notre-Dame-de-la-Garde

Le pèlerin le moins ingambe peut aujourd'hui, presque sans difficulté, se rendre au sanctuaire de Notre-Dame-de-la-Garde. Partant du haut du cours Bonaparte, un large boulevard le conduit jusqu'à mi-montée de la colline. Arrivé là, il rencontre un immense escalier à double voie, orné de plantes et d'arbustes; puis un chemin bien entretenu et sablé qui va juqu'au pied du fort. Le dévot paresseux, par une route tout opposée, arrive au même point mollement assis sur les coussins d'une voiture. La poudre et le pic ont éventré l'ancienne colline gauloise.

La chapelle du XIIIe siècle respectée par le temps est tombée sous le marteau, et une construction nouvelle, de plus grande dimension, élevée avec tous les raffinements du luxe, remplace le pauvre vieil édifice qui avait vu tant de

---

[1] Voir la livraison du 21 février de la *Revue cosmopolite*, p. 122.

générations venir s'agenouiller sur ses dalles froides et humides.

On connaît l'histoire de la robe de chambre de Diderot.

Cet homme célèbre avait une pauvre douillette qu'il changea pour une autre fraîche et élégante. Le fauteuil délabré dont se servait le philosophe jura par son cuir usé et sans couleur contre l'éclat de la nouvelle robe de chambre : Diderot changea le fauteuil. — L'antique bureau de l'auteur de *la Religieuse* fit alors piteuse figure : Diderot le remplaça par un meuble moderne. — Bref toute la chambre y passa. Ceci est un peu l'histoire de ce qui est arrivé à la chapelle de Notre-Dame-de-la-Garde.

Le sanctuaire de la Vierge avait une petite cloche au son aigu, et dont le tintement ne s'entendait guère que du bas de la colline. Les administrateurs de la chapelle votèrent, un jour, la dépense d'un énorme bourdon. L'exécution de ce travail fut confiée à Gédéon Morel, fondeur à Lyon.

En 1845 le colosse d'airain arriva à Marseille. Monté à la colline de Notre-Dame-de-la-Garde, il fut suspendu à une lourde charpente en bois édifiée tout à côté de la chapelle.

Le bourdon fut baptisé solennellement par Mgr de Mazenod, évêque de Marseille, et sitôt la cérémonie finie, il fit entendre ses énormes vagissements.

Les administrateurs se frottèrent les mains et se dirent : « Ce que nous avons fait est bien fait. »

Hélas! les premiers coups du bourdon avaient sonné le glas du sanctuaire où Louis XIII était venu humilier sa royauté aux pieds de la Vierge.

Dans la chapelle de Notre-Dame était placé une sorte de banc de marguilliers où se vendaient des médailles, des chapelets, des cierges et autres objets de dévotion. Les chalands étaient nombreux et le commerce productif. Un ou deux administrateurs, assis derrière cette façon de comptoir, présidaient à la vente, et faisaient l'article aux clients presque à haute voix et avec le même sans gêne que tel d'entre eux lorsque dans son magasin d'épicier il vante à ses acheteurs la bonté de son café, tout en leur donnant du *mysore* pour du *moka* et du *santiago* pour du *martinique*.

Un jour, un de ces administrateurs sentit un choc sur son nez, au moment où il préconisait les vertus d'une nouvelle médaille : c'était un débris de maçonnerie tombé de la voûte et qui, dans sa chute, avait rencontré l'appendice nasal du dévot personnage.

En ce moment le bourdon faisait entendre sa grande voix, et à chaque coup que le battant frappait contre sa robe d'airain la vieille chapelle frémissait des fondations à la toiture.

L'administrateur eut peur d'être un jour englouti sous la voûte et les murs du sanctuaire croulant; il communiqua sa crainte à ses collègues, tous gens tenant fort à leur conservation personnelle.

Le conseil s'assembla et, sous la présidence de Mgr de Mazenod, il fut décidé que la chapelle du XIIIe siècle avait fait son temps ; que sa démolition était d'urgence ; et qu'on la remplacerait par un nouvel édifice élevé à la gloire de Marie.

— *In petto,* on se proposa de loger convenablement et solidement le bourdon (1).

Aujourd'hui ce vote est un fait accompli. L'ancienne chapelle est tombée sous le marteau des pieux vandales, et la nouvelle, presque complétement achevée, est déjà livré au

---

(1) Le bourdon est actuellement placé dans le clocher de la nouvelle chapelle. Le poids de la cloche est de 8,200 kil., celui du battant est de 250 kil.; le mouton pèse 5,200 kil. Le bourdon a été monté dans le clocher, les différentes pièces ajustées et le tout suspendu à une remarquable charpente, par les soins de M. Toussaint Maurel, fondeur à Marseille.

culte depuis quelques années. Cet édifice a coûté et coûtera encore des sommes énormes. Peut-être un jour dirons-nous, ce qu'il en est : Constatons seulement que la vente des objets de dévotion ne se fait plus dans l'intérieur du sanctuaire. Cela a toute notre approbation.

Dans l'intérêt du voyageur, curieux ou dévot, qui monte à Notre-Dame-de-la-Garde, nous signalerons l'existence d'une sorte de buffet, où l'on peut déjeuner de chocolat, de café ou de toute autre chose ; et celle d'un établissement d'un genre tout opposé, et qui ne fait jamais défaut dans une gare de chemin de fer... — Côté des hommes, côté des dames.

Nous ne sommes plus au temps où une reine de France, — la jeune épouse de François Ier, — en sortant de la sainte chapelle, priait ses dames d'honneur de se placer en éventail devant elle.

Bien qu'en avançant dans la vie nous ayons perdu en partie la foi de notre jeune âge, et laissé à toutes les ronces de la route quelques lambeaux de nos croyances, nous conservons cependant dans notre âme une pieuse vénération au culte de Marie : nous aimons ses autels et avons vu avec une profonde tristesse tomber son vieux sanctuaire.

Fils de marin, notre mère nous conduisait souvent à la Vierge de la Garde implorer celle qu'elle nous avait appris à aimer et à vénérer.

« Enfants, disait-elle, — nous avions des frères et des sœurs, — enfants, votre père est parti ; allons prier pour lui. »

Alors nous montions tous la sainte colline, et, la messe

entendue, nous regardions ces *ex-voto* sans nombre, qui couvraient les murs et les piliers du lieu saint.

C'était des quantités de vieilles béquilles ; des fusils éventrés ; de petits navires en bois faits par des matelots ; des œufs d'autruche et des poissons en argent pendus au plafond, puis de naïves peintures où, dans un coin du tableau, au milieu d'éblouissants nuages, apparaissait une figure vêtue de jaune et de bleu, ayant la prétention de représenter une Vierge, souriant — d'un sourire impossible — à une chose censée être un malheureux moribond couché dans son lit. Ailleurs la même figure, — vêtue cette fois de rose et de vert, — placée sur une pyramide de nuages, lançait à de malheureux marins se noyant dans une feuille de papier bleu une ancre dont elle tenait un bout du câble dans la main : elle pêchait les naufragés à la ligne.

Après avoir admiré tout ce bric-à-brac, ce pêle-mêle d'objets ayant tous la même signification, tous placés là par une main reconnaissante, nous allions jouer sur la plateforme de la vigie ; puis nous redescendions la colline graves et pensifs, car nous avions vu quelques larmes silencieuses glisser sur les joues de notre mère pendant qu'elle demeurait immobile, le regard perdu à l'horizon de cette mer où le navire du père avait tracé son sillage.

Oui, je te regrette, vieux sanctuaire consacré par la foi de nos pères, — par les siècles, — par les larmes tombées sur tes dalles poreuses.

Je regrette ton ombre mystérieuse, — tes vieux murs délabrés et les herbes même qui végétaient dans leurs fentes.

Tu étais bien, — ô ma pauvre chapelle, — la demeure de

celle que le peuple nomme Santé des infirmes, — Mère des affligés, — Patronne des matelots. Le pauvre, en venant te visiter, ne voyait pas la livrée de sa misère jurer avec la richesse de tes murs.

O *Mater dolorosa*, ils ont élevé un riche édifice à ta gloire, disent-ils; ils ont prodigué à sa construction les pierres riches et les marbres de toutes couleurs; puis — sur du marbre toujours — ils ont gravé leurs noms à ta porte, comme ils laissent leurs cartes de visite à celle des riches de ce monde. — Eh bien, Mère, souviens-toi d'eux, car plusieurs déjà — comme Mgr de Mazenod — dorment dans leur couche de pierre.

Sylva

THÉATRES

OPÉRA-COMIQUE. — *Le Fils du Brigadier*, opéra-comique en trois actes, de MM. Labiche et Delacour, musique de M. Victor Massé.

Cette fois-ci la pâture de la critique théâtrale est abondante : trois premières ! Hélas ! malgré la meilleure volonté du monde, on ne peut pas dire trois succès. Ou je me trompe fort, ou bien aucune de ces pièces n'est dans les conditions de devenir centenaire.

Le Fils du Brigadier a été reçu très-froidement ; on se disait tout bas : « Ça ne vaut pas même *le Voyage en Chine !* »

Commençons par le livret.

Cléopâtre est un excellent cœur, mais il a la tête chaude, la main leste ; Bacchus est le dieu qu'il adore ; sa position sociale est d'être brigadier et d'avoir un fils, jeune officier distingué, de bonne façons, de tournure élégante, qui n'adore pas Bacchus, mais rend les armes à Cupidon. Or, ce petit lutin de Cupidon l'a blessé d'une de ses flèches, et le bel officier aime éperdûment l'institutrice de sa colonelle, laquelle colonelle est, par parenthèse, un bon type de cantinière devenue grande dame, ayant gardé dans sa nouvelle position toutes les allures de la vivandière.

Emile, le bel officier fils de Cléopâtre, passe son temps à adorer celle qu'il aime et à essayer de donner un peu de bon sens et de tenue à son bonhomme de père. Ses efforts restent sans succès, car il a un élève très-indiscipliné; si bien qu'un jour qu'on célèbre au régiment une nouvelle victoire de l'armée française, le brave Cléopâtre, en bon patriote, vide verres sur verres et se grise comme plusieurs cosaques du Don. Son fils l'aperçoit dans cet état; il veut le faire rentrer dans la caserne. En vrai ivrogne, le brigadier résiste, il va jusqu'à insulter son fils et lui arracher son épaulette. Ceci devient grave, car le fils est le supérieur du père dans la hiérarchie militaire, et cette scène à eu malheureusement pour témoin un certain Bittermann, qui, étant amoureux de la jeune fille qu'aime Emile, saisit cette occasion pour se venger du rival qu'on lui préfère. Il fait un rapport; Cléopâtre est arrêté; il va passer én conseil de guerre. Là, désolation générale...: le père se désole de ternir le nom de son fils, le fils se désole de voir son père condamné, la jeune fille se désole de voir son futur beau-père et son fiancé dans la douleur.

Après la désolation vient le dévouement: la jeune fille s'offre en holocauste; elle épousera Bittermann, qu'elle déteste, et celui-là dira que c'est lui et non pas Émile qui a été insulté; et comme il est inférieur en grade, tout s'arrangera plus facilement. Pourtant les librettistes ont trouvé un moyen pour trancher le nœud de la situation : Bittermann était cassé depuis deux jours... Comment ce fait était-il inconnu au régiment? Les auteurs seuls le savent!... Le public se le demande!...

Il va sans dire que le traître est confondu et bafoué; que Cléopâtre jure de ne plus sacrifier à Bacchus et que les deux amoureux se marient. Crosti à très-bien interprété son rôle du brigadier ; Montaubry, dans le rôle d'Émile, s'est surpassé ; il est excellent d'un bout à l'autre ; sa voix est toujours charmante, et il a déployé comme comédien un grand talent ; il a fait du jeune officier Émile un type sympathique.

Sainte-Foy s'est fait fortement applaudir en adjudant Bittermann. Les femmes... N'en parlons pas, car peut-être l'avenir en fera de bonnes chanteuses.

Arrivons à la musique.

A parler franchement, ce genre ne va pas au talent de M. Massé ; c'est le cas de lui dire : « Ne forcez pas votre talent..... »

J'ai mis en tête de mon article : *Vaudeville*, c'est avec intention, car *le Fils du brigadier* rappelle ces bons vieux vaudevilles à couplets qui faisaient les délices de nos pères. Entendons-nous, *rappelle* quant au genre de musique, mais pas pour la gaieté gauloise des anciens vaudevilles ; il a donc les défauts sans les qualités.

Je suis d'autant plus portée à juger cette œuvre sévèrement, que M. Massé est un auteur de talent, et qu'il serait fâcheux de le voir tomber dans l'*Offenbachisme*. Ceci dit, constatons qu'il y a des idées originales, fraîches et bien exprimées.

VAUDEVILLE. — *Les Brebis galeuses*, comédie en quatre actes, de M. Théodore Barrière.

M. Barrière à donné en plein dans cette littérature qui peut s'appeler la littérature du dix-neuvième siècle. Il a mis en scène le vice effronté ; il nous introduit dans un monde *galeux*, mais un monde qui ne ressemble en rien aux différents mondes que nous possédons. Dieu veuille que sa pièce ne crée pas ce nouveau monde impossible où l'on patauge dans le vice, dans la boue, dans des intrigues vulgaires.

Pour mon compte, je trouve ces deux types de Mme la la comtesse Diane et Mme Tingrey complétement hors nature. M. Barrière nous les montre faisant la chasse à la vertu, essayant de pousser au mal toutes les femmes qui les entourent. Eh bien! c'est invraisemblable : la femme la plus corrompue essaye plutôt de poser pour les bons et beaux sentiments avec les autres femmes, et elle ne jettera une femme dans la voie du crime et de la débauche que si elle y trouve un intérêt réel, ou si elle est poussée par la soif de la vengeance ; mais ces deux héroïnes, ces deux brebis galeuses, qui courent les galets et les grands chemins, et qui pour se distraire tendent des filets aux femmes honnêtes, et prêchent ouvertement en faveur du vice, sont des types inconnus, et ils sont si laids, si hideux, que point n'était la peine de les créer.

Enfin, M. Barrière a voulu sacrifier à la mode du jour, il a mis en scène une foule de vilaines gens, que l'on doit rencontrer plus souvent aux bancs de la police correctionnelle que dans les salons, il fait mouvoir ce monde dans la fange du vice effronté....

Mais le public a paru protester par moments en manifestant hautement son déplaisir.

Voici quelques-uns des jolis caractères esquissés par l'auteur des *Faux Bonshommes*.

Mme Tingrey a un mari complaisant, qui se laisse tromper par sa femme avec une philosophie digne d'une meilleure cause.

La comtesse Diane s'est souillée elle aussi dans l'adultère, mais son mari est d'une humeur moins accommodante que Tingrey, il a tué l'amant ; pour éviter un plus grand scandale il vit avec sa femme, mais les deux époux sont devenus des étrangers l'un pour l'autre, tout en demeurant sous le même toit.

Deux jolies femmes! deux ménages charmants! Et pourtant, ces deux épouses peu chrétiennes sont choyées, adulées, recherchées, si bien qu'une jeune veuve en conçoit du dépit et elle se dit : « Puisque ces femmes sont moins jolies que moi, sont plus entourées, plus recherchées que moi, voyons quel est le charme qu'elles possèdent pour attirer les hommages des hommes. » Elle découvre que ce charme est la dépravation, et alors elle chausse ses patins et elle se lance à fond de train sur la pente fatale. Voilà la troisième brebis galeuse; la quatrième arrive bientôt. C'est une pauvre femme abandonnée par son mari, qui court le monde avec une danseuse, laissant sa jeune femme Marie exposée aux séductions de toutes sortes. Le diable s'est déjà montré à elle sous les traits d'un jeune et séduisant danseur; et, dame! si elle n'a péché encore qu'à demi, on pressent qu'il ne faut qu'une occasion pour la jeter en plein, elle aussi, dans l'adultère.

Ces quatre intéressantes personnes sont réunies, grâce à un orage, dans le chalet d'un monsieur, grand raisonneur, homme d'esprit et bon garçon, le comte Robert, qui a été un homme à bonnes fortunes, mais qui, lassé de ce métier, s'est retiré des affaires. Pourtant ces dames viennent réveiller en lui le don Juan. Il jette son dévolu sur Rose, la jolie veuve, mais tout en faisant la cour à Rose, il admire Marie, la jeune délaissée, qui est encore dans le platonicisme du crime, et jure qu'elle y restera. Robert émerveillé de ce serment, annonce hautement qu'en guise de prix Montyon, il lui laissera toute sa fortune. Ceci contrarie la comtesse Diane, et elle jure d'avoir raison de la vertu de la jeune femme, et pour cela elle l'enferme dans un chalet, avec le séduisant Henri, un drôle d'amoureux, par parenthèse, qui, désolé de ne pouvoir réussir à se faire aimer complétement de Marie, demande un rendez-vous à Mme Tingrey, et lui fait une déclaration en lui envoyant la clef de son chalet; et ladite dame, flattée de ce procédé cavalier, accepte la clef.

Quel singulier monde que ce monde que nous montre ce bon M. Barrière, et comme on s'y sent mal à l'aise !

Le dénoûment de cette comédie finit comme les drames de l'Ambigu, par une mort d'homme tué en duel... par la rupture d'un anévrisme, et par deux mariages.

Pour mon compte, je trouve les tendances de cette pièce pitoyables, et comme valeur littéraire, elle ne me paraît pas être à la hauteur de ce qu'a fait M. Barrière.

*
* *

ODÉON. — *Les Ambitions de M. Fauvelle*, comédie en cinq actes, de M. E. Cadol.

Ici, c'est autre chose ; l'auteur a fait une pièce morale, mais il semble avoir voulu prouver que la morale est synonyme d'ennui, et selon moi c'est un tort. Pourquoi peindre le vice sous des couleurs si séduisantes, tandis que l'on met en scène la chaste vertu et le bien enveloppés d'un voile terne et ennuyeux ; du reste, cette pièce cadre parfaitement avec la salle de l'Odéon, qui suinte la somnolence ; je crois que la pièce la plus gaie, la plus pimpante, y paraîtrait monotone.

M. Fauvelle est cet éternel parvenu qui aspire aux honneurs. Il veut être député. Cette ambition profite d'abord à un jeune avocat à qui il donne sa fille avec une belle dot, dans le seul but de se faire un marchepied du nom de son gendre, dont le père a été un brillant orateur de la gauche. Ensuite cette même ambition est exploitée par un intrigant, M. Fontin, qui lui persuade que pour poser sa candidature il lui faut un organe, et sous prétexte de fonder un journal à sa dévotion, lui extorque cent cinquante mille francs; de plus, il veut lui faire cadeau pour monsieur son fils de mademoiselle sa fille, qui est une aimable personne que Dumas fils nommerait une pêche à *trois sous*. Le bon Fauvelle, toujours dans l'espoir d'entrer à la Chambre, souscrit à ce mariage; mais le fils résiste, car il aime une jeune fille pauvre, mais qui est belle, douce et bonne; de là, querelle de ménage, la fille se sauve chez une tante, le fils se bat en duel, il revient blessé à la maison. Alors l'ambitieux Fauvelle, redevient père, il pleure, s'accuse d'avoir voulu faire le malheur de son fils, il le marie avec celle qu'il aime, et chasse M. Fontin et sa fille. Il n'est pas député, mais il est heureux du calme revenu dans son intérieur.

Bref, je crois qu'on passera la Seine avec un empressement médiocre pour aller applaudir la conversion de ce bon M. Fauvelle.

O. AUDOUARD.

BULLETIN FINANCIER

CRÉDIT FONCIER D'AUTRICHE

ÉMISSION

De 500,000 Obligations foncières

SÉRIE PRINCIPALE GARANTIE PAR HYPOTHÈQUE SUR DES BIENS DE L'EMPIRE D'AUTRICHE, QUI SE COMPOSENT :

D'immeubles à Vienne, d'une contenance de 123,307 mètres ;
D'immeubles ruraux, d'une contenance de 1,574,244 hectares;
Ces biens s'élevant à 375 millions de francs, d'après l'estimation que le Crédit foncier d'Autriche en a faite conformément à ses statuts, les obligations émises représentent moins de 50 0/0 du montant du gage hypothécaire.

Les obligations sont de 20 florins ou 300 francs, chacune d'elles rapportant un intérêt de 6 florins ou 15 francs par an, payables par semestre, le 1er mars et le 1er septembre, sur les principales places d'émission.

A Paris, l'intérêt est payable en francs sans charge ni retenue.

Les obligations sont remboursables au pair en 46 années par voie de tirage au sort.

Le premier tirage se fera le 1er juillet 1867.

L'émission a lieu au prix de 230 francs.

En souscrivant	30 francs.
Lors de la répartition,	50 —
Le 10 mai 1867,	75 —
Le 10 juillet 1867,	75 —
Total,	230 —

Les obligations sont délivrées avec jouissance du 1er mars 1867.

Les souscripteurs auront la faculté d'anticiper les versements avec escompte de 4 0/0.

Ces obligations seront cotées à la Bourse de Paris.

La souscription sera ouverte :

Les jeudi 7, — vendredi 8, — samedi 9 mars 1867

A PARIS :

A la succursale du Crédit foncier d'Autriche, rue Neuve-des-Capucines 21 ;

A la Société générale pour favoriser le développement du commerce et de l'industrie en France, au siége social, 68, rue de Provence.

DANS LES DÉPARTEMENTS :

Chez tous les agents et correspondants de la Société générale, chez les représentants du Crédit foncier d'Autriche et du Crédit Lyonnais.

Les souscriptions seront reçues directement ou par correspondance; elles devront être accompagnées du premier versement de 30 francs.

Dans le cas où les demandes excéderaient le nombre de 500,000 obligations, les souscriptions seront soumises à une réduction proportionnelle.

Samedi 2 mars, le 3 0/0 est resté à 69 95 ; en hausse sur la semaine dernière ; les autres valeurs ont cédé à la même impulsion. Cette hausse doit continuer : les achats au comptant se multiplient, et la rareté des titres doit forcément déterminer l'élévation des cours.

Il y a encore de fortes positions à la baisse ; si la tenue des valeurs continue à rester aussi ferme, comme il y a lieu de le croire, et que les baissiers changent leur fusil d'épaule, c'est-à-dire se retournent, il peut y avoir un brusque mouvement de hausse sur la rente et les valeurs, surtout celles qui sont recherchées par la spéculation.

La bourse du vendredi a été en pleine réaction, et la rente a baissé de 70 fr. 30 cent., cours de jeudi, à 69.97 1/2.

Nous croyons que cette réaction est simplement le résultat de quelques réalisations de bénéfices et de la liquidation de la fin du mois.

Cette liquidation, qui s'est faite dans d'excellentes conditions, une fois terminée, la hausse reprendra son essor nécessité par une situation favorable.

E. BIERFÜHRER.

PARIS, IMPRIMERIE JOUAUST, RUE SAINT-HONORÉ, 338.

CAUSERIE

Le jour fatal de l'échéance, quel que soit le genre de dette qui préoccupe notre esprit, arrive toujours avec une vertigineuse promptitude, et je trouve, pour ma part, que c'est à peine si j'ai eu le temps de laisser sécher ma plume quand sonne l'heure de la reprendre. Je me hâte donc de jeter un rapide regard sur ces huit jours écoulés, et j'entre vite en matière, car mes souvenirs me rapportent de nombreux incidents qui, datés d'hier, sont déjà le passé.

D'abord jetons un dernier adieu à ce pauvre carnaval, qui, disparu de nos mœurs avec ses traditions tapageuses de la rue, n'a plus conservé que le cortége plus ou moins mythologique de son bœuf gras, servant de réclame au boucher du coin ou à l'établissement d'un bouillon Duval quelconque. Ce n'est plus le joyeux carnaval de nos pères qui, pendant ces trois jours, remplissait la cité de bruit et de mouvement. Nous n'avons conservé de cette fébrile agitation que les trop vibrantes fanfares qui, dans les tons les plus discordants, éclatent à toutes les fenêtres des marchands de vin, et enfin les bruyantes gaietés du bal masqué; puis tout s'éteint subitement pour rentrer dans le calme de la vie et faire place aux plaisirs plus tranquilles qui, par une douce et progressive transition, doivent nous amener aux austérités de la semaine sainte.

Nous en avons donc fini avec les bals masqués de l'Opéra et du Châtelet, avec les fêtes costumées du monde officiel, où s'épanouissent toutes les splendeurs des toilettes et des réceptions; mais comme l'élan est donné et que, semblable à la locomotive dont on essayerait en vain d'arrêter brusquement la course, il faut laisser aux plaisirs ainsi déchaînés le temps de calmer la surexcitation des derniers jours, les salons, en mettant une sourdine à leurs entraînants orchestres, n'en éteignent pas pour cela leurs bougies, et les flots de lumière, au lieu d'éclairer les valses et les polkas, prêtent leurs lumineuses cascades à des concerts ou à des soirées artistiques, où se montrent les célébrités du jour: — on danse un peu moins, on cause un peu plus, et le chroniqueur y gagne.

Le Parisien a le tort de croire que la vie élégante et intelligente n'est pas possible en dehors des fortifications; il se dit : « Paris est le foyer, le centre; le reste de la France vit morne et incolore, n'ayant pour tous rayons que les échos que Paris lui renvoie! »

Eh bien, c'est une erreur. La lettre suivante, que nous recevons d'Aix, de la toute charmante et spirituelle marquise de S..., prouve que ce beau pays de la Provence, patrie du gai savoir et des cours d'amours, est toujours habité par des hommes d'esprit et des femmes élégantes, et que l'on y passe le temps gaiement.

Aix représente le faubourg Saint-Germain de la Provence, et Marseille les faubourgs Saint-Honoré, Saint-Denis et le Marais. Il va sans dire que les deux villes se toisent mutuellement du haut de leur grandeur. Les Marseillais appellent les gens d'Aix des *râpés*, et les gens d'Aix appellent les Marseillais des *épiciers*.

« Nous avons eu tous les mercredis, nous écrit donc la marquise de S...; grandes réceptions dans le magnifique hôtel de Saporta. Le marquis et la marquise de Saporta ont fait les honneurs de leur maison avec cette haute distinction et ce parfum d'élégance que l'on regrette de voir se perdre tous les jours davantage dans certaines réunions parisiennes. L'hôtel Saporta est vaste et admirablement distribué pour une fête; il possède un vrai théâtre, disposé au fond d'une grande galerie; aussi y a-t-on joué la comédie plusieurs fois cet hiver. Les acteurs appartenaient à cette vieille noblesse qui a gardé toutes les traditions de bon goût de l'ancienne société française.

« Mercredi dernier, *le Serment d'Horace* a été joué avec une verve, un entrain et une grâce tout à fait remarquables.

« Parmi tous ces acteurs de talent, nous citerons particulièrement MM. de Roussin, Henry de B..., et Mmes la comtesse Gaston de Saporta, la marquise de Cheneville, qui ont vraiment joué à rendre jaloux les pensionnaires de la Comédie Française.

« MM. Gaston de Saporta et de Roussin, et Mmes d'Etienne de Saint-Jean et de Cheneville, dans *les Lubies de M. Lambinet*, ont communiqué à l'auditoire une de ces franches gaietés qui sont le privilège des salons où l'on est reçu avec autant de grâce. M. de Saporta a dit ensuite une pièce de vers de M. de La Calade, où l'esprit s'allie à la grâce et à *l'humour*. Enfin cette soirée ravissante s'est terminée par un bal, qui a fourni à toute une constellation de jeunes filles l'occasion de faire leur entrée dans le monde. En un mot, on ne s'est jamais amusé autant à Aix ou à Paris.

L'hôtel de Saporta n'est pas, du reste, la seule maison où la société provençale se réunisse et trouve tous les éléments qui constituent un salon choisi. M. le premier président Rigault reçoit aussi d'une façon charmante, et je vous donnerai, dans ma prochaine lettre, des détails sur ses soirées. »

Puisque les fêtes de la ville d'Aix nous ont mis en plein faubourg Saint-Germain, n'en sortons pas sans dire un mot d'un fait qui met certain camp en émoi.

La princesse de la Cisterna, propre sœur du comte de Mérode, ex-ministre de la guerre dans les États Pontificaux, bien connue par ses opinions ultramontaines, qu'elle poussait au delà de toutes limites connues, déserte le camp : un titre d'altesse sérénissime, un rang à la cour de Victor-Emmanuel, l'on fait virer de bord. On crie au scandale et l'on se dit : « Ah ça mais! est-ce que les femmes changeraient d'opinions aussi facilement que les hommes!! »

Il paraît que, chez les hommes comme chez les femmes, les plus fortes opinions ne résistent pas à un titre, à un hochet!...

Jeudi 21, les amateurs de bonne musique et les cœurs charitables se donneront rendez-vous à l'église Saint-Eustache, car on y célébrera une messe en musique, du prince Joseph Poniatowski, au profit de la Caisse des écoles.

J'ai entendu des fragments de cette messe, au piano, elle m'a paru fort belle ; je vous en parlerai plus longuement jeudi prochain, en attendant laissez-moi vous annoncer que Mgr l'archevêque de Paris présidera à la cérémonie.

Les soli seront exécutés par MM. Faure et Villaret; les orgues seront tenus par M. Batiste; l'orchestre sera dirigé par M. Urand.

Vous le voyez, rien ne manquera à cette grande solennité.

Olympe Audouard.

LE CARNAVAL A ROME

Nous commettons presque un anachronisme en venant en plein carême entretenir nos lecteurs des plaisirs du carnaval, mais ils nous le pardonneront d'autant plus aisément, qu'il s'agit de Rome, le pays des indulgences pour toutes les fautes commises et à commettre. D'ailleurs, comment résister à la tentation, quand il s'agit de Massimo d'Azeglio, la plus sympathique figure de la Révolution italienne? Les détails qui vont suivre ne sont en effet qu'un extrait de ses Mémoires (1) posthumes, qui ont fait grande sensation dans toute l'Italie, et dont nous nous réservons de parler prochainement.

A Rome, on ne donne le nom de carnaval qu'aux huit derniers jours qui précèdent le carême. A une heure de l'après-midi du premier jour, la cloche de la tour du Capitole an-

---

(1) *I Miei Ricordi*, di Massimo d'Azeglio. Firenze, G. Barbera, editore. 1867.

nonce aux Romains qu'ils peuvent parcourir la ville avec un masque sur le visage, jusqu'au coup de l'angélus.

La description du Corso avec ses *confetti* et ses *moccoletti* a été faite depuis longtemps ; — et puis, tous ces amusements ont été importés chez nous en Italie, tout le monde les connaît, et bienheureux celui qui y trouve encore du plaisir.

Je me propose de rappeler ici des traditions et des usages moins connus.

Anciennement, à Rome, les juifs étaient eux-mêmes destinés à l'amusement des chrétiens. On prétend que jadis l'on enfermait un de ces malheureux dans un tonneau que l'on faisait rouler du sommet jusqu'en bas de la colline capitolienne. Plus tard, la synagogue obtint de faire substituer à ces barbaries une course à pied fournie par plusieurs juifs, course dont le prix était une riche étoffe ; enfin, en dernier lieu, les coureurs bipèdes furent remplacés par des coureurs quadrupèdes, mais les huit pièces de velours fin, prix de ces courses quotidiennes, sont restées à la charge du *Ghetto*.

Le premier jour du carnaval a lieu au Capitole une cérémonie qui vaut la peine d'être racontée. Le sénateur de Rome (qui aujourd'hui représente à lui tout seul l'ancien sénat, réduction géographique de 600 à 1) est assis sur son trône ; devant lui viennent s'agenouiller le rabbin et la députation du *Ghetto*, et lui présenter une adresse contenant les plus grandes et les plus humbles protestations de dévouement et de soumission du peuple élu au sénat romain. Après avoir lu l'adresse, le sénateur fait avec la jambe le geste d'allonger un coup de pied au rabbin, qui se retire plein de reconnaissance, comme on le pense bien (1).

---

(1) Au moyen âge, la populace maltraitait les juifs et saccageait le *Ghetto*. Ces infortunés eurent recours au municipe de Rome et payèrent

Tout le monde connaît les divertissements du carnaval, mais les guides des voyageurs ont oublié ce qu'il y avait de mieux. Je vais tâcher de combler cette lacune.

L'*uti libertate decembris* des anciens (les modernes ont quelque peu allongé cette période) est l'époque de la réalisation de tous les désirs, de tous les projets formés durant le reste de l'année, l'échéance de toutes les petites conspirations tramées dans le monde.

Ceci demande explication.

Qui désire découvrir un secret, nouer ou dénouer une intrigue, demander un éclaircissement, faire une déclaration, etc., et n'en trouve ni le lieu ni le temps dans les conditions ordinaires de la vie, s'en remet aux chances que lui donnera le carnaval.

Durant la semaine du carnaval, il est d'usage que le sexe qui s'intitule hypocritement le *sexe faible* jouisse d'une liberté et d'une indépendance absolues. Allez passer ces huit jours à Rome, et vous verrez s'il est réellement faible ce sexe-là.

Les femmes, les amies, se réunissent entre elles et ne veulent plus ni témoins ni surveillants. Je ne parle pas seulement des maris, il serait inutile de les nommer, mais les amants eux-mêmes sont exclus de ces réunions.

Les premiers se résignent complétement à leur sort; j'en

---

des rançons considérables en se déclarant sujets et esclaves du peuple romain. La cérémonie que nous venons de décrire remonte à cette époque, ainsi que la déclaration de soumission *sub conditione* d'avoir la vie et les biens saufs. En 1830, le sénateur donnait encore le coup de pied au rabbin, et anciennement, en place du coup de pied, le sénateur lui mettait le pied sur le cou. Et l'on a osé accuser les juifs de s'être laissé gâter le caractère ! (*Note de l'auteur.*)

ai vu se jeter sur leur lit pendant les heures du Corso et chercher des consolations dans le sommeil.

Quand aux seconds, le moment est venu pour eux d'ouvrir leurs yeux tout grands. C'est ici le cas de rappeler le second titre peu connu du *Barbier de Séville* (1).

Plus les précautions sont justifiées et moins elles servent à quelque chose.

Vu le mode d'arranger les mascarades, il est presque impossible de pénétrer les intrigues auxquelles on se trouve mêlé.

On se figure généralement qu'une femme qui se travestit ne transgresse pas pour cela les principes élémentaires de l'élégance : en effet, pour ne pas être reconnue, pas n'est besoin de se faire une bosse ou un pied de mandarin. A Rome il en est pourtant tout autrement. Une femme se transforme en un véritable paquet, elle ne doit plus avoir de formes humaines quand elle va ou allait s'asseoir durant le Corso sur le fameux gradin, le *scalino* du palais Ruspoli.

Ce gradin, aujourd'hui disparu, était une sorte de trottoir longeant le café Neuf et élevé de 70 centimètres au-dessus du plan du Corso. Sur ce trottoir était rangée une file de chaises de paille que venaient occuper les femmes masquées. Les gens qui se promenaient devant le *scalino* se trouvaient à une hauteur infiniment commode des personnes assises sur les chaises, et, selon la position des parties, une conversation plus ou moins intime et secrète s'engageait sur toute la ligne.

Il est clair que celui qui désirait avoir un colloque avec une dame, invisible le reste de l'année, n'avait qu'un seul obstacle à surmonter : la reconnaître au *scalino*.

Il me souvient d'avoir exécuté en ce genre et à une cer-

---

(1) *Le Precauzioni inutili.*

taine. occasion un véritable tour de force diplomatique. Je désirais justement causer un peu intimement avec une dame à laquelle je n'étais pas présenté : ayant appris que la dame en question, désirant se rendre au *scalino* le jeudi gras, s'était mise à la recherche d'un manteau d'homme, rond et sans manches, comme on en portait alors, je fis si bien que je parvins à lui faire tenir le mien sans qu'elle pût savoir le nom du bienheureux propriétaire de ce manteau. De cette façon, la difficulté de reconnaître la dame tomba d'elle-même.

Ce *scalino* était, comme on le voit, le terrain neutre sur lequel se nouaient, s'enchevêtraient et se dénouaient les mille intrigues de la vie galante.

Pour terminer l'exposition des statuts de cette vie-là, j'ajouterai qu'il n'était pas toujours permis aux amants de jouir des avantages du *scalino* et de se plonger dans les débordements de la vie carnavalesque.

Si la *diva* était obligée de rester chez elle, soit à cause de ses couches, soit à cause d'une indisposition ou sous un prétexte quelconque, il n'était point permis à l'amant de prendre part aux divertissements. Tandis que le bruit et le tapage régnaient en maîtres depuis la place del Popolo jusques à celle de Venise, il pouvait tout au plus aller se promener au Campo-Vaccino, ou à Saint-Pierre, ou à la villa Borghèse. Le soir, dans les salons, si l'on venait à savoir que X..., l'amant de la dame qui avait gardé la chambre, avait été vu, à l'heure du Corso, seul, à cheval, hors de la porte Angelica, par exemple, les femmes de s'écrier : « Quel charmant garçon que ce X... ! En voilà un ami véritable et dévoué ! » Et si par malheur l'*ami* de ces dames se trouvait là et qu'il eût la conscience un peu moins nette, il recevait, à titre de représailles, un coup d'œil qui signifiait : *Apprenez à vivre.*

. . . .

. . . .
. . . .

En ce temps-là, Paganini et Rossini étaient tous les deux à Rome ; la Liparini chantait à Tordinona, et le soir je me trouvais fréquemment en leur compagnie avec d'autres fous de notre âge. Le carnaval approchait, et un soir nous nous écriâmes tous en chœur : — « Arrangeons une mascarade! »

Mais c'est plus vite dit que fait. Après mille propositions, contre-propositions et tergiversations, nous résolûmes à la fin de nous travestir en aveugles mendiants et de chanter en demandant l'aumône.

Nous choisîmes les mauvais vers suivants pour ritournelle :

> *Siamo ciechi,*
> *Siamo nati*
> *Per campar,*
> *Di cortesia,*
> *In giornata d'allegria*
> *Non si nega carità.*

Rossini les mit immédiatement en musique, nous les fit chanter et rechanter, et on décida, après une série de répétitions, que nous pouvions donner notre première représentation le jeudi gras. Il fut aussi décidé que nous porterions tous un costume aussi élégant que possible, recouvert seulement de vieilles nippes et de haillons. En un mot, une misère apparente et propre.

Rossini et Paganini devaient figurer l'orchestre en raclant deux guitares ; ils ne trouvèrent rien de plus piquant que de s'habiller en femmes. Rossini, dont les formes étaient rien moins que grêles, sut encore les arrondir à force d'étoupes, c'était quelque chose d'horrible à voir. Quant à Paganini, maigre comme un échalas et avec ce visage qui ressemblait à un manche de violon, il paraissait, sous son déguisement, deux fois plus maigre et plus efflanqué.

Je puis dire, sans exagération, que nous fîmes fureur, d'abord dans deux ou trois maisons où nous allâmes chanter, puis sur le Corso et enfin la nuit à souper.

Quant à moi qui ai toujours été d'avis que les amusements les plus courts sont souvent les meilleurs, je m'esquivai du souper et allai finir ma nuit dans mon lit.

Comte Escamerios.

REVUE DES SALONS

Le bal costumé de Mme Perrière-Pilté a été un si grand événement dans les sphères de la haute élégance, que nous sommes obligée de retourner au lundi gras pour en raconter en détail les splendeurs. — D'abord, le joli hôtel de Mme Pilté était encombré des plus belles fleurs, et tous ses gens avaient quitté leur livrée pour être costumés avec un goût exquis. Cela donnait dès l'abord à cette fête un cachet d'un genre tout exceptionnel. A la porte du premier salon se tenait Mme Pilté dans un magnifique costume d'Amphitrite qui faisait valoir sa belle taille et qui s'harmonisait à ravir avec le type calme de sa parfaite distinction. Ce costume était le plus beau du bal et peut-être de tous les bals costumés de l'hiver. Mme Pilté l'avait saupoudré de tous les superbes diamants qu'elle ne porte presque jamais tous ensemble. Un amateur de belles pierreries a dit qu'il voudrait bien connaître les ondes d'où l'on sort avec des gouttes aussi étincelantes ! M. Henri Pilté, son fils, portait un costume de polichinelle qui lui a permis de laisser paraître tout le côté brillant de son esprit. C'est un costume charmant quand il est *parlé* comme l'a fait M. Henri Pilté à ce bal.

Mme Hamelin, revenue depuis peu de Cannes, était ravissante en nuit bleue étoilée. Ce costume, vaporeux et brillant tout à la fois, semblait fait pour sa poétique beauté. Les deux costumes les plus remarqués ont été Mme Henri de Pène en Égyptienne et la princesse de la Tour d'Auvergne en femme turque. Il faut être aussi accomplie que Mme de Pène pour savoir être une des plus belles en ne laissant voir que ses beaux yeux. Il est vrai que son charmant esprit n'était pas voilé et a fait reconnaître bien vite son élégante personnalité. Le costume oriental allait à ravir à Mme de la Tour d'Auvergne, dont le profil si pur rappelle les plus beaux types grecs. La princesse s'est longtemps promenée avec le comte de Salat, en très-beau costume turc aussi. Il n'avait peut-être pas pris tout le flegme du Levant, car on a reconnu son charmant esprit français aux étincelles qui s'en échappaient comme d'un fil électrique. Une gracieuse Américaine, Mlle Hitchcoch, a eu beaucoup de succès en *derby*, avec les petites bottes, la casaque, l'écharpe, la toque et tous les insignes des courses brodés en or sur sa courte jupe. Les autres costumes féminins les mieux réussis ont été :

La baronne de Frédy, en Juive.

Mme de Sardent, en neige très-vaporeuse et lui allant à merveille.

Mme des Essarts, en Chinoise.

Mmes Coppens, en charmants dominos roses ornés de superbes dentelles.

Mme Adelsdoffer, en marquise Louis XV.

Mlles de Poléon, en Mauresques.

Mlle Pilvoix, en demoiselle de Numidie.

Mme Figuier, en comète.

Mlle de Tanlay, en télégraphe électrique; un télégraphe tout gracieux, ne transmettant que des choses aimables.

Mme Hippolyte Lucas, en nuit noire.

Mlle du Bern, en Inconstance, au milieu d'un vrai nuage de cœurs ailés, et portant au bas de sa robe deux larges bandes de satin blanc ornées d'amours dignes de Watteau, et voltigeant comme des vrais papillons.

La comtesse de Waldner, en costume russe étincelant de pierreries.

La comtesse de Gury, en France. On a dit que cela devait être la France de l'avenir, à propos de la coupe échancrée de sa robe.

La vicomtesse de Renneville, en chiffonnière rose.

La comtesse Dash, en domino vénitien.

Et, enfin, un bouquet de cerises que l'on a dit être aigres, quoique très-mûres, et un domino noir à masque jaunâtre qui n'était pas frais, et auquel on n'a pas reconnu l'esprit brillant que pouvait faire espérer son accent légèrement marseillais.

Quant aux hommes, les plus élégants étaient :

M. de Montgommery, en Charles IX.

M. Arthur Meyer, en coq.

M. de la Roche, en mouton blanc, doublement entouré de *faveurs*, si l'on peut le dire!

M. Léon Gage, en Cromwell.

M. de la Mothe, en chef caucasien.

M. Henri Hertz, en canotier Louis XV.

M. des Essarts, en Chinois.

Et, enfin, une foule de manteaux vénitiens, cela va sans dire.

Cette fête a été incontestablement la plus belle des jours

gras; le souper, splendide, et nous doutons que Mme Pilté puisse mieux réussir l'hiver prochain dans le magnifique hôtel qu'elle fait construire rue de Babylone. Elle l'habitera au mois de novembre, afin d'y être tout installée pour ses grandes réceptions de janvier.

Les enfants ont eu aussi une large part de joies pour le carnaval. On les a fait danser le samedi gras chez la duchesse de Maillé, dans la journée, et le mardi gras chez la comtesse d'Orglandes, le soir. La matinée de la duchesse de Maillé était costumée, et rien n'était ravissant comme ces charmantes poupées si mignonnes et si graves dans leur élégance. Mlle de Châteaubriant était particulièrement jolie en fleur des champs.

Le bal du dimanche gras, chez la baronne de Magnonville, a été très-beau et très-gai. La marquise de Laincel était en satin gris perle, avec une robe de dentelle noire posée sur une autre robe en tulle bouillonné et relevée par des grenades qui se retrouvaient dans la coiffure avec ses beaux diamants. Le bal s'est prolongé très-tard, comme tous ceux de ces jours de carnaval. On le traite en ami qui s'en va, et on ne veut rien perdre des heures que l'on peut lui consacrer. On se préoccupe déjà des fêtes de la mi-carême, comme si l'on devait vivre de privations jusque-là, et pourtant on a pour tous les soirs plusieurs invitations de bals ou de comédies, mais seulement on en parle *moins*, et voilà tout. On dit aussi qu'il y aura beaucoup de fêtes après Pâques et que l'exposition sera un prétexte pour prolonger les plaisirs de l'hiver. Nous ne croyons pas à ce programme. Chaque hiver, ceux qui pourraient recevoir et ne le font pas annoncent l'ouverture de leurs salons *pour après Pâques;* puis la chaleur, un petit deuil, un départ prématuré, font évanouir ces beaux projets, qui sont remis à l'hiver suivant, où ils éprouvent le même sort. Il est excusable de ne pas recevoir, mais il serait préférable d'en avoir le courage, au lieu de chercher un tas de mauvaises raisons pour expliquer une chose toute naturelle.

L'église de Sainte-Clotilde est trop petite pour la foule qui vient entendre les trois célèbres prédicateurs qui y prêchent le carême. Cette église, qui est le centre du faubourg Saint-Germain, est toujours très-remplie, mais cette année il y a redoublement pour ne pas manquer les instructions des pères Minjard, de Damas et Millériot. Ceci nous fait penser à un jeune homme dont on rit un peu. Il a essayé, cet hiver, de faire un brillant mariage en se montrant passionné pour la valse et le plus infatigable conducteur de cotillon de tous les bals. Il a éprouvé quelques échecs conjugaux, et pour mieux réussir il cherche maintenant une femme sur les chaises de la Madeleine, de Sainte-Clotilde ou de Saint-Philippe, les églises renommées pour leurs paroissiennes élégantes et riches. Ce jeune homme ne parle à ses danseuses que des conférences qu'il a entendues le matin ou même le soir avant d'aller dans le monde ; il ne boit pas la moindre chose de peur de rompre *son jeûne*. Il édifie les saintes âmes crédules, mais les autres en rient et croient peu à sa conversion et encore moins à ses succès !

On parlait depuis longtemps du mariage du comte de Juigné avec Mlle Alice de Talhouet. Ce mariage est aujourd'hui annoncé officiellement comme devant se faire au mois de juillet. M. de Juigné est fils du marquis Ernest de Juigné et de Mlle Charlotte de la Valette. Il est frère de cette charmante Mlle Madeleine de Juigné qui a épousé, il y a un an, le comte Antoine de Castellane, petit-fils du maréchal. Mlle Alice de Talhouet est petite-fille de M. Roy, et aussi charmante que sa mère, ce qui est tout dire. C'est enfin un de ces mariages qui ont la sympathie générale et les prières de tous.

Comtesse DE MARLY.

LES JOURNAUX

II

Le Siècle

Avant de pénétrer sous le portique — dans le saint des saints ou dans la cour des miracles, comme il vous plaira, — arrêtons-nous à contempler les dehors de l'édifice. Cela nous inspirera sans doute cette sainte horreur qui sied bien aux profanes lorsqu'ils portent une main tremblante sur les choses les plus sacrées, mais qui ne fait au fond qu'aviver la curiosité.

Ouvrez un numéro du *Siècle*, et... ne le lisez pas! oh! non, il ne faut pas se résigner tout de suite aux plus dures extrémités ; mais regardez.

« Je ne vois rien, me direz-vous ! »

Sans doute, mais il faut y mettre un peu de complaisance : d'ailleurs si la devise du journal en est l'enseigne — souvent menteuse, — son aspect est sa devanture : ceci soit dit sans la moindre allusion aux boutiques de marchands de vin. Le *Siècle* n'a pas de devise, partant pas d'enseigne, mais il a une devanture.

Regardez donc le titre, les indications, la contexture, le caractère, l'arrangement, en un mot l'aspect général du journal, et dites-moi si la puissance de cet organe de l'omnipotence havinique n'éclate pas d'une façon aussi manifeste dans les fautes d'impression que dans les fautes d'orthographe de ses rédacteurs, tantôt lyriques, tantôt grivois.

La première chose qui s'offre à la vue, c'est le cours de la Bourse, enrichi d'un tableau comparatif des valeurs mobilières et d'un petit commentaire toujours extrêmement libéral. Eh bien! je ne sais si je me trompe, mais l'idée de placer, au XIXe siècle, dans un journal démocratique, le cours de la Bourse avant toute autre chose, me paraît tout simplement digne de figurer dans la *Morale en action*.

Les ouvriers qui lisent *le Siècle* chez leur gargotier voient ainsi miroiter devant leurs yeux des chiffres qui leur représentent les trésors de Golconde, et ils songent naturellement à faire des économies. Ce n'est pas plus malin que cela. Si M. Havin n'inventait pas de temps en temps quelque statue de Voltaire, on ne trouverait bientôt plus en France un seul indigent, et les questions brûlantes du paupérisme, du prolétariat, se trouveraient ainsi résolues de la façon la plus impérieuse.

O puissance d'un bonhomme servi par un bon outil!

Vient ensuite la prose fleurie de La Bédollière. C'est intitulé *Bulletin*, et cela fait toujours rêver. Comme il est habile le cuisinier qui sert d'abord au lecteur un morceau de prêtre, de ministre ou de roi fricassé par un noble!

Après la soupe, le bœuf; après La Bédollière, Plée ou Jourdan, les choses solides du festin. Comme aspect, c'est solide, serré, sans jours; on en *voit* pour son argent.

L'agrément, c'était Taxile, un *dilettante* : le solennel dans le folâtre, un homme qui doit penser que *le Charivari* d'autrefois fit la Révolution de 48. Il est parti.

Enfin, le feuilleton, les correspondances, les faits divers, les éphémérides, les tribunaux et les annonces de pédicures et de guérisseurs à bon marché.

On sent — n'est ce pas ? — sur tout cela voltiger un souffle, planer un esprit, papillonner une âme : Havin.

Havin est un homme étrange. Il s'appelle Léonor, comme un Espagnol, comme un romantique, et Joseph, comme un Français, comme Prud'homme. Il est né à Saint-Lô, il s'est exilé lui-même, lui seul, entendez-vous ! et il a été juge de paix. Qu'elle existence !

Il a poussé plus loin l'excentricité, jusqu'à rappeler aux gens amoureux d'estampes et de désintéressement *Hippocrate refusant les présents d'Artaxercès*. Vapereau affirme avec une candeur de sacristain qu'il refusa des fonctions plus brillantes que celles de magistrat. O naïf biographe, tu crois donc aux refus de Léonor et à l'immortalité de tes œuvres ! Léonor, apprends-le, ne refuse rien, pas même un abonnement. Il ne refusa pas en 1831 le mandat de député; une fois député, il ne refusa pas les fonctions de secrétaire de la Chambre, au contraire, la Chambre les lui refusa en 1842; il ne refusa pas en 1848 *de voter avec la droite*, il ne refusa pas de devenir conseiller d'État, il ne refusa pas même la direction du *Siècle*.

Au physique, c'est un homme grand et paterne qui allie, on ne sait comment, la sérieuse affectation d'un notaire à la morgue narquoise d'un commerçant enrichi. A la Chambre, s'il parle ou plutôt s'il lit, il est sonore, et aussi vide que sonore, lourd avec des prétentions à la précision, à la profondeur. Son attitude est rigide, presque noble : c'est bien l'homme qu'on sculpte... en fourneau de pipe.

M. Havin reçoit des hommes de tous les camps politiques; mais il sait, dit-on, choisir *les habiles*, et c'est là qu'éclate son mérite, puisqu'aujourd'hui l'on est homme de mérite dès qu'on fait preuve d'instinct. On lui a dit, par un beau jour, que pour être vraiment important, il fallait découvrir, inventer quelque chose ou quelqu'un, et M. Havin a inventé Thorigny-sur-Vire et découvert M. de Voltaire.

Une question indiscrète se présente à mon esprit. Ce journaliste a-t-il jamais journalisé? Je crois qu'on pourrait, sans crainte de se ruiner, voter une statue de cinquante centimes aux hommes qui ont lu quelque chose de M. Havin, — de lui seul, entendons-nous!

Après Havin, dans l'ordre hiérarchique, vient, croyons-nous, Plée, qui naquit, comme il dirait lui-même, aux plus mauvais jours de notre histoire — lisez 1815. Ceci est purement gai. M. Plée a le génie des titres. Jugez-en. Comme tout honnête bachelier, il veut débuter dans les lettres. Tout cadet de son temps aurait aligné des rimes riches ou pauvres, et produit un volume de vers. Lui, point! C'est un homme sérieux dès l'aurore de son printemps. Il publie un *Manuel encyclopédique et pittoresque des sciences et des arts*, et une *Histoire des religions et des sectes*.

C'est même dans ce dernier ouvrage qu'il a, nous assure-t-on, donné une explication claire, rationnelle, philosophique et satisfaisante de la légende biblique des... *Plée d'Egypte*.

Mais cela ne pouvait lui suffire, il se fit traducteur, travaillant d'ailleurs toujours dans l'histoire, puis géographe, et il enfanta l'*Atlas des familles*! Pourquoi l'*Atlas des familles* plutôt que l'*Atlas des célibataires?* Ce sont de ces secrets qui déjoueront toujours la clairvoyance humaine.

M. Plée a le génie des titres.

Il écrivit aussi dans un dictionnaire polyglotte une *Histoire de la langue française*. Son style ferait douter de sa compétence en cette matière; mais M. Plée écrit mal probablement en vertu de cette règle singulière et qui ne compte guère d'exceptions, que les cordonniers sont les gens les plus mal chaussés du monde. M. Plée ne se contenta pas, du reste, d'écrire l'histoire, il la professa ; cependant le métier d'écrivain lui présentant sans doute plus d'attraits que celui de pédagogue, il émergea de nouveau sur l'horizon littéraire, et il fonda la *Revue des auteurs unis.* Quand je vous disais qu'il a le génie des titres !

Il est attaché au *Siècle* depuis 1850 ; et c'est là qu'il est complet, qu'il est lui-même. Il dogmatise avec des airs de pontife. C'est lui qui possède tous les secrets de cette cuisine politique que les marchands de vin jugent digne de figurer sur une table à côté du petit bleu.

Son style, si l'on peut dire qu'il a un style, est, par un singulier tour de force, lourd et cassant. Lorsque sa prose veut être fine ou méchante, elle devient terne et pâle comme le visage d'un faubourien qui serait en colère. Ajoutez à ces vertus un fond de chauvinisme aussi vulgaire que possible, et vous aurez surpris le génie de ce lévite de l'hôtel Colbert.

J'oubliais de dire que, malgré son horreur pour la forme monarchique, M. Plée est le chef d'une dynastie. Il a un fils, et ce tendre Eliacin imprime au *Siècle* des articles sur l'histoire naturelle où il montre une singulière prédilection pour les mollusques. Que voulez-vous ! la voix du sang...

Du prêtre au théologien, de l'officiant au docteur, la transition est toute simple.

Au *Siècle*, le théologien, qui se permet quelquefois de prophétiser, est M. Louis Jourdan. Une tête grise avec des yeux clairs sur un corps nerveux et grêle, tel est le portrait de M. Jourdan. Sa figure offre un mélange d'exaltation et de ruse qui explique bien des choses.

Il a fait un peu de tout, de la littérature et de l'industrie, de la politique pratique et de la politique privée.

Il a même *fait* un livre à M. Gaillardet.

M. Veuillot, qui manie la plume comme un sbire un bon poignard, l'appelle compère, et ce nom familier doit le faire grimacer. Mais ne nous occupons pas du M. Jourdan du *Journal des Actionnaires*, du M. Jourdan des *Contes industriels*, qui doivent faire suite au *Journal des Actionnaires*, du M. Jourdan l'auteur de l'*Hermaphrodite, en société* (toujours M. Gaillardet), occupons-nous exclusivement du M. Jourdan du *Siècle*.

Lorsque les ennemis du peuple, de ce bon peuple qui lit un seul bon journal, *le Siècle*, s'agitent un peu plus que de coutume ; lorsque les sectateurs de Baal veulent de nouveau répandre les ténèbres sur la terre et empêcher le bon peuple de lire le bon journal à la clarté du soleil et de ses étoiles; lorsque l'hydre, cent fois vaincue et toujours renaissante, s'agite pour dévorer la liberté qui permet à La Bédollière d'aller à son aise, et sans se presser, de la rue Navarin à la rue du Croissant; lorsque la société — celle du *Siècle*, dont les actions sont fort chères — chancelle sous les coups de Coquille ou de Veuillot, de Janicot ou de Boniface, Jourdan prend la plume, et il annonce l'avent des temps nouveaux.

C'est un précurseur — *vox clamans...* devant quarante mille abonnés, tous capables d'économiser cinquante centimes pour lui élever plus tard des statues. Et lorsque Jourdan a pris la plume, le calme renaît. Comme par enchantement, les obscurantistes sont confondus et cachent leurs têtes maudites; Veuillot, Coquille, Riancey, Boniface et Lymairac crèvent de dépit dans leur peau et s'alitent avec la jaunisse, tandis que

> Havin, poursuivant sa carrière,
> Verse des torrents de lumière
> Sur ses obscurs blasphémateurs.

Jourdan est solennel et sait la solennité qui convient aux lecteurs d'arrière-boutique. C'est l'homme sérieux qui affirme sans rien prouver. S'il descendait jusqu'à la polémique, il oublierait son rôle et les notions de la prudence la plus vulgaire.

Le polémiste, c'était M. Taxile Delort, qui ne plaisante pas. Ah! mais non!... J'éprouve après avoir écrit son nom de vagues inquiétudes et je me lève pour voir si ses témoins ne sont pas déjà dans mon antichambre.

C'est pourtant un homme amusant que M. Delort, qui débuta dans le *Vert-Vert*, continua dans le *Charivari*, poursuivit dans *le Siècle* et échoua ou s'échoua dans *l'Avenir national*. MM. Veuillot et Pontmartin ont eu le triste courage de lui faire de la peine.

L'homme essentiel, du reste, le seul indispensable, c'est La Bédollière. Il rédige le bulletin avec cette placidité qui ressemble à la force comme l'ivresse ressemble à la poésie, et il improvise des chansons dans les banquets où l'on mange du prêtre au dessert. Je voudrais bien vous donner un échantillon de cette prose et de ces vers, mais je ne veux pas abuser de votre patience.

Neveu d'un général qui portait un nom ancien et considéré, M. Gigault de La Bédollière a fait comme les Lameth, comme les Montmorency, comme les Brienne, il a renié son origine et s'est lavé dans les eaux pures de la démocratie.

Il représente donc au *Siècle* les aristocrates convertis, et il le fait avec une modestie qui lui a gagné toutes les sympathies et fait de lui un homme utile. D'ailleurs, il ne néglige pas les soins de sa popularité, et on le voit souvent dans les cabarets ou dans les rues sombres, donnant le bras à des citoyens qui ne sont pas précisément vêtus comme des membres du Jockey-Club.

C'est du reste un travailleur. Il a traduit *Cooper* et la *Case de l'oncle Tom*, et a fait de même une *Histoire de la Garde nationale*.

Tel est, sauf quelques exceptions assurément peu remarquables, le personnel politique du *Siècle*. Le personnel littéraire et les tirailleurs méritent aussi quelques mentions.

M. Desnoyers, qui dirige la partie littéraire, a, paraît-il, de grandes prédilections pour les romans féminins. Je ne saurais lui en faire un reproche. C'est d'ailleurs un véritable homme de lettres de l'ancienne génération : actif, spirituel, sérieux et bienveillant, il a contribué à fonder la *société de gens de lettres*, l'une des institutions les plus attaquées, mais les plus utiles de notre temps. Il a écrit deux ouvrages qui sont presque des chefs-d'œuvre, les *Aventures de J. P. Chappart* et les *Aventures de Robert Robert*.

M. D. de Biéville, connu par sa malheureuse passion pour le papier timbré au moins autant que par ses feuilletons dramatiques, est le parent de M. Desnoyers. Il a collaboré avec Scribe et avec Bayard, et a produit entre autres choses remarquables *l'Huissier amoureux*, *la Contre-Basse*, *la Préparation au baccalauréat*, vaudevilles presque classiques. Nous n'en dirons pas plus long, parce que M. de Biéville doit être déjà chez un huissier occupé à rédiger une citation à notre adresse.

On sait que la rédaction du *Siècle* lutte depuis longtemps, et avec une vigueur qui ne s'est jamais démentie, contre les excès du népotisme. Elle a des clichés toujours prêts sur le pape, sur les cardinaux neveux, sur l'esprit de corps dans les institutions ecclésiastiques, et à ce propos les jésuites et les dominicains ne l'ont pas toujours eue belle avec M. Louis Jourdan. Mais *le Siècle* ne juge pas les institutions civiles, et en particulier le journalisme, sur les mêmes principes. Il admet la camaraderie, il la conseille, il prêche d'exemple, il met même en pratique ce népotisme si odieux à Rome, si bénin et légitime à la rue du Croissant, et voilà pourquoi M. de Biéville et M. Gustave Chadeuil occupent tour à tour le feuilleton du *Siècle* sous le règne littéraire de M. Desnoyers.

M. Gustave Chadeuil est Limousin, comme M. de Pourceaugnac ; mais, plus que son compatriote de burlesque mémoire, il a le goût et le sens des beaux-arts. Avant d'être le grand prêtre de l'esthétique au *Siècle* et d'y imprimer à la fois un feuilleton musical et une revue artistique, M. Chadeuil avait commis un volume de vers et un certain nombre de romans. Tout cela est honnête comme la critique de M. Chadeuil, qui ne sort pas d'une gamme tempérée et légèrement bourgeoise, à propos du sujet le moins bourgeois du monde : l'art sous toutes ses faces. On ne dira jamais ni bien ni mal du talent de M. Chadeuil. Il est sensé dans la forme, rassis dans les idées. Les unes ne sont pas nouvelles et l'autre n'est pas neuve : que voulez-vous servir de mieux aux quarante mille lecteurs de M. Havin ?

Comme tous les grands journaux, *le Siècle* a ses bohèmes, ses rédacteurs errants, ses oiseaux de passage. Le plus singulier et le plus nouveau est sans contredit Camille Flammarion.

Ce fut en peinture que je vis pour la première fois cet intéressant publiciste — je veux dire en photographie. On commençait à parler de lui et d'un premier livre qu'il publiait sous le titre et sur le sujet populaire de la *Pluralité des mondes*. Le portrait me donna une singulière idée de l'homme. Imaginez un petit corps enveloppé des pieds au col d'un grand manteau brun rejeté en arrière à la manière espagnole. Ce corps placé de trois quarts, surmonté d'une grosse tête vue de face, était tellement peu lié à elle, que l'on pouvait croire à une découpure et à un rapplicage. La tête, noyée dans un limbe lumineux, rappelait assez bien par la disposition des traits, de la barbe et des cheveux, les figures du Christ empreintes sur les saints linges, les véroniques du Chemin de la Croix.

L'effet de cette première entrevue fut décisif : j'avais affaire à un poseur ou à un naïf. Voilà pour l'homme, restait le savant.

M. Flammarion obtenait alors un de ces succès de librairie auquel M. Figuier nous a habitués, mais qui n'en sont pas moins fort remarqués lorsqu'ils se produisent sous un nom encore inconnu. Son livre de la *Pluralité des mondes*, édité par Didier, se vendait à près de quinze mille exemplaires, et mettait un peu d'émoi dans le monde cagot, malgré les précautions oratoires et les réticences dont le jeune auteur enveloppait ses prétendues hardiesses.

En ouvrant cette œuvre téméraire, je fus bien étonné de n'y voir, ni plus ni moins, qu'une compilation assez indigeste et confuse des idées sur la matière, depuis les anciens et les pères de l'Église jusqu'aux philosophes des XVIIIe et XIXe siècles.

D'œuvre personnelle, point, à moins qu'on ne veuille appeler de ce nom l'avis doctoral de M. Flammarion sur des hypothèses empruntées aux panthéistes, aux poëtes et autres cerveaux détraqués ; le tout en un style lâche, diffus et solennel, comme il convient aux oracles et aux astrologues.

Cependant je me défiai de mon premier mouvement, et je questionnai autour de moi les enthousiastes et les dédaigneux. Je dois dire qu'il y avait beaucoup de vieilles femmes parmi les enthousiastes du disciple de l'abbé Moigno.

Voici ce que j'appris.

M. Flammarion était né aux environs de Langres vers 1839, d'un famille peu aisée. Sa première jeunesse n'avait été qu'une suite de prodiges et de tours de force. Il savait lire à cinq ans, il commençait à neuf ans ses études de latin, il venait à seize ans à Paris pour s'y faire recevoir bachelier.

On voit que nous marchons de surprise en surprise.

Frappées d'une précocité pareille, les autorités de l'endroit s'émurent et prédirent à l'enfant un brillant avenir. Ce sont les expressions mêmes d'une feuille de terroir qui publiait dernièrement la biographie de « l'auteur de la *Pluralité des mondes* ».

L'auteur de la *Pluralité des mondes!* Que dirait M. Hugelmann, père du nouveau *Cid*, si quelque plumitif s'avisait de l'appeler l'auteur du *Cid?* N'aurait-il point peur d'entendre rire dédaigneusement l'ombre de Corneille ? M. Flammarion ne doit-il donc rien au neveu de ce grand homme, et Fontenelle est-il tout à fait désintéressé dans la question?

La suite de mes recherches m'apprit encore que M. Flammarion était entré à l'Observatoire comme élève astronome, et qu'il avait quitté la barrière d'Enfer à la suite d'une divergence d'opinion entre lui et M. Leverrier, et que depuis, le précoce Camille était resté l'adversaire convaincu de l'illustre mais grincheux académicien.

Rien de mieux que cette querelle de rats et de grenouilles, inventée sans doute par les apologistes de M. Flammarion. Elle n'a pas peu contribué à sa fortune.

Il est toujours bien porté d'être de l'opposition, d'affirmer son indépendance par un sacrifice, par une fronde d'autant moins dangereuse qu'elle est plus bruyante. On voulut voir dans le jeune élève une nouvelle victime du tyran de l'Observatoire, ou tout au moins un de ses adversaires. C'était sans doute faire beaucoup d'honneur à Camille, mais c'était surtout accoler à un nom très-connu un nom qui ne demandait qu'à l'être, et les présenter ainsi au public en couvrant le plus petit du plus grand. La tactique est habile, et j'en sais d'aucuns auxquels elle a parfaitement réussi.

M. Flammarion entrait alors dans une voie nouvelle; d'élève il passait maître, le disciple devenait docteur, ce qui est beau pour un simple licencié! Il écrivit dans le *Cosmos* de l'abbé Moigno, publia la *Pluralité,* bientôt suivie des *Mondes imaginaires* et des *Mondes réels,* autre compilation beaucoup moins intéressante que la première, mais où l'on rencontre des formules mathématiques placées coquettement au milieu des pages. Cette vignette d'un nouveau genre donne bonne opinion d'un écrivain. C'est du reste un procédé qui indique chez M. Flammarion une connaissance déjà profonde du public.

C'est le moyen employé en grand par M. Millaud pour le *Procès des Thugs*. On promenait dans Paris, on imprimait sur toutes les quatrièmes pages des grands journaux, le titre hindou ou sanscrit de ce roman palpitant d'intérêt, et les lecteurs adoraient sans comprendre. Il en est de même en astronomie : parlez de cosinus et de tangente, on bâillera d'admiration.

Depuis, M. Flammarion s'est fait conférencier et découpeur de livres à deux francs pour le compte de la maison Hachette.

C'est un des fournisseurs attitrés de la bibliothèque des merveilles. Il a publié successivement les merveilles célestes, les merveilles de l'optique, les merveilles de la végétation et autres œuvres miraculeuses, auxquelles il n'a sans doute apporté que la moitié de son génie, car il ne les a signées que de la moitié de son nom. C'est *Marion* que je veux dire : le nom d'une cuisinière, mais d'une cuisinière scientifique. Je comprends cette pudeur d'un auteur déjà illustre qui ne veut pas compromettre sa renommée naissante et signer des petits livres neufs que ses secrétaires ont découpés pour lui dans de vieux gros livres.

Cependant le *Fla* me manque : ce *Fla* me plaisait beaucoup, c'est le commencement de nombreux et de superbes substantifs : de Flamma, de Flamel, de flatterie, de flagornerie…... Il faisait admirablement sur la couverture des œuvres de M. Flammarion, tour à tour audacieux, insinuant et souple, sautant facilement du *Cosmos* au *Siècle*, de l'Observatoire à l'Athénée, fait, comme tous les *habiles* des cience, pour arriver vite, haut et loin.

Citons encore MM. d'Auriac, de La Forge, Husson, Comettant, et c'est tout.

Quelle étrange galerie! me direz-vous. N'y a-t-il pas autre chose? Non! C'est là tout ce qu'il faut pour avoir un million de lecteurs. L'art d'exploiter les passions publiques a bien ses secrets comme toutes les habiletés, mais les secrets les plus simples sont les meilleurs, et c'est ce qui explique que dans un journal qui représente la publicité la plus considérable de notre pays on ne trouve jamais un éclair d'intelligence ou un effort de raisonnement.

« On paye au tuilier sa tuile, dit La Bruyère, et à l'ouvrier
« son temps et son ouvrage : paye-t-on à un auteur ce qu'il
« pense et ce qu'il écrit? Et s'il pense très-bien, le paye-t-on
« plus largement ? »

C'est ce qui doit consoler le *Journal des Débats* d'avoir dix fois moins de lecteurs que *le Siècle*.

Comte Jonvalos.

L'EXPOSITION

III

DERNIERS AMÉNAGEMENTS EXTÉRIEURS. — LE PARC ÉTRANGER (*suite*).
LES BAINS ET LES ÉCOLES DE L'EXPOSITION TURQUE.

Nous avons beau oublier l'exposition, ou tout au moins la négliger un peu, elle poursuit ses préparatifs, elle se pare et achève sa toilette extérieure pour le grand jour de l'ouverture. Des couronnements finement découpés achèvent la grande galerie des machines ; on place sur le pourtour les derniers motifs d'ornementation, dont la simplicité de bon goût cadre avec la physionomie générale du monument. La tribune circulaire dont nous avons déjà parlé, et qui se trouve au milieu de la galerie des machines, est à peu près terminée. A l'extérieur, et sous le vaste auvent qui contourne la nef destinée spécialement à l'industrie, les limonadiers, les restaurateurs, les marchands de boissons et de comestibles français sont presque entièrement installés. Déjà même quelques étrangers se glissent à côté d'eux, qui avec le pale ale d'Allsopp, qui avec le breuvage Burton, les uns plaidant pour la choucroute et le vin du Rhin, les autres pour le sherry et le jambon d'York. Il y aura de la place pour tout le monde ; le baron Brisse se désolera de voir les curieux de comestibles passer successivement de la cuisine allemande à la cuisine russe et à l'anglaise, déserteurs naïfs mais convaincus de cette cuisine française dont il est l'illustre défenseur. Le développement circulaire des buffets-restaurants est d'un kilomètre et demi. J'ai donné, dans un précédent article, les chiffres de surface, de longueur et de hauteur du palais ; voici quelques autres renseignements statistiques qui ont bien leur éloquence.

Les couloirs souterrains destinés à la ventilation ont près de cinq kilomètres d'étendue ; les égouts ont huit kilomètres. Les terrassements exécutés sous le palais même atteignent trois cent soixante-dix mille mètres cubes ; on a construit cinquante-deux mille mètres cubes de maçonnerie, fixé treize millions et demi de kilogrammes de charpentes de fer supportant cent mille mètres carrés de toitures en verre. J'ignore la surface des toitures de zinc, mais elle doit au moins égaler l'étendue des verrières.

Le parc n'est déjà plus ce marais de macadam, d'argile, de terre végétale, de débris de toute sorte entassés pêle-mêle, dans lequel il était impossible de marcher autrement qu'en bottes d'égoutier, un bâton ferré à la main, ou encore grimpé sur des échasses, tout comme si on s'était promené dans le département des Landes avant l'établissement des fermes modèles.

On peut s'y retrouver maintenant. Les terres, remuées de tous côtés par d'intelligents jardiniers, se massent en de nombreuses corbeilles, irrégulières et capricieuses comme les aime M. Alphand, mais conservant pourtant entre elles une harmonie dont les véritables squares anglais sont peu coutumiers.

Reprenons donc notre description des édifices étrangers construits dans le parc où nous l'avons laissée il y a trois semaines, et en sortant de l'exposition vice-royale égyptienne arrivons — la transition est facile — à l'exposition ottomane.

Au premier coup d'œil, il est évident que le sultan fait moins bien les choses que son vassal, ou qu'il est moins riche. Cette dernière raison me semble la meilleure, et je l'adopte. J'ajoute que je ne possède pas une obligation de l'emprunt turc, pas une de l'emprunt égyptien, et que je n'ai même pas envie d'en avoir. On ne m'accusera donc ni de réclame ni de dénigrement. **Je constate simplement un fait.**

Les Turcs ont construit dans la partie du parc étranger qui leur a été réservée une salle de bains et une école.

La salle de bains n'est pas un spécimen d'établissement populaire, c'est au contraire un modèle luxueux. Il affecte extérieurement la forme d'un rectangle en trois parties, avec façades sur les plus grands côtés. Le compartiment du milieu est surmonté d'une petite coupole. L'aspect général de la construction se rapproche beaucoup de celui du pavillon de l'Empereur, situé de l'autre côté du palais, dans le parc français.

On sait que les bains turcs sont des sortes d'étuves où l'on n'entre que graduellement et en passant par des températures intermédiaires. Deux salles précèdent le bain proprement dit. Dans la première l'on quitte ses vêtements; dans la seconde on fume, on lit, on s'accoutume à la chaleur; dans la troisième enfin se trouve un bassin, ordinairement en marbre, où l'on fait le plus posément du monde autant d'ablutions qu'il convient.

Avant d'arriver à l'air extérieur, le baigneur traverse deux autres pièces inégalement chauffées, et repasse par les températures transitoires qui lui ont permis de supporter les soixante-dix degrés centigrades de l'étuve centrale.

Le luxe du bain est poussé fort loin en Orient. Les Ottomans, unissant leurs propres traditions aux traditions romaines et aux inventions du confort moderne, ont porté au dernier degré de perfectionnement un délassement hygiénique prescrit par le Prophète et que les Arabes d'Espagne et les Maures d'Afrique avaient déjà tant perfectionné.

Les bains du sultan, à Constantinople, ont des murailles de glaces, des dômes de cristal de roche, des pavés de marbres choisis, des divans de soie brodée d'or. Les fleurs les plus rares, les parfums les plus précieux y embaument l'air. Des vases, des tentures, des objets d'art de tout genre encombrent les salons annexés aux bains eux-mêmes.

Nous n'aurons point de pareilles merveilles dans le bâtiment de l'exposition turque, mais chacun pourra venir s'y faire masser, savonner, et même raser s'il en a envie, absolument comme s'il habitait les rives du Bosphore et était citoyen de Constantinople. Là, le plaisir du bain ne coûte pas cher. Le peuple, pour une rétribution des plus minimes accomplit cette prescription religieuse, dont le climat fait d'ailleurs une obligation absolue. Il n'y a pas de village turc qui ne possède son bain. Que n'en est-il de même en France! Dans certaines de nos provinces, c'est un dire populaire que le bain donne des maladies et que les corps les plus sains sont ceux que l'eau n'a jamais touchés.

L'hygiène publique est tellement intéressée dans la question des bains, qu'il y a huit ans environ l'Empereur fit construire à Paris, et spécialement pour les classes ouvrières, des bains publics à très-bas prix. En 1851, l'Assemblée législative avait déjà rendu un décret ordonnant la création de bains municipaux dans la plupart des grandes villes de France.

La question était alors à l'ordre du jour. Elle semble un peu délaissée en ce moment, mais il n'est pas douteux que l'exposition et les spécimens de thermes en tout genre qu'elle renferment ne ramène l'attention publique sur un aussi important auxiliaire de la santé publique.

Si ces bains turcs peuvent nous servir de modèle, je doute fort que le spécimen d'école construit à quelques mètres d'eux vaille jamais la plus pauvre de nos salles d'asile. Autant qu'on en peut juger en l'état des travaux, les établissements d'instruction publique dans l'empire ottoman ne brillent pas par le confortable. Les précautions sanitaires y sont cependant mieux prises qu'autrefois. On n'y laisse plus les élèves grouiller pêle-mêle comme dans le tableau de Decamps. On les force à faire des ablutions sérieuses et vraiment dignes de la religion qu'ils doivent professer un jour. Enfin, ici comme en mille autres branches de l'administration publique, la Turquie s'inspire des progrès et des traditions occidentales. Elle a bien raison.

« Depuis 1846, l'instruction publique, qui relevait tout entière de l'*ulema*, a été placée dans les attributions de l'État. Elle est dirigée par un conseil permanent que préside le chef du conseil d'État et le ministre des affaires étrangères.

« L'instruction primaire est gratuite et obligatoire chez les musulmans. Les dépenses sont payées sur les revenus des *mektets*, et, en cas d'insuffisance, par l'Etat. Environ 95 p. 100 des enfants reçoivent réellement une bonne instruction primaire. A Constantinople, il y a dix ans, on comptait déjà 400 écoles primaires et 25,000 mille élèves. Il n'y a pas d'écoles mixtes, c'est-à-dire où les sexes soient confondus.

« Dans les grandes villes il doit y avoir au moins une école secondaire. Ce service n'est pas entièrement organisé.

On s'occupe même de fonder des écoles normales. L'instruction secondaire, comme l'instruction primaire, est gratuite et payée par l'Etat.

« Les écoles supérieures correspondent à nos colléges et lycées. Il y en a plus de 300 rien qu'à Constantinople.

« Au-dessus sont les écoles spéciales de l'empire » (1).

La publication du nouveau règlement de l'exposition donne lieu à des réclamations sans nombre. La disposition qui excite les plus vives protestations, est celle qui refuse aux exposants leur parcours *gratuit* dans l'ensemble de l'exposition. Le ministre d'Etat a limité leur droit de visite à la catégorie dont ils font partie. Ailleurs, ils doivent payer comme de simples curieux et rentrer dans le droit commun. Cette décision me paraît bien sévère. Eh quoi ! vingt mille producteurs de toute espèce auront fait pour la plupart de grands sacrifices afin de donner au monde commercial une haute idée des arts, des sciences ou de l'industrie de leur pays, et une mesquine mesure fiscale les empêchera de jouir eux-mêmes du spectacle dont ils sont auteurs ! Que M. le commissaire général y réfléchisse ; c'est faire un grand nombre de mécontents en vue d'un très-mince résultat pécuniaire. Ne vaudrait-il pas mieux sacrifier quelques milliers de francs et passer pour généreux en restant juste ?

Léon Garnier.

---

(1) Nous tenons ces renseignements de l'obligeance de M. Paul Boiteau.

THÉATRES

THÉATRE-FRANÇAIS. — *Galilée*, drame en trois actes et en vers, de M. Ponsard.

La représentation des œuvres de M. Ponsard provoque toujours, dans le monde littéraire, une émotion qui nous paraît un signe évident du réveil de l'esprit littéraire. Cela tient à diverses causes. M. Ponsard, par l'unité de sa vie, par l'homogénité de ses principes, par le constant effort d'une nature élevée et fine, a su conserver, au milieu des dévergondages qui ont abaissé notre littérature, l'attitude d'un homme de réaction. Il n'a jamais sacrifié aux déplorables tendances qui ont entraîné nos beaux esprits, tantôt sous couleur de *réalisme*, tantôt sous couleur de *fantaisie*, aux plus déplorarables chutes. Aussi, lorsque le public, lassé des expériences de tout genre et prenant en dégoût les élucubrations des cerveaux malades et des esprits troublés qui courent le monde des théâtres et du roman, commençait à siffler tout ce qu'il lisait ou tout ce qu'il entendait, M. Ponsard a-t-il pu, en produisant une œuvre élégante et sobre, quoique un peu dénuée de profondeur, attirer à lui toutes les sympathies et mériter tous les suffrages.

On attendait donc la représentation de *Galilée* avec moins de curiosité que de satisfaction. On savait, en effet, que M. Ponsard ne peut pas faire une mauvaise pièce, pas même une pièce médiocre; on savait aussi que le sujet se prêtait merveilleusement aux efforts de ce talent souple mais un peu solennel, sérieux mais peu inventif; on savait enfin que la pièce serait admirablement jouée, et de ce côté-là, je le répète, on n'attendait aucune surprise. Mais l'intérêt principal de la soirée était plutôt dans la salle que sur la scène. Le public voulait faire une expérience sur lui-même. Il se demandait quel serait l'effet que produirait sur l'élite des beaux esprits de notre temps la littérature élevée, noble, féconde, sérieuse, et le sentiment qui dominait était presque l'anxiété.

Le résultat, je me hâte de le dire, a dépassé toutes les espérances, et c'est un grand succès qu'*heureusement* pour l'avenir intellectuel de notre pays je dois constater.

La pièce commence par un dialogue entre la fille de Galilée, Antonia, et son fiancé Taddeo. Je ne sais rien de plus charmant que cette scène, où la passion se manifeste dans tout ce qu'elle a de plus tendre, de plus naïf et de plus élevé. Ce duo d'amour est touchant parce qu'il est naturel, et cependant, au milieu des beautés de cette langue à la fois mâle et gracieuse, on se sent courir comme un sinistre frisson. Nous entrons dans le drame; l'action palpite, elle vit, nous emporte, et lorsque Galilée paraît on est agité par les pressentiments les plus poignants. Quoi de plus simple et quoi de plus grand ? Avons-nous besoin, pour être émus, d'être emportés au milieu des horreurs les plus vulgaires ou des cyniques orgies qui sont le fonds du théâtre moderne ? Le drame de M. Ponsard le prouve : la régularité du développement littéraire est encore le plur sûr moyen d'arriver à la perfection dans les œuvres de l'esprit.

Ce premier acte est d'ailleurs le chef-d'œuvre de la pièce : il se termine par la lecture de la citation émanée du saint-office, et il serait difficile de concevoir rien d'aussi sobre et d'aussi grand que le dénoûment.

Le drame se poursuit d'ailleurs avec une vigueur et une logique inflexibles, et il n'y a que des critiques à courte vue qui puissent accuser une telle œuvre de manquer de mouvement. Tout se réunit pour concourir au but moral et élevé de la pièce, dont le plan, d'ailleurs, sévèrement tracé par l'histoire, n'était pas susceptible d'autres développements. Il ne suffit pas, pour qu'une pièce soit suffisamment mouvementée, de faire agiter les bras, les jambes et les lèvres des acteurs, il faut bien plutôt que chaque parole soit un progrès vers l'harmonie parfaite des caractères et des détails, et que la conception, une et concrète, soit servie et non soutenue par les actes des personnages. Or, en tenant compte de ces principes, peut-on trouver ces trois actes imparfaitement remplis ?

Les tirades que M. Ponsard place dans la bouche de Galilée marquent, d'ailleurs, cette progression constante vers l'idée féconde qui a inspiré le poëte, et le public en a jugé comme nous lorsqu'il a applaudi avec transport ce passage presque sublime.

> Mais, astre souverain, centre de tous ces mondes,
> Par delà ton empire aux limites profondes,
> Des milliers de soleils, si nombreux, si touffus,
> Qu'on ne peut les compter dans leurs groupes confus,
> Prolongent, comme toi, leurs immenses cratères,
> Font mouvoir, comme toi, des mondes planétaires,
> Qui tournent autour d'eux, qui composent leur cour,
> Et tiennent de leur roi la chaleur et le jour.
> Certes, vous êtes mieux que des lampes nocturnes
> Qu'allumeraient pour nous des veilleurs taciturnes,
> Innombrables lueurs, étoiles qui poudrez
> De votre sable d'or les chemins azurés ;
> Chez vous palpite aussi la vie universelle,
> Grands foyers où notre œil ne voit qu'une étincelle.
> . . . .
> Allez, persécuteurs, lancez vos anathèmes !
> Je suis religieux beaucoup plus que vous-mêmes.
> Dieu, que vous invoquez, mieux que vous je le sers :
> Ce petit tas de boue est pour vous l'univers ;
> Pour moi, sur tous les points l'œuvre divine éclate ;
> Vous la rétrécissez, et moi je la dilate ;
> Comme on mettait des rois au char triomphateur,
> Je mets des univers aux pieds du Créateur.

Le dénoûment, on le connaît : Galilée, placé d'un côté entre ses affections et sa conscience, et d'autre part, peut-être, torturé par le doute, abjure *son erreur*, et est exilé à Livourne.

En résumé, cette œuvre atteste chez son auteur la force créatrice et une facilité d'exécution, une souplesse de talent que l'on ne pourrait certainement retrouver chez aucun poëte dramatique de cette génération. Et lorsqu'en écoutant cette belle poésie, récitée d'une façon irréprochable par l'élite des comédiens de France, nous songions involontairement que M. Ponsard avait écrit ces vers au milieu d'horribles souffrances physiques, nous admirions d'autant plus la puissance d'un esprit qui trouve de pareils accents lorsque le corps est torturé par une maladie cruelle. Nous espérons que ce succès, en apportant à M. Ponsard la plus douce des satisfactions que puisse goûter un poëte, celle de voir son œuvre comprise et applaudie, hâtera sa guérison et qu'il nous sera donné d'assister, l'année prochaine, à la représentation d'un nouveau chef-d'œuvre.

Nous remettons à jeudi prochain le compte rendu de *Don Carlos*, dont nous nous contentons de constater aujourd'hui le succès.

Denis Guibert.

CONCERT MÉLA

Le concert de Mlle Eugénie Méla a eu lieu vendredi, à la salle Herz, avec tout le succès qu'on devait attendre, et l'éminente et sympathique artiste a été vivement applaudie dans tous les morceaux qu'elle a abordés. Mais l'enthousiasme a été à son comble quand, d'une voix magistrale et si bien timbrée, elle a chanté le *Salve regina* et la gracieuse romance du *Casino de campagne*. Puis nous avons eu encore le plaisir de l'applaudir dans le trio Papatazzi de *l'Italienne à Alger*, où elle était habilement secondée par Tagliafico et M. Méla père, qui, en dehors de son talent de chanteur, est un bon maestro italien, auteur de nombreux opéras estimés.

En résumé, ce concert a fait grand plaisir à tous ceux qui avaient pu assister à cette solennité musicale. Espérons que la direction des Italiens, mieux inspirée, finira par s'associer le ténor qui à la grâce de la femme joint la puissance d'une voix plus ferme, et pourrait prendre dans bien des rôles une place laissée vacante par Mario. Le jeune Ronnay, avec son xylophone, dont il tire un parti merveilleux, a charmé tout le monde et a été rappelé plusieurs fois au milieu des chauds applaudissements de l'auditoire enchanté.

O. AUDOUARD.

LA MODE

Maintenant que les joies du carnaval sont passées, le carême permet de penser à des choses plus solides que les paillettes des costumes, et on va chercher une foule de choses dont on a besoin plus que jamais à cette entrée du printemps. — Les chapeaux sont la grande affaire du moment, mais pour cela plus que pour tout encore, la mode, c'est la fantaisie : ce n'est pas une forme déterminée, c'est ce qui va bien à chacune, c'est enfin le goût approprié à la figure de celles qui doivent les porter. — Mme Lucie Munier, 6, boulevard des Italiens, peut inspirer la confiance la plus absolue. Elle a une sûreté de goût qui se révèle par l'ensemble harmonieux de ses coiffures. C'est un don spécial de savoir assortir du premier coup d'œil le genre du chapeau au genre de la figure, et c'est le talent de Mme Lucie Munier. — Elle prépare en ce moment des coiffures qui feront époque, et nous pouvons lui prédire un succès complet pour ses nouvelles créations.

Il est impossible de parler modes sans nommer celui qui est le roi de la spécialité, Constantin, 7, rue d'Antin, le fleuriste par excellence. Ses fleurs sont de vraies merveilles de finesse, de vérité ; il les monte d'une manière si ravissante que l'on reconnaît ses coiffures à première vue. — Les fleurs sont la passion du moment, elles sont le complément de tous les luxes. Constantin expédie journellement à l'étranger des caisses entières de fleurs, et à Paris une fiancée du grand monde n'admet pas que sa parure de mariée puisse venir d'un autre que de lui. — L'été dernier, une jeune fille très-riche et très-jolie avait une coiffure très-lourde à sa messe de mariage, et l'on entendait dire tout bas : « C'est bien sa faute ! Elle ne l'a pas prise chez Constantin ! »

Une autre chose bien nécessaire à l'élégance, c'est la grâce de la tournure, et il faut convenir qu'elle tient beaucoup à la coupe des jupons qui soutiennent la robe. Le jupon impérial est le modèle du genre. Son inventeur, M. Bailly, 107, boulevard Sébastopol, a trouvé le moyen de le faire rétrécir ou élargir à volonté par une simple tirette, et il a l'approbation des femmes élégantes qui le trouvent gracieux et des hommes qui leur donnent le bras et qui n'ont plus à craindre l'envahissement des jupons sur eux, à pied ou en voiture. — Un simple mouvement suffit pour évaser le bas de la robe qui se resserre aussi facilement et n'est plus gênante. On a beau dire que la crinoline est morte, elle se cache et voilà tout; on ne renonce pas à porter quelques cerceaux anonymes qui donnent une grâce infinie à la tournure. Le jupon impérial atteint ce but sans en avoir l'air, et il n'y a plus à craindre avec lui de voir circuler ces formes trop applaties qui sont dans leur genre aussi disgracieuses que l'était l'excès de la crinoline dans le sien.

On fait dans ce moment de charmantes nouveautés en foulard, et ces robes ont grand besoin d'être soutenues par le jupon impérial pour ne pas trop s'affaisser.

La Compagnie des Indes, 42, rue de Grenelle, a préparé pour ce printemps des foulards si doux de teintes, si soyeux, qu'ils seront appelés à figurer aussi bien dans les toilettes du soir que dans celles du matin ou dans les costumes. Le foulard cerise, vert ou maïs est très-habillé et supporte aussi bien que le taffetas des volants ou une tunique de Chantilly ou même une garniture de tulle. Pour le matin, on prépare de charmantes robes à raies ornées de palmes sur fond clair, et d'autre à dessins grecs d'une grande nouveauté. — Il se crée tous les jours des établissements rivaux de la Compagnie des Indes, mais pas un seul ne l'atteint comme qualité des étoffes et élégance de disposition.

Une grande préoccupation des femmes élégantes, ce sont les gants et elle viennent de faire une véritable conquête dans le fameux gant riche à pouces indécousables, 16, rue de Choiseul. — Il réunit la perfection de la coupe à la bonté de la peau et à l'éclat des nuances. Les plus demandés sont le gris argent, peau de chien et Bismarck. — Les coutures sont faites à points noués, ce qui les rend d'une solidité à toute épreuve, et la suppression de la couture transversale rend vraiment le pouce indécousable, comme l'annonce son nom. — Les gants à quatre et à six boutons sont très à la mode, mais leur prix est très-élevé, et à côté du gant riche nous avons remarqué le gant mignon, qui est très-joli et de très-bonne qualité aussi quoique d'un prix beaucoup plus modéré : 4 fr. pour homme et femme, à deux boutons, et 3 fr. 75 c. pour femme, à un bouton. Les suèdes sont très-bons et très-fins pour 1 fr. 75 c., et une diminution est faite sur l'achat d'une douzaine entière. Les gants donnent à toute la toilette un cachet si élégant, que c'est un vrai service à rendre de signaler ceux qui sont dans les conditions des gants dont nous venons de parler.

ANNE DE BRIANNE.

BULLETIN FINANCIER

Le bilan de la Banque de France constate un ralentissement des affaires.

Un seul des chapitres de la Banque est aujourd'hui en augmentation. Ce chapitre est celui de l'encaisse, qui vient encore de s'élever à 18 millions et demi, et retrouve le niveau le plus élevé qui ait jamais été atteint, 748 millions.

Le portefeuille a reperdu et au delà, dans les huit derniers jours, ce que l'échéance de fin février lui avait momentanément fait gagner. La réduction éprouvée par le service de l'escompte est de 74 millions ; le portefeuille est tombé de 620 à 546 millions.

La circulation des billets s'est abaissée de son côté de 53 millions ; elle atteint encore près de 1 milliard 10 millions.

La situation des comptes courants ne s'est pas sensiblement modifiée. Il y a une légère diminution d'environ 3 millions sur l'ensemble des dépôts privés, qui dépassent 260 millions.

Nous parlerons, dans notre prochain numéro, du rapport de la Compagnie du chemin de fer Victor-Emanuel, attendu si impatiemment par les malheureux actionnaires de ce chemin, dont les plaintes et griefs ont rempli les colonnes des journaux depuis une année.

La rente 3 0/0, qui est le chef de file des valeurs en général, montre depuis quelque temps une grande fermeté. Cette fermeté démontre qu'elle ne baissera pas à moins de quelques complications politiques, inadmissibles en ce moment.

Au cours de 70 francs ont trouve des vendeurs, vers 69 francs ont trouvera des acheteurs, et après le détachement du coupon il est certain que l'on ramènera la rente autour du cours de 70 francs, qui est le cours vrai et raisonnable dans les circonstances actuelles.

Les chemins de fer ont suivi la rente, c'est-à-dire qu'ils ont conservé une grande fermeté.

Les grands établissements financiers profitent des circonstances calmes pour offrir au public de nouveaux placements de fonds; toutes les combinaisons qui offrent de sérieuses sécurités réussissent.

La dernière souscription du Crédit foncier d'Autriche, émise par la Société générale pour favoriser le développement du commerce et de l'industrie en France, a eu un grand succès.

Aucun emprunt, du reste, ne présentait autant de chances favorables.

Cette réussite n'est-elle pas due aussi à la confiance qu'inspire l'établissement financier qui a patronné cet emprunt?

E. Bierfuhrer.

MARC ANDRÉ	# L'ÉRASME	GEORGE MAX
RÉDACTEUR EN CHEF		DIRECTEUR-GÉRANT
—	JOURNAL DES ÉCOLES	—
BUREAUX :		BUREAUX :
24, rue de Seine, 24	Hebdomadaire, littéraire, contenant 16 pages in-8°	24, rue de Seine, 24
de midi à 2 h.		de midi à 2 h.

ABONNEMENTS

PARIS		PROVINCE	
UN MOIS	60 cent.	UN MOIS	80 cent

Le premier numéro paraîtra le dimanche 8 avril; il sera rédigé par MM. ALEXANDRE DUMAS, ED. DELPIT, P. DE BÉRARD, PEDRO, etc., etc.

Il importe donc que les abonnements soient pris avant cette date. — Envoyer le montant en timbres-poste à l'adresse du directeur-gérant.

CAUSERIE

La liberté!... Voilà un mot magique, plein de séduction, un mot qui miroite devant les yeux et fascine : la liberté!... On est tenté de croire que sa possession complète conduit au paradis terrestre ou au bonheur parfait.

Est-ce vrai? est-ce faux? Je n'en sais rien, et il faudrait s'entendre sur la signification de ce mot. Par tout ce que j'ai lu et vu, je suis assez tentée de croire que chacun entend par *liberté* le droit de faire tout ce qu'il veut, en imposant sa volonté aux autres.

Pour bien des gens, ce mot *libertas* est un hameçon destiné à pêcher des grosses pièces, ou tout au moins du menu fretin.

Enfin, passons.

Je ne sais trop où nous en serions si nous jouissions de la rare félicité d'avoir une liberté complète, mais ce que je sais très-bien, c'est qu'elle a quelquefois des inconvénients. Ainsi, on criait contre le monopole des voitures, on demandait la liberté : eh bien, à présent, on possède cette chère liberté tant désirée; à quoi cela a-t-il abouti?

A ceci :

Le prix des voitures est augmenté, ce qui est assez désagréable.

De plus, le premier venu a le droit de mettre une voiture en circulation, ce qui fait qu'on est exposé à tomber sur des cochers inhabiles qui ont des chevaux impossibles, et qui vous versent et s'accrochent à chaque instant.

Ce que je vais proposer serait peut-être attentatoire à la sainte liberté, mais serait excellent pour la sécurité publique. Ce serait qu'on fît subir un examen sérieux à un cocher avant de lui permettre de circuler avec un véhicule dans Paris, et de ne lui accorder cette autorisation que lorsqu'il aurait prouvé qu'il conduit bien, et qu'ensuite la police examinât avec la même sévérité les chevaux attelés à ces voitures, et que tous chevaux reconnus vicieux ne pussent pas être conduits dans Paris.

On aurait ainsi quelques risques de moins à courir d'être écrasé ou versé.

Réellement, depuis la liberté des voitures, on tombe sur des cochers qui ne savent pas même tenir leurs bêtes en main. Ainsi, l'autre jour, le même cocher a accroché deux fois et, finalement, m'a versée sur le trottoir. Le lendemain, le brancard d'une voiture est venu briser la vitre de mon fiacre. Quand on aura mis en circulation deux ou trois mille fiacres en plus pour voiturer ces bons étrangers attirés par l'Exposition, il ne faudra s'aventurer dans Paris qu'après avoir pris ses précautions testamentaires, car cette promenade dans les rues de la capitale offrira plus de dangers qu'une excursion dans le centre de l'Afrique.

Ces bons étrangers, en lisant nos journaux, doivent avoir une singulière opinion de l'accueil que nous leur réservons. S'ils allaient tous être pris de la même pensée, celle de se mettre en grève?

S'ils allaient tous se donner le mot pour nous faire faux

bon ? Nous en serions quittes pour payer, depuis six mois, tous les vivres plus chers en vue de l'Exposition.

Les ouvriers ciseleurs sur bronze se sont mis en grève, eux, pour tout de bon ; ils sont au nombre de cinq mille, et leur grève gêne bien des personnes, au point de vue de l'Exposition. Du reste, messieurs les ciseleurs montrent une exigence un peu forte, il me semble : ils demandent tout simplement que leurs patrons les associent à leurs bénéfices. Ces derniers seraient donc forcés de leur montrer leurs livres, peut-être même de les consulter avant d'accepter une commande ? En ce cas, les ouvriers pourraient chanter au patron : « *Bonhomme, quand nous y sommes, tu n'es plus le maître chez toi !...* »

L'impôt sur les célibataires sert de canevas à tous nos journalistes, qui y brodent des variantes sur tous les tons. Beaucoup le trouvent juste, et disent galamment : « Ils ne sauraient payer trop cher le bonheur de n'avoir pas une femme légitime... » Très-bien, mais, moi, je demande qu'on impose les vieilles filles, car, elles aussi, ne sauraient trop payer la bonne chance de n'avoir pas un mari !

Avec le carême, la danse a été exilée des salons ; mais comme on ne veut pas y donner l'hospitalité à l'ennui, on cherche à remplacer ce plaisir locomotif par d'autres distractions ; la causerie tend à passer de mode, il faut donc chercher quelque chose pour amuser ses invités. Fanfan Benoiton (la petite Camille) est appelé dans beaucoup de réunions. Cette enfant est un vrai prodige : tout en étant demeurée la même petite fille pleurant pour un gâteau, un joujou qu'on lui refuse, bondissant de joie à la vue d'un joujou qu'on lui offre, elle comprend et dit ses rôles comme une artite consommée. Je lui ai entendu dire, jeudi passé, *Perrette, ou le Pot au lait*, avec une rare intelligence ; elle souligne tout, aucune nuance ne lui échappe. C'est vraiment merveilleux.

Lundi, elle a dit la scène d'*Athalie*, à l'après-midi donnée par Mme de Meyendorff dans son bel hôtel, où tout le faubourg s'était donné rendez-vous. C'est Mme Meyendorff elle-même qui a joué la scène d'*Athalie* avec Fanfan. On le sait, cette grande dame, qui peint en maître de talent, joue la comédie comme une comédienne.

M. Desbarrolles concourt puissamment, lui aussi, à faire supporter le dur régime du carême. Sorcier aimable et gracieux, il prédit... le passé, le présent, vous met au courant de bien des choses dont vous ne vous apercevez pas ; il vous dévoile l'avenir à vous donner la chair de poule. — Heureusement qu'il a soin d'être discret et de ne vous dire en public que des choses aimables, glissant adroitement sur les faits qui pourraient vous effrayer ou vous déplaire. — Cependant il est bien intéressant, malgré ses réticences ; et si cet affreux monstre de Lemaire, qui vient d'expier son horrible perversité sur l'échafaud, lui avait montré sa main il y a quelques années, il aurait pu lui annoncer ses atroces instincts et sa fin tragique. En effet, appelé à visiter Lemaire dans sa prison, Desbarrolles, avant de partir, a indiqué tous les signes caractéristiques que l'on devait trouver dans la main du meurtrier, et en entrant dans son cachot on vérifiait avec une certaine épouvante la vérité de ces assertions. Mais, grâce au ciel, quand il sonde les secrets de la nature, il découvre souvent de plus gracieux symptômes, de plus douces perspectives, et je l'ai vu dernièrement porter, bien innocemment sans doute, le trouble dans deux âmes candides. En effet, après avoir promené longuement sa loupe scrutatrice sur la main d'un jeune et beau cavalier dont les yeux brillants annonçaient toutes les heureuses et chaudes aspirations du cœur, il finit par lui annoncer qu'une grande et forte passion traverserait son existence en couronnant ses vœux les plus chers ; puis, un moment après, hasard ou entraînement invincible de la vérité qui éclatait à ses yeux, il prédisait à une blonde et sentimentale jeune femme que son cœur connaîtrait toutes les enivrantes émotions d'un amour partagé. Frappés de ce double pronostic, les deux sujets devinrent subitement préoccupés, se jetant des regards furtifs, comme pour interroger l'avenir, et les prédictions de M. Desbarrolles ont peut-être ainsi allumé à son insu une grande passion dans ces cœurs confiants. Que voulez-vous, si c'était écrit, il faut bien s'incliner sous le doigt de la fatalité. Je vous promets de vous tenir au courant de ce roman qui commence.

Un mot pour finir. On parlait l'autre jour, dans un dîner officiel, de certaines personnes qui ont mis leur casaque à l'envers. M. X... dit : « Croyez-le bien, messieurs, le meilleur moyen de prendre les hommes, c'est un *bon traitement*. »

OLYMPE AUDOUARD.

REVUE DES SALONS

Les événements se sont mis cette semaine à l'unisson du carême, et, au lieu des joies et des élégances habituelles, il faut commencer par parler de plusieurs morts subites ou prématurées qui sont venues frapper Paris dans ses plus chères personnifications. — Le marquis du Hallay-Coetquen a été foudroyé en quelques minutes, et l'on a vu s'éteindre en lui un de ces types si rares de nos jours. — Le marquis du Hallay appartenait à nos plus grandes familles par le sang ou par les alliances. Il avait eu une jeunesse brillante et orageuse, à laquelle avait survécu une si grande honorabilité qu'on l'avait érigé en juge suprême du point d'honneur, et qu'il ne se passait pas dans Paris une affaire délicate en matière de duel sans qu'elle ne lui fût soumise et sans qu'il ne la jugeât avec une telle équité, que jamais il n'y a eu une seule récrimination d'un côté ou de l'autre. — Il y a certainement dans Paris des hommes aussi honorables que le marquis du Hallay, mais il est à croire qu'aucun ne réunira toutes les qualités voulues pour faire revivre M. du Hallay, et que de longtemps il ne sera remplacé dans ses délicates fonctions.

La comtesse Oscar de l'Épine, née Tascher de la Pagerie, a été enlevée à la fleur de l'âge. — Elle réunissait tout ce qui fait la vie heureuse, et Dieu l'a rappelée à lui au milieu de toutes les joies de la terre et de tout l'amour des siens. — Le comte de l'Épine est frère de la marquise de Béthisy, cousin germain de la comtesse Charles de Bourbon-Busset, et en épousant Mlle de Tascher de la Pagerie il l'avait amenée dans un milieu dont elle avait eu à acquérir les sympathies par ses avantages personnels. — En peu de temps cette charmante personne avait été appréciée dans sa nouvelle famille, et elle y laisse des regrets aussi profonds que parmi ceux qui avaient le bonheur de la connaître depuis son enfance. — Elle était particulièrement aimée de l'Impératrice, qui lui avait donné à son mariage un bracelet qui était tout à la fois un splendide joyau et un précieux souvenir d'affection.

Une grande famille de Touraine vient aussi d'être frappée d'une manière cruelle par la mort du jeune marquis de Bec de Lièvre, gendre du marquis de Menon. — Cette famille a été bien éprouvée depuis peu d'années. La marquise de Menon est morte toute jeune encore, laissant trois filles et un fils qui l'a suivie dans la tombe emportant l'espoir du nom dont il était le seul héritier. — La sœur du marquis de Menon, la marquise de Mèul, est morte à la suite d'une longue maladie. — Le marquis de Menon a marié ses deux filles aînées au marquis de Moges et au marquis de Bec de Lièvre, et aujourd'hui ce dernier vient de mourir à Nantes d'un refroidissement qui n'eût rien dû être dans la vie d'un si grand chasseur. Il laisse une charmante veuve toute jeune et trois petits enfants. — Il était petit-neveu du maréchal de Bourmont. — Le marquis de Menon habite habituellement son château de Boussay, près de Loches. — Son frère, le comte Octave de Menon, habite Paris, où sa femme fait partie des salons les plus aristocratiques. — Elle est liée avec toute la pléiade élégante qui chasse en automne et danse en hiver, et elle a su en prendre tous les charmes, sans les excentricités, qui ne sont pas toujours admirées de tous!

Une autre nouvelle affligeante, ce sont les rumeurs qui circulent sur la mort qu'aurait trouvée le comte de Moynier au Mexique, dans le combat de Mazatlan. — Depuis deux mois on en parlait comme d'une nouvelle arrivée par une dépêche, mais on n'osait pas en faire part à sa femme sans plus de certitude. — On assure qu'il est fait de nouveau mention de cette mort dans une autre dépêche, et des amis ont cru devoir en parler à la comtesse de Moynier; mais sa position est affreuse, parce que, son mari faisant partie d'un corps mexicain, elle ne peut avoir de nouvelles positives au ministère de la guerre par la voie ordinaire et qu'elle s'attache à croire à une erreur de nom qui n'est pas probable, mais qui sera longue et difficile à vérifier. — Le comte de Moynier n'a point été sainement apprécié ces dernières années. On lui a appliqué sans miséricorde l'inexorable axiome qui veut que les malheureux aient toujours tort, quand ils n'en ont souvent pas d'autre que de n'avoir pas eu raison assez vite! — Son idée relative à l'Abyssinie était très-belle, très-grande, et peut-être dotera-t-elle la France d'une grande puissance dans ces lointains parages, mais il n'a pas eu assez de moyens pour son début, et il a eu surtout le malheur de l'entreprendre avec des gens qui lui ont donné une apparence peu sérieuse.

Pour reposer un peu de toutes ces tristesses, il faut dire toutes les gentillesses de Camille Davenay, l'aimable Fanfan Benoiton, à la réception de jeudi dernier chez Mme Audouard. — Cette charmante petite Camille a enchanté tout un auditoire qui a le droit d'être difficile, par l'adorable manière dont elle a raconté toute une scène dont le fameux pot au lait de Perrette est le point de départ. — La petite Camille la raconte d'une manière merveilleuse et avec un tact qui montre combien elle sent tout ce qu'elle dit! — Elle est d'une intelligence qui ne peut être comparée qu'à sa grâce tout enfantine, car à côté de ses grands succès d'*artiste* il est bon de signaler qu'elle n'a rien du *perroquet* et qu'elle est aussi enfant que peuvent le désirer ses admirateurs.

Il y a eu vendredi une représentation exceptionnellement nombreuse et élégante à l'Opéra comique, pour entendre *le Fils du Brigadier*. — Les loges étaient pleines de noms connus et de très-belles toilettes, et toute cette assistance d'élite a été enchantée de la manière brillante dont la pièce a été jouée. — Mlle Marie Roze surtout a eu un succès dont elle a le droit d'être doublement fière, car il s'est adressé aussi bien à la charmante chanteuse qu'à la gracieuse jeune fille qui joue si bien ce pur et gracieux rôle de Thérèse. — On a dit avec raison que les habitudes ordinaires de la vie se retrouvent au théâtre, et il suffit de voir jouer dix minutes Mlle Marie Roze pour comprendre combien elle est à la fois bonne artiste, femme du monde et jeune fille élevée dans ce doux milieu de la famille dont les émanations donnent aux femmes qui en sont entourées un vernis qui se retrouve dans toute leur carrière théâtrale. — Elle a été parfaite dans la scène de la lettre et pleine de cœur dans ses scènes avec Montaubry et avec Crosti.

Il n'y a point eu de grands bals cette semaine, le carême a été sérieusement respecté, mais il y a eu de grands concerts dans plusieurs des maisons qui reçoivent à jours fixes, et l'on en annonce encore plusieurs autres les mercredis chez la duchesse Pazza et chez la comtesse de Béhague, les vendredis chez la comtesse Duchâtel, si la santé du comte ne s'y oppose pas; les mardis chez la marquise de Talhouët et chez la marquise d'Aoust. — Les premiers artistes doivent paraître dans ces réunions dont les programmes sont splendides. — Il va aussi y avoir les fameux concerts du vendredi chez M. Pereire.

On annonce pour le mois prochain le mariage de Mlle Gabrielle Amelot avec le comte Cassan de Florac, d'une ancienne famille du Midi. Mlle Amelot est une des plus jolies étoiles blondes qui aient paru cet hiver dans nos bals.

Une autre nouvelle qui fait partie des salons par l'intérêt qu'elle y inspire, c'est la nomination de M. l'abbé Gayrard, premier vicaire de Saint-Philippe-du-Roule, à la cure de Saint-Vincent-de-Paul. — M. l'abbé Gayrard fait depuis longtemps les catéchismes de Saint-Philippe, et c'est un vrai malheur pour toutes ces jeunes filles de le voir s'éloigner de ces réunions auxquelles sa parole prêtait un si grand charme. — Les regrets profonds que son départ va laisser prouvent une fois de plus tout l'égoïsme qui se mêle aux meilleurs sentiments! — M. l'abbé Gayrard faisait à son tour les instructions de la messe de neuf heures à Saint-Philippe, et sa modestie serait bien surprise si on lui lisait les notes qui ont été prises et précieusement gardées sur une série d'instructions qu'il a faites, il y a deux ans, sur l'éducation et le mariage!

Finissons par quelques bavardages.

Une marquise camarde, que ses quarante-cinq ans forcent à changer de rôle et qui oublie trop et trop vite qu'il faut que la jeunesse ait été pure pour donner à l'âge mûr le droit d'être sévère. — On dit qu'elle est le type qui a inspiré cette

Brebis galeuse qui, ne pouvant plus tomber, cherche à attirer les autres dans des petits soupers où elle compromet de jeunes filles pures par amour du mal. — Enfin, une foule de ménages qui se séparent parce que l'on a forcé les maris à voir ce qu'ils étaient si heureux d'ignorer depuis longtemps ! — Pourquoi ne pas laisser les gens être heureux à leur manière et les sommer de devenir impitoyables au nom de la morale publique ?

Comtesse DE MARLY.

PETITES NOUVELLES

On sait que, sur la demande de la reine Victoria, l'Empereur avait decidé que les statues des rois Plantagenets qui ornent l'église de l'Abbaye de Fontevrault seraient *cédées* à l'Angleterre. Cette nouvelle a mis en émoi d'abord la municipalité de l'endroit, ensuite la Société archéologique, plus tard l'Académie des inscriptions et belles-lettres, enfin la presse grande et petite. La coalition a fini par prendre les proportions d'une opposition réelle et l'orage n'est pas près d'être apaisé. Les raisons que donnent les personnes qui défendent la municipalité et l'Académie nous paraissent, nous le disons sincèrement, assez valables. Ces statues font partie du domaine national, elles sont les œuvres d'artistes français, elles sont certainement pour nous des monuments historiques, et nous ne voyons pas en vertu de quel droit, de quels titres ou de quelles considérations l'Angleterre nous les prendrait. Nous espérons que ce conflit recevra d'en haut une solution conforme au bon droit, à la justice et à l'esprit français.

*
* *

Sans parler politique étrangère, comme M. Thiers au Corps législatif, nous ne pouvons nous empêcher de dire quelques mots d'un homme que plusieurs de nos lecteurs ont connu sans doute, qui fut à la fois un rêveur politique, un aventurier et un homme de lettres, et qui vient de trouver au Mexique une mort inutile et obscure, — de M. le comte de Moynier.

Il nous a été donné de causer un jour avec ce gentilhomme déclassé, déplacé dans notre société moderne, si brillante et si inconsistante, et l'impression que nous ressentîmes après ces quelques minutes de causerie ne sortira jamais de notre mémoire. Il rêvait alors une expédition sur les côtes d'Afrique, quelque chose de gigantesque et de puéril, —gigantesque par le but et les résultats à atteindre; puéril, si l'on songeait aux moyens d'exécution. Il développait ses plans et ses projets avec une verve et une conviction qui eussent entraîné les raisonneurs les plus impitoyables; il avait surtout des idées très-originales, et peut-être justes, sur la colonisation et sur le régime agricole à employer dans les colonies. Il ne doutait d'ailleurs nullement du succès, et finit par nous proposer, pour prix de notre coopération, une concession de dix mille hectares dans le nouveau royaume qu'il allait fonder.

Hélas! ce rêve a-t-il repassé devant ses yeux lorsque la

balle d'un *guérillero* est venue le frapper sous son uniforme de capitaine !

Quoi qu'il en soit, nous ne pouvons nous défendre d'un sentiment d'admiration, ou tout au moins de respect, en songeant à cette richesse d'organisation et à cette exubérance de vie que les exigences de notre monde moderne ont paralysées fatalement. Il y aurait un beau et touchant livre historique à écrire sous ce titre : *les Martyrs de l'aventure*.

*
* *

Quelques nouvelles gaies pour chasser les réflexions sérieuses. Le docteur L. Véron reprendra, dit-on, le sceptre de la direction du *Constitutionnel*. A quoi devons-nous ou ne devons-nous pas nous attendre ! Celui que Considérant appelait en 1848, avec un grand bonheur, « le chef du parti pectoral en France, » va-t-il, pour sauver le malade de la rue de Valois, découvrir un Eugène Sue, ou se contentera-t-il de la prose de Ponson du Terrail pour contre-balancer l'influence de la prose de Limayrac? L'Europe attend, elle est anxieuse et les spéculateurs s'agitent.

*
* *

Autre chose de l'ordre folâtre. M. Albert Glatigny, poëte, comédien, journaliste et, qui plus est, sincère admirateur du dieu Banville, eut un jour l'idée de mêler les petits *vers* à la bière et aux petits *verres*, et d'élever dans le même temple l'autel de la *fantaisie* à côté de l'autel de la *tragédie*, que la grande prêtresse, Mme Cornélie, desservait avec quelque profit et beaucoup de bonheur. Il demanda donc à l'administration la permission d'improviser à l'Alcazar; mais ces messieurs de la censure, qui sont nés malins et se sont pour la plupart rendus coupables de plusieurs vaudevilles, ont, paraît-il, demandé d'un air tout à fait innocent à voir *préalablement le manuscrit.*

Le poëte retournait donc à ses poésies, l'âme triste et l'esprit inquiet; mais comme ce n'était là qu'une malice, on l'a rappelé et on lui a permis de se livrer publiquement à son délire, sans crainte d'être conduit à Charenton.

*
* *

Si l'on peut désormais improviser chez nous, on pourra bientôt *courir* en Égypte. L'inauguration des courses d'Alexandrie promet, dit-on, d'être une fête splendide, et l'on sait que les Orienteaux s'entendent à donner des fêtes.

Nous décrirons en détail les splendeurs qui se préparent.

DENIS GUIBERT.

MARSEILLE

LA QUESTION DU PORT DES CATALANS.

Marseille a son vieux port central; elle a ses ports neufs de la *Joliette*, au nord; maintenant elle veut son port du sud.

Ce port, qu'elle obtiendra tôt ou tard, — pour nous la question n'est pas douteuse, — aura le double avantage de répondre aux besoins futurs de son commerce et de ramener la vie, l'activité et la richesse dans des quartiers de la ville qui se sont vus momentanément délaissés.

La création du port des *Catalans* — nommé ainsi du nom du point de la côte où il doit-être créé, l'anse des Catalans — entraîne comme conséquence forcée le rasement du fort Saint-Nicolas, cette triste construction dont nous affligea Louis XIV, le roi despote, dans un moment de mauvaise humeur.

Ce fort n'a jamais eu, depuis le jour où fut posée sa première pierre, une seule heure d'utilité. Nul pour la défense d'une ville commerciale qui, au jour du danger, aurait pour forteresses les flottes de la France et pour rempart sa population à elle, il peut tomber sans éveiller l'ombre d'un regret. Bien loin de là, une clameur de joie s'élèvera avec la poussière soulevée par la chute de ses murs : car le Marseillais n'oublie pas, et les fils se souviennent encore de l'humiliation imposée à leurs pères (1).

Louis XIV avait voulu avoir sa *bastide* (2) à Marseille, et nous avait forcés à en payer les pierres. Aujourd'hui il faut que cette bastide tombe et que nous rentrions en possession des matériaux payés par nous à contre-cœur et sous la pression de la force ; nous en ferons des digues et des quais.

A quelque cent mètres du fort Saint-Nicolas s'élève le château de Napoléon III, sur un terrain offert à l'Empereur par Marseille reconnaissante. Les deux constructions ne peuvent subsister l'une à côté de l'autre : le château de Napoléon III doit seul rester debout, sentinelle placée entre nos ports, rappelant à qui pourrait l'oublier la haute et intelligente protection qui veille sur nos intérêts maritimes et commerciaux.

L'idée du rasement du fort Saint-Nicolas et de la création d'un nouveau port au quartier des Catalans n'est pas d'aujourd'hui ; elle est poursuivie depuis longtemps ; elle a donné lieu à de nombreuses pétitions, et notre conseil général a émis plusieurs fois des vœux pour la réalisation de ce projet.

A cette heure, de nouvelles pétitions se couvrent de signatures et font valoir toutes les raisons qui militent en faveur de la destruction du fort et de la création du port :

« La vie commerciale et industrielle ramenée dans les

---

(1) Après une sédition, Louis XIV entra dans Marseille par une brèche faite aux murs, humilia les Marseillais et décréta la construction des forts Saint-Nicolas et Saint-Jean. Le fort Saint-Nicolas fut construit le premier.

(2) Bastide, nom donné à Marseille aux maisons de campagne. Louis XIV, à propos du fort Saint-Nicolas, dit : « Moi aussi, je veux avoir ma bastide à Marseille. »

nombreux quartiers du sud de Marseille, « abandonnés et déshérités, privés des bienfaits dont le nord a été comblé dans une si vaste mesure.

« Conservation du centre commercial de la cité, qui sera bientôt déplacé si l'on ne crée pas sur le littoral sud des établissements maritimes. L'État a dépensé des millions pour les nouveaux ports de la *Joliette*, n'est-il pas juste que le quartier de *Rive-Neuve* et ses adjacents reçoivent enfin les améliorations réclamées et promises depuis longtemps.

« Une puissante compagnie a proposé à l'État et à la ville de se charger de la construction du port des Catalans et du rasement du fort Saint-Nicolas, sans aucune subvention.

« C'est le seul moyen de ne pas déplacer les fortunes marseillaises, et de donner satisfaction à des intérêts compromis par l'extrême extension des établissement du nord.

« En dehors de ces considérations, une population de trente mille habitants ou petits propriétaires, dans les quartiers du sud, est intéressée plus directement à la réalisation de ces projets, qui occuperaient plusieurs milliers d'ouvriers sans travail. »

La presse marseillaise a combattu et combat vivement pour soutenir la question du port des Catalans, et surtout pour obtenir le rasement du fort Saint-Nicolas, barrière entre la cité et la nouvelle ville qui s'est élevée aux quartiers des Catalans et de Saint-Lambert. Espérons que le triomphe est prochain.

Tout arbre a son chiron, toute idée grande et utile rencontre des détracteurs. Aussi n'étonnerons-nous personne en disant que quelques voix isolées ont essayé de faire entendre des paroles de blâme et de protestation à l'encontre des vœux émis par la population marseillaise.

Il nous a été donné de lire une pétition présentée dans un des premiers cercles de notre ville, et probablement ailleurs, pour y demander des adhésions. Cette pièce, qui a traîné plusieurs jours sur les tables, a obtenu — par erreur — ma signature!

Nous ne parlerions pas de cet écrit si son auteur, en s'élevant contre le projet du port des Catalans, n'avait en même temps essayé de jeter le discrédit sur nos ports de la *Joliette* et de blâmer la manière dont ces grands travaux ont été exécutés.

Nous allons citer quelques extraits de cette diatribe, qui ne prouve qu'une chose, c'est que son auteur est totalement étranger à la question qu'il a voulu traiter. Nous citons textuellement, *sans retrancher ni ajouter un mot ou une lettre.*

« On parle en ce moment, avec beaucoup d'insistance, d'un projet d'établissement du port dit des Catalans, qui serait concédé, ou sur le point de l'être plutôt, à la compagnie anglo-française *the Imperial Land of Marseilles*, compagnie représentée par M. Bordes, en qualité d'ingénieur.

« Ce port... ne remplirait pas mieux les conditions d'un bon port que ceux de la Joliette, des docks d'Arenc et Napoléon.

« Il est aujourd'hui établi, par une expérience de plusieurs années et par de récents sinistres, que ces ports étant ouverts au seul vent dangereux du golfe de Marseille, le nord-ouest, autrement dit mistral, tous les navires qui y sont ancrés ou amarrés sont en perdition dès que ce vent souffle avec violence ou en tempête. »

L'auteur de l'écrit qui nous occupe propose ensuite de remplacer le projet du port des Catalans par celui d'un port *intérieur* creusé dans le vallon de Saint-Lambert.

A l'époque où M. Cosmolat était maire de Marseille, ce projet, mis en avant, n'avait été rejeté, dit notre auteur, que par la raison que M. Cosmolat se trouvait propriétaire d'une partie des terrains de Saint-Lambert. « Depuis, ces terrains ont passé de mains en mains. » Quelques constructions y ont été établies, mais aujourd'hui ce quartier est entièrement délaissé, et la cause de cela, continue M. D..., est la profondeur qu'il faut donner aux fondations des bâtisses. « Voilà donc un vaste bassin extérieur à la ville il y a vingt ou quarante ans, qui s'y trouve enclavé, et qui est une cause d'infection paludéenne permanente. Le sous-sol de ce bassin est en effet constitué, à une grande profondeur, par des couches superposées de débris infects de savonnerie. »

Pour remédier à cela il faut, dit M. D..., revenir à l'ancien projet du creusement du vallon, pour en faire un port qui sera bien préférable à celui projeté par la compagnie anglo-française, et ce pour les raisons suivantes :

« 1° Creusement prompt et facile en raison de la mobilité extrême des dépôts.

« 2° Achat des terrains d'un prix inférieur à la moyenne des prix de Marseille, le terrain ne trouvant pas d'acquéreur pour y bâtir.

« 3° Avantage de sûreté des navires...

« 4° Défense militaire facile, sûre et peu coûteuse.

« 5° Développement de quais très-considérables, relativement à la superficie du port.

« 6° Dépenses moindres que dans le projet Bordes, une fois faites et faciles à prévoir (1).

« 7° Facilité d'établir une communication avec le vieux port de Marseille par le bassin de carénage. »

Inutile de discuter tout cela. Nous continuons à citer:

Si cet ancien projet est mis dans le moment de côté, continue notre auteur, « cela tient à la fièvre de spéculation de terrains qui s'est emparée de Marseille. Les visées de ces spéculateurs (2), en effet, ne s'en prennent pas seulement au

---

(1) Phrase au-dessus de la portée de notre intelligence.
(2) Lesquels ?

fort Saint-Nicolas, mais encore au vieux port de Marseille, dont le comblement a déjà été réclamé.

« Ce fort détruit (Saint-Nicolas), on arriverait à raser la colline rocheuse sur laquelle il est bâti, colline concédée comme carrière à M. Bordes, et peut-être alors le vieux port deviendrait aussi mauvais que les nouveaux, à la grande joie des spéculateurs de terrains (1).

« ..... Les derniers coups de vent ont mis en lumière pour tous ce que plusieurs savaient déjà, c'est que la jetée du large des ports neufs n'a aucune chance de durée et qu'elle manque de solidité....

« L'examen des anciens plans de la côte marseillaise démontre que la jetée *actuelle* est moins avancée dans la mer que ne l'était l'ancien littoral ; comment pourrait-il se faire qu'un travail artificiel, composé de blocs *fabriqués sans soin*, eût plus de durée et de résistance que la côte naturelle (2)? »

« Il n'est pas contestable qu'il existe déjà sous la jetée de la Joliette de vastes cavités, agrandies chaque jour par le choc des lames furieuses qui viennent s'y amortir... et on peut prévoir qu'un jour, prochain peut-être, par un ouragan furieux comme on en voit souvent à Marseille, une partie de la jetée sera renversée. »

M. D..., craignant que l'on ne lui objecte l'infection de son port intérieur, dit à ce propos : « Pourquoi n'avoir point construit un égout collecteur, à deux branches, longeant les deux quais du vieux port et aboutissant, d'un côté, en avant du fort Saint-Jean, de l'autre, sous la colline du *Pharo* (3)? »

---

(1) Notre homme devient féroce.

(2) Le sans soin est très-fort ! — Allez à Cherbourg, et vous verrez si les travaux artificiels ne résistent pas.

(3) Pourquoi ? — Et la pente nécessaire à l'écoulement des eaux, où la prenez-vous, monsieur.

Nous demandons pardons au lecteur de nos longues citations ; c'était le meilleur moyen de lui prouver l'inanité des attaques dirigées contre le projet que tout Marseille acclame.

Le port intérieur de M. D... absorberait des millions et puis encore des millions : cette seule raison le rend impossible.

Le port de M. Bordes est conquis sur la mer, ainsi que les quais et de vastes espaces à bâtir. C'est ce qu'il nous faut : prenons sur la Méditerranée, mais non sur des terrains coûteux et nécessaires au développement de la ville.

La prophétie de voir nos quais et nos jetées tomber comme des châteaux de cartes, nous fait vraiment rire.

Nous ne voulons pas retenir plus longtemps, pour aujourd'hui, l'attention de nos lecteurs sur ce sujet, qui n'intéresse pas seulement que la population marseillaise.

Nous avons mis sous les yeux du public les pièces du procès, nous dirons peut-être dans un second article ce que sont réellement nos ports de la Joliette et ce que sera le port futur des Catalans.

XXX.

En lisant la lettre adressée par M. Gonzalès à Mme Adèle Caldelar, lettre qui était une semonce verte et sèche ; en voyant plus tard Mme Caldelar appelée en police correctionnelle pour s'y voir condamner à cinq cents francs de dommages-intérêts et aux frais, et tout cela parce que cette dame, ayant trouvé une pièce de vers à son goût, avait fait l'honneur à ces vers de les reproduire dans son journal *la Raison*; en voyant tous les désagréments que peut amener une reproduction, je m'étais juré que jamais, au grand jamais, je ne reproduirais une ligne, un mot.

Pourtant, aujourd'hui je manque à mon serment, me disant que les serments ont été inventés pour être parjurés. Je trouve dans la *Gazette des étrangers* une fantaisie de M. Henri de Pène, sous le titre : *Mon Bébé*. Cette fantaisie est spirituelle et amusante ; je veux en faire bénéficier mes lecteurs, et sans façon je pille mon confrère : son amabilité bien connue me donne l'espoir qu'il ne me demandera pas cinq cents francs de dommages-intérêts, et qu'il ne me traînera pas devant les tribunaux pour ce méfait...

Je sais bien que je commets une imprudence, car, si M. Henri de Pène est de la société des gens de lettres, sans le consulter même, M. Gonzalès peut m'adresser une missive dans le genre de celle qu'il a adressée à Mme Caldelar.

Ma fois, tant pis! risquons-nous!..

C'est égal, si je voyais un auteur traîné en police correctionnelle pour le seul fait d'avoir reproduit un de mes articles, cela me serait très-désagréable!

Je voudrais savoir comment s'y prendra M. Berthoud pour prouver au tribunal que Mme Caldelar lui a fait tort pour cinq cents francs en reproduisant ses vers!!

O. Audouard.

MON BÉBÉ

Toutes ces dames, entre elles, s'appellent *mon bébé*. Mon bébé par ci, mon bébé par là, avec d'autant plus d'acharnement qu'elles sont plus loin de leur enfance.

« L'âge des dames est un secret qu'elles gardent inviolablement, et je crois que c'est le seul, » disait Fontenelle.

« Une femme de la cour n'est jamais vieille. » Ceci est encore un propos du même temps. A plus forte raison, de nos jours, ces dames qui garnissent les avant-scènes et balayent de leurs traînes les bords du lac ne peuvent-elles, ne doivent-elles s'avouer jamais vieilles ?

« La vieille garde se rend toujours et ne meurt jamais, » comme il est dit dans la *Vie parisienne*, dont ce n'est pas le propos le moins vrai et le moins applaudi.

Je ne connais rien de plus homicide que ce décret de la Convention nationale, du 29 mars 1793, par lequel il était ordonné d'écrire et de placer sur les portes des maisons, les noms, prénoms, âge et profession des personnes des deux sexes qui les habitaient.

Qu'auraient fait nos bébés de quarante à cinquante ans, sous le coup de cette sauvage législation ? — Bah ! elles auraient triché, comme fit Sophie Arnoud, qui afficha sur sa porte quarante-trois ans. Elle avait peut-être douze ou quinze années de plus.

« Mais tout le monde vous donne au moins cinquante ans, lui dit un de ses amis.

— Il se peut qu'on me les donne, reprit-elle, mais je ne les prends pas. »

Rien n'est plus logique que cette terreur de la vieillesse

chez les femmes auxquelles manque tout ce qui peut la rendre acceptable et même douce. Elles n'ont point pour consolation et pour cortége la vénération de leurs enfants, elles dont les amours de passage sont stériles ou désavoués dans leurs fruits. Songent-elles, lasses enfin du bruit de Paris ou faute d'argent pour y continuer leur train, à regagner la province d'où elles s'échappèrent autrefois, riches des espérances de leurs vingt ans, la province, pour elles, c'est l'enfer avant la mort. Vous pouvez compter sur les *Puritains de province* (c'est le titre d'un intéressant roman, signé Louise Gœthe, qui vient de paraître chez Hetzel) pour rendre la vieillesse dure à ces invalides du plaisir parisien revenant se mettre au vert du pays natal. On leur fera payer cher les voluptés dont on les suppose abreuvés, ces voluptés que la province ne connaît guère que de nom, qu'elle abomine et qu'elle envie en même temps. Que si l'une de ces ensorceleuses a commis, pour couronner l'édifice de ses fautes, la faute suprême d'aller demander un refuge et des relations tranquilles dans quelque société départementale, je la plains de toute mon âme : quelque chargé que son passé puisse être, elle l'expiera complétement dès ici-bas dans les supplices que lui réserve la province. Vous verrez qu'on ne lui permettra pas même d'embrasser au passage un enfant dont la joue rose l'aura tentée, et que souillerait le moindre contact d'elle, à ce que pensent ces terribles puritains de la province.

Donc, il n'est pas permis à certaines femmes de vieillir : vieillir, c'est naufrager; elles le savent et elles se cramponnent. Elles se font appeler *mon bébé*. C'est un fard comme un autre. Aux dernières étrennes, les salons de ces dames-là ne regorgeaient-ils pas de superbes moutons frisés et de magnifiques poupées avec des trousseaux de reine dans d'énormes cartons? Il y avait aussi des bergeries, des toutous et des chevaux à ressort. Ces bébés s'étaient donné le mot pour s'envoyer des joujoux en cadeaux ; elles élevaient ces enfantillages comme une barrière entre la vieillesse et elles.

La vieillesse, c'est-à-dire la solitude, l'oubli, le dédain, le ridicule même, quand ce n'est pas la vénération de nos cheveux blancs par de petits êtres qui ont notre sang dans leurs veines et qui nous continueront sur la terre.

J'ai toujours plaint, au théâtre, celles qui font les duègnes. Il est triste, pour une femme, de gagner son pain à la sueur du ridicule. La plupart du temps, elles ont commencé par être des ingénues, et puis des amoureuses, et puis des grandes coquettes, et puis des mères nobles, et enfin, de grade en grade, d'emploi en emploi, de cascade en cascade, les voilà duègnes à l'ancienneté. Elles sont les souffre-douleur de la comédie, qui raille leur coquetterie surannée, leur menton devenu viril, leurs prétentions à plaire encore. Cela va bien devant la rampe, quand l'actrice vieillie est entrée carrément dans la peau de la bonne femme ; mais la voici qui rentre dans sa loge, qui se déshabille et, en songeant mélancoliquement au passé, regarde ses bras, ou trop gros ou trop maigres, ses épaules flétries, ses joues décolorées sous le fard. Triste! triste! Ne me parlez pas des vieillesses sans famille, sans sérénité, sans foyer autour duquel se groupent les amis, qui représentent le passé, et les enfants, symbole de l'avenir.

*
* *

Un homme d'infiniment d'esprit louait un jour la vieillesse : « C'est encore le seul moyen qu'on ait trouvé, disait-il, de vivre longtemps. »

Il s'agit de vieillesse comme celle de M. Auber, l'auteur illustre de ce propos souvent cité : « Ah certes ! vieillir est doux. »   H. P.

LES LIVRES

HISTOIRE D'APELLES. — LES IDOLES DU JOUR. — DIRE ET FAIRE. — LA FEMME BIBLIQUE.

Le meilleur moyen de faire connaître un livre est de le raconter.

M. Henri Houssaye vient de publier une histoire d'Apelles (1), un livre d'érudite fantaisie, où l'imagination de l'écrivain s'est complue à reconstituer l'œuvre perdue du grand peintre.

Les Grecs sont sans rivaux pour les arts; disons-le hardiment, ils sont arrivés sans modèles à une perfection que nous n'atteindrons jamais, quels que soient les raffinements de notre science critique. A quoi tient cette perfection? Les uns l'ont attribuée à l'heureuse influence du climat, les autres à la vue habituelle du nu, d'autres à la forme du gouvernement, à la richesse des particuliers; M. Houssaye en fait honneur au polythéisme enchanteur de l'antique Hellade.

C'est par une très-savante dissertation sur cette matière que M. Houssaye entre en lice.

---

(1) *Histoire d'Apelles*, par Henri Houssaye (Didier et C°), in-18, 448 p.

Mais à qui donc les Grecs devaient-ils les émerveillements de leur Olympe? — Probablement à cet amour du beau qu'ils portaient en eux, et qui les inspira et les guida dans leurs œuvres plastiques.

Leur théogonie fut un produit de leur génie propre, comme leur statuaire et leur peinture. Ils ont tout reçu d'ailleurs, arts, poésie, science, religion, et ils ont tout modifié.

Ce ne sont point leurs dieux qui ont fait les grands artistes, mais ce sont les grands artistes qui, d'Homère à Phidias et à Apelles, ont fait les dieux, depuis le solennel Zeus — lisez : Jupiter — jusqu'au ridicule Héphaïstos — lisez : Vulcain — et au folâtre Dionysios — lisez : Bacchus.

Leur anthropomorphisme n'a été que le culte de la beauté, et ils ont mis la beauté sur leurs autels.

Je n'entre point avec l'auteur dans les questions d'origine, qu'il traite, en passant, fort pertinemment. J'avoue mon incompétence à ce sujet. Je n'y vois pas très-clair à ces distances; mais ces sortes de visions historiques ont leur charme, et l'on s'y laisse amuser.

Suit une description brillante des dieux et demi-dieux, puis une digression sur l'art étrusque et l'art romain, deux corollaires de l'art grec.

Les étrusques reçurent des Pélasges la même initiation religieuse que les Hellènes, mais leur sombre génie s'en tint à un symbolisme effrayant, peu favorable au développement de la plastique.

Les Romains copièrent les Grecs, sans croire aux dieux dont ils parlaient. Ce servilisme les amoindrit et les étouffa. Virgile, le plus beau génie de la Rome antique, est, à part quelques rares passages, éclosion spontanée d'une inspiration personnelle, souverainement ennuyeux.

Ces dieux de la Grèce ont tout envahi, et l'art moderne en

est encore à se débattre entre eux et les mythes chrétiens. Qui l'emportera? — Voici la décision de l'auteur : « La mission primordiale de l'Art est-elle de représenter la forme ou d'exprimer le sentiment? Sans aucun doute, puisqu'il s'adresse plutôt aux yeux qu'à l'âme, l'Art doit s'inquiéter de la forme avant de penser au sentiment. La cause est donc jugée : l'idéal païen était de représenter les belles formes; l'idéal chrétien est d'exprimer les grands sentiments. »

N'en déplaise à M. Houssaye, la question n'est pas encore vidée. Il s'agirait simplement de savoir si la forme est impuissante à rendre le sentiment, et, dans tous les cas, si elle est préférable à la passion.

Après tout, on peut être de l'avis de l'auteur, et je n'y vois pas d'inconvénients pour ma part. Cette question est une de ces nombreuses difficultés insolubles où, quelque parti qu'on embrasse, on aura toujours raison, à la seule condition de bien dire, et l'auteur dit bien.

Il ne nous reste plus rien des peintures d'Apelles, et quel que soit l'enthousiasme de M. Houssaye pour le Raphaël de la Grèce antique, je suis persuadé que la réputation de l'artiste n'a qu'à se féliciter de cet outrage du temps. Je ne crois pas à la peinture des Grecs. Déduire ici les raisons de cette opinion serait long et fastidieux.

Je veux citer en place une légende, histoire symbolique de l'origine de l'art grec, une chose charmante, et qui vaut mieux que tous les raisonnements creux qu'on pourrait faire sur cet intéressant sujet.

« Dibutadès, potier de Sikyône — lisez : Sicyone, — avait une fille nommée Kora. Elle regardait un jour son amant qui dormait appuyé contre une muraille. Pensive, elle s'aperçut que l'ombre du profil du dormeur se dessinait en noir sur la surface blanche du mur. Kora prit au foyer de son père un morceau de braise éteinte, et avec ce crayon primitif suivit sur le mur les contours marqués par l'ombre. Quand le jeune homme se réveilla, sa maîtresse possédait à jamais son image. Il pouvait la quitter; si les pierres ne s'écroulaient pas, elle l'aurait toujours sous les yeux. Le potier, étonné de ces traits représentant un homme, s'imagina, pour les conserver, de plaquer une mince couche d'argile détrempée sur ce dessin; et la plastique fut inventée. »

En résumé, l'*Histoire d'Apelles* est une excellente étude sur l'art grec, érudite comme une élucubration d'outre-Rhin et amusante comme un livre de pure imagination.

Peut-on faire en moins de mots un plus grand éloge d'une œuvre historique.

Aimez-vous la morale ?. — Lisez *les Idoles du jour*, par M. Esprit Privat (1).

Deux jeunes gens ont fait ensemble leurs études de médecine. Leurs grades pris, l'un rejoint son père, médecin de village, et s'associe à ses travaux et à ses œuvres de charité, puis épouse une jeune fille sans fortune, mais riche de toutes les vertus. Il va sans dire que le bonheur s'assied auprès de ce jeune couple, au coin du foyer domestique.

L'autre, orphelin, maître d'une fortune ronde, se lance dans le tourbillon de Paris, avec la résolution très-arrêtée de faire son chemin *per fas et nefas*. Il ne faut pas cependant s'y tromper : c'est au fond un bon diable, qui lit très-religieusement les sermons épistolaires de son ami le villageois. Il mange son blé en herbe, comme Panurge, mais par politique, pour jeter de la poudre aux yeux et se créer de puissantes relations.

Un agent de change interlope le pousse à des opérations de bourse hasardeuses. Il perd, gagne, reperd, regagne, et,

---

(1) Didier et Ce ; in-18, 292 pages.

tout compte fait, se réveille un beau matin millionnaire. Cet heureux essai de l'agio le guérit miraculeusement de la passion du jeu. Il est millionnaire, il peut être désormais honnête homme et se marier. Il épouse une jeune fille passionnée pour le mouvement, le bruit, la toilette, les bals, l'escrime, l'équitation, la natation, etc., etc... Il se trouve, d'aventure, que l'agent de change, amant de la mère, s'éprend de la fille, et part un beau jour avec l'argent et la femme de son ami le millionnaire.

L'époux millionnaire, débarrassé désormais de sa femme et de son argent — deux lourdes pierres d'achoppement — court à Toulon, où sévit le choléra, pour mourir au moins plus dignement qu'il n'a vécu. Il y tombe malade. Pendant ce temps la justice, qui dans ce siècle ne va pas d'un pied boiteux, appréhende le banquier au collet et l'envoie au bagne, et l'épouse infidèle, délaissée de son amant, meurt de misère et d'inanition.

Le villageois vient soigner le pauvre Parisien agonisant, le rend à la vie et lui fait épouser une femme charmante que celui-ci aimait depuis quelque temps.

C'est ainsi que tout est pour le mieux dans le plus moral des mondes.

Tout cela — à part l'épisode incestueux de l'agent de change — est simple et sain. Un peu trop simple peut-être pour intéresser les blasés, et un peu trop risqué pour être mis sous les yeux des innocents. Entre nous, toutefois, je préfère ce petit livre à ces grands diables de romans qui ne sont ni sains, ni simples, ni écrits dans cette excellente langue que M. Esprit Privat semble si bien posséder.

Dire et faire (1) sont deux. Si cet axiome avait besoin

---

(1) Michel Lévy frères; in-18, 328 pages.

d'être démontré, il le serait par le roman de M. Camille Bias qui porte ce titre.

L'intérêt roule sur les conséquences d'une mauvaise lecture qui trouble l'imagination d'une jeune fille sortant de son couvent, tout humide encore de candeur. Il s'agit de l'émancipation de la femme. La jeune fille épouse l'auteur du livre, qui, contrairement à ses théories, n'entend pas que sa femme s'émancipe.

Ce même livre, qui a presque perverti une âme innocente, ramène au bien une Madeleine pécheresse.

M. Camille Bias reproche à son héros, auteur du livre sur l'émancipation de la femme, de n'avoir pas été assez explicite. On pourrait à M. Camille Bias faire un reproche un peu analogue, tant il est vrai que dire et faire sont deux. Le roman est émouvant, mais la morale que l'auteur cherche à en dégager ne ressort pas nettement du récit. Mais, au fait, qu'importe la morale ! — Une vraie peinture des passions porte en elle sa leçon, et un récit imaginaire prouve par l'émotion, non par les théories.

Je préfère le second roman du volume : *les Petites-Filles de Confucius*. Comme l'indique le titre, nous sommes en Chine. Je ne sais si c'est la vraie Chine, mais le conte est amusant : il fait de Confucius le plus grand révélateur de vérités divines qui ait jamais existé, un sage dont les doctrines réuniront un jour les hommes divisés par des préjugés de clocher, de caste ou de religion. Il y a dans tout cela un père Ambroise, de la société de Jésus, qui joue un rôle assez plaisant. Il cherche à convertir une sainte, une illuminée, la petite-fille de Confucius, et lui-même, fasciné par son élève, est vingt fois sur le point de se donner au diable, ou, pour parler avec plus de révérence, aux doctrines du philosophe de la Chine.

M. Bias est du reste un écrivain d'un incontestable talent,

et il fera bien mieux qu'il n'a fait jusqu'ici le jour où il sera bien persuadé qu'un roman est une peinture de mœurs et non une thèse philosophique.

Sous ce titre : *la Femme biblique, sa vie morale et sociale, sa participation au développement de l'idée religieuse* (1), Mlle Clémence Bader nous donne un livre tout à la fois de science et de sentiment.

Ici les documents nous font un peu moins défaut que pour la reconstruction de l'œuvre d'Apelles.

L'Ancien et le Nouveau Testament à la main, Mlle Bader étudie l'existence de la femme et le rôle qu'elle a joué chez les Hébreux depuis les jours d'Ève jusqu'à ceux des saintes femmes du Calvaire. La femme, c'est l'amour et la consolation, et c'est à elle que nous devons quelques-unes de nos grandes croyances, entre autres la croyance à l'immortalité de l'âme. « Ce furent les femmes, dit notre auteur, Anne, Abigaïl, qui les premières proclamèrent la croyance à l'immortalité de l'âme et à la justice rémunératrice de Dieu. — L'Éternel n'est pas le Dieu de la mort, il est le Dieu de la vie. Il est *Jéhovah*, il est *celui qui est!* »

Cette étude se divise en quatre parties. Dans la première, *la femme devant la religion*, l'auteur, parcourant les diverses révélations, la révélation primitive, sinaïque, prophétique et évangélique, indique succinctement le rôle qu'a joué la femme dans le développement de cette notion. Dans la seconde et la troisième partie, Mlle Bader esquisse les types divers de la jeune fille, de la fiancée, de l'épouse, de la mère et de la veuve aux différentes époques de l'histoire du peuple de Dieu.

---

(1) Didier et Ce; in-18, 463 pages.

« Après cette étude de la femme biblique, dit l'auteur, considérée comme être collectif, nous suivons les applications de son caractère dans l'histoire du peuple hébreu et dans celle du Christ. » C'est là l'objet du quatrième livre : *la femme devant l'histoire.*

J'avoue que je n'entends pas bien ces divisions arbitraires qui, rentrant l'une dans l'autre, jettent un peu de confusion dans l'ensemble. On ne s'y retrouve que difficilement ; mais si l'ensemble laisse à désirer, le côté épisodique est plein d'un intérêt réel.

Mlle Clémence Bader a écrit avec son âme, et a trouvé de dignes accents pour rendre la vie à ce monde primitif où l'humanité, pour ainsi dire plus près de Dieu, déborde de poésie. L'écrivain a été à la hauteur de son sujet, et ce n'est pas un mince éloge. Je recommande surtout aux lecteurs l'esquisse de la vie de Moïse ; le grand législateur y est peint de main de maître, et ces quelques pages ont un caractère épique qui m'a frappé.

Dans ce volume, bien des questions d'un ordre supérieur sont traitées avec l'autorité que donne une science historique approfondie.

A propos du divorce, voici ce que dit l'auteur : « Une femme a-t-elle servi à son mari, à l'insu de celui-ci, une nourriture qui n'a pas payé la dîme? A-t-elle, dans un moment d'exaltation, formé un vœu qu'elle n'a point accompli? Sa voix, vibrante de colère, s'est-elle fait entendre hors de sa maison? Irritée contre ses enfants, les a-t-elle maudits en présence de leur père? S'est-elle, le fuseau à la main, livrée au travail dans la rue? Est-elle sortie sans avoir emprisonné sa chevelure dans une résille ou un turban? Répudiée comme femme coupable... Comme Beth-Shammaï, l'un des docteurs de la loi, fidèle au respect des traditions du foyer, protestait contre ces interprétations de la pensée de Moïse... Beth-

Hillel déclarait qu'un mets brûlé par l'épouse était une cause de divorce ; et Rabbi-Akiva ajoutait qu'il suffisait à un homme de trouver plus de charme à une autre femme qu'à la sienne pour qu'il eût le droit d'expulser celle-ci de la maison conjugale... »

Ce Rabbi-Akiva me paraît bien avancé pour son siècle.

Quant à la polygamie, qui, sous une forme ou sous une autre, s'est perpétuée jusqu'à nos jours, elle avait pour cause, chez les Juifs, l'amour exagéré de la paternité et même de la maternité, les enfants étant considérés comme un signe de la bénédiction divine. Pour nous, plus désintéressés dans nos convoitises, nous aimons les femmes pour elles-mêmes, sans nous soucier le moins du monde des enfants. A la bonne heure ! tout hardi qu'était Rabbi-Akiva, il trouverait encore chez nous à qui parler ! Si nous sommes un peu en retard sur la question du divorce, nous avons d'autre part grandement progressé.

Edmond Castellan.

THÉATRES

OPÉRA. — *Don Carlos*, opéra en cinq actes, paroles de Méry et Camille Du Locle, musique de G. Verdi.

C'est avec une stupéfaction mêlée d'étonnement, ou, si vous aimez mieux, avec un étonnement mêlé de stupéfaction, que je sortis de l'Opéra après la première représentation de *Don Carlos*. Comment! pas le moindre vaisseau, pas le moindre feu deBen gale, pas de feux d'artifice, pas de fusées; un misérable coup d'arquebuse, et voilà tout! O Verdi, que vous avez peu compris votre siècle! Aussi voyez avec quelle touchante unanimité messieurs les critiques vous accablent de perfides insinuations. Si vous aviez seulement trouvé le moyen de leur servir une escadre, l'*Armada* de Philippe II par exemple, vous étiez sauvé et Meyerbeer était distancé avec son misérable vaisseau, dont le naufrage n'a pas mal aidé à assurer le succès de *l'Africaine*, dès les premières représentations surtout. Dans le siècle où nous sommes, il faut procéder de la sorte, frapper les yeux, *empoigner* par des effets de décors, par des changements à vue, et quant à la musique, elle sera toujours assez bonne, pourvu qu'elle charme l'oreille, qu'elle ne fatigue pas par des recherches trop savantes, et qu'au besoin Arban et Strauss trouvent par-ci par-là quelques motifs à quadrilles. Voilà où en est l'art musical aujourd'hui, Offenbach aidant. Ce dernier a compris son époque, il aurait pu donner des conseils à Verdi et lui dire qu'il avait bien mal choisi son moment pour se jeter dans l'imitation des maîtres français et allemands. Certes, les intentions de Verdi étaient bonnes,—j'entends déjà quelque mauvais plaisant parler de l'enfer, — il voulait plaire au public français, il a même fait des efforts surhumains pour lui servir de la musique à son goût, et c'est là son plus grand tort. Il fallait tout simplement et tout franchement lui donner du Verdi, se poser nettement comme l'auteur d'*Ernani*, de *Rigoletto*, du *Ballo in maschera* et du *Trovatore*, et dire à cet enfant gâté : Vous me voulez, me voilà, tel que j'étais et tel que je serai. On ne gagne rien à changer de genre, à forcer son talent ; quand on a des chefs-d'œuvre derrière soi, il faut, si l'on a encore quelques étincelles de génie, s'affirmer encore davantage, et non pas se démentir. Si Rossini écrivait aujourd'hui un opéra, et il a trop de bon sens pour le faire, croyez-vous qu'il se sacrifierait au public? Voyez-vous l'auteur du *Barbiere di Siviglia*, de *Guillaume Tell*, d'*Otello*, du *Comte Ory*, nous donnant de la musique franco-allemande et intercalant un méchant ballet entre deux actes?

Don Carlos, quoi qu'on en dise, est une œuvre de mérite dans laquelle il faut respecter, sinon admirer, les efforts constants de l'auteur à n'être pas lui-même. A chaque mesure, pour ainsi dire, on reconnaît le travail, un travail à faux malheureusement. Si Verdi avait complétement réussi, il aurait fait quelque chose de surhumain ; l'audace de ses tentatives suffirait seule à atténuer les reproches qu'on lui fait de toute part ; il faut donc le blâmer et non point lui jeter la pierre. On est presque unanime à reconnaître que le troisième acte de l'opéra est le plus beau : c'est celui où il y a le plus de mise en scène, et il est tout simple que le public l'ait goûté davantage. D'ailleurs, quoi de plus dramatique que l'arrivée de ces députés du Brabant et de la Flandre au moment où vont s'allumer les bûchers de l'inquisition, que ce mouvement spontané de l'infant don Carlos suppliant son père de prendre en pitié ce peuple infortuné, de lui confier le gouvernement de ces malheureuses provinces, et finissant par tirer l'épée devant le roi, qui reste inflexible et ordonne l'arrestation de son fils? Malheureusement, Verdi n'a point tiré de cette scène tout le parti qu'il pouvait en tirer. Jamais plus belle occasion ne lui avait été offerte, depuis *Ernani*, pour s'élever jusqu'au sublime. Pourquoi n'a-t-il pas jeté un regard en arrière? pourquoi n'a-t-il pas évoqué l'ombre de Charles-Quint, qui lui avait inspiré jadis *O sommo Carlo* et cet admirable *finale* que tout le monde connaît? La marche triomphale n'est pas non plus en rapport avec la situation : ces deux orchestres, l'un sur la scène, l'autre dans le théâtre, font beaucoup de bruit, ont beaucoup de peine à marcher d'accord et vous laissent étourdi, froid et insensible.

La fin du second acte est ce qui m'a le plus charmé, le terzetto surtout entre Élisabeth, Posa et la princesse Eboli est ravissant. On y retrouve l'auteur de *Rigoletto*; c'est bien l'harmonie naissant du contraste de la gaieté et de la tristesse, genre dans lequel Verdi a toujours excellé, et la belle voix de Faure ne contribue pas peu à rendre tout cet ensemble plein d'attraits.

Je n'ai pas la prétention de faire ici une analyse approfondie de l'opéra et de l'examiner acte par acte, je ne l'ai entendu que deux fois, et cela suffit à peine à vous donner les premières impressions. Ces premières impressions, je les ai résumées en commençant. Qu'il me soit permis en terminant de rendre un tribut d'hommages à Faure, qui est réellement un des plus grands chanteurs de notre époque et en même temps l'un des plus sympathiques. Puissé-je en dire autant de Morère, dont les éclats de voix font le plus grand tort au personnage important qu'il représente, et ne laissent pas d'en faire, par contre-coup, à l'œuvre du maître. Mmes Marie Sasse et Gueymard ne méritent que des éloges, et il faut rendre à Obin cette justice que c'est le plus admirable Philippe II que l'on puisse imaginer, un véritable portrait de Van Dyck descendu de son cadre, qu'on aime mieux regarder qu'entendre. Quant à David, c'est précisément le contraire, sa voix vaut mieux que son costume de grand inquisiteur.

Comte Escamerios.

LA MODE

———

Nous pouvons nous attendre à une foule d'excentricités dès que la belle saison sera arrivée : Paris va devenir cosmopolite, la mode fera comme Paris, elle sera cosmopolite, et je gage qu'elle empruntera à toutes les nations quelques engins : chapeau andalou, mantille espagnole, coiffure chinoise, bottes polonaises, etc., etc. Nous avons déjà le foulard de l'Inde qui menace de tenir le haut du pavé dès ce printemps. Les magasins de la Compagnie des Indes, 42, rue de Grenelle-Saint-Germain, en mettent en montre de si frais et de si jolis, que nos élégantes se laissent tenter et s'habillent des pieds à la tête avec le foulard des Indes. Quand je dis des pieds à la tête, ce c'est pas une tournure de phrase que je prends, c'est une vérité que j'annonce. On trouve à la Compagnie des Indes des foulards unis de couleur claire, maïs, camaïeu, violette de Parme, bleu de mer ; et la mode sera cet été de se faire des costumes complets en même étoffe ; ainsi la robe relevée à deux jupons, le paletot pareil, l'ombrelle idem et les bottines pareilles. Ce genre de toilette est du reste de très-bon goût.

Comme coiffures, on peut dire qu'elles sont toutes de mode. On porte les cheveux bouclés avec de grandes boucles qui pendent sur les épaules, des nattes qui tombent par devant, les cheveux relevés à la Pompadour, la coiffure à la Lamballe ; enfin une femme n'a qu'à se mettre devant sa glace, chercher la coiffure qui sied le mieux à son genre de beauté, voire même à son genre de laideur, et elle peut l'adopter bravement, car la mode veut que chaque femme se coiffe à sa fantaisie. Pourtant cet affreux gros chignon a été abandonné ; les Anglais lui ont donné le coup de grâce, en déclarant qu'une espèce de grégorine se mettait à cette masse de cheveux morts.

La crinoline persiste, mais elle se dissimule ; les fabricants intelligents inventent des crinolines qui n'en sont pas, c'est-à-dire des cages qui soutiennent les jupes sans balonner. Ainsi M. Bailly, 107, boulevard Sébastopol, a remplacé avantageusement cet engin incommode par un jupon impérial qui s'élargit et se rétrécit à volonté au moyen d'une tirette, ce qui permet de donner le bras à un homme sans entraver sa marche par des cerceaux qui lui battent les jambes ; en voiture, on tire la tirette et l'on ne tient qu'une place au lieu de remplir les quatre. Honneur à M. Bailly !...

Une mode encore, et générale celle-là, chez les femmes, et, disons-le, chez quelques hommes aussi, témoin le duc de B..., c'est de ne plus vieillir. Les femmes de ce siècle veulent toutes rester jeunes et belles..., Dame! ce n'est pas facile :

> Le temps, dans ses éphémérides,
> Inscrit nos ans et fait nos rides!

Ces dames font une variante en action à ces deux vers, elles disent :

> Le temps, dans ses éphémérides,
> Inscrit nos ans, Violet défait nos rides.

Si M. Violet ne les efface pas, il les dissimule, et il remplace aussi bien que possible le naturel par le factice; aussi devant son magasin, 317, rue Saint-Denis, stationnent constamment une foule de beaux équipages. Si les hommes venaient guetter là les acheteuses, que de déceptions ils auraient!... Mais chut, ne leur donnons pas cette idée indiscrète..., car ils verraient Mme X... prenant une forte provision de cold-cream au lis de Cachemire, préparation pour adoucir la peau et la conserver; Mme de V..., dont on admire le teint vermeil, serait surprise achetant du rouge de Chine; Mme de X... de C..., dont on admire les beaux yeux pleins d'éclat, serait surprise en flagrant délit d'acquisition de koheuil, de réseau d'azur et du crayon mystérieux, ce fameux crayon qui sert à ombrer les cils et les sourcils!...

N'y allez pas, messieurs, les déceptions sont toujours désagréables.

Mais, soit dit entre nous, je soupçonne M. Violet d'avoir voulu jouer une niche à ses clientes. Voyez plutôt, il va ouvrir une succursale boulevard des Capucines, juste en face du Jockey-Club!

De sorte que ces messieurs du club pourront répéter à leur aise :

> A faire une femme jolie
> Le bon Dieu ne se connaît plus ;
> De nos jours, la parfumerie
> Sur la nature a le dessus.

Anne de Brianne.

BULLETIN FINANCIER

La stagnation continue à la Banque.

Le numéraire disponible s'accroît toujours; l'encaisse a augmenté de 8 millions cette semaine, et dépassé au bilan de ce jour 755 millions.

L'or étranger continue à affluer en France.

Le portefeuille de la Banque a perdu 4 millions et demi depuis huit jours.

La circulation des billets n'a perdu qu'une somme insignifiante de 3 millions; elle dépasse encore 1 milliard 6 millions, chiffre qui peut paraître hors de proportion avec celui du portefeuille, mais qui ne saurait inspirer la moindre inquiétude, rapproché de la masse de l'encaisse.

Les comptes courants particuliers se sont élevés de 10 millions et représentent un total de 270 millions.

Le numéraire représente actuellement 55 pour 100 des engagements exigibles à la Banque.

Il y a eu cette semaine une réaction sur la rente et les valeurs en général, cette faiblesse est due plutôt à la rareté des affaires qu'à des réalisations.

Le 3 0/0 reste aujourd'hui à 69-15.

Le 5 0/0 Italien est très-lourd.

Le Mobilier français a son essor attaché aux combinaisons relatives à la Société immobilière. On parle toujours d'une fusion avec le Sous-Comptoir des entrepreneurs ; ce projet est ajourné par suite du refus de cette dernière administration. Aussi ce refus est-il interprété dans un sens défavorable à la Société immobilière, qui a subi une assez forte dépréciation.

Les chemins de fer ont réagi ; cependant leurs recettes augmentent, et l'année 1867 sera fructueuse pour eux.

L'Orléans est à 918-75 ; le Nord à 1210 ; le Lyon à 928-75 ; l'Ouest à 590 ; le Midi à 581-25, et l'Est à 550.

Il y a eu peu de variation sur les chemins étrangers.

Nous avons lu le rapport présenté par le Conseil d'administration du chemin de fer Victor-Emmanuel. Toujours la même comédie. Une assemblée tenue à Florence par les administrateurs qui habitent Paris et pour des actionnaires tous Français : bon moyen pour se soustraire aux interpellations et éclaircissements demandés par les ayants droit.

Tout cela finira peut-être un jour !!!

E. BIERFUHRER.

16 mars 1867.

LE PETIT SAINT-THOMAS

Grande exposition de printemps.—Cette maison nous fait déplorer plus encore que le printemps tarde tant à venir, car elle nous offre des choses charmantes, des étoffes si fraîches, qu'elles pourront lutter avec les fleurs des champs. La dentelle lama sera, paraît-il, une des vogues de la belle saison. Au *Petit Saint-Thomas*, rue du Bac, on nous montre des châles, des burnous, des vestes, des casaques, des volants de robe, des ombrelles en dentelle lama; le tissu en est fin et les dessins élégants, et pourtant je ne sais par quel miracle cette maison nous donne, cette année-ci, ses dentelles à moitié meilleur marché que les années précédentes. On a une casaque en lama pour une somme fabuleusement minime, un corsage vénitien pour 7 fr. 50 c.: c'est à n'y pas croire. Comme soieries, comme étoffes fantaisies, elle étale des milliers de robes plus fraîches et plus jolies les unes que les autres. Il y a une robe rayée camaïeu qui fera fureur cet été. Il y a aussi du pou-de-soie nuances claires, de 6 fr. 75 c. le mètre, qui doit faire de très-belles robes.

Du reste, il faut l'avouer, le *Petit Saint-Thomas* sait séduire les dames, pour cela il vend à bon marché et il invente des noms charmants. Ainsi on y trouve : la *florentine*, la mousse marine, la sultane, etc., etc. Cette maison possède deux spécialités qui lui attirent la visite d'une foule de dames. C'est premièrement le corset-gant. Pourquoi corset-gant?.. Dame! c'est qu'il s'ajuste à la taille comme un gant à la main. Les uns sont brodés sur soie, les autres satin et valenciennes; les uns valent 3 fr. 50 c., les autres, 15 fr. La seconde spécialité, c'est la jupe-cage impériale, dite du *Petit Saint-Thomas*, système nouveau et breveté. Cette cage est une boîte à surprise; elle a un fermoir, et selon qu'on le ferme ou qu'on l'ouvre, il s'opère instantanément un changement à vue, de forme et de couleur; ce qui fait qu'avec un jupon on en a plusieurs. On aurait dû nommer ce jupon-cage le magicien!

ANNE DE BRIANNE.

OUVRAGES DE Mme OLYMPE AUDOUARD

Chez DENTU, Palais-Royal

(GALERIE D'ORLÉANS)

Les Mystères de l'Egypte dévoilés, fort in-18, 2e édition. . . . . 5 »

Les Mystères du Sérail et des Harems turcs, in-18, 3e édition. 3 50

Le Canal de Suez (brochure in-8) . . . . 1 »

Histoire d'un Mendiant, in-18. . . . . 2 »

Un Mari mystifié, in-18 . . . . 3 »

Comment aiment les hommes, in-18, 4e édition. . . 3 »

Guerre aux hommes, in-18, 2e édition. . . . . 3 »

VA PARAITRE :

L'Orient et ses Peuplades, fort in-18 de 500 pages. 5 »

CAUSERIE

Entrez dans n'importe quel salon, frappez à la première porte venue, interrogez le commissionnaire du coin ou le promeneur qui passe, et je suis convaincue que la première parole que vous entendrez aura, de près ou de loin, rapport à l'exposition. C'est la fièvre du moment, et le Parisien, grand ou petit, prépare sournoisement ses filets et ses toiles pour la fête universelle de l'industrie, et le succès, bien entendu, de tous les commerces patents, cachés ou illicites. Le génie du mercantilisme bouillonne dans toutes les têtes, et chacun met plus ou moins son esprit à la torture pour trouver le moyen de faire affluer dans son coffre ou dans sa poche modeste le pactole que les étrangers de toute nation et de toute couleur doivent faire, le mois prochain, cascader dans Paris.

Les moins crédules s'imaginent qu'ils doivent indubitablement doubler leurs petits revenus ou faire tout au moins payer leur loyer aux curieux visiteurs. Et les femmes économes dont le mobilier commence à se démoder, il faut les entendre faire leurs projets d'avenir et énumérer les splendeurs futures qui doivent remplacer les vieux canapés hors de service et les fauteuils surannés, ou choisir les étoffes, les bois, les tentures; et c'est toujours le Russe, l'Anglais ou l'Américain qui doit, en trois mois, solder la facture. Mon Dieu, oui, on se décide à ouvrir ses portes à deux battants, à livrer le lit de sa mère, la couche nuptiale, le berceau de l'enfant; les fauteuils du coin du feu, si pleins de souvenirs, la causeuse où l'on a rêvé si souvent, tout est mis en location; e premier voyageur venu peut se présenter et entrer en maître; tout devient maison meublée ou auberge. Entrez, on loge à pied et à cheval, bon gîte et bon lit. Entrez, messieurs les étrangers, tout Paris s'est fait hôtelier; entrez, vous êtes chez vous. La fièvre gagne, et dans quelques jours toutes les maisons auront leurs écriteaux. Voilà où nous en sommes; mais toute médaille a son revers, et, sans vouloir être un oiseau de mauvais augure, je crois qu'il y aura bien des déceptions et que plus d'une Perrette verra rouler à ses pieds le pauvre pot au lait de ses rêves. Il adviendra peut-être qu'on ne se battra pas autant qu'on le pense à la porte des maisons, et que plus d'un propriétaire qui a été louer une villa dans les environs de Paris n'aura, au bout du compte, qu'un loyer de plus sur les bras; et, ma foi, sans être méchante, je pourrai bien en rire. Mais ce qu'il y a de plus fâcheux, c'est que, sous prétexte d'exposition, nous sommes déjà traités en pays conquis, et que les dépenses les plus vulgaires prennent des proportions inquiétantes. Les cuisinières en profitent pour imprimer à leurs paniers des cachuchas exagérées, et redoublent leurs visites à la caisse d'épargne, cette honnête recéleuse qui développe chez tous les faiseurs et faiseuses de marchés la passion de l'économie personnelle.

Maintenant on a une excuse pour toutes les exagérations de prix ou d'additions. Quand vous vous plaignez de payer 10 francs une volaille maigre, on vous répond : « Ah! madame, c'est la faute de l'exposition. » Il en est de même pour tout ce qui s'achète ou se consomme : l'exposition, toujours l'exposition ! et ce qu'il y a de plus fâcheux, c'est qu'une fois le pli pris, on n'en revient plus. Quand le râteau aura passé sur le palais de l'Exposition, les poulets maigres à 10 francs subsisteront toujours.

Si encore il n'y avait que ce malheur à déplorer; mais non, l'exposition nous apporte les industries les plus interlopes, et Londres nous expédie ses *picks-pokets* les plus subtils et les plus adroits; on en arrête bien quelques-uns par-ci par-là, mais c'est comme les sauterelles, il en reste toujours.

Je veux même vous raconter un de leurs tours dont j'ai été témoin hier. On peut l'appeler le vol *à la paille dans l'œil*. Il est tout nouveau; voici le fait.

Une jeune et élégante femme s'arrête tout à coup sur le trottoir, au milieu de la rue Laffitte et, se frottant les yeux d'une manière désespérée, se plaint vivement d'un grain de poussière, d'un fétu de paille dont elle ne peut se débarrasser. Comme elle est charmante, un jeune cocodès de la plus belle venue, très-connu sur le boulevard, s'approche galamment de la pleureuse et lui offre de lui venir en aide. Après quelque résistance on accepte enfin, et le docteur improvisé fait de son mieux pour enlever le malencontreux grain de poussière. Enfin ses efforts sont couronnés de succès; les beaux yeux de la belle éplorée peuvent regarder leur sauveur, et elle se retire reconnaissante et heureuse, en adressant mille remercîments au complaisant cocodès. Mais la belle avait à peine tourné le coin de la rue, que le trop confiant jeune homme s'apercevait que sa montre avait disparu et que son porte-monnaie s'était envolé avec le fétu de paille.

Ses amis accueillirent sa mésaventure avec des éclats de rire, et je ne vous raconte cette histoire que sous le sceau du secret, car j'avais promis de n'en rien dire.

N'importe, je ne crois pas que celui-là, du moins, se félicite beaucoup de l'exposition, qui sera peut-être magnifique, après tout.

Voulez-vous vous figurer la position critique d'une jeune dame qui, sous prétexte d'aller voir sa mère, sort le soir de chez elle, fait arrêter son coupé à la place de la Concorde, fait quelques pas à pieds sur les Champs-Élysées, par hasard rencontre un ami intime de son mari, qui lui offre le bras, ensuite lui propose de monter dans un fiacre et d'aller jusqu'à l'avenue de l'Impératrice; la dame accepte en se disant : « Je commets peut-être une légèreté, mais..... on n'en saura rien... » La voilà dans un fiacre avec ce monsieur, on cause de mille choses, de la nuit étoilée....., des soupirs de la brise...., puis soudain le monsieur porte la main à son cœur, pousse un cri.... : il est mort..... Vous figurez-vous l'effroi de cette femme? Elle fait arrêter la voiture, entre chez le pharmacien et d'une voix tremblante lui dit : « Venez vite, un homme qui est là, dans ce fiacre, se trouve mal. » Elle dissimule sa figure sous les plis de son voile et, profitant du moment où le pharmacien et son aide ouvrent la portière, elle veut s'esquiver; mais deux sergents de ville sont là; en voyant que c'est un cadavre que l'on sort de la voiture, ils courent après la femme. « Il faut venir à la préfecture de police, donner des explications, madame, » lui disent-ils. En vain elle prie, supplie, en assurant qu'elle n'était que par hasard avec ce monsieur, qu'elle ne le connaît pas....; on l'emmène d'abord à la mairie de la rue d'Anjou, de là..... Ici l'histoire s'arrête.... C'est égal, si le mari est perspicace et si elle n'a pas su dissimuler son trouble, je ne sais trop comment elle s'en sera tirée, et lorsque son mari lui a dit le lendemain : « Oh! tu ne sais pas, chère, quel malheur, mon ami X... est mort hier de la rupture d'un anévrisme, en voiture. » Puis tout bas, avec un sourire, il ajoute : « On dit qu'il était avec une jeune et jolie femme! » Vous voyez d'ici le tableau.

Un édit contre le brigandage a été rendu par la cour de Rome et publié à Frosinone; cet édit porte : « que toute personne qui livrera un brigand vivant recevra une prime de 3,000 francs; » cette somme est porté à 6,000 pour un chef de bande. Ce mot *vivant* m'a fait rêver; car enfin, si on comptait les pendre, on n'aurait pas mis cette restriction, et je me suis dit que cet édit était peut-être une mesure préservatrice, un moyen de conserver sauve la personne de ces aimables *birbanti*.

Le second article de l'édit est ainsi conçu :

« Tout brigand qui livrera, mort ou vif, un autre brigand sera exempté de toute pénalité et recevra 500 francs; cette somme sera portée à 3,000 francs s'il s'agit d'un chef de bande. »

Ce second article me paraît tout à fait incompréhensible, car je ne puis croire que le gouvernement pontifical rende à la liberté et à la société des honnêtes gens, le tout avec récompense, le brigand qui à tous ses crimes passés joindra celui de vendre au bourreau son frère ou son compagnon.

De cette façon, le plus vil, le plus pervers serait gratifié et acquitté, et l'autre pendu!

C'est illogique.

Il me semble que les *birbanti* italiens sont déjà assez peu délicats, sans essayer de les pousser à le devenir moins encore.

Mais j'aime à croire que les brigands eux-mêmes frémiront d'horreur à la pensée de vendre réciproquement leurs têtes pour un peu d'or et que pas un seul d'entre eux ne profitera de ce perfide et traître conseil.

On peut être *birbante*, s'écrieront-ils, sans être pour cela un vil mouchard!

Sous ce titre : *la Villa Soleil,* M. de Villemessant a publié l'autre jour un article dans *le Figaro,* dans lequel il émet une idée, un projet qui doit, ou en tout cas devrait trouver un écho sympathique dans la grande famille des ouvriers de la pensée. Je ne citerai pas ce remarquable article, tout le monde l'a lu, mais je dirai seulement qu'il serait heureux pour tous qu'il se réalisât. On aurait mille moyens pour en faire les fonds, des fêtes, des conférences, des concerts, et une vente. Je soumets ce dernier moyen à M. de Villemessant. Si tous les auteurs donnaient leurs œuvres ornées d'autographes, la dépense pour eux serait nulle ou très-minime, les éditeurs les leur vendant avec remise ; si tous ces ouvrages avec autographes étaient vendus par MM. de Villemessant, Dumas et autres, la vente aurait un succès fou, toutes les dames voudraient aller rendre visite à ces marchands improvisés ! On trouverait une jolie salle où l'on établirait d'élégantes boutiques, chaque livre se vendrait un louis. Si on en vendait seulement deux mille, on aurait de quoi payer les fondements de la *villa Soleil !*

Mais qu'il me soit permis de dire que Menton, Cannes ou Antibes, seraient plus pratiques que le val d'Andorre.

Sur ce, bonne chance à la *villa Soleil* et une simple question à M. de Villemessant... Ses *consœurs* seront-elles admises à y prendre leur quartier de repos ?

OLYMPE AUDOUARD.

CORRESPONDANCE D'ESPAGNE

Madrid, 26 février.

Madame,

Avez-vous déjà oublié les deux voyageuses qui n'ont pas craint de braver les neiges, les révolutions et les chemins de fer espagnols pour voir un peu de pays et vous prouver aussi la fausseté du dicton : « Loin des yeux, loin du cœur, » Que devenez-vous? Quant à nous, après avoir traversé des montagnes de neige succédant à d'autres montagnes de neige, nous sommes arrivées juste à temps pour jouir d'un soleil et d'une chaleur exceptionnels. Les naturels du pays en sont eux-mêmes fort surpris, tellement il est rare de trouver quelque chose de bon dans cet affreux pays. Cependant, malgré tout le mal que j'en dis et que j'en dirai encore plus tard, je ne compte pas le quitter de sitôt. J'attends la semaine sainte pour aller assister à Séville aux fêtes, qui dépassent en luxe et originalité celles qui ont lieu à Rome à semblable époque; puis, après avoir visité toute l'Andalousie, revenir à Valence, assister à une fête magnifique en l'honneur de la Vierge des abandonnés (*Virgen de los Desemparados*), qui a lieu tous les cent ans, et à laquelle la reine assistera.

Ici tout est si extraordinaire qu'on est loin de penser qu'on se trouve en pays catholique. Je ne me reconnais jamais au milieu de leur régiment de Vierges, toutes avec des histoires et des attributions différentes. La Vierge n'est pas, paraît-il, comme la République, une et indivisible, car elle se divise à l'infini.

N'allez pas demander à la Vierge del Pilar de vous enlever vos rhumatismes, elle vous enverrait un enfant ou quelque autre grâce dans ce genre : les rhumatismes ne sont pas son affaire, adressez-vous la porte à côté. C'est le cas ou jamais de chanter : *La plus belle fille ne peut donner que ce qu'elle a.*

Ainsi, la Vierge des abandonnés ne s'occupe que de ceux qui se trouvent dans cette catégorie, par une circonstance ou par une autre. Mariez-vous, retrouvez une famille égarée, etc., c'est fini ; elle ne fait plus rien pour vous et il vous faut reporter votre dévotion à une autre Vierge moins spécialiste.

C'est souvent bien ennuyeux.

Il y en a une (*la Virgen de Atocha*) qui a pour mission de veiller sur la famille royale, de prêter ses manteaux à la reine pour les grandes cérémonies, et surtout pour être grand amiral des flottes, général de toutes les armées, etc.

Dernièrement, à la guerre du Maroc, Espartero s'était couvert de gloire. La nation espagnole ne sachant quelle récompense lui offrir, après de grandes délibérations, il fut décidé que le señor Espartero épouserait la Vierge d'Atocha.

Espartero eut grand'peine à décliner cet honneur.

Le royaume faisait les frais de la noce.

Ne croyez pas, madame, qu'il y ait l'ombre d'une plaisanterie dans ce que je vous raconte : c'est *parfaitement sérieux.* Ne vous ai-je pas dit qu'ici tout est étrange ?

Voulant tout voir, nous avons assisté à une exécution à

mort. Ici cela se fait sans effusion de sang, par le garote, collier de fer qui vous écrase le cou de façon que la peau de votre gosier est collée à l'opposée. La mort est instantanée. Les exécutions se font en plein soleil, dans une plaine fort accidentée, à la porte de Madrid. Tout le monde y va et s'installe là en famille; on boit, on mange, on fait jouer les enfants, etc.; c'est un coup d'œil à voir et le condamné une fois exécuté, reste là sur l'échafaud jusqu'au coucher du soleil : il a l'air, avec sa grande robe noire se détachant sur l'azur du ciel, d'un bon patriarche présidant à une fête de famille. C'est saisissant par sa simplicité même.

Encore une singulière coutume. D'après les lois espagnoles, un condamné à mort n'a pas droit à une sépulture quelconque. Comme naturellement on ne peut pas le laisser pourrir en plein air, il s'est formé une société religieuse de charité et de paix dont font partie les plus grands noms d'Espagne, pour se charger de l'enterrement, etc. Dès qu'un homme est condamné, il appartient à la société Charité et Paix de corps et d'âme. Elle se charge de placer auprès de lui un prêtre qui l'amène au repentir de ses fautes. Si l'ordinaire de la prison n'est pas goûté du prisonnier, on lui donne quelques douceurs, etc.

Le matin de l'exécution, des membres de cette société parcourent toutes les rues de la ville avec une énorme tirelire et une sonnette. Au son de cette sonnette tout le monde, sans exception, depuis le grand d'Espagne jusqu'au mendiant, tout le monde s'approche et donne son offrande; on les jette des balcons; de partout l'argent afflue et la tirelire est bien vite remplie. Cet argent est destiné à fonder des messes pour le repos de l'âme de celui qui va mourir, et qui la veille a été mis en chapelle.

Au sortir de la prison, le condamné, tout de noir habillé, retrouve encore la compagnie Charité et Paix pour l'aider à monter sur un âne et l'accompagner jusqu'au lieu du supplice. Lorsque le soleil est couché, la société vient chercher le corps. On lui retire la robe et le bonnet noir avec croix blanche, qui serviront à d'autres, et sur l'échafaud même on le met dans la bière, qui généralement est peinte en jaune, avec des fleurs et des oiseaux rouges ou noirs. Puis on le mène à dos d'homme au cimetière, où, en sa qualité de criminel, il est mis en terre, tandis que les gens de bien sont enterrés dans le mur.

Vous comprenez, madame, combien on se sent loin de France avec de semblables coutumes à observer. Tout m'intéresse ici, quoique je trouve le pays complétement dépourvu de ce qui rend la vie facile; mais tout est si peu ordinaire, il y a tant de légendes, des mœurs si éloignées des nôtres, que je me croirais plutôt aux îles Marquises que dans un pays qui se prétend très-fort civilisé, et valoir autant, si ce n'est mieux, que la France!. . . . .
. . . .

PICCOLINA.

LA FOIRE AUX FIGURES

III

Charles Baudelaire

Voici, bien avant la terrible catastrophe qui a conduit Charles Baudelaire dans une maison de santé, comment se lia avec lui d'amitié le bon poëte français X... Je ne rapporte ici que ce que X... m'a raconté, et je proteste que je me ferais scrupule de modifier son récit en aucune façon.

En ce temps-là X... venait de publier son premier volume de vers. Baudelaire, lui, n'avait encore rien fait imprimer. Le hasard les réunit un soir chez un tiers qui les présenta l'un à l'autre. On échangea quelques paroles courtoises, et pour le quart d'heure on s'en tint là.

Baudelaire était alors à cet âge qui faisait dire un jour à lord Byron : « Quand j'étais un beau jeune homme aux cheveux bouclés. » Il se montrait fort préoccupé de sa tenue et pouvait passer pour beau : la barbe et les cheveux bouclés, en effet, l'allure cavalière, la parole brève et sobre, avec un faux air de Goethe, que contribuaient à accentuer des habits à plis énormes, dignes de la sculpture.

Six mois s'écoulèrent.

X... songeait parfois : « Qu'est devenu ce beau jeune homme dont on m'a à peine dit le nom et qu'on n'a plus revu? Quelque voyage sans doute... Il sera retourné à Weimar... »

Un jour, comme il longeait les boulevards en quête d'une rime ou de toute autre chose, le beau jeune homme apparaît.

« Monsieur, fit-il sans autre préambule, vous plairait-il que nous *allassions* prendre un bain? »

A cette question imprévue, tout autre eût été déferré. X... crut de sa dignité de ne manifester aucun étonnement, et répondit avec simplicité :

« Monsieur, volontiers. »

Et l'on s'achemina incontinent vers les thermes les plus voisins de là.

On prit, bien entendu, un cabinet à double baignoire, afin de pouvoir causer.

Lorsqu'on fut dans le bain :

« Monsieur, reprit Baudelaire très-grave, je m'en vais vous dire des vers... »

Sur quoi il se mit à réciter son poëme des *Lesbiennes*.

X... éprouvait un ravissement véritable à entendre cette musique étrange, si caressante et si capiteuse. C'était ce fameux poëme qui fut plus tard traduit devant la sixième chambre, et qui a dû être supprimé dans la deuxième édition des *Fleurs du mal*. Doucement il s'abandonnait au balancement des rhythmes, au mirage des visions les plus inouïes... Mais il faudrait ici la verve de Labiche et l'accent de Henri Monnier pour exprimer le soubresaut qu'il dut ressentir lorsque l'enchanteur, s'étant transformé brusquement en tortionnaire, le replongea tout net dans la prose par cette interrogation, martelée avec le calme de Bertram ou de Méphisto :

« Monsieur, aimez-vous le veau ? »

Par bonheur, tout poëte qu'il est, X... n'est pas moins Parisien que Rastignac ou La Palférine. Il se hâta, en conséquence, de dissimuler une deuxième ou une troisième fois sa stupeur, et répondit de la façon la plus conciliante du monde.

Une heure après, les chroniqueurs de ce temps-là auraient pu apercevoir les deux poëtes assis dans un restaurant de Montmartre, en face d'un impeccable fricandeau à l'oseille.

J'ai choisi cette anecdote parfaitement inédite entre dix autres, parce qu'elle dépeint, un peu brutalement peut-être, mais par cela même d'une façon frappante, une nature à la fois des plus comédiennes et des plus sincèrement bizarres que j'aie connues.

Ce mélange d'affectation et d'étrangeté me troublait beaucoup, je l'avoue, dans mes rapports avec Baudelaire. Il y avait des jours où, le rencontrant dans la rue, je me détournais soigneusement ou, si j'allais à lui, je me cuirassais de méfiance. Une fois rentré chez moi, je me recueillais et, avec une candeur parfaite, je me demandais : « Voyons, le talent de cet homme est-il sincère ? »

Je retrouve justement dans un vieux cahier de cette époque la note suivante :

« Les vers de Baudelaire proviennent-ils d'une inspiration franche et loyale ? Allons donc ! dans la préface même des *Fleurs du mal* je rencontre ce vers lumineux et décisif :

Hypocrite lecteur, mon *semblable*, mon frère...

« Baudelaire serait donc un poëte hypocrite... On ne m'accuserait pas de le lui avoir fait dire. »

Le plus souvent je me laissais prendre, sans discuter, au charme de son excentricité, à la spéciosité et à la nouveauté de ses aperçus. Je l'écoutais alors avec délices. C'est au lendemain d'une de ces conversations où le paradoxe empruntait aux mathématiques leurs déductions impitoyables, que j'écrivis sur les *Fleurs du mal* certaine étude que l'École du Bon Sens ne revendiquera jamais, j'imagine. Du diable si j'y comprends aujourd'hui un traître mot! En ce temps-là je *ronsardisais*.

Ce qui d'ailleurs me maintenait dans une grande incertitude et me portait à le croire souvent sincère, c'est qu'il fallait absolument admettre chez Baudelaire des accès de monomanie, des lubies passagères.

On l'avait vu, certain jour, parcourir tout Paris à la recherche d'un Polichinelle à tête *vraiment grotesque*. Il allait se plaignant qu'une chose pareille fût introuvable chez les marchands de jouets de France, et proclamant que les Anglais seuls avaient su comprendre ce fantoche ironique et cruel. Pour un peu il serait allé se pourvoir chez eux. Mais sa bourse était à sec. Il fallait, hélas! y renoncer.

Et quand on lui demandait à quel enfant brun ou blond était destiné le pantin grotesque :

« A moi..., s'écriait-il. Mais, en vérité, qu'y a-t-il d'étrange à cela? N'est-ce pas tout simple? Un pantin constitue un délassement ineffable après une forte contention intellectuelle... »

Après quoi il se retranchait dans un silence superbe.

L'histoire des Polichinelles grotesques me rappelle qu'au lendemain de la mort de Delacroix, il publia dans l'*Opinion nationale* une série d'articles très-singuliers et très-remarquables, où il émettait cette idée, que ce qui distingue surtout l'homme de génie, c'est la faculté que seul il possède de demeurer toute sa vie enfant. Idée parfaitement juste, au surplus, si l'on entend par là que l'homme de génie a le don d'être toujours impressionné fortement, comme l'enfant qui assiste pour la première fois à un spectacle dont il n'avait aucune notion antérieure, mais que, par une déviation du jugement, il entendait peut-être d'une façon plus générale. Je me demande aujourd'hui si, en jouant à la poupée, Beaudelaire ne cherchait pas très-subtilement à fortifier sa *faculté de rester enfant.*

Il était systématique en tout. Que de fois il m'entretenait des devoirs de l'homme de lettres envers son corps et de ce qu'il appelait prétentieusement la *dynamique intellectuelle !* La diète était, selon lui, nécessaire à tout écrivain épris de son art pendant la période de gestation qui précède toute production un peu importante. Lorsqu'il donna au *Figaro* la série de poëmes en prose intitulée les *Spleens de Paris,* il passa trois jours à vivre comme un ascète, buvant de l'eau et se nourrissant de légumes et de fruits secs. Il avait un amour voisin du respect pour les aliments contenant du phosphore. Il paraissait croire, avec le docteur Lélut, que les particules phosphorées *illuminent* l'intelligence. Il lançait, avec ce calme qui le caractérisait, des propositions comme celle-ci :

« Qu'est-ce que le génie? Du phosphore. Il y a du génie dans cette assiette. Croyez-moi, mangez des pois verts. »

Après plusieurs journées de grande sobriété, il jugeait utile de donner un coup de fouet à ses nerfs. Une bouteille de porter faisait l'affaire, ou bien plusieurs verres de bière ordinaire mélangée d'alcool. On a prétendu qu'il faisait un usage fréquent de hatchich et d'opium. Il l'a prétendu lui-même et m'a décrit avec complaisance les ravages produits par ces toxiques sur ses intestins. Quant à moi, je l'ai toujours soupçonné de beaucoup de *pose* en cette question, et c'est l'avis de ses plus intimes qu'il y avait dans son dire une forte dose de forfanterie et l'envie préméditée de surprendre ses interlocuteurs. Il n'est pas douteux que la dégustation de ces substances flattât sa curiosité naturelle, et qu'il ait voulu se rendre compte des phénomènes produits par elles sur le cerveau. J'accorderai même qu'il a pu y voir un instant un procédé de travail qu'il lui était utile d'expérimenter. Mais de là à un usage continu, il y a loin, et ma créance n'y saurait souscrire.

En fait de systèmes relatifs à la genèse de la pensée, il en professait de plus impertinents encore que son adoration pour les pois verts. Il affectait de partager les opinions développées par Edgar Poë sur la composition littéraire, à l'occasion de son poëme du *Corbeau*. C'est ainsi qu'il projeta longtemps d'écrire un nouvel *Art poétique* qui n'aurait rien eu de commun avec celui de Boileau, et dans lequel il aurait donné des recettes positives pour confectionner une ode, un poëme épique, une idylle, comme on compose un civet ou une barbue à la remoulade.

« Amenez-moi, disait-il, un lampiste, un notaire ou un avocat, et je gage de lui apprendre la métrique du vers de façon à ce qu'il la possède aussi bien que Gautier ou moi. Non-seulement la métrique, mais encore l'art de *produire* et de combiner des idées lyriques ou épiques, légères ou graves, à volonté.

Qu'il crût d'une façon absolue à ses paroles, je n'en jurerais pas; mais ce que j'affirme, c'est qu'il devait être convaincu d'avoir trouvé dans les *Fleurs du mal* le dernier mot du procédé en matière de composition littéraire.

Il est certain que cet ouvrage, où se rencontrent de superbes morceaux, a été élaboré d'après une méthode inflexible et patiente au delà de toute expression. Chaque poëme était d'abord écrit en prose, et traduit ensuite dans la langue des dieux, en serrant le texte d'aussi près que possible, de façon à conserver au vers la solidité et la cohésion de la ligne de prose, — ainsi qu'un écolier ferait un thème. Dès lors, nul hasard ou, si vous préférez, nulle *inspiration*, dans le sens vulgaire du mot. Je sais bien qu'André Chénier procédait d'une façon à quelques égards analogue, mais du moins se gardait-il de proscrire le *jet*, admettant avec La Fontaine qu'une négligence pût être le plus habile des artifices. Baudelaire eût dit volontiers, comme certain musicien moderne à un ami qui venait lui faire visite :

« Vous arrivez à propos ; j'étais inspiré. Que de maladresses j'allais commettre ! »

Quand on réfléchit à ce qu'il lui a fallu de volonté pour produire les œuvres qu'il nous a données, l'on est effrayé.

Il y a dans *la Fanfarlo* — un roman en onze cents lignes, le seul qu'il ait écrit — un personnage qui a çà et là avec lui bien des points de ressemblance.

« Samuel, dit-il, fut plus que tout autre l'homme des belles œuvres ratées ; — créature maladive et fantastique... qui, vers une heure du matin, entre l'éblouissement d'un feu de charbon de terre et le tic-tac d'une horloge, m'est toujours apparue comme le dieu de l'impuissance, — dieu moderne et hermaphrodite, — impuissance si colossale et si énorme qu'elle en est épique ! »

Hélas ! c'est bien lui. Il se torturait la cervelle pour décrire l'impossible, lutte terrible où sa raison devait périr. Son but était de réaliser l'impalpable, d'analyser sans cesse des sensations infinitésimales. Il était son propre bourreau, son *Heautontimoroumenos*, comme eût dit Térence, et lorsqu'est arrivé le douloureux événement de Bruxelles, aucun de nous n'a été surpris.

Il commente quelque part avec une grande satisfaction la pensée de lord Verulam : « Il n'y a pas de vraie beauté sans une certaine étrangeté, » ce qui, par parenthèse, contredit passablement la proposition aussi délicatement vraie que délicatement exprimée de Winckelmann : « Le beau est comme l'eau claire, sans aucune saveur ni couleur particulière. » Mais quoi ! il voulait à tout prix fuir le banal. En haine du monstre, il cherchait l'horrible. Il le trouvait. Quand il admirait le simple, ce qui lui est arrivé deux fois, à ma connaissance, — à propos de Mme Desbordes-Valmore et à propos de l'auteur d'*Olympe de Clèves*, — c'était sûrement pour fuir la vulgarité : il est manifeste qu'un être vulgaire ne saurait goûter la simplicité de Mme de Lafayette. Ses admirations ordinaires s'écartaient singulièrement de cette simplicité-là et de toute autre. En peinture, il louait par-dessus tout Lebrun, David et Delacroix, pour leur pompe extraordinaire. Nous avons manqué nous brouiller à propos de M. Manet, auquel il accordait un grand talent. En littérature, il avait une prédilection pour les euphuistes : Gongora, Spenser, Marino. Il s'accusait d'avoir montré trop de sévérité, dans ses *Réflexions sur quelques-uns de mes contemporains*, pour Pétrus Borel, le lycanthrope.

J'ai parlé de pompe... Une emphase continue régnait dans ses discours. Il avait les recherches de costume les plus imprévues. Par exemple, il porta tout un hiver, en manière de cache-nez, un minon rose comme en portent certaines femmes. Ce minon de couleur délicate dans le voisinage de ses longs cheveux grisonnants... vous voyez l'effet.

Pendant son dernier séjour à Bruxelles, il rencontrait souvent au café le peintre d'animaux Stevens. Il s'était lié avec lui. Un jour :

« Mon cher Stevens, quel admirable gilet vous avez là ! »

Et il indiquait au peintre un gilet jaunâtre que celui-ci avait coutume de porter.

Le lendemain, même exclamation, et ainsi de suite pendant une semaine.

A la fin, Stevens se persuada que tant de persistance pourrait bien constituer ce qu'en termes d'atelier on nomme une *scie*, et croyant la faire cesser :

« Eh bien ! prenez-le. Je vous le donne ; êtes-vous content ? »

Vous pensez que Baudelaire refusa. Vous vous trompez. Il prit le gilet, se confondit en remercîments et s'en revêtit tout de suite, en plein café.

Circonstance aggravante : dès le lendemain il composait un poëme en prose sur le gilet jaune de Stevens. Cela est intitulé : *les Bons Chiens*.

Naturellement, ou plutôt logiquement, son horreur du banal l'avait conduit à chercher des phrases inouïes, destinées à *esbaudir le populaire*. Soyons extraordinaire ! telle était sa devise.

En 1848, il tranchait du républicain. Il allait tous les jours déjeuner en blouse, pantalon de satin noir et bottes vernies, chez les marchands de vin. Au dessert, il demandait des cerneaux et disait en les croquant :

« Cela est exquis ! On croirait manger de la cervelle d'enfant nouveau-né. »

Quel bonheur pour lui s'il eût pu passer pour anthropophage !

Il devait au fond jalouser Lalande qui mangeait des araignées, et envier la gloire de ce M. de Ximenez, sur le compte duquel M. d'Autrep s'exprimait ainsi :

« C'est un homme qui aime mieux la pluie que le beau temps, et qui, entendant chanter le rossignol, dit : « Ah ! la vilaine bête ! »

Un dernier trait l'achèvera de peindre :

Il se complaisait dans la foule, et quand il s'y plongeait, il appelait cela « prendre un bain de multitude ». Par exemple on le rencontrait grave et taciturne dans les bals publics, parmi les filles plâtrées dont l'élégance compliquée de trivialité l'intéressait à l'égal de quelque dragon chinois.

Un quinze août, comme je lui demandais :

« Irez-vous voir la fête ?

— Oui.

— Venez-vous ?

— Non.

— Pourquoi ?

— C'est trop tôt. Je sortirai vers deux heures du matin. Vous ne savez pas ce que j'aime ? C'est de me promener dans une ville comme Paris, encore pavoisée et illuminée, alors que les rues sont dégarnies de passants. Je m'imagine que tout cela est pour moi seul, et qu'on me décerne un triomphe. »

Ah ! quand on songe que cet homme qui comptait sur l'immortalité, et qui passait en idée sous des arcs de triomphe, se trouve aujourd'hui... où vous savez ; — quand on se dit que le cerveau qui a conçu *le Cygne, le Balcon, l'Invitation au voyage, les Petites vieilles,* ne concevra jamais plus rien de semblable, — *nevermore!* comme eût dit dérisoirement le corbeau d'Edgar Poë, — quel moyen de ne pas éprouver une mélancolie immense, et de ne pas s'écrier :

Fragilité humaine !

Fortuné Calmels.

DIVAGATIONS

Demandez, non pas à des savants ni à des hommes lettrés, — pas même à des gens du monde, chez qui une certaine instruction est obligatoire, — demandez simplement à de tout jeunes enfants ou à des ouvriers ce qu'ils savent de Marcus-Attilius Régulus.

Sur dix que vous interrogerez, je parie que sept au moins vous répondront en vous citant l'héroïque action par laquelle le célèbre consul romain illustra sa vie, ou pour mieux dire sa mort.

Demandez aux mêmes enfants ou aux mêmes hommes de qui était fils Charles X. Vous serez heureux s'ils ne vous répondent pas : « De Charles IX. »

C'est qu'en France nous avons une singulière méthode d'instruction : nos enfants, tout comme nous jadis, apprennent tout d'abord l'histoire ancienne, et n'abordent que plus tard l'étude de l'histoire de la patrie ; et presque pas du tout celles des autres peuples, qui n'ont pas encore l'avantage d'être passés à l'état légendaire.

L'enfant n'oublie jamais les premières notions, les premiers faits qu'il met dans sa mémoire. Devenu homme, il pourra, dans la maturité de l'âge, oublier bien des choses apprises plus tard, mais presque jamais les premières leçons, reçues dans toute la fraîcheur et la virginité — si l'on veut bien me passer le mot — d'une intelligence qui naît à la vie intellectuelle.

Grâce à l'instruction gratuite que la nation donne aujourd'hui aux fils des prolétaires, un homme ne peut plus dire : « Faute de ressources, je ne puis faire instruire mon enfant. » — Non, il ne peut dire cela ; mais malheureusement, si la nation nourrit gratuitement l'intelligence de l'enfant, au père incombe toujours le devoir et l'obligation de donner à sa progéniture le pain quotidien. — Quel rude problème à résoudre que celui de nourrir soi, sa femme et ses enfants avec 2 fr. 50 cent. ou 3 francs par jour ! Quoi d'étonnant à ce qu'un homme faiblisse devant cette dure et journalière tâche qu'il est impuissant à remplir, et qu'il se hâte d'utiliser le faible capital que lui offrent les forces physiques de son enfant ? La pauvre créature est vite enlevée à l'école et jetée dans un atelier, où elle gagne quelques sous par jour, en attendant mieux.

L'enfant sait lire et à peu près écrire ; il a quelques notions d'histoire sainte et d'histoire ancienne : voilà pourquoi les noms de Pyrrhus, de Romulus, de Numa Pompilius, de Régulus et une autre foule de noms en *us* lui sont plus familiers que ceux de tels de nos rois de France ou de nos grands hommes.

L'enfant sait lire, ai-je dit, et, devenu homme, il pourra — utilisant les longues soirées d'hiver, s'il peut se donner le luxe d'une chandelle — attraper quelques bribes d'instruction par la lecture de bons livres. Mais, malheureusement, l'ouvrier, brisé par son rude labeur du jour, ne cherche dans la lecture qu'une distraction, rien qu'une distraction.

Bien souvent je me suis arrêté en observateur à la porte de

ces magasins où se débitent les journaux à un sou et les feuilles d'ouvrages illustrés à prix réduits.

J'ai vu quelques travailleurs sortir de la boutique emportant les livraisons des histoires de Thiers, celles des romans d'Erckmann-Chatrian ou de quelques autres bonnes publications; mais, hélas! le plus grand nombre des chalands sort muni de ces œuvres ineptes et vénéneuses que j'appellerais le chiendent de la littérature, si le chiendent avait aussi bien la vertu d'empoisonner les gens qu'il a celle d'envahir tous les terrains.

Tenez, voyez ce manœuvre qui revient tout poudreux de son chantier. Il entre et sort.

— Qu'emporte-t-il? — Le *Procès Fualdès*.
— Celui-là? — Le *Crime d'Orcival*.
— Ceux-ci? — *Rocambole*. — Puis encore *Rocambole*, et toujours *Rocambole* du vicomte Ponçon du Terrail, né à Simiane, département des Basses-Alpes (1). — J'ai vu dans ce village la maison paternelle de monsieur le vicomte : elle n'a rien d'un manoir.

Le père du père de Rocambole s'appelait M. Ponson tout court, et la personne la plus remarquable de la famille de notre auteur était une de ses tantes, qui maniait dextrement le pinceau et la brosse. Elle peignait habituellement des *portraits* de lions et autres animaux, lesquels servaient à décorer les enseignes du village. Quelques-unes de ces toiles sur bois faisaient l'admiration des paysans à cinq lieues à la ronde.

J'ai connu, il y a environ vingt-cinq ans, monsieur le vicomte à Marseille; il faisait alors ses classes au pensionnat Gleize. Il était maigre et grêle, d'une taille très-moyenne. — En parlant de lui on disait : le petit Ponson.

---

(1) Vapereau dit : aux environs de Grenoble. Nous n'y tenons pas.

Le futur vicomte auteur était très-peu causeur et d'une humeur presque sombre; ne nourrissant son imagination que de coups de poignard et d'épée, assaisonnés d'empoisonnements, de meurtres, de viols et autres bagatelles semblables.

En classe, il lisait presque toujours des romans à l'abri de son pupitre, et les jours de sortie on le voyait courir au cabinet littéraire de la veuve Bousquet, place Noailles, et en sortir portant sous son bras une pile de livres poudreux et sales.

Ses auteurs favoris étaient Frédéric Soulié, Eugène Sue et Alexandre Dumas.

A cette époque il remplissait son sac; maintenant, il le vide.

Au début de ces lignes, j'ai nommé Marcus-Attilius Régulus. Le nom de ce consul me remet en mémoire un fait qui rappelle l'acte héroïque du célèbre Romain.

— Ceci est une manière de parler légèrement hypocrite, car en prenant la plume j'avais positivement l'intention de vous narrer ce qui suit. —

Vers la fin du XVIIe siècle, un négociant marseillais, nommé Nicolas Compian, s'était embarqué à bord d'un navire allant à Alexandrie. Un corsaire attaqua et prit ce bâtiment, et le malheureux négociant fut fait prisonnier, emmené à Tripoli et vendu à un riche musulman.

Le maître de Nicolas Compian traitait son esclave avec beaucoup de douceur et de bonté, ce qui n'empêchait pas celui-ci de regretter Marseille, sa femme et ses enfants. Le musulman, qui le voyait toujours triste et souvent en larmes, lui dit un jour :

« Nicolas, pars, retourne à Marseille, vois ta famille et puis reviens m'apporter ta rançon ou reprendre ta place parmi mes serviteurs. Jure-moi que tu observeras religieusement les conditions que je t'impose. Cette garantie me suffit. »

Le négociant marseillais, au comble de la joie, remercia vivement son maître, revint dans sa famille, resta quelque temps auprès d'elle, puis, n'ayant pu, par suite de revers de fortune, amasser la somme nécessaire à sa rançon, il retourna à Tripoli, après avoir fait de tendres et derniers adieux à sa femme et à ses enfants en pleurs. Leur désespoir et leurs larmes ne purent le retenir et le rendre parjure à la parole donnée.

Je serais curieux de voir ce que ferait en pareil cas un négociant de nos jours.

Heureusement pour Nicolas Compian, le musulman de Tripoli non-seulement n'imita pas la conduite des Carthaginois envers Régulus, mais encore il rendit la liberté à son esclave.

A l'arrivée de Nicolas sur le sol africain, une femme tendrement aimée de son maître s'en allait mourant. La Providence — le hasard si vous voulez — fit que cette femme revint à la vie et à la santé quelques jours après le retour du négociant marseillais.

Le musulman, dans sa joie, n'oublia pas ce qu'il avait souffert en se voyant sur le point d'être privé de celle qu'il aimait : « Tu es libre, dit-il à son esclave, je veux faire pour toi, ta femme et tes enfants, ce que Dieu a fait pour moi dans sa bonté. Retourne pour toujours auprès d'eux. »

La conduite de Nicolas Compian n'égale-t-elle pas le sublime de celle de Régulus ?

Et celle du Tripolitain, — qu'en pensez-vous ?

Paul Devéze.

REVUE DES SALONS

Le monde élégant est très-occupé de la fondation de cette œuvre *des Abeilles* qui est appelée à prendre une grande place dans l'avenir des familles pauvres. — M. Bischoffseim a généreusement prêté les salons de l'Athénée pour réunir les ouvrages de toutes ces abeilles travailleuses, et cette œuvre va prendre dès aujourd'hui un grand développement. — Beaucoup de jeunes filles qui ne peuvent pas vendre ostensiblement leurs ouvrages vont les déposer à l'Athénée, où les directrices poussent la délicatesse jusqu'à ne pas demander le nom et à les inscrire seulement sous un numéro qui se retrouve sur le bulletin donné à la vendeuse, qui en outre fixe elle-même le prix de son travail. — On cite déjà plusieurs bienfaits obtenus par cette œuvre, et notamment une jeune fille qui a une voix splendide et qui va trouver dans *la ruche* de la rue Scribe les ressources qui lui manquaient pour prendre des leçons des premiers maîtres. — Peut-être un jour s'envolera-t-il de cette ruche un talent égal à Mlle Patti. — On cite celle-là parce qu'elle a raconté son histoire, mais combien d'autres bienfaits ignorés vont sortir de la belle pensée qui a présidé à la fondation de cette œuvre ! — Et enfin, elle est si simple que l'on s'étonne de ne pas l'avoir vue surgir depuis longtemps de tant de cœurs qui ne battent que pour le bien de leurs semblables !

On dit qu'il y a une baisse sensible sur les loyers des appartements meublés. Les étrangers n'arrivent pas comme on l'espérait, et ils mettent à discuter les prix un acharnement auquel on ne s'attendait pas ! — Une jolie dame suédoise, qui paye pour elle et son mari un logement de trente-cinq francs par jour dans un quartier très-élégant, a voulu se faire coiffer, et pour diminuer le prix elle est descendue chez un coiffeur qui loge dans sa maison. Cet artiste, après avoir beaucoup admiré les splendides cheveux de sa nouvelle cliente, lui a fourni deux *crêpés* et a demandé vingt-huit francs pour la coiffure et lesdits crêpés ! — La dame a protesté, le coiffeur a insisté, le mari est intervenu et l'on est allé devant le juge de paix, qui a alloué à l'artiste *cinq francs* au lieu de vingt-huit ! — Si tous les étrangers que l'on veut plumer ont recours aux juges de paix, on fera bien d'en tripler le nombre pendant l'Exposition. — Il est probable qu'un de ces jours le gouvernement s'irritera justement de cette exploitation et y mettra un frein avec l'équité qui le caractérise.

Pendant que le marquis de Talleyrand épousait à Nice cette charmante Mlle Curtis, qui sera l'hiver prochain une de nos plus charmantes marquises, son cousin, le baron Adalbert de Talleyrand avait le bonheur d'obtenir la main de Mlle Gabrielle Riquetti de Mirabeau. — Ce mariage se fera le mois prochain à Nancy, où habite ordinairement Mlle de Mirabeau. Sa mère est une demoiselle de Goumeille et le comte de Bacourt était son oncle. — Elle est nièce du marquis de Mirabeau actuel et fille du comte Arondel de Mirabeau, qui a servi dans les zouaves pontificaux, et qui a péri si malheureusement à Marseille, de la balle d'un revolver qu'il examinait et qu'on lui avait dit n'être pas chargé. — Le baron de Talleyrand est fils de cette gracieuse baronne Charlotte de Talleyrand qui a fait longtemps les honneurs du salon de son oncle le prince de Talleyrand; il est frère de l'ambassadeur de France en Russie, et de Mme Stanley, dont l'amabilité est aussi proverbiale à Londres qu'à Paris.

Il y a eu jeudi une grande réception chez la duchesse de Crillon et une charmante comédie chez la comtesse de Chauvigny.— Mme Dreyfus a fait entendre plusieurs morceaux ravissants sur cet orgue dont elle a fait un instrument inconnu jusqu'à elle.

Le premier samedi de la duchesse de Mouchy a été resplendissant de toilettes et de brillante causerie; le second samedi a été tout musical, et le troisième doit donner une comédie dont on s'occupe beaucoup. — L'hôtel habité cet hiver par la duchesse se prête merveilleusement à ses élégantes réceptions, et l'éclat de ses soirées, la profusion de ses fleurs, leur donne dès l'entrée un caractère féerique de splendeur.

Le concert de la duchesse Pozzo a été, dans son genre, ce que son bal avait été dans le sien, c'est-à-dire le plus beau de toute la saison.— Il est incontestable que les artistes qui étaient chez elle ont été entendus ailleurs, et même tout modestement aux Italiens, mais il est tout aussi incontestable que l'ensemble de son concert a été digne de ses réceptions toujours si recherchées et si irréprochables. — On peut appliquer aux salons de la duchesse Pozzo le mot qui a dit que *qui n'a pas vu Venise n'a rien vu, et qui a vu Venise n'a plus rien à voir.*

Il y a eu vendredi, chez la marquise de S..., une matinée très-élégante et très-gaie, pour le baptême d'un gentil baron de vingt-quatre ans! — Au premier abord, la chose pourra sembler étrange, surtout quand on saura que ledit baron appartient à une grande famille belge, connue pour ses opinions très-sympathiques à ce que nos voisins appellent *le parti catholique*. — Ce jeune homme a quitté le service militaire pour venir joindre sa famille à Paris ; il a un peu glissé sur les parquets des boudoirs du demi-monde, et sa famille, justement indignée, mais maladroitement sévère, lui a appliqué tous les martyres à l'usage des familles féroces ! — Il a beaucoup crié, un peu gémi, puis, comme il a le meilleur cœur du monde, il a accepté ses pénitences avec résignation, et il est redevenu ce que la nature l'a fait, un enfant gâté, mais excellent. La marquise de S... l'a surnommé *le baron Bébé*, parce qu'il réunit toute la loyauté de sa race à tout l'enfantillage possible. Le nom a eu du succès, et comme il l'a accepté en demandant seulement des bonbons à sa marraine, elle a donné, pour son baptême, la jolie matinée qui nous a amenée à raconter cette *cérémonie*. — Il y avait de grands noms, de belles toilettes et une gaieté qui ne se trouve pas toujours dans des réunions nombreuses.

On a reçu la confirmation de la nouvelle de la mort du comte de Moynier. Ce n'est pas à Mazatlan, comme on l'avait dit d'abord, mais à Colimac, qu'il a été percé de cinq balles en attaquant des bandits contre lesquels les indigènes avaient invoqué le secours du major Berthelin, commandant de la troupe qui escortait un convoi d'argent. — Comme c'était hors du service tracé au départ, le major Berthelin demanda des hommes de bonne volonté pour aller poursuivre les bandits qui désolaient le pays. *Tous* voulurent y aller, mais peu en revinrent. A la première rencontre, le comte de Moynier reçut cinq balles, le major Berthelin trois blessures graves, et l'on n'en a point de nouvelles depuis ce moment. — On est réduit à espérer qu'il a aussi succombé sans tomber vivant au pouvoir de ces bandits, qui avaient proféré contre lui les menaces les plus épouvantables et avaient juré de lui faire subir des tortures si affreuses que la plume se refuse à les tracer !

On annonce plusieurs grandes soirées chez Mᵐᵉ Dreyfus, et en outre de tous les talents que l'on trouve toujours chez elle, on parle d'une représentation *des Curieuses,* dont un des personnages serait joué par une belle princesse dont l'accent légèrement étranger donnerait un caractère tout particulier à la pièce. — La comédie de société est la passion du moment, et l'on s'occupe énormément de celle annoncée chez Mᵐᵉ Dreyfus.

Le mariage de Mˡˡᵉ Anne de Mortemart est annoncé officiellement avec le duc de Crussol. — C'est, comme position et sous tous les rapports, le plus grand mariage que l'on puisse voir. — Mˡˡᵉ de Mortemart est, dit-on, la plus riche héritière du faubourg Saint-Germain, et elle est aussi charmante qu'elle est riche. — Le duc de Crussol, qui sera duc d'Uzès un jour, arrive d'Afrique, où il a voulu voir la vie militaire sous son côté actif et sérieux. — Il a deux sœurs, qui sont la comtesse d'Hunolstein et la comtesse de Galard. — La baronne de Meyendorff, qui a non-seulement un talent de peinture admirable, mais le don de saisir la ressemblance comme personne au monde, fait dans ce moment le portrait de Mˡˡᵉ Anne de Mortemart. — C'est le plus charmant tableau que l'on puisse voir.

Mᵐᵉ de Meyendorff fait aussi le portrait de la jeune Mˡˡᵉ de Cornudet, petite-fille de la comtesse de la Redorte et arrière-petite-fille de la maréchale Suchet, duchesse d'Albuféra. — Mˡˡᵉ de Cornudet tient de sa mère les plus beaux yeux de Paris, et Mᵐᵉ de Meyendorff fait de sa ravissante figure un médaillon qui est appelé à avoir un succès fou. — Mᵐᵉ de Meyendorff a su conserver à son charmant modèle tout le relief de l'enfance, en donnant aux yeux la douceur et la profondeur qui les distinguent. — Il est impossible de rien voir de plus parfait que les portraits de Van Dick copiés par Mme de Meyendorff. — Elle a donné à son neveu, le baron de la Villestreux, le portrait de la duchesse de Buckingham, qui fait l'admiration des amateurs.

On annonce pour se faire après Pâques le mariage du comte de Vitraye avec Mlle Marie de Damas. — Le marquis de Vitraye est un de nos plus grands propriétaires et un agriculteur de premier ordre.— Mlle de Damas est nièce du comte Maxence de Damas, le fidèle ami du comte de Chambord. — On dit que ces grands mariages seront le prétexte de plusieurs belles réceptions après Pâques. — Et pourtant chaque année l'usage anglais s'introduit de plus en plus, et l'on se marie de plus en plus sans bruit. — C'est peut-être plus commode pour les familles, mais l'abandon des vieux usages nous semble regrettable, et nous pensons que l'entrée dans une chose aussi grande que le mariage doit être entourée de plus de pompe que l'on ne lui en accorde aujourd'hui.

Comtesse DE MARLY.

NOTICE

SUR

LES USAGES DANS LES VALLÉES VAUDOISES.

J'allais partir; mais les instances de mes hôtes, qui devaient marier leur fille, et les prières de la jeune épouse elle-même, me décidèrent à prolonger mon séjour pour assister à ses noces. Ces braves campagnards s'étaient montrés si bons et si empressés pour moi, que c'eût été une vraie ingratitude de leur refuser. D'ailleurs j'y trouvais aussi mon compte : touriste par goût, j'aime ce qui est nouveau, et j'allais avoir dans ce mariage l'occasion d'observer leurs mœurs, si belles et si simples.

Le jour solennel commença pour nous par un repas pris en famille dans la maison de la mariée : ce n'était qu'un déjeuner de jeunes filles, et de son côté le fiancé avait réuni ses amis dans sa propre demeure. Notre repas fut gai; la mariée semblait tout heureuse au milieu de ses compagnes d'enfance. Plusieurs d'entre elles lui offrirent de modestes cadeaux, consistant pour la plupart en de simples ouvrages de leurs mains. Ce sont ordinairement les amies de noces qui offrent à la mariée sa couronne d'épouse ; et lorsqu'elles sont assez riches pour ne pas être limitées dans leurs présents à ces légères parures, elles se procurent, à frais communs, quelques objets d'utilité domestique. — Nous chantâmes ensuite quelques cantiques et des vers à la mariée, puis une des jeunes filles proposa une promenade hors du village ; mais par là ne s'exposait-on pas à rencontrer un ami du marié, ou le marié lui-même, et à paraître ainsi manquer de réserve, en allant au-devant de lui au lieu de l'attendre ? Quelqu'un en fit la juste remarque ; le projet de promenade fut abandonné.

Nous nous contentâmes donc de nous répandre dans les jardins et la prairie. Là, me livrant à mes douces rêveries, jouissant par tout mon être de ce beau ciel, de cette riante nature, dont on se prend à admirer les merveilles comme si elles vous apparaissaient pour la première fois, oubliant tout et s'oubliant soi-même dans une adoration muette de la Divinité, je me serais écrié volontiers : Qu'il fait bon de vivre ici ! Je fus bientôt tiré de ma rêverie : les chants lointains, les boîtes d'artifice, les coups de carabine commençaient à se faire entendre, annonçant l'approche de l'époux. — Il était près de midi ; le futur allait venir ; les jeunes filles rentrèrent précipitamment, et peu d'instants après je vis déboucher dans la vallée le cortége du fiancé, brillamment enrubanné.

Dès qu'il fut arrivé, le dîner fut servi. L'époux et ses conviés y prirent place en amis, en voisins, et comme pour faire connaissance avec la famille et les conviées de l'épouse, qui elle-même n'avait point encore ses vêtements de noce. Vers la fin du repas elle se leva pour distribuer à chacun des convives un petit ruban qu'on nomme la livrée, et que les jeunes gens attachèrent à leur boutonnière ; puis elle se retira suivie de toutes ses compagnes, qui la conduisirent dans son appartement pour la revêtir elle-même de ses habits de mariée.

On portait autrefois à la cérémonie nuptiale une robe de soie noire et un corsage de drap noir ; le bas peuple a encore conservé cet usage. Dans les autres classes, les jeunes filles ont adopté la robe blanche, cependant moins favorable à l'élégance de leur taille et à l'éclat de leur teint.

Pendant qu'on habillait l'épouse, les jeunes gens étaient sortis ; ils revinrent bientôt, firent le tour de la maison au son du fifre et du violon, et se présentèrent à la porte d'entrée, où le père de famille, s'adressant à l'époux, lui demanda ce qu'il désirait.

« Nous avons vu dans cette demeure, dit-il, une belle jeune fille qui serait la bienvenue dans la mienne, si vous vouliez me l'accorder.

— La reconnaîtriez-vous si on vous la présentait ? reprit le vieillard en souriant

— Le cœur répond des yeux, » dit le jeune homme avec un signe d'adhésion.

Le vieillard rentra dans la maison et reparut un instant après en conduisant par la main, non l'épouse, mais une de ses compagnes.

« Est-ce celle que vous cherchez, dit-il au futur ?

— Celle-là est charmante, répondit-il en lui prenant la main, mais ce n'est pas celle que j'aime. »

Il la présenta à un de ses compagnons, qui devint dès lors le cavalier de noces ou, comme on dit, le compère de cette jeune fille.

Le père amène une seconde jeune fille, la présente de même, reçoit même réponse, et un nouveau couple se forme dans le cortége. Successivement toutes les jeunes filles trouvent ainsi un cavalier ; enfin la promise arrive la dernière, et l'on se met en marche pour le temple, où la célébration du mariage a lieu.

Quelquefois ce jour-là, par exemple, la jeune fiancée, tout émue par la disparition successive de ses compagnes, restant seule avec les membres de sa famille, qu'elle va quitter pour toujours, laisse éclater une émotion longtemps contenue. Sa mère, ses sœurs, pleurent avec elle, la serrent dans leurs bras ; les liens qui les unissent se font sentir avec toute leur puissance ; la pauvre enfant ne voudrait plus s'en affranchir ; puis elle n'ose se présenter en larmes devant les conviés ; il faut la venir chercher, lui faire violence, l'emmener pour ainsi dire de force auprès de son fiancé, et de là une espèce de scène d'enlèvement telle qu'elles avaient lieu chez les anciens en semblables fêtes. Mais le plus souvent, maîtresse d'elle-même et soumise à la volonté de ses parents qui correspond au choix de son cœur, elle est conduite par son père auprès de son époux, à qui le veillard la recommande comme ce qu'il a de plus cher ; il implore ensuite sur eux toutes les bénédictions du ciel, et dit à la tremblante fiancée : « Va, ma fille, avec la crainte de Dieu et l'affection de ton mari tu seras heureuse, et je ne regretterai pas de t'avoir laissée sortir de ma demeure. »

A ce moment le cortége se met en marche, conduit par le père du fiancé, donnant la main à la mariée; la mère de l'épouse s'appuie sur le bras de l'époux qui va devenir son fils; après eux viennent le père de l'épouse, donnant le bras à la mère de l'époux, et à la suite tous les convives, deux à deux.

Les parents et amis des deux familles s'avancent au-devant du cortége. Lorsqu'il arrive auprès de leurs demeures, ils présentent aux conviés des corbeilles pleines de fleurs et de bonbons, le plus souvent simples pâtisseries ou fritures légères préparées par les mains qui les offrent. Une de celles que l'on trouve le plus souvent est une espèce de gâteau de Milan, nommé *giambelli*, fait avec de la farine, des œufs, du miel et des amandes pilées. Ces haltes du cortége se nomment *barrières*, il s'en présente presque toujours plusieurs dans le trajet.

La cérémonie nuptiale a lieu selon le rite des Églises réformées; c'est froid, simple, sévère et imposant. Lorsqu'elle est terminée, les invités se dirigent vers la maison de l'époux. De nouvelles barrières les arrêtent encore en chemin. Les jeunes mariés ouvrent la marche.

La mère de l'époux a précédé le cortége; elle descend, à son arrivée, sur le seuil de la porte et dit à l'épouse en l'embrassant : « Ma fille, soyez la bienvenue dans cette maison. »

Ensuite à son fils : « Quel cadeau feras-tu à ta femme? —

Ma mère, répond celui-ci avec respect, elle apprendra de vous à être active et pieuse, et de moi à vous obéir et à vous aimer. » Puis il présente à sa jeune femme quelques ustensiles de ménage, ordinairement une ou deux quenouilles ciselées de ses propres mains.

Ces quenouilles sont taillées en plein bois, évidées à jour dans la partie supérieure qui doit retenir le chanvre et historiées de bas en haut par des incisions remplies de couleurs vives au moyen de la plombagine et du vermillon.

On se remet à table chez l'époux. De grandes crémières que l'on nomme *gavies* servent de soupières et renferment, au lieu de potage, soit du riz préparé au lait, soit un mélange assez bon de pain, de fromage et de bouillon cuit étouffé.

Ces mets sont fort épais, et les cuillers en bois destinées à les servir y sont placées à l'avance de manière, à se tenir droites aux yeux des assistants.

Ces cuillers, ouvrage des montagnards eux-mêmes, ont un manche fort large, mais très-mince, dont les ciselures s'épanouissent sous la forme d'un petit éventail à jour et produisent un assez joli effet. Elles n'ont pas le fini et la grâce des ouvrages des bergers suisses de l'Oberland, mais on y découvre le goût naturel de ces bons villageois sans culture.

Dans les familles on conserve le plus longtemps possible les cuillers de noces, en souvenir de cette fête patriarcale.

Des danses sur les pelouses émaillées de fleurs terminent enfin cette joyeuse journée.

Toutes les noces, il est vrai, ne sont pas aussi luxueuses; un grand nombre même sont beaucoup plus simples. Dans plusieurs endroits on commence à supprimer la ronde sur l'herbe, ce qui est fâcheux, cet amusement étant inoffensif et pittoresque.

Ainsi les dieux s'en vont, même les dieux champêtres.

Emile de Poilpré.

THÉATRES

GYMNASE-DRAMATIQUE. *Les Idées de Mme Aubray*, comédie en 4 actes, de M. Alexandre Dumas fils.

C'est raide, dit Arnal lorsque tombe le rideau.

Je ne sais si M. A. Dumas fils a voulu, par ce mot, désarmer d'avance la critique et donner sa propre appréciation sur son œuvre, mais le fait est que c'est joliment raide. Jugez-en.

Feu M. Aubray se plaisait à entretenir sa femme des devoirs austères que la vie impose à l'humanité ; il aimait à lui montrer les plaies de la société, plaies dont la principale cause résidait, selon lui, dans l'abaissement de la femme ; et il n'oubliait jamais de présenter les considérations les plus élevées sur la mort, cette nécessité dernière de tout ce qui a une âme ici-bas, et même de tout ce qui n'en a pas.

Après deux ans de mariage parsemés de ces gais entretiens, Mme Aubray resta veuve avec un petit garçon que le lever du rideau nous présente âgé de vingt-quatre ans, docteur en médecine et vierge.

Les théories de son mari ont trouvé dans Mme Aubray un ardent prosélyte, surtout en ce qui touche à son sexe. Son imagination vive l'a persuadée facilement que la régénération de la femme en général, et de la femme tombée en particulier, était le meilleur et le seul moyen de faire revivre l'âge d'or parmi les mortels. Aussi n'a-t-elle cessé de prêcher toute sa vie aux maris séparés de leurs femmes pour cause d'adultère de rappeler avec joie la brebis égarée, et aux jeunes gens les moins vertueux de donner un père aux petits enfants venus trop naturellement.

Voilà la thèse de M. A. Dumas fils, et voici comment il l'a traduite au théâtre.

La scène se passe à Saint-Valery, sur le bord de la mer, en pleine saison de bains.

Le fils de Mme Aubray, âgé de vingt-quatre ans, docteur en médecine et vierge, a rencontré sur la plage une belle jeune femme se promenant toujours seule, et semblant n'avoir d'autre soin que d'amuser un charmant petit garçon qu'elle surveille avec la tendresse maternelle la plus passionnée. Le fils de Mme Aubray s'éprend pour cette inconnue d'un amour auprès duquel celui de Pétrarque pour Laure touchait de bien près à l'immoralité. A la suite d'une romance que Mme Aubray emprunte à la belle inconnue, celle-là qui ignore l'amour de son benêt de fils, engage la mystérieuse personne à rompre sa solitude accoutumée et à venir passer ses soirées auprès d'elle. « Hélas! madame, je ne puis entrer dans votre maison sans vous dire qui je suis, » et Mme Aubray entend alors l'anecdote suivante :

Mlle Trois-Étoiles demeurait au cinquième étage d'une maison quelconque. Un beau jour, elle rencontre son propriétaire sur l'escalier, et au lieu de grimper soixante-douze marches, elle n'en monte plus qu'une quinzaine. En d'autres termes, elle occupe au premier un appartement dont le loyer économique rappelle, à s'y méprendre, les écus de la boulangère, et a pour résultat la naissance du petit enfant avec lequel nous l'avons vue tout à l'heure se promener sur la plage de Saint-Valery.

Quelle aubaine pour cette bonne Mme Aubray ! Vous comprenez qu'après un petit sermon sur les dangers des déménagements trop précipités, elle se met incontinent à la recherche d'un père pour l'enfant et d'un mari pour la jeune fille mère.

Elle l'a presque trouvé, ce phénix, quand le docteur en médecine dont je parlais tout à l'heure se jette au travers des projets matrimoniaux de sa mère, en lui déclarant qu'il veut épouser cette jeune fille (qu'il croit une jeune veuve), dont le placement pouvait paraître difficile au premier abord. Mme Aubray commence par faire la grimace ; elle apprend à son fils la véritable situation de la mère et de l'enfant, et déclare que ses théories, bonnes pour les autres, ne valent rien pour lui-même ; qu'en conséquence elle refuse son consentement. Le jeune médecin fait un haut-le-corps des plus prononcés en apprenant que sa veuve n'a jamais été mariée ; mais, mettant l'éducation qu'il a reçue au service de sa passion, il prouve à sa mère qu'il est complétement illogique de prêcher toute sa vie la régénération de la femme, pour répondre par une fin de non-recevoir au moment le plus intéressant. « Je ne suis pas la chrétienne que je croyais, » s'écrie alors Mme Aubray, touchée par ce discours filial, « et pour me punir « de mes hésitations, tiens, mon fils, épouse-la et sois un « heureux père !... »

Tel est le canevas rapidement esquissé de la comédie de M. A. Dumas fils. Il faut dans cette œuvre faire deux parts bien distinctes, du moins quand il s'agit de l'apprécier.

La forme d'abord. Là on retrouve tout l'immense talent de l'auteur du *Demi-Monde*. Rien de plus merveilleux que l'art avec lequel il fait mouvoir ses personnages et manie les péripéties de son drame; rien de plus fin que son style, de plus spirituel que son dialogue. Il y a, en outre, dans *les Idées de Mme Aubray*, certains accents véritablement émus, certains mots vibrants du cœur que l'on chercherait en vain dans *le Demi-Monde*. Aussi il n'y a, sous ce rapport, qu'à s'incliner devant M. Alexandre Dumas fils comme devant un maître.

Quant au fond, c'est-à-dire à la pensée qui a inspiré le brillant écrivain, c'est une autre affaire.

Cette thèse n'est en vérité pas soutenable, et je ne crois pas que M. Dumas ait eu sérieusement la pensée de vouloir s'ériger en protecteur de toutes les jeunes filles qui deviennent mères, et de toutes les femmes qui changent en trio le duo conjugal. Sans cela il suffirait de lui répondre que les conséquences forcées de sa théorie seraient non pas de régénérer la femme, mais d'augmenter dans une proportion affligeante le nombre des enfants pour lesquels on a défendu la recherche de la paternité, et de monter en gerbes les erreurs conjugales.

La plupart des critiques que j'ai lues jusqu'à présent sur la nouvelle comédie du Gymnase ont vivement attaqué M. Dumas à ce sujet; et toutes ces critiques peuvent se résumer à peu près en ces mots : « Un immense talent au service d'une mauvaise cause. »

Pour mon compte, je trouve ces critiques pour le moins exagérées, surtout quand je les vois attribuer autant d'importance à la pensée que M. Dumas a développée dans sa comédie. Car enfin, M. Dumas n'est pas un penseur, ses œuvres précédentes en font foi. Un penseur ne soutient pas alternativement le pour et le contre avec une désinvolture pareille à la sienne.

Ne venez pas me dire, comme je l'ai déjà entendu, que M. Dumas se pose en régénérateur de l'amour en France. Il n'y a jamais pensé, je vous assure. Il a fait *la Dame aux Camélias*, c'est vrai, mais Marguerite Gauthier est une simple histoire que M. Dumas a racontée comme un *fait*, sans avoir jamais eu la prétention de l'ériger en principe. Ensuite il écrit *le Demi-Monde*, que l'on vante à M. de Nanjeac en lui disant que « l'amour y est plus facile qu'en haut et moins cher qu'en bas. » Est-ce là de la régénération de l'amour? — Vient ensuite *l'Ami des femmes*, où M. Dumas déclare que « la femme est un être subalterne, illogique et malfaisant. » Est-ce pour la régénérer que M. Dumas lui fait ce mauvais compliment?

Ne dites donc pas que M. Dumas est un penseur et ne lui attribuez pas une qualité qu'il n'a jamais réclamée. Si vous voulez combattre sérieusement sa pièce, ne vous donnez pas tant de mal : prenez une feuille de papier, partagez-la en deux; imprimez à gauche les tirades de M. de Ryons, à droite celles de Mme Aubray, et le tour sera joué.

Prenez sa comédie pour ce qu'elle est, une comédie remarquable d'esprit, de finesse et de bon goût. Jouissez de la forme et laissez le fond tranquille.

Si cependant je me trompais, et si M. Dumas avait eu l'intention de donner à son œuvre une portée moralisatrice, alors je lui dirais que lorsqu'un auteur de sa trempe se pose en sauveur des brebis galeuses, il doit faire de son œuvre quelque chose de supérieur à toutes celles qui précèdent et commencer son apostolat en renonçant avec mépris aux droits d'auteur. Qu'il fasse donc ouvrir à deux battants les portes du Gymnase ; qu'il fasse même pratiquer une ou deux ouvertures dans le mur pour faciliter la circulation ; qu'il convoque gratuitement le public et que, par-dessus le marché, il offre une prime à ceux qui arriveront les premiers.

Armand R...

BULLETIN FINANCIER

La situation ne se modifie pas à la Banque. L'encaisse, qui continue à s'élever, a gagné 6 millions environ depuis huit jours, et atteint actuellement 761 millions. Le portefeuille conserve une tendance contraire : il a perdu à nouveau 19 millions et demi, et n'est plus que de 522 millions.

La circulation des billets a fléchi de 10 millions et demi et se trouve ramenée à 996 millions.

Les comptes courants particuliers ont également diminué de 5 millions et demi ; ils figurent au bilan de ce jour pour 264 millions.

Le tableau des recettes de nos chemins de fer accuse cette

semaine un léger ralentissement de trafic : à la veille de l'ouverture de l'exposition ce ralentissement n'a pas lieu de surprendre; il est assez naturel qu'à moins de nécessité ou d'obligations forcées, le mouvement des voyageurs vers Paris subisse un temps d'arrêt en ce moment-ci.

Une baisse importante vient d'affecter les actions du chemin de fer du Nord, sur le bruit que le dividende de cette année serait inférieur de 7 fr. à celui de l'année dernière.

Les actionnaires de ce chemin trouveront dans le trafic de cette année un ample dédommagement à la légère diminution du dernier exercice. Il serait difficile de trouver une valeur plus solide et présentant des chances plus certaines d'avenir. Puis, quelle affaire plus honorablement conduite et administrée?

La baisse décidément l'emporte. Nous laissons le 3 0/0 aujourd'hui à 69 fr., coupon détaché; les grandes valeurs ont suivi la même impulsion.

Elle a commencé par une forte dépréciation des actions de la Compagnie immobilière et du Crédit mobilier. Cette dépréciation était motivée, comme nous l'avons déjà dit, par la rupture des négociations de fusion entamées entre la Société immobilière et celle du Sous-Comptoir des entrepreneurs. Il est arrivé ce qui ne manque jamais en pareil cas, le Crédit mobilier, étant solidaire des valeurs émises par lui, devait suivre la même pente.

Le marché n'était que trop disposé, du reste, à subir ces impressions de baisse. Il y règne une crainte et un découragement qu'on ne saurait analyser ; tout est sujet à terreur, le moindre incident affecte hors de toutes proportions.

Mauvais symptôme à la veille de l'ouverture de l'exposition. Bien des espérances pourront être déçues.

E. Bierfuhrer.

23 mars 1867.

OUVRAGES DE Mme OLYMPE AUDOUARD

Chez DENTU, Palais-Royal

(GALERIE D'ORLÉANS)

Les Mystères de l'Egypte dévoilés, fort in-18,
2ᵉ édition. .... 5 »

Les Mystères du Sérail et des Harems turcs,
in-18, 3ᵉ édition. 3 50

Le Canal de Suez (brochure in-8) .... 1 »

Histoire d'un Mendiant, in-18. .... 2 »

Un Mari mystifié, in-18 .... 3 »

Comment aiment les hommes, in-18, 4ᵉ édition. .. 3 »

Guerre aux hommes, in-18, 2ᵉ édition. ...... 3 »

VA PARAITRE :

L'Orient et ses Peuplades, fort in-18 de 500 pages. 5 »

PARIS, IMPRIMERIE JOUAUST, RUE SAINT-HONORÉ, 338.

CAUSERIE

Il y a des gens atrabilaires qui, pour dénigrer le présent plus à leur aise, s'abritent sournoisement derrière le passé, dont ils se font les admirateurs passionnés, et, sous prétexte de conserver les bonnes et vieilles traditions, ils attaquent chaque jour les faits et gestes de leurs contemporains.—Quand disparaît un homme d'un grand nom ayant eu quelque célébrité d'élégance, aussitôt ils déclarent que le dernier gentilhomme, le représentant des bonnes manières, vient de s'éteindre, et que ceux qui restent ne sont plus que des paltoquets et des croquants.

Si la mort enlève une notabilité du sport, ou un homme renommé par ses aventures et ses duels, aussitôt on déclare que l'on vient de perdre un juge souverain ne laissant pas de successeur.

Un grand orateur qui tombe fait dire aussi que le sceptre de l'éloquence ne sera plus tenu par personne, et sur la tombe d'un homme d'État heureux on proclame que la cause qu'il défendait est en péril.

Enfin, jusqu'à ces pauvres saisons qu'on accuse de ne plus savoir ce qu'elles font, oubliant que Mme de Sévigné avait déjà dit qu'on ne pouvait plus se reconnaître au milieu des perturbations célestes qui mettaient l'hiver au printemps et l'été en automne. De cette bonne et charmante causerie, en a-t-on assez dit sur son compte! N'a-t-on pas affirmé qu'on ne savait plus s'entretenir gaiement des choses de la vie, et que le bon goût et l'esprit avaient quitté nos salons, qui n'ouvraient plus leurs portes qu'à des imbéciles, des ennuyeux, des savants ou des idiots? Il est facile de protester contre de pareilles accusations, et, quoi qu'en disent ces terribles détracteurs du présent, je crois qu'il y a encore, malgré les pertes cruelles que l'on peut avoir faites, des grands seigneurs bien élevés, des juges éclairés des questions d'honneur, de grands orateurs honorant la tribune, des hommes d'État habiles, des saisons agréables comme autrefois, et de fines causeries que ne renieraient pas nos aïeux, quand ce ne serait que dans les journaux grands et petits, où on se livre avec assez de succès à ces aimables jeux d'esprit; et parmi les salons qui ouvrent volontiers leurs portes aux causeries, il en est beaucoup que l'on pourrait citer où, comme chez la baronne de W..., princesse de L..., chacun abordant, suivant les pentes de son esprit, les questions gaies, savantes, légères ou sérieuses, on peut se livrer à tous les charmes d'une entraînante conversation.

Non, nous ne valons pas moins que nos pères, quoi qu'on en dise, et chaque siècle a ses vices et ses vertus, ses défauts et ses qualités, ses niais et ses grands hommes. Nous ne sommes ni meilleurs, ni pires, et si la nature et les caractères restent les mêmes, nous n'en marchons pas moins vers le progrès et les améliorations.

Voyez dans les salons : le goût des arts et des choses de l'esprit l'emporte toujours. Maintenant que les danses ont généralement cessé, on les remplace par les concerts, la musique et les comédies. Tous les jours on cite des réunions où hommes du monde et artistes rivalisent de talent pour représenter, devant un public d'élite, les comédies les plus fines et les vaudevilles les plus gais.

Chez la duchesse de Mouchy, Mme Plessy et M. Bressant jouaient *le Pour et le Contre*.

Au ministère d'État, l'inimitable Bouffé jouait, secondé par les excellents artistes du Gymnase, une de ses plus heureuses créations, *la Fille de l'avare*.

Chez la comtesse de Chauvigny, M. Capoul chantait ses plus charmantes romances, Luguet ses chansonnettes les mieux réussies, et un habile siffleur l'accompagnant sur le piano étonnait tout le monde par la flexibilité de son gosier.

Dans le charmant hôtel de la baronne de Wytherscosth, princesse de la Tremouille, qui réunit tous les dimanches quelques prévilégiés, on a tour à tour admiré les prodigieuses et inexplicables expériences de M. de Caston, les scientifiques observations du chiromancien Desbarolles et les scènes charmantes de la jeune Camille Benoiton, qui est déjà une gentille et bien intelligente actrice. On le voit donc, nous savons tout aussi bien que nos pères nous laisser charmer par les jeux de l'esprit, et si la marche du temps fait disparaître d'anciens usages ou des lois surannées, je ne crois pas qu'on ait à s'en plaindre. Je ne suis nullement disposé, par exemple, à jeter un pleur sur la feue contrainte par corps, qui me rappelle cependant une petite histoire de la veille.

L'autre jour, un de mes amis faisant une visite chez un pauvre bohême qui a eu des difficultés avec le tribunal de commerce, le malheureux étant au plus mal avec le ministre des finances et la Banque de France, fut tout étonné de voir la glace de la cheminée tapissée de cartes-portraits qui ne rappelaient en rien les traits d'Antinoüs ou d'Apollon. Cette collection présentait les figures les plus patibulaires qu'il fût possible de rêver, et comme le visiteur manifestait son étonnement sur son goût étrange, il répondit : « Ce sont mes ennemis intimes, le gardes du commerce que d'impitoyables créanciers ont mis à mes trousses. J'ai acheté leurs photographies à prix d'or, et chaque matin, avant de m'exposer aux dangers des rues de Paris, j'étudie ma collection, et le nez au vent j'évite ainsi leurs poursuites. » Le jour où la loi disparaissait du Code, il a livré aux flammes ses anciens ennemis : les arts y ont gagné. Enfin, pour terminer ma trop longue causerie, je vous dirai, sans sortir du sujet, l'exclamation poussée auprès de moi au spectacle par un monsieur dont un trop remuant voisin écrasait les pieds en passant ; ce cri était plein de reproche et de douleur : « On a supprimé la contrainte par corps, ne m'infligez donc pas celle du cor ! »

OLYMPE AUDOUARD.

INDISCRÉTIONS PARISIENNES

Connaissez-vous une plus détestable invention que nos paletots d'hommes, et y a-t-il au monde une gymnastique plus fastidieuse que celle qui consiste à ôter, puis à remettre ce vêtement incommode? Que d'habits ont craqué, sinon dans le dos, du moins aux coutures, tandis que leurs propriétaires s'escrimaient de leur mieux à enfiler les manches d'un paletot! Les théâtres de Paris sont généralement étroits, n'est-ce pas? les fauteuils d'orchestre obligent souvent les malheureux qui les occupent à prendre la position d'une cariatide durant trois ou quatre heures consécutives; eh bien, il m'est arrivé, non pas une fois, mais cent, de préférer cette position déplorable, même durant les entr'actes, à l'alternative d'aller reprendre mon paletot au vestiaire et de le remettre — je frémis d'horreur rien qu'en écrivant ce mot — pour pouvoir aller prendre l'air dehors. Oui, me disais-je, ma position sur ce fauteuil n'est pas tenable; mais enfin je puis, si elle me fatigue, faire un demi-tour à droite ou à gauche, braquer ma lorgnette sur quelque loge mal hantée, et rester quelque temps dans cette autre position qui consiste à avoir les genoux arc-boutés contre mon propre fauteuil, les bras levés à la hauteur de la tête, les mains armées de ma lorgnette, et le dos mollement appuyé contre le dossier du fauteuil qui est devant moi. C'était tomber de Charybde en Scylla, mais j'évitais ainsi de me livrer à cette odieuse gymnastique du paletot, qui, je vous le jure, finira par avoir une influence pernicieuse sur les rapports sociaux. Il y aurait bien moyen de porter remède à la chose en inventant un paletot facile à mettre : malheureusement l'intelligence de tous les inventeurs est en ce moment tendue vers un seul but, le perfectionnement des armes à feu, perfectionnement en ce sens qu'elles seront plus meurtrières, une fois perfectionnées. Est-ce là un perfectionnement? Au point de vue purement militaire, oui; au point de vue..... Mais parlons d'autre chose, comme dit le comte Oscar dans le premier acte de *Barbe-Bleue*, ou plutôt revenons pour un instant au paletot. Il y a de cela quelque dix ans, une tentative avait été faite en faveur de l'abolition des manches de ce vêtement exécrable, et on avait adopté le *talma*; du talma on passa au *raglan*, c'était déjà une reculade; un beau jour on se réveilla avec des manches à son paletot, et nous étions retombés dans l'ornière fatale dont aucun tailleur ne semble vouloir nous tirer aujourd'hui.

Maintenant qu'à l'instar de M. de Girardin j'ai déclaré la guerre à quelque chose, — ne craignez rien, je ne mettrai pas de citation au frontispice de chacune de mes causeries,

— il faut bien que je fasse amende honorable en faveur de ce maudit vêtement et que je vous dise ce que je trouvai dans la poche droite de mon paletot, l'autre soir, une heure après la sortie du Vaudeville.

Tranquillisez-vous, ce n'était ni cent mille francs ni même dix mille, — ces choses-là n'arrivent plus et ne sont même jamais arrivées, — mais un petit portefeuille presque neuf, en cuir de Russie, marqué aux initiales S. G., et ne contenant que trois pièces assez curieuses que je livre aujourd'hui à la publicité, avec l'autorisation de ce cher S. G., le propriétaire de l'objet en question. Je connais S. G. beaucoup et d'ancienne date. Il avait, durant l'entr'acte, tiré ce portefeuille de la poche de son paletot et l'avait remis dans la poche du mien, sans se douter même de la substitution.

« Mon cher, lui dis-je le lendemain, il faut que je t'avoue mon indiscrétion; j'ai lu ces trois papiers. Du reste, il fallait bien lire le premier pour connaître le nom du propriétaire du portefeuille; puis, le premier ne m'apprenant rien, il m'a bien fallu lire le second; enfin, le second étant aussi muet que son prédécesseur au sujet du propriétaire, j'ai passé au troisième, et c'est ta signature apposée au bas qui m'a tout appris.

— Comment, tout?

— Tout, c'est-à-dire ton nom.

— Ah! bien. Et le hasard t'a servi au point que tu n'as lu le plus important, c'est-à-dire celui qui contenait ma signature, qu'après avoir lu les deux autres?

— Qu'y a-t-il là d'étonnant? Ils étaient superposés par ordre chronologique probablement, et j'ai suivi cet ordre. Mais dis-moi un peu qu'est-ce que tout cela veut dire?

— Je te le conterai quelque jour. »

Plein de confiance dans cette promesse et muni de l'autorisation préalable de leur propriétaire, je vous communique ces documents.

Le premier n'est pas le plus intéressant, mais on peut le donner à méditer aux malheureux qui s'attardent la nuit dans les restaurants *à la mode* du boulevard :

Rœderer.	12 fr.	» c.
Carafe.	1	»
Pain.	»	50
Filet.	2	50
Cigarettes	1	50
Un mot illisible	2	50
Voiture	2	50
Id.	3	»
Total.	25 fr.	50 c.

Ce n'est pas admirable, mais *c'est raide*.

Passons au second :

« Impossible ce soir; j'espère vous voir un de ces jours
« chez moi. (*Suit l'adresse.*) Je vous parlerai plus franche-

« ment. Je suis bien triste de devoir vous quitter si vite.
« Mille amitiés !

« *(La signature.)* »

Un joli nom de femme.

La situation, comme on le voit, se complique à vue d'œil ; nous n'avions d'abord qu'une *addition* (en voilà un mot impropre) qui nous édifiait sur le prix du Rœderer et du filet de bœuf entre deux et trois heures du matin ; puis voilà un tout petit billet écrit par une femme et dont la teneur nous jette malgré nous dans une douce rêverie. *Impossible ce soir !* Impossible ! Qu'y a-t-il d'impossible ? C'est ce que je ne sais pas plus que vous ; mais vous avez souri comme moi en lisant ces trois mots ; puis ce sourire s'est un peu effacé devant ces autres : *Je vous parlerai plus franchement*, et il a disparu tout à fait à la dernière phrase.

Arrivons à la troisième pièce ; celle-ci est plus grave, je vous en préviens ; c'est la copie d'une lettre qui a dû être envoyée à l'auteur du petit billet :

« Ma chère enfant,

« Je présumais bien que je ne vous trouverais pas chez
« vous, mais il faut absolument que je vous dise pourquoi
« j'ai mis cet empressement à venir. N'allez pas croire que
« je veuille saisir cette occasion pour vous faire une décla-
« ration d'amour, ce serait absurde, ce serait faux, et puis ce
« serait inutile. Mais il y a dans votre petite escapade d'hier
« au soir et dans votre petite lettre je ne sais quoi qui pique
« ma curiosité — je suis affligé de ce vilain défaut — et qui
« m'intéresse plus que vous ne le pensez. Seriez-vous mal-

« heureuse ou malade? Voyons, je ne fais certes pas profes-
« sion de charité, mais j'ai encore assez de cœur pour vous
« être bon à quelque chose sans chercher à me... (*Suivent*
« *deux lignes illisibles.*) Ne craignez donc rien ; vous m'avez
« promis de la franchise, ajoutez-y un peu de confiance, et
« soyez sûre d'avance que vous.... (*Autre ligne illisible*).

« Ce que c'est pourtant que le hasard. Je vous rencontre
« hier au théâtre après vous avoir vue aux courses ; je vous
« regarde et vous me regardez, vous montez dans une voi-
« ture et je vous rattrappe au moment où vous en descendez,
« vous avez l'air de jouer au vice et vous me plantez là en
« m'écrivant quelques mots, en retour desquels, le lende-
« main, je vous envoie deux pages. Lisez entre les lignes,
« et vous verrez que bien des romans n'ont pas commencé
« autrement.

« Faites maintenant de la situation ce que vous voudrez
« et laissez-moi baiser vos deux jolies petites mains.

« Tout à vous,

« (*La signature.*) »

Quel est ce mystère? allez-vous dire. Hélas! je n'en sais
pas plus long que vous à ce sujet, mais tout cela ne laisse
pas que de m'inquiéter pour ce pauvre S. G., car de ces
trois pièces il résulte clairement qu'il y a eu un souper dans
un restaurant, début peu sérieux en général et n'ayant de
particulier que le cabinet dans lequel... Allons, bien! un jeu
de mots maintenant ; puis tout nous donne à supposer qu'une
femme..... Mais laissons là les conjectures, à quoi bon? faisons comme les autres et remettons la suite à huitaine.

D'ailleurs S. G., qui seul a le mot de l'énigme, est boutonné jusqu'au menton et prétend qu'en dépit du précepte de Boileau, il ne faut pas passer brusquement du plaisant au sévère.

*
* *

Mercredi, veille de la mi-carême, en suivant le boulevard pour rentrer chez moi, je donnai tête baissée, à la hauteur du café de la Paix, dans un attroupement qui s'était formé à l'angle même du boulevard et de la place de l'Opéra. Cet attroupement gênait passablement la circulation et commençait à inquiéter les sergents de ville ; mais les gens qui en faisaient partie avaient l'air de s'amuser comme des rois au temps où les rois s'amusaient encore. Je n'avais pas encore eu celui de me demander à moi-même la cause de ce rassemblement insolite à une heure aussi indue, — il était presque minuit, — que j'entendis distinctement articuler par une voix bien connue ce refrain aimé du public :

V'là la Vénus,
V'là la Vénus,
La Vénus aux carottes.

Que Schneider me le pardonne, à ces accents j'avais reconnu Silly. Voilà donc à quoi vous employez les loisirs que vous ont faits les *aménités* de votre rivale, Schneider, *tibi hæc otia fecit!*

Il paraît que cette petite fête, dont le public prenait un peu sa part, a été des plus gaies, et que la brillante actrice des Variétés, qui a su conquérir avec sa plume une place dans la littérature, a chanté devant quelques amis les airs les plus *choisis* de son répertoire, après leur avoir préalablement donné lecture d'une profession de foi qui doit paraître ces jours-ci sous le titre de : *Un dernier mot à Hortense.*

Au moment où l'enthousiasme était à son comble, un malheureux improvisa le quatrain suivant :

>Au sein de cette ardente fête,
>Quel trouble immense me remplit!
>Mon cœur le lirait dans ma tête,
>   Silly.

Ce fut le signal d'une mêlée générale, d'un sauve qui-peut universel, qui alla troubler la tranquillité de quelques débris glorieux de cette vieille garde, dont parle Lassouche, dans la *Vie parisienne*, qui festinaient dans l'ombre et le silence, à deux pas de là, en compagnie de plusieurs invalides.

*
* *

Ceci m'amène tout naturellement à vous parler du baron Brisse. Figurez-vous qu'il y a des gens qui ont prétendu et prétendent encore qu'il n'a jamais existé et que cet aimable gourmand, qui place sous son patronage certains repas dont nous nous garderons bien de parler, n'est qu'une raison sociale derrière laquelle s'abrite une société de..... philanthropes. Eh bien ! qu'ils se détrompent, le baron Brisse existe, c'est un homme en chair et en os ; seulement, ce n'est ni un gastronome ni même un gourmet, c'est tout bonnement un produit de cette civilisation malsaine qui nous emporte dans son tourbillon, c'est l'homme-menu, et il ne ressemble pas plus à Brillat-Savarin que Benoîton ne rassemble à M. de Châteaubriand. Le baron Brisse est une de ces célébrités parisiennes dont la durée est calculée aussi exactement que celle d'une éclipse : Rigolboche, Léotard, Thérésa, ont passé ; le baron Brisse passera comme eux, malgré ses trois cent soixante-cinq menus et ses réclames *gastronomiques*. Je crois qu'il ne se fait lui-même aucune illusion à cet égard, et en cela il a parfaitement raison.

*
* *

Les étrangers commencent à envahir Paris ; ils affluaient au dernier bal masqué de l'Opéra, et on les reconnaissait facilement à leurs chapeaux montés de formes et jurant avec la mode du jour. A propos de chapeaux, que pensez-vous de la forme de ceux que nous portons aujourd'hui ? M'est avis que les chapeliers sont plus malins que nous : ils baissent leurs chapeaux sans baisser leurs prix. Quel admirable prétexte pour nous faire payer nos chapeaux 50 francs lorsque le public voudra revenir à l'ancienne forme. Un chapeau deux fois plus haut que les couvre-chefs microscopiques du moment devra coûter le double. C'est assez clair.

*
* *

Les nombreux visiteurs qui se pressaient aux tourniquets de l'Exposition lundi, jour de l'ouverture, et qui, moyennant la modeste somme de vingt francs, étaient admis à *circuler* dans l'intérieur du bâtiment, ont dû certainement regretter leur argent. Ils ont été les victimes d'une petite mystification qui, vu les circonstances et surtout la date, ne laissait pas que d'avoir son côté plaisant : voies obstruées par des caisses à demi déballées, circulation pénible par conséquent, et gênée en outre par les sergents de ville et les gendarmes qui arrêtaient de la voix les téméraires trop convaincus d'avoir acquis le droit de circulation en échange de leur pièce de vingt francs déposée à la porte, beaucoup de poussière, et une odeur de vernis qui prenait à la gorge.

Il est utile de signaler ces inconvénients pour n'avoir dans l'avenir qu'à chanter les louanges de la commission impériale et à manifester un juste enthousiasme pour toutes les merveilles qui seront étalées dans le palais du Champ de Mars et ses annexes.

Mais, quand on ouvre l'accès de ces mêmes merveilles le 1er avril, il faudrait, ce me semble, baisser les prix au lieu de les augmenter, puisque rien n'est encore à sa place.

Comte ESCAMERIOS.

REVUE DES SALONS

La mi-carême a passé inaperçue dans le monde élégant, et de plus en plus on abandonne les manifestations mondaines pour ce jour-là. — Nous n'avons jamais compris le motif de ce temps d'arrêt du carême, et nous trouvons si naturelle la suppression de ces agitations, que cela nous produit l'effet d'un rêve qui n'a jamais dû exister. — C'est l'histoire des choses qui sont si bien à leur place qu'il semble impossible qu'elles aient jamais été ailleurs.—On citait l'autre soir, chez la marquise d'H..., une jeune femme qui est encore embellie, s'il est possible, par de la poudre d'argent dans ses beaux cheveux noirs : « Je ne l'avais pas remarqué, dit un de ses admirateurs ; il me semblait l'avoir toujours vue ainsi ! » Cela prouve une fois de plus que *le beau* est dans la nature, et que *le laid* en est l'accident; que ne pouvons-nous dire, hélas! l'exception?...

Le concert des Amis de l'enfance a eu jeudi le plus grand succès. — Il a toutes les sympathies du monde d'élite, qui le patronne depuis longtemps, et en outre des premiers artistes, que l'on est sûr toujours d'y trouver. Il a emprunté cette année un nouveau charme à la pièce inédite de M. de Girardin, *Un Mariage d'honneur*, qui a été merveilleusement jouée. — Elle est pleine des mots les plus heureux, les plus fins, des aperçus les plus neufs, et elle a dépassé tout ce que l'on en espérait. — Plus d'une jeune femme a eu le cœur serré en entendant Mlle Doucet, la belle fiancée, pleurer sur la dédaigneuse indifférence de son mari! Les unes ont été émues en pensant à leur bonheur à elles, et les autres en reconnaissant des douleurs qui se retrouvent souvent dans les mariages que l'on fait aujourd'hui. — Généralement Monsieur veut de l'argent, Mademoiselle veut un titre, et ils ne pensent au bonheur intérieur qu'en constatant qu'il manque. — Et tout cela c'est la faute DU LUXE! — Si l'on ne mettait pas le bonheur dans l'étalage, on le chercherait au coin du feu, et avant de demander *qu'a-t-elle?* on demanderait plus souvent *qui est-elle?* — Ce que nous disons là ne servira à rien, cela va sans dire; demain nous apprendrons encore de ces mariages d'ambition réciproque; dans quelques mois on nous dira qu'ils sont malheureux, et cela n'empêchera personne de les imiter!

On annonce pour dimanche un beau concert du comte Wrobleski. On y entendra Mme Salviani, que nous pourrons, dit-on, applaudir l'hiver prochain à l'Opéra!

M. Wrobleski a un admirable talent, et il a composé pour le piano des morceaux remarquables sur des mélodies *créoles* qui ont un charme infini. — Ces mélodies si harmonieuses nous amènent à vous parler d'un ouvrage bien remarquable que le docteur du Veirier vient de publier et qu'il a intitulé tout simplement : *De la mélancolie*. Il commence par en parler au point de vue médical, qu'il est mieux qu'un autre à même de juger ; puis il en vient à la voir avec son esprit, avec son cœur, et comme là encore il est essentiellement dans son élément, il en résulte des pages vraiment admirables. Ce qu'il dit *de l'ennui* est si simple, si juste, qu'après l'avoir lu on croit l'avoir pensé et que pour un rien on lui demanderait de quel droit il a imprimé nos pensées ! — Le grand monde est aussi sympathique au livre qu'à l'écrivain, qui lui appartient par la naissance, la grande position, les traditions et la valeur personnelle.

Le docteur du Veirier est arrivé d'Égypte cet automne : il y est allé pour suivre le choléra, il y a montré le plus grand talent, le plus grand courage ; il en a rapporté les notes les plus utiles, et ses amis attendent pour lui cette croix d'honneur si bien gagnée et qui ne peut lui manquer.

Il y a eu lundi, chez la baronne de Meyendorff, une charmante matinée. Elle a dit avec Mme Ernst plusieurs scènes de Molière d'une manière ravissante, et la marquise d'Aoust a complété cette réunion en chantant plusieurs morceaux avec Mlle Rives. — On a entendu avec infiniment de plaisir des compositions du marquis d'Aoust, chantées par ces dames. Le talent de Mme d'Aoust est de ceux que l'on ne discute pas, et le seul malheur du monde musical est qu'une si belle voix soit échue à une grande dame et pas à une pauvre fille, qui serait devenue une Malibran !

On raconte une scène assez amusante qui s'est passée l'autre soir aux Italiens. Un très-grand seigneur protége une très-belle dame qui est un peu fantasque et qui avait eu, le printemps dernier, une telle rage de musique, que le grand seigneur avait été obligé d'intervenir pour modérer un peu les leçons que la dame prenait d'un de nos plus charmants acteurs. Pour se consoler, elle s'occupait de turf cet hiver, et elle en cause très-souvent, dit-on, avec un élégant sportsman. Elle était donc aux Italiens l'autre soir, radieuse de beauté et de toilette. Le grand seigneur la contemplait avec orgueil en maudissant peut-être la grandeur qui l'enchaînait loin d'elle.... Mais elle ne voyait que le sportsman en admiration devant une étrangère aussi belle qu'elle, plus jeune et ayant tout le charme de l'inconnu. La soirée parut bien longue à la belle dame ; mais enfin la toile se baissa et lui permit de quitter ce fauteuil qui avait été pour elle le gril de saint Laurent. Pendant qu'elle attendait sa voiture, le sportsman passe avec l'étrangère ; elle s'élance et lui dit d'une voix retentissante : *Votre bras, monsieur, je le veux !* L'étrangère reste foudroyée d'une semblable attaque, et le sportsman commence à trouver que c'est bien fâcheux d'inspirer des sentiments aussi vifs ! — Il a l'air de ne pas comprendre, mais l'étrangère simplifie sa position en lui rendant sa liberté. Il en profite pour ne pas suivre la belle dame orageuse, et le lendemain *tout Paris* riait de l'aventure, sauf le grand seigneur qui paye très-cher le droit de ne pas savoir ces choses-là ! — Un ami du sportsman lui conseille de se marier pour ne plus risquer d'avoir de pareilles scènes ; il lui dit avec raison que s'il trouve une femme bien élevée, elle ne lui fera *au moins* des scènes que chez lui. — Cet argument victorieux ne l'a pas encore décidé.

Il y a eu mercredi un bal costumé chez la baronne de B*** Elle a pensé avec raison que pour donner un bal de la mi-carême il fallait le donner le mercredi, afin que le souper ne soit pas gêné par le maigre du vendredi. — Il y a eu des costumes charmants, très-frais, et la gaieté qui n'a cessé d'y régner l'a prolongé très-tard. — Il y a décidément peu d'étrangers qui arrivent. On cite des maisons entières qui ont été préparées pour les recevoir et qui n'ont pas encore un seul locataire ni même des appartements retenus. On disait l'autre soir que la masse des Parisiens qui comptent quitter Paris le mois prochain sera à peine compensée par les étrangers attendus. — On dit qu'ils viendront *plus tard*, et, par parenthèse, ils n'auront pas tort! Mais nous craignons qu'il n'en soit de leur arrivée comme de ce barbier où l'on rasait *gratis demain*..... Nous autres Parisiens, il faut convenir que nous avons un amour-propre qui souvent nous entraîne à ne pas voir la vérité la plus évidente! — Nous avons dit : « L'Exposition étant à Paris, sera la plus belle du monde; des millions d'étrangers viendront l'admirer et nous pourrons les exploiter à notre aise! » — Au lieu de cela, l'Exposition est en retard, les étrangers n'abondent pas et ils discutent les prix, les misérables! — Je voudrais savoir comment nous allons nous tirer, vis-à-vis de nous-mêmes, de ce petit échec. — La chose la plus sûre, c'est que les prix augmentent affreusement et conserveront ces proportions formidables. Ainsi que l'a si bien dit jeudi Mme Audouard, vous verrez que le Parisien mangera à perpétuité le poulet maigre à 10 fr. que l'étranger aura su prudemment éviter! Ce serait bien bête pour le peuple qui s'intitule modestement le plus intelligent du monde!

Deux dames chinoises sont entrées dans un magasin de gants où elles ont fait un choix considérable, et dans des dimensions tendant à prouver que les mains ne sont pas en Chine aussi petites que *doivent* l'être les pieds! — Au moment de payer, leur interprète leur a exprimé sa surprise de ce qu'on leur demandait un prix plus que double de celui habituel. La Chinoise, qui avait le type le plus exact de sa race, une ressemblance frappante avec le *mandarin* de l'aimable Nadaud, a subitement abdiqué sa nationalité et a expliqué dans le plus pur français de Lyon qu'elle ne voulait pas être volée et qu'elle savait trop le prix des gants pour payer 7 fr. ce qui en valait 3. — Le marchand s'est rendu et elle a repris immédiatement ses allures du Céleste-Empire. — Cela a fait penser que le peu d'étrangers qui arrivent sont peut-être natifs de Sens ou de Quimper, et que les toilettes dont on rit sur les boulevards sont plus indigènes que l'on ne pense!

Comtesse DE MARLY.

LES REINES DE LA TRAGÉDIE

Sarah Siddons, Rachel Félix, Adélaïde Ristori ! noms retentissants, nobles figures enveloppées d'un nimbe éblouissant, et dont s'enorgueillissent à juste titre trois grandes nations !

Le génie, à quelque ordre d'idées qu'il se rattache, appartient pourtant à l'univers. Polymnie est cosmopolite. Si l'Angleterre peut revendiquer pour elle seule la gloire de Mme Siddons, qui s'est exclusivement consacrée à son pays, Rachel et Ristori ont émerveillé les gens de goût des deux émisphères, et leurs mâles accents ont partout fait vibrer les mêmes cordes et soulevé les mêmes sympathies.

Ces trois étoiles, pour leur donner le nom si ingénieusement appliqué aux grands artistes par les Anglo-Saxons (*stars*), ont répandu sur la scène dramatique contemporaine les plus vifs rayonnements. Et il n'est pas sans intérêt, surtout à cette place où le patriotisme de clocher n'existe pas, où le chauvinisme est inconnu, de présenter dans un même cadre ces femmes illustres, de nature et de tempérament si divers, mais que l'intelligence a faites sœurs, comme le génie les a sacrées reines.

SARAH SIDDONS

Fille d'un directeur de troupe ambulante, la grande tragédienne anglaise naquit en 1764, à Brecon (Pays de Galles), dans une auberge qui porte encore aujourd'hui l'enseigne de *l'Épaule de mouton.* Sœur de deux grands artistes, John et Charles Kemble, elle appartenait à une famille dans laquelle le génie dramatique s'était pour ainsi dire incarné. A dix-huit ans, elle épousa M. Siddons, l'un des pensionnaires de son père.

Les premiers essais de la jeune Sarah n'eurent rien de remarquable. On montre encore, à Stourbridge, une grange où, à l'âge de quinze ans, elle remplissait les rôles d'héroïnes dans les pièces montées et jouées par les officiers de la garnison. Un soir, au lieu de tomber évanouie sur le sein de son amant, comme le voulait le rôle, elle laissa échapper une fusée d'éclats de rire et quitta brusquement la scène, à l'immense confusion de l'officier, qui avait tendu les bras pour la recevoir, et qui déclara ensuite qu'à ce moment il l'aurait volontiers tuée sur place.

Sarah débuta à Londres en 1781. Comme il est arrivé à certains artistes célèbres, cette première apparition fut suivie d'une chute complète. La mortification qu'elle éprouva doubla son courage; après quelques mois d'études, elle revint sur la même scène et y remporta un éclatant triomphe. C'était en octobre 1782.

D'après un récit du temps, l'effet qu'elle produisit dans son rôle de début (Isabelle, du *Mariage fatal*) fut immense. Les spectateurs se sentirent subjugués dès les premières scènes ; les sensations d'étonnement, d'admiration, de ravissement, — c'est toujours le chroniqueur qui parle, — produisirent dans l'esprit du public un choc semblable à celui qu'aurait pu imprimer l'annonce imprévue d'une grande victoire.

À partir de cette soirée, Sarah Siddons prit possession du trône tragique et l'occupa seule pendant trente années.

Elle fut aimée autant qu'admirée, à la cour aussi bien qu'à la ville. Elle était souvent appelée au palais, où, devant Georges III et la reine, et dans leur intimité, elle récitait les beaux vers qui faisaient courir toute l'Angleterre.

Elle quitta définitivement le théâtre en 1812, avec une fortune magnifique, et mourut près de vingt ans après, le 8 juin 1831. Elle avait soixante-six ans.

La parfaite symétrie de sa personne rendait Mme Siddons particulièrement attrayante. L'harmonie de ses traits atténuait ce qu'ils avaient peut-être de trop fortement accusé. Sa physionomie, douée d'une mobilité, ou, pour mieux dire, d'une flexibilité extraordinaire, se prêtait instantanément à toutes les modifications de la passion. Son organe doux et même plaintif s'affermissait à la scène et éclatait à l'occasion. Sa diction était claire, nette et pénétrante. Complétement maîtresse d'elle-même, elle dirigeait à son gré ses effets dramatiques et possédait au suprême degré ce jugement exquis qui permet de déployer les facultés intellectuelles dans toute leur étendue sans jamais dépasser les limites du vrai.

Une des plus grandes qualités de Mme Siddons était sa puissance d'identification. Elle s'incarnait littéralement dans son personnage ; son imagination conjurait si complétement la réalité, que les divers sentiments qu'elle excitait dans l'âme de ses auditeurs, elle les éprouvait tout d'abord. Elle pleurait de vraies larmes, et ses sanglots lui déchiraient bien certainement la gorge. On raconte même qu'en scène, ses camarades ressentaient comme une sorte de terreur devant le masque souvent terrible que leur présentait sa physionomie.

Ses rôles principaux sont ceux de Constance, Isabelle, Desdemone, Volumnie, Portie, Hermione, Imogène, et surtout de Catherine (Henri VIII) et de lady Macbeth. Elle déployait dans ces deux dernières personnifications une sensibilité, une dignité et une vigueur qu'aucune actrice n'a jamais pu égaler. Véritablement originale, elle ne copiait ni le mort ni le vif; elle obéissait à l'impulsion de sa propre nature et à l'idée intime qu'elle se formait du personnage qu'elle représentait.

Lord Byron, dont la susceptibilité nerveuse était telle qu'il s'évanouit un soir, à Drury-Lane, en écoutant Edmond Kean dans le rôle de sir Giles Overreach, disait des grands comédiens de son époque : « Kemble est le plus surnaturel des acteurs que j'aie jamais vus ; Cooke est le plus naturel ; Kean se tient entre les deux ; Mme Siddons est supérieure à tous. »

« Elle était plus qu'une femme de génie, » dit un autre poëte, Campbell, « car la bonté de son cœur en faisait l'honneur de son sexe et de la nature humaine,

La beauté tragique de Mme Siddons dépassait tout ce qu'on avait vu jusque-là sur la scène anglaise. Quand elle paraissait, ses cheveux et ses sourcils noirs, son coup d'œil d'aigle, son geste dominateur, imprimaient à toute sa personne un air de grandeur et de majesté héroïques.

Enfin, pour achever d'un mot son portrait, non-seulement elle illustra le théâtre par ses qualités d'artiste, mais encore elle releva sa profession par la dignité de ses manières.

Environ un siècle avant l'époque où Mme Siddons répandait une si vive lumière sur la scène anglaise, la mode en excluait complètement les femmes. Le satirique Pepys rappelle, dans son journal, qu'en janvier 1661 il vit pour la première fois une actrice sur la scène, malgré l'exemple déjà donné, plus de quarante ans auparavant, par la reine, femme de Jacques I*er*, qui avait l'habitude de remplir des rôles dans les pantalonnades et les pastorales représentées à la cour.

Un des écrivains puritains du temps, Prynne, s'attaque aux actrices dans les termes les plus grossiers; et lorsque M*me* Sanderson parut dans le rôle de Desdemone, le directeur du théâtre crut devoir adresser aux beaux esprits de la cour de Charles II l'apologie suivante, en guise de prologue :

> Nos femmes, par leur taille, aussi par leur maintien,
> Vrais gardes déguisés, n'ont jamais valu rien ;
> De filles de quinze ans, pour parler sans ambage,
> Les rôles sont tenus par des hommes dont l'âge
> Frise la cinquantaine : au front si menaçant,
> A l'épaisse encolure, au si rude visage,
> Qu'en nommant « Desdemone » on invoque un géant (1) !

Le théâtre anglais n'a pas manqué de grandes actrices, avant et après M*me* Siddons. La génération précédente avait pu admirer la belle et trop fragile Nell Gwynne, l'illustre M*me* Barry, la non moins célèbre M*me* Oldfield, M*me* Bracegirdle, M*me* Roger, qui s'est toujours refusée à remplir d'autres rôles que ceux des « bonnes dames » (*good la-*

---

(1) Un traducteur est un traître, c'est connu. Grâce donc pour ma paraphrase ! Voici le texte :

> Our women are defective and so sized
> You'd think they were some of the guards disguised,
> For, to speak truth, men act, that are between
> Forty and fifty, wenches of fifteen ;
> With brow so large and nerve so uncompliant
> When you call « Desdemona » enter giant !

dies), et Mme Mountfort, en l'honneur de laquelle Gay composa une charmante ballade, « Susanne aux yeux noirs » (*Black Eyed Susan*), et qui est l'héroïne d'une touchante histoire.

Ayant eu le malheur de devenir la pensionnaire d'un asile d'aliénés, elle apprit, un jour, qu'on devait représenter *Hamlet*. Éludant la surveillance de ses gardiens, elle parvint à sortir de l'asile, s'introduisit dans le théâtre et se cacha dans les coulisses. Elle écouta tranquillement la pièce ; mais au moment de la magnifique scène de folie, elle écarta violemment l'actrice qui allait faire son entrée, s'élança vers la rampe et électrisa l'auditoire, en lui montrant et lui faisant entendre une véritable Ophélie, folle d'amour. Ce fut le dernier effort de la nature. En quittant la scène, elle s'écria : « Maintenant, tout et fini ! » et s'affaissa sur elle-même. Quelques instant après elle était morte.

La place laissée vacante sur la scène anglaise par le retraite de Mme Siddons fut occupée successivement par miss O'Neil, qui débuta en 1814 et quitta le théâtre en 1818, pour épouser un grand seigneur, lord Becher ; miss Helen Faucett ; l'Américaine miss Charlotte Cushman, qui jouit actuellement, sur les bords de l'Arno ou du Tibre, d'une fortune vaillamment acquise ; et par Mme Charles Kean, qui aujourd'hui encore prête aux magnifiques créations de Shakespeare l'appui d'un talent mûri et d'une intelligence dramatique très-prononcée.

Hippolyte de Vattemare.

(*La suite au prochain numéro.*)

EXPOSITION UNIVERSELLE

Cérémonie d'inauguration.

M. Alexandre Dumas fils n'a pas trouvé d'autre mot, pour finir sa pièce *les Idées de M*^{me} *Aubray*, que celui-ci : *C'est raide*. Il l'a finie et l'a, pour ainsi dire, appréciée par ce mot : *C'est raide*.

Eh bien, dût-on m'accuser de plagiat, je commencerai mon article et je le finirai par ce mot : *C'est raide*, car je n'en trouve pas un autre qui rende aussi bien ma pensée que celui-là.

Oui, c'est raide.

MM. les commissaires de l'Exposition universelle se sont moqués du public avec un sans façon par trop grand, même pour un premier avril ! D'abord, faire payer un *louis* l'entrée !... beaucoup l'ont trouvée *raide*; ensuite, ce me semble, le public, qui a été prévenu de ce prix exorbitant, avait le droit de s'attendre à être traité avec quelques considérations.

La Liberté a évalué à cent mille le nombre des visiteurs ; cela a donc donné à la société le chiffre rond de deux millions. Pour un premier jour, c'est joli! Ce public, venant donc apporter bénévolement deux millions à la commission, pouvait, je le répète, s'attendre à ce qu'on eût quelques égards pour lui... Ah! ben oui! Fallait voir comme on l'a traité!... On l'a parqué dans des vestibules encombrés de colis, de caisses, de morceaux de bois, de tas de paille, de monceaux d'immondices; toute cette foule, en se poussant, se repoussant, soulevait des nuages de poussière; les dames accrochaient leurs robes, toutes sont sorties de là en loques.

En plus de ces caisses, de ces morceaux de bois, de ces tas de paille, de cette poussière, qu'a vu ce public à 20 francs par tête? Rien, sinon des boutiques vides ou à peu près et une nuée de sergents de ville!

Certes, je respecte l'autorité représentée par les *policemen*; mais lorsque ces mêmes *policemen* sont les premiers à bousculer, rudoyer le monde inoffensif, je trouve qu'il faudrait des sergents pour les rappeler eux-mêmes à l'ordre. Ainsi, un instant, ne sachant plus où me réfugier, car à chaque pas une baïonnette me barrait le passage, j'étais allée dans le parc, j'étais à causer avec quelques amis : tout à coup une escouade de sergents de ville arrive au galop sur nous, ils nous poussent, nous renversent presque. Je veux me plaindre; ils me répondent : *Eh bien, enlevez-vous de là...* — Mais où voulez-vous qu'on se tienne? Est-ce défendu de se promener ici? — Oui, me disent-ils, l'Empereur va passer, et, tout en me disant cela, chacun d'eux me poussait en sens contraire... C'était le cas de leur dire : « Trop de zèle, messieurs! » Enfin je parviens à sortir non de leurs griffes, mais de leurs poussades. Je veux rejoindre ma société que j'aperçois à quelque distance, crac! un sergent de ville me prend par le bras en me disant : « On ne passe pas! » Qu'un sergent de ville prenne un malfaiteur par le bras, rien de mieux; mais qu'il se permette d'empoigner le bras d'une femme, parce qu'elle passe à droite quand il s'est fourré dans la tête qu'elle doit passer à gauche, je trouve cela un peu fort!

Ces pauvres visiteurs, ayant payé un louis, avaient tous l'air de malfaiteurs pourchassés par des gardes municipaux et des *policemen*.

Il fallait voir l'air étonné, déconcerté des Anglais surtout!

Franchement, il y avait de quoi les étonner! Certes, on ne pouvait pas dire qu'on avait acheté à la porte le droit de se croire chez soi.

L'Empereur et l'Impératrice ont été reçus avec un chaleureux enthousiasme. Si au moins ce pauvre public ayant payé 20 francs avait pu voir de près notre souverain et notre gracieuse souveraine, il aurait oublié tous ses mécomptes; mais ce bonheur ne lui a pas été donné : on l'avait parqué comme un troupeau galeux partout où nos souverains ne devaient pas passer. Et pourtant si les visiteurs étaient nombreux, s'ils avaient payé un *louis* au lieu de 20 sous, ce n'était que mus par l'espoir de voir de près Leurs Majestés. Mais les commissaires de l'Exposition universelle en ont jugé différemment; ils feront si bien, ces aimables administrateurs, que les visiteurs finiront par se révolter et faire grève.

L'arbitraire du caractère français perce dans tout ; à l'Exposition il brille d'un trop vif éclat : d'abord les cartes d'abonnement. Parlons-en ! On vous envoie, avant de vous la délivrer, vous faire photographier : comme c'est amusant et commode ?

Si vous protestez contre le portrait, alors il vous faut signer sur trente-six registres... Mais, mon Dieu ! messieurs les commissaires administrateurs, expliquons-nous : Si vous craignez d'avoir trop de monde, si vous voulez restreindre le nombre des visiteurs, oh ! alors, rien de mieux, votre procédé est excellent ! Mais si vous désirez avoir beaucoup de monde, eh bien, vos procédés sont détestables, ils manqueront complétement le but ; car d'une chose qui devrait être agréable, d'une visite à l'Exposition, vous en faites une corvée ennuyeuse, irritante.

Est-ce que pour entrer à Cristal-Palace on demandait un portrait, une signature ? Mais, hélas ! tout Français qui a un pouvoir en main veut le faire sentir lourdement à celui sur lequel il l'exerce ; il invente des règlements.

Sans doute, une fois que l'Exposition sera arrangée, installée, ce palais de tôle pourra être fort beau ; il y aura dedans toutes les merveilles de l'art et de l'industrie, mais est-ce une raison, je vous le demande, pour inventer mille petites vexations à l'usage de ceux qui vont le visiter ?

Un journaliste me disait lundi soir : « Comment donc n'avez-vous pas demandé une carte de faveur ? » Il ajoutait : « Moi-même je vous en aurais donné une. » Je lui ai répondu ceci : « C'est que les journalistes consciencieux auraient dû faire comme moi, payer leur entrée 20 francs et voir par eux-mêmes comment étaient traités ceux qui n'avaient pas de cartes d'entrée de faveur. »

Car enfin, si les journalistes vont tous aux places réservées, ils ne peuvent pas juger des mécomptes réservés au commun des mortels !

Pour moi, j'ai payé 20 francs le droit de dire ma façon de pensée.

Eh bien ! faire payer 20 francs d'entrée, *c'est raide.*

Ne pas même avoir fait balayer les galeries, nous avoir introduits au milieu de ces décombres, c'est d'un sans gêne par trop fort, et cette cérémonie d'inauguration est une plaisanterie raide pour le public.

OLYMPE AUDOUARD.

SOUVENIRS DU BORD

II

L'Assurance mutuelle

Nous étions dans la région des vents alizés. Notre navire filait vent arrière poussé par une faible brise. La mer était calme et unie.

Après le repas du soir, officiers et passagers, tous réunis sur le pont de la dunette, nous jouissions du sepectacle, vu bien souvent et cependant toujours avec plaisir, d'un splendide coucher de soleil.

A l'horizon incandescent, le globe d'or de l'astre roi parut s'arrêter un instant comme pour nous donner l'adieu du soir, puis il s'engloutit dans les flots et la nuit fut faite presque instantanément.

Les étoiles scintillaient sur le bleu azuré du ciel, la lune montait à l'orient et la mer allumait ses feux dans le sillage du navire. Après une journée magnifique nous avions une belle nuit.

Notre capitaine, assis sur le banc de quart, ayant auprès de lui Mme Saint-Clair, fumait lentement une longue pipe turque bourrée de tabac de Constantinople.

« Monsieur Fremond, dit le vieux marin en retirant des lèvres le bout d'ambre de sa pipe et en s'adressant à un beau jeune homme qui, négligemment couché sur le pont de la dunette, paraissait plongé dans une douce rêverie, monsieur Fremond, voici Mme Saint-Clair qui me prie de lui conter une de ces histoires que je conte si bien, dit-elle. Savez-vous ce que je viens de lui répondre? Non, sans doute. Eh bien! je vais vous le dire.

« L'autre jour, par une soirée de pluie et d'orage, j'ai narré, moi vieux loup de mer, une douloureuse et sanglante histoire, sombre comme était le temps. Aujourd'hui, par le calme de cette belle nuit, il nous faut un récit en harmonie avec la tiédeur de la brise et la douce clarté de la lune; il nous faut une charmante intrigue mondaine ou un conte de pur amour. Monsieur Fremond, j'ai dit à Mme Saint-Clair que pour ce soir je vous cédais la parole.

— Capitaine, répondit M. Fremond en venant s'asseoir à côté de notre jeune passagère, vous connaissez ma nature paresseuse et savez que j'aime mieux écouter, et, à défaut, me laisser aller au courant de mes rêves, que de tenir le dé de la conversation. Par suite, permettez-moi de conserver mon rôle de simple auditeur.

— Cependant, si nous vous en priions bien? dit notre passagère de sa douce et caressante voix.

— Si vous me priez bien, madame, ce sera m'ordonner, et, dussé-je vous faire un conte à dormir debout, je vous obéirai.

— Alors, monsieur, nous en courrons la chance. Commencez, nous vous écoutons. »

Ernest Fremond jeta à l'eau le tronçon de cigare qu'il fumait, parut un instant chercher dans ses souvenirs, puis parla ainsi :

« Il y a environ dix mois qu'à la suite d'un violent rhume, je me trouvai un peu fatigué de la poitrine. Ma mère, prompte à s'alarmer — comme toutes les mères, — me voyait déjà phthisique au deuxième ou troisième degré. Elle désolait notre docteur, qui, pour la contenter sans doute, lui conseilla de m'envoyer passer les derniers mois de l'hiver sous un climat plus doux que celui de Paris. Comme un voyage me souriait assez, j'abondai dans le sens du docteur, et je partis aussitôt, muni d'argent et de lettres de recommandation.

« Mon médecin avait vaguement indiqué le Midi de la France. J'allai à Montpellier, où je fis un court séjour : cette ville m'offrait peu de distractions. Marseille me retint pendant un mois ; puis, désirant suivre le littoral de la Méditerranée jusqu'à Nice, je me rendis à Toulon.

« J'avais une lettre de recommandation pour le préfet maritime, c'était alors l'amiral Baudin. Il me reçut très-amicalement et m'offrit de mettre à ma disposition un de ses officiers pour me faire visiter l'arsenal, les hôpitaux, la rade, et me conduire partout où ma fantaisie de curieux et de touriste pourrait m'entraîner. J'acceptai son offre avec reconnaissance.

« J'étais à Toulon depuis une semaine, lorsque je reçus une lettre d'invitation pour un bal donné à la Préfecture maritime.

« N'ayant rien de mieux à faire, j'allai au bal. La réunion était nombreuse, les femmes très-bien mises et quelques-unes d'une beauté remarquable. Je vis non sans plaisir, je dois l'avouer, qu'à Toulon, tout comme à Paris, les dames mettaient beaucoup d'étoffe aux jupes de leurs robes et très-peu aux corsages; il y avait là une collection de blanches et ravissantes épaules à rendre jalouses nos lionnes parisiennes.

« J'avais déjà fait plus d'une fois le tour des salons, lorsque le lieutenant de vaisseau qui, sur la recommandation de l'amiral Baudin, m'avait piloté dans Toulon me frappa sur l'épaule et me dit :

« Mon cher monsieur Fremond, vous rôdez comme une âme en purgatoire ; j'ai pitié de vous, et vais vous faire entrevoir un coin du paradis, en vous présentant à une jeune et charmante Espagnole, Mme Rivarol. Venez. »

« Mme Rivarol était une délicieuse brune, paraissant avoir vingt ans. Elle avait de magnifiques cheveux noirs ; son sein et ses épaules accusaient cette fraîcheur de formes et cette pureté de contours qui ne se retrouvent que dans la statuaire antique ; cachés sous un flot de dentelles, ils semblaient vouloir se dérober au regard, tout en se révélant à lui avec ce charme mystérieux et irritant qui captive et enivre les sens comme le parfum des fleurs de serre.

« Madame, lui dit mon ami le lieutenant de vaisseau, M. Fremond est étranger à Toulon ; permettez-moi de vous le recommander vivement. »

« La jeune femme leva sur moi ses grands yeux noirs, dont l'ardeur fiévreuse et maladive me fit tressaillir.

« Madame, continua l'officier de marine, mon ami a du reste par lui-même une puissante recommandation auprès de vous : il parle l'espagnol comme sa langue maternelle. »

« Je dansai plusieurs fois avec Mme Rivarol et passai une grande partie de la soirée à côté d'elle, usant largement de la position de protégé que m'avait faite le lieutenant de vaisseau.

« La jeune femme paraissait si heureuse d'entendre parler la langue de sa patrie et de pouvoir la parler elle-même, que je dus sans doute à ma chance de connaître l'espagnol l'accueil tout sympathique qu'elle me fit.

« Le mari de Mme Rivarol commandait une corvette en mission dans les mers de la Chine ; et sa jeune femme était venue au bal accompagnée d'une vieille et morose belle-sœur remplissant assez tristement son rôle de chaperon, et qui, à mon grand regret, manifesta trop tôt le désir de quitter les salons de la Préfecture.

« J'obtins la permission de conduire ces dames à leur voiture.

« Au moment ou les chevaux s'élançaient, j'aperçus à mes pieds une belle rose thé tombée du corsage de Mme Rivarol, où je l'avais vue — pendant un tour de valse — cachée bien bas.

« Je ramassai cette fleur et me pris à respirer le double parfum qu'elle laissait échapper : — parfum de fleur, parfum de femme.

« Rentré chez moi, je dormis mal, ma nuit fut agitée, et à mon réveil je retrouvai sur mon oreiller la rose thé à à demi fanée. »

Ernest Fremond interrompit un instant son récit.

« Monsieur, dit malicieusement Mme Saint-Clair, je vous préviens que je ne dors pas.

— Ni moi, fit notre capitaine occupé à bourrer de nouveau sa pipe.

— Continuez, continuez, dîmes-nous tous.

« Le père de Mme Rivarol, poursuivit Ernest Fremond, compromis en 18.. dans une émeute politique, se réfugia avec Gracia sa fille, alors âgée de dix-sept ans, à bord d'un navire de guerre français mouillé sur les côtes d'Espagne.

« M. Rivarol, qui commandait ce bâtiment, reçut les fugitifs avec empressement, et lorsque, arrivé à Toulon, le père de Gracia mourut des suites d'une blessure, laissant sa fille dénuée de toute ressource dans une ville étrangère, la jeune Espagnole, obéissant à un vif sentiment de reconnaissance, crut devoir accepter l'offre que M. Rivarol, éperdument amoureux d'elle, lui fit de son cœur et de sa fortune.

« Après quelques mois laissés au deuil et à la légitime douleur de Gracia, le capitaine de corvette la conduisit à l'autel ; mais, étrange coup du sort ! un ordre transmis de Paris par le télégraphe le força de partir le jour même avec son navire pour les mers de la Chine.

« Depuis son mariage, Mme Rivarol avait vécu renfermée dans la vie de famille, entre sa belle-mère plus que nonagénaire et une vieille belle-sœur qui avait depuis longtemps coiffé sainte Catherine. Quelques promenades à la campagne, quelques rares apparitions dans le monde : telles étaient les seules distractions de Mme Rivarol, qui, privée de celles que la maternité apporte à une jeune femme, se consumait d'ennui dans le milieu monotone où se passait son existence.

« Je dus tous ces détails sur ma jolie danseuse du bal de la Préfecture à mon bon ami le lieutenant de vaisseau, qui, s'apercevant, mais trop tard, de l'impression faite sur mon cœur par cette jeune femme, m'engagea à ne pas me préoccuper d'elle.

« Ce conseil donné d'une manière mystérieuse et avec un sérieux qui me fit sourire ne fut pas suivi. Depuis la première heure que j'avais vu Mme Rivarol, son souvenir ne m'avait point quitté : je la voyais toujours devant moi avec son gracieux sourire, sa pâleur attrayante et ses grands yeux noirs dont le regard avait fait vibrer mon être et pris possession de mon cœur.

« Je brûlais du désir de la revoir, et dans ce but je me lançai dans le monde toulonnais; mais, ainsi que je vous l'ai déjà dit, la jeune femme vivait presque toujours dans son intérieur, et je n'eus pas la chance de la rencontrer dans les réunions où je n'allais que pour elle.

« Un jour, à Hyères, la ville des fleurs et des orangers, je cueillis un magnifique bouquet tout de roses thé. Le jardinier amateur qui me permit cette razzia dans ses plates-bandes appréciait mon goût, mais ne pouvait comprendre mon penchant exclusif pour cette variété de rose :

« Prenez ceci, prenez cela, me disait-il.

« — Non, lui dis-je, j'accepterai seulement quelques brins de fleurs d'oranger pour mettre au centre de mon massif de roses.

« — Diable! fit-il, voilà un bouquet grandement mystérieux! Avez-vous cultivé le langage oriental des fleurs?

« — Peut-être, » répondis-je en le remerciant.

« De retour à Toulon, je pris mon courage à deux mains et j'envoyai toutes ces fleurs à Mme Rivarol, avec quelques lignes où je la priais de les accepter comme l'expression des sentiments de reconnaissance de celui qu'elle avait accueilli avec tant de grâce et de bonté.

« Mon audace me porta bonheur, car quelques jours après je la rencontrai de nouveau dans les salons de l'amiral Baudin; son éternelle belle-sœur l'accompagnait comme toujours, et ne parut éprouver aucun plaisir à me revoir.

« Gracia Rivarol avait ce soir-là un semis de violettes de Parme dans sa chevelure. Profitant d'un moment où je pus lui parler sans crainte d'être entendu, je fis, à propos de ces fleurs, une légère allusion à celles que je lui avais envoyées. Elle fixa son regard sur le mien comme si elle eût voulu lire dans mes yeux l'expression d'une pensée cachée. Puis une vague rougeur colora son front; elle essaya de sourire et me dit d'une voix émue : « J'aime toutes les fleurs.

« — Et vous avez, madame, lui dis-je en parlant bas, le droit de les porter toutes. »

« Elle laissa tomber son éventail, je me baissai pour le ramasser et le lui rendis.

« Merci, fit-elle, mais voilà le quadrille qui va commencer et je suis engagée. »

« Vers la fin de la soirée, Mme Rivarol m'accorda une valse. L'orchestre joua *Indiana*.

« Connaissez-vous *Indiana?* Cette valse est un doux poëme d'amour : la passion y chante ses douleurs et ses joies, ses mystérieuses extases et ses ivresses de volupté.

« Aux premières mesures, je sentis comme un choc et un frémissement en moi, et de tout ce qui m'entourait je ne vis plus que ma danseuse avec sa radieuse beauté. Perdus tous deux au milieu d'un tourbillon de soie et de gaze, je me pris à lui dire de douces paroles, à lui traduire ce que la musique chantait à mon oreille ; je lui dis : « Je vous aime ! »

« Alors je la sentis faiblir comme si elle allait se trouver mal, mais je la soutins dans mes bras et je l'entraînai plus rapidement encore. Sa tête pâle s'abandonnait presque sur mon épaule et m'enivrait de l'odeur de ses cheveux ; son haleine courait sur mon visage et je sentais sous ma main la tiédeur de sa chair et les battements précipités de son cœur.
— Je n'avais plus conscience de notre position, et la musique avait cessé, les valseurs avaient regagné leurs places, que seuls nous continuions à tourner : on nous aurait dit emportés par une puissance fatale. Je ne m'arrêtai qu'en sentant Mme Rivarol s'affaisser entièrement dans mes bras. Elle était évanouie.

« En sortant du bal, je fus accosté par mon ami le lieutenant de vaisseau, qui me dit brusquement :

« Vous aimez Mme Rivarol.

« — Comment ! fis-je tout surpris.

« — Vous l'aimez, et qui plus est, vous le lui avez dit; peut-être en êtes-vous aimé.

« — Vous le croyez, mon ami ? m'écriai-je joyeux.

« — Voilà que vous avouez, continua l'officier de marine.

« — Mais non, je n'avoue rien.

« — Comme il vous plaira, avouez ou n'avouez pas ; seulement, écoutez-moi. Par notre position de marins, nous sommes obligés à être souvent éloignés de nos femmes, et comme nous savons que si le diable est fort, la chair est faible, nous ne nous faisons pas de vaines illusions, surtout ceux d'entre nous qui ont des femmes jeunes, sans enfants et, par suite, plus que toutes autres accessibles aux pensées qui peuvent les éloigner de leur devoir. En l'absence du protecteur de droit, nous avons formé entre nous une société qui le remplace : les présents veillent pour les absents. Nous avons tous l'œil au bossoir, et — gare au grain ! Vous êtes signalé comme faisant la cour à Mme Rivarol, et si, malgré mon avis officieux, vous continuez à la poursuivre de vos vœux, attendez-vous à être provoqué d'une manière ou d'autre ; vous aurez un duel, deux duels, trois duels ; vous serez forcé de renoncer à votre désir ou vous succomberez. D'habitude nous ne prévenons pas, et ce n'est que par amitié pour vous que je déroge à nos règlements, vous priant de garder ceci entre nous.

« — Vous avez donc formé une société d'assurance mutuelle ! m'écriai-je.

« — Soit, répondit en souriant le lieutenant de vaisseau ; mais adieu, et souvenez-vous qu'un homme averti en vaut deux. »

« Je rentrai chez moi assez soucieux. Les menaces que je venais d'entendre ne m'avaient point intimidé, j'ai du courage comme tout autre ; mais je voyais avec peine que mon amour pour Mme Rivarol était connu et qu'il allait être traversé.

« Quel était mon but en aimant cette femme ? Je n'en savais rien ; je ne me le demandais pas : j'aimais Gracia du jour où je l'avais vue pour la première fois, j'avais la conviction qu'elle m'aimerait, et je ne voulais pas renoncer à ce doux espoir.

« Les paroles du lieutenant de vaisseau me rendirent plus prudent. J'annonçai mon départ de Toulon. Je feignis aux yeux du monde la plus grande indifférence pour Mme Rivarol, mais j'employai toutes les ressources de mon imagination à trouver les moyens de concentrer les pensées de cette femme sur moi. Je lui écrivais de nombreuses lettres. Qu'en faisait-elle, je ne sais. — Un jour je parvins à la voir seule ; je lui imposai ma présence. — Je ne vous dirai rien de cette entrevue : le cœur d'un homme qui aime à la pudeur de ses sentiments.

« J'eus enfin le bonheur de recevoir une lettre d'elle.

« Elle me disait : — Vous dites m'aimer : prouvez-le-moi en partant. Je serai franche avec vous. — Avant de vous connaître je subissais sans murmure la vie qui m'était faite et que j'avais acceptée. Si parfois de vagues et mystérieuses aspirations venaient troubler la quiétude de mon cœur, je m'y livrais sans crainte, car mes rêves flottaient sur une mer sans rivage et sans horizon pour moi. Aujourd'hui il n'en est plus ainsi, et quand mon cœur bat plus vite, quand parfois mon front se cache soudain, je sais quelle en est la cause...

« Partez. — J'appartiens à un homme bon et loyal que j'aime et respecte : entre vous et moi il y a le devoir ! — Voyez : je ne dis pas l'honneur : la fille de mon père pourrait tout sacrifier à l'homme qu'elle aimerait ; tout — sauf la parole donnée.

« Partez, et alors je bénirai votre souvenir, — peut-être l'aimerai-je. »

« Pourquoi vous le cacher? — Cette lettre m'émut profondément, et je crois qu'une larme mouilla mes paupières : les hommes se roidissent contre le malheur; la joie et le bonheur les trouvent faibles. Gracia m'aimait, et son premier aveu était une prière ; elle m'aimait, et elle implorait mon départ. Mon amour était violent, cette lettre le rendit saint. « Je partirai, » dis-je.

« Le soir de ce même jour, j'étais au café de la *Marine*.

« — Monsieur, me dit un jeune capitaine de corvette, vous venez de me fixer d'une manière inconvenante.

« — Mais, monsieur, je ne vous voyais seulement pas.

« — Ah! un démenti. — Vous m'en rendrez raison. »

« L'assurance mutuelle ! — pensai-je.

« Le lendemain matin, le capitaine de corvette me logea une balle en pleine poitrine. Mon ami le lieutenant de vaisseau était un de mes témoins ; il me ramena chez moi accompagné d'un chirurgien de marine. Dans la route je perdis connaissance.

« Pendant plusieurs jours j'eus la fièvre, le délire et je fus en danger de mort; mais grâce à ma robuste constitution et aux bons soins de mon Pylade le lieutenant, je suis encore de ce monde. »

Ernest Fremond se tut et, prenant un cigare, il demanda du feu au capitaine.

« Tenez, dit celui-ci, et que le diable vous emporte avec votre assurance mutuelle. Mordieu! vous l'avez échappé belle : cela vous apprendra à vous attaquer à la femme d'un marin.

— Mais, fit timidement Mme Saint-Clair, — ceci n'est que le premier chapitre d'une histoire : il doit y avoir une suite, monsieur Ernest?

— Peut être; mais dans ce cas ce sera pour une autre fois, madame.

— Pour une autre fois! Vous voulez donc nous traiter comme des lecteurs de feuilletons : la suite au prochain numéro?

— Tenez, madame, reprit le conteur en souriant; vous serait-il impossible de supposer que mon roman n'a pas eu de second chapitre, ou bien ne pourriez-vous vous-même en trouver la suite?

— Oh! pour cela non; et puis, monsieur, qui sait si la conclusion que je donnerais à votre récit vous serait agréable?

— Vous avez raison, chère madame, et je vois qu'il me faut finir l'histoire, romanesque — si vous voulez, — mais bien vraie cependant, que j'ai commencé à vous conter. — Je crois vous avoir déjà dit que je n'aime pas à faire de l'esthétique sur mon cœur, aussi me permettrez-vous de satisfaire en peu de mots votre curiosité.

« Transporté chez moi après mon duel, ayant perdu toute connaissance, je ne repris mes sens qu'après l'opération nécessaire pour l'extraction de la balle, restée je ne sais où dans ma poitrine.

« Je remerciai le chirurgien et le lieutenant de vaisseau de leurs bons soins et les priai de faire en sorte que ma mère n'eût point connaissance de l'état où je me trouvais.

« Les jours suivants, la fièvre et le délire m'enlevèrent la conscience de l'existence.

« J'étais ainsi depuis près de trois semaines, quand une nuit je revins à moi comme au sortir d'un rêve long et douloureux. Je n'avais que de vagues perceptions et ne me rendais point compte du lieu ni de la position où je me trouvais. Je respirais sans oppression, et il me semblait que l'air qui arrivait à mes poumons était empreint des douces émanations d'un parfum à moi connu; qu'une de mes mains était serrée dans une seule main dont la pression donnait plus d'activité à mon sang appauvri, et que le souffle d'une haleine pure et fraîche glissait sur mon front. Je voulais ouvrir les yeux et ne pouvais. Je faisais de puissants efforts pour reprendre l'entière possession de mon être, mais vainement, lorsque quelque chose de tiède comme des larmes tomba sur mon visage.

« Gracia ! » m'écriai-je.

« C'était elle ; elle agenouillée au chevet de mon lit, elle tenant ma main dans les siennes ; elle qui par ses larmes me rendait à la vie, à l'amour. »

Ernest Fremond, vivement ému par les souvenirs qu'il évoquait, s'interrompit un instant. Nous gardions le silence.

« Je ne vous dirai pas, continua-t-il en reprenant son récit, comment Gracia Rivarol se trouvait ainsi seule avec ma vieille garde-malade auprès de mon lit de douleurs ; vous devez tous savoir ce que peut l'amour d'une femme, et je plains ceux qui ne le savent pas.

« Quinze jours après cette nuit bénie, je quittais Toulon emportant dans mon cœur la pure et radieuse image de celle que j'aimais.

« Ma mère et son docteur n'eurent point à se féliciter des résultats de mon voyage : je n'étais point tout à fait remis de ma blessure et une tristesse mortelle m'envahissait. Gracia m'avait dit : « Partez, ami ; et surtout ne revenez pas. » J'avais promis, mais bien souvent je fus sur le point de violer ma promesse.

« Je dis tout à ma mère, et j'eus au moins le triste bonheur de pouvoir parler de mon amour.

« Un mois après mon retour à Paris, un de mes amis m'invita à aller chasser avec lui en Écosse. J'acceptai dans l'espoir de distraire ma pensée par une vie active. Arrivé à Édimbourg, je reçus une lettre de part avec filets noirs. Je l'ouvris avec indifférence.

« Cette circulaire m'annonçait la mort de M. Rivarol, décédé à bord de son navire pendant la traversée de retour de Chine en France.

« Je rentrai immédiatement à Paris. Après m'avoir embrassé, ma mère me dit : « Elle m'a écrit. »

« La noble et chère créature disait à ma mère qu'elle allait passer l'année de son deuil dans un couvent qu'elle n'indiquait pas. Elle la priait d'user de toute son autorité pour me retenir de chercher à la voir, et finissait en disant : « Après mon deuil, madame, j'irai à Paris vous embrasser en vous appelant mon amie, ou ma mère si votre fils n'a point oublié Gracia. »

« J'étais heureux, je me résignai à attendre.

« Un frère de mon père étant mort à la Martinique me laissant une importante succession, ma mère a exigé que je parte pour aller la recueillir, prétendant que cela m'aiderait à tuer le temps et à prendre patience.

« Maintenant, madame, vous savez tout.

— Merci et mes compliments, dit la gracieuse Mme Saint-Clair en tendant la main à Ernest Fremond. Avec tout cela, ajouta-t-elle, je vois que vous allez épouser une veuve, et cependant vous souteniez l'autre jour que....

— Madame, permettez, il y a veuve et veuve. Avez-vous oublié certaine dépêche arrivée de Paris au moment même du mariage de M. Rivarol, laquelle dépêche lui transmettait l'ordre de se rendre immédiatement à son bord et d'appareiller pour les mers de Chine ?

— Ah ! fit Mme Saint-Clair. »

Cet ah ! en disait plus qu'il n'était gros.

M. P. SALVATOR.

NOUVELLE MANIÈRE D'ACHETER UN PIANO

Si Paris est la ville du luxe par excellence, c'est aussi la ville des ressources ingénieuses pour ceux qui ne sont pas les favoris de dame Fortune. Ainsi beaucoup de personnes, les artistes surtout, ont rarement une somme de 12 ou 1400 fr. à mettre à un piano; elles en sont réduites alors à en prendre un en location, qu'elles payent 25 ou 30 fr. par mois : cela leur fait 300 fr. au bout de l'année. A chaque année c'est à recommencer. L'inconvénient de n'avoir pas un malheureux billet de 1000 fr. à donner d'un coup est cause qu'au bout de neuf ans on a dépensé le prix de trois pianos, sans en avoir pour cela un seul en sa possession. La maison artistique représentée par M. Daubel, désireuse d'être agréable et utile aux artistes, a inventé une manière ingénieuse de vendre des pianos, de donner des pianos excellents, avec faculté de les payer en trois ans, de sorte qu'en donnant 30 fr. par mois on a au moins la consolation de se dire chaque fois : « J'augmente d'autant mon droit de propriété sur l'instrument. » On ne saurait trop louer la maison Daubel d'avoir eu la pensée de venir en aide de cette façon aux artistes. Que ceux donc qui n'ont pas 1200 fr. d'économie, et qui ont besoin d'un piano, aillent rue Olivier, 8, chez M. Daubel : on leur donne un très-bon instrument qu'ils payeront en trois ans, à 30 fr. par mois, et encore leur reçu de cette somme leur donne-t-il droit à 6 fr. de musique à choisir dans les magasins de la maison artistique ; on a donc par-dessus le marché 6 fr. de musique gratis par mois.

X.

OUVRAGES DE Mme OLYMPE AUDOUARD

Chez DENTU, Palais-Royal

(GALERIE D'ORLÉANS)

Les Mystères de l'Egypte dévoilés, fort in-18, 2ᵉ édition. . . . . 5 »

Les Mystères du Sérail et des Harems turcs, in-18, 3ᵉ édition. 3 50

Le Canal de Suez (brochure in-8) . . . . 1 »

Histoire d'un Mendiant, in-18. . . . . 2 »

Un Mari mystifié, in-18 . . . . 3 »

Comment aiment les hommes, in-18, 4ᵉ édition. . . 3 »

Guerre aux hommes, in-18, 2ᵉ édition. . . . . 3 »

VIENT DE PARAITRE :

L'Orient et ses Peuplades, fort in-18 de 500 pages.   5 »

CAUSERIE

Il s'est passé pendant ces huit derniers jours tant de faits et d'événements étant du domaine de la causerie, que, pareille à ces ouvriers qui, voyant devant eux une montagne à faire disparaître, s'arrêtent effrayés du labeur qui les attend et se couchent sur l'herbe en espérant une intervention divine pour leur venir en aide, j'étais sur le point ce matin de me replonger tranquillement dans mes oreillers, lorsque la voix du devoir est venue m'arracher à ces coupables pensées et me faire échanger la plume de l'édredon contre celle moins agréable de mon encrier.

Me voici donc devant ma table, tâchant d'extraire de ma cervelle toutes les pensées confuses et les histoires de la veille qui dans un affreux pêle-mêle dansent des cachuchas effrénées, et je trouve en ce moment que ma tête ressemble assez, hélas ! au palais de l'exposition le jour de l'ouverture. Il y a, j'en suis convaincue, comme dans ce temple de l'Industrie, des choses charmantes, des idées heureuses, de fines histoires et d'intéressants aperçus ; mais tout cela est encore mal classé et demande à être déballé ; il me faudrait vingt-quatre heures pour élaborer mon petit travail, et l'on ne me donne que vingt-quatre minutes pour livrer ma copie. Ma foi, tant pis! je me jette tête baissée dans le travail et je saisis au hasard dans le tas le premier sujet qui passe à ma portée.

Tenez, voulez-vous que nous causions un peu de ces aimables étrangers qui, sous prétexte d'exposition, parcourent en ce moment Paris dans tous les sens, armés de l'indispensable guide des voyageurs et suivant de rue en rue ces merveilles qu'on leur annonce et qu'ils ne découvrent pas toujours ? Voulez-vous que je vous raconte leurs questions naïves, leur étonnements burlesques et leurs déceptions formidables ? Non, j'aime mieux être discrète, parce qu'ils pourraient à leur tour dévoiler peut-être bien des turpitudes et faire rire aussi à nos dépens. Au reste, il sont les maîtres dans Paris et se promènent en vainqueurs. Je connais même de bons Parisiens pur sang qui pour jouir des immunités réservées aux nobles étrangers se condamment à déguiser leur nationalité en parlant un affreux langage entremêlé de patois, de parler nègre et d'idiomes étrangers.

Les voyageurs qui ont quitté leur pays et leur foyer paisible veulent tout voir, tout entendre, tout goûter, et comme chante Hyacinthe dans la *Vie parisienne*, ils veulent *s'en donner jusque-là*, et ils mettent la main à six pouces au-dessus de la tête comme extrême limite. C'est qu'au retour, en additionnant les petites notes du voyage, il faudra pouvoir énumérer, dans son esprit au moins, tous les plaisirs, toutes les joies, tous les bonheurs qu'on se sera donnés, et chacun veut rapporter de nombreux et charmants souvenirs de cette terre promise qu'on appelle Paris.

Partout on les voit, au théâtre, aux promenades, aux courses; les grands restaurants n'ont plus assez de cabinets particuliers, ni les théâtres assez de loges pour les recevoir. Paris se fait coquet et plein de convenances pour tous ces visiteurs devant qui s'ouvrent toutes les portes. Heureux étrangers ! rappelez-vous notre hospitalière réception, et tâchez, une fois rentrés chez vous, de nous conserver longtemps des sentiments amis !

Mais laissons là l'exposition, et parlons un peu des salons, qui, en attendant les austérités de la semaine sainte, pressent leurs dernières réceptions. On n'entend parler que de concerts et de comédies.

* * *

Dimanche, le ministre des affaires étrangères, la marquise de Moustier, ouvraient leurs portes à l'harmonie. Puisse cette heureuse métaphore avoir au loin des imitateurs dans l'ordre matériel ! Le même jour, l'amiral Rigault de Genouilly donnait un magnifique concert où se faisaient entendre nos premiers artistes lyriques. M. Capoul chantait avec une grâce infinie l'air de *Marie* et d'*Adélaïde*, puis, avec Mlle *Rives*, le duo de *Mireille*. M. *Delle Sedie* chantait aussi avec Mlle Rives le duo de *Don Pasquale*. Cette gracieuse cantatrice se faisait vivement applaudir encore dans *le Chemin du Paradis*. Mlle *Battu* chantait avec le plus grand succès les *Noces de Figaro* et *Ernani*. Enfin *Francheaume, Alard, Diemer* et *Trombetta* enlevaient de chaleureux bravos dans la partie instrumentale de ce beau co cert.

Les galeries de la Marine, décorées avec un goût exquis

de brillantes panoplies d'armes, étaient remplies d'une foule empressée où l'on admirait les femmes les plus gracieuses et les toilettes les plus élégantes. Cette soirée s'est prolongée fort tard, et laissera de bons souvenirs chez les personnes invitées.

Le même soir, la baronne de *Wykersloth, princesse de la Trémoïlle*, recevait aussi, et *M. de Caston*, après avoir fait ses plus surprenantes expériences, a improvisé, sur des rimes imposées au hasard, en indiquant pour sujet un voyage, les vers suivants :

> Lamartine, un beau soir, voyageant sur un *lac*,
> Chanta sa poésie, et les hommes du *bac*
> Sentirent sous leurs cils se perler une *larme*.
> La joie et la douleur ont chacune leur *charme!*
> Le poëte tribun, quand il fut au *pouvoir*,
> Apprit que pour le bien c'est trop peu de *vouloir*,
> La fortune avant tout est chose *féminine*,
> Elle n'aime que ceux dont la main *masculine*
> La conduit rudement, comme on mène un *gamin*
> Qui se mutine et veut prendre un mauvais *chemin*.
> Plus changeante en ses vœux que ne fut *Proserpine*,
> La fortune a toujours sa roche *cisalpine*.

*
* *

Le bois de Boulogne vient aussi d'inaugurer ses courses de printemps, toujours si animées, si recherchées par le monde élégant. L'Empereur, S. A. R. le comte de Flandre,

S. A. I. le duc de Leuchtenberg et S. A. R. le prince d'Orange y assistaient. Espérons que le soleil répondra à ce chaleureux appel et qu'il fera désormais partie du programme. Dimanche il était resplendissant, et si les habitués de ces fêtes hippiques n'ont pas été très-nombreux pour ces premières courses, ils se sont rattrapés au moment du retour, et dans l'avenue de l'Impératrice comme dans le bois de Boulogne les voitures et les grands équipages se croisaient en tous sens, encombraient les allées, à la grande joie des curieux qui garnissaient les Champs-Élysées.

*
* *

Pour terminer, je vais vous raconter une dernière histoire qui n'est pas vieille non plus. Au milieu de la nuit dernière, quand tout semblait reposer en silence, une charmante femme, peu accessible d'ordinaire à de chimériques terreurs, fut tout à coup réveillée par une assez forte détonation.

Bientôt, toutes les sottes histoires traversant son esprit, elle se crut victime de quelque attaque nocturne et se mit à rêver d'autant plus effraction et escalade que son hôtel se trouve dans un quartier assez désert. Elle se pend donc énergiquement à la sonnette, et bientôt tout son monde est sur pied, arrivant un flambeau à la main, dans des tenues de circonstance.

Une battue générale s'organise, on fouille tous les coins

et les placards. Mais, vaines recherches, on ne trouve rien ! Et l'on commençait à croire à un cauchemar quelconque de la belle effrayée, lorsqu'en entrant dans le cabinet de toilette, on trouva enfin le coupable !!...

C'était un trop énergique flacon de limonade Roger qui, préparé de la veille, avait fait explosion sans vouloir attendre le moment solennel. A jeudi prochain.

OLYMPE AUDOUARD.

INDISCRÉTIONS PARISIENNES

Le Grand Hôtel refuse tous les jours du monde, à ce que l'on prétend du moins.

Le théâtre de la Gaîté a arboré des affiches en quatre langues : français, espagnol, anglais et allemand.

Le baron Brisse va faire placer des tourniquets à l'entrée du café du Grand Opéra.

Le prix des chignons a considérablement augmenté. La situation politique commence à se tendre.

Voilà où nous en sommes.

Je ne veux pas vous parler des courses de jeudi dernier,

— elles manquaient de gaieté et surtout de soleil, et bien que le *prix de Vaucresson* ait été gagné par *Silly*, appartenant à M. le comte d'Evry, je crois que les applaudissements frénétiques du public n'ont pas salué le vainqueur et son jockey après la victoire, — ni même de la grève des tailleurs, — qui nous permettra de faire des économies et d'user nos vieux habits, quitte à nous habiller en militaires quand nos vêtements montreront la corde, selon la proposition très-ingénieuse émise par M. Henri Rochefort dans le *Figaro* de jeudi dernier, — ni du temps, — on serait capable de croire que je cherche à en gagner parce que je n'ai absolument rien à dire et que je ne sais comment remplir ces quelques pages; — mais je tiens à constater un fait en passant, c'est que le baron Brisse est en ce moment le sujet de toutes les conversations et que chacun se demande pourquoi la photographie de cet homme célèbre ne se trouve pas encore en vente chez les marchands d'estampes, chez les opticiens et surtout chez les marchands de comestibles.

Je me trouvais l'autre jour à une charmante soirée qui ne se termina pas sans qu'on eût prononcé le nom de ce grand homme, mais cette fois-ci on parla de lui en vers, et en vers fort jolis ma foi; je les cite :

> Vous, cher baron, prêtre de la cuisine,
> Croyez-vous nous apprendre du nouveau?
> Vous oubliez Lucullus et Custine,
> Le grand Dumas et même un peu Boileau.
> Chez les Chinois le rat est friandise
> Et l'ours aussi dans les pays du Nord;
> Vous le voyez, en fait de gourmandise,
> De votre esprit vous perdez tout l'effort.
> Le paradis fut perdu par la pomme,
> Le jour d'hier à demain est pareil,

> De quelque nom que la chose se nomme,
> Rien de nouveau, hélas! sous le soleil.

Pas même les glaces aux amandes que vous affectionnez tout particulièrement, cher baron, et auquel l'inventeur du savon aux amandes amères avait certainement songé avant vous. Croyez-moi, évitez avec soin ces rapprochements entre la cuisine et la parfumerie, car vraiment on est parfois exposé, quand on est sujet aux distractions, à demander au garçon un blaireau au lieu d'une cuillère pour savourer les entremets que vous offrez au public.

Cette remarque pleine de justesse allait me faire oublier de vous nommer l'auteur de cette charmante pièce de vers dont je n'ai cité qu'une strophe.

C'est Mlle Gabrielle de Fleuzy.

*
* *

J'ai dépensé, à l'heure qu'il est, 157 fr. 35 c. pour arriver à connaître le dénoûment de l'aventure dont je vous ai entretenus la semaine dernière; j'ai écrit quatre lettres; je suis allé cinq fois chez S. G., qui était toujours sorti, et je n'ai rien appris du tout.

Je n'ose vraiment vous détailler l'emploi de ces 157 fr. 35 c., ma modestie en souffrirait trop. Déduction faite des courses de fiacres, des timbres-poste et des pourboires distribués à des concierges aussi malveillants que désagréables et à des *chasseurs* — pas de Vincennes — corruptibles jusqu'à la moelle des os, j'ai commis avec le reste une bonne action, une de celles qui vous attirent de la part de vos amis la qualification d'imbécile.

Eh bien, j'en ai été cruellement puni de cette bonne action-là.

Voici la chose en deux mots : tant pis pour ma modestie et pour mes lecteurs.

Le moment fatal où je devais livrer ces lignes à l'imprimeur approchait, et, vous le savez, rien n'est inflexible comme une échéance. Que de gens se sont dit, en faisant un marché à terme quelconque : « Bah ! le jour fatal n'arrivera pas de sitôt, et il me sera facile de me retourner jusque-là. » Mais un mois, deux mois s'écoulent, puis le troisième mois passe comme les deux premiers, et l'on se dit toujours : « Bah ! j'aurai le temps. » Enfin vingt-quatre heures seulement vous séparent du terme, vous êtes encore souriant, plein de confiance et d'illusions. Le lendemain, le soleil, à votre grand étonnement, s'est levé comme la veille ; mais quand même la nature entière déploierait ses grâces à vos yeux, vous aurez un air triste, renfrogné et maussade, comme si vous veniez d'assister à la 505ᵉ représentation d'*Orphée aux Enfers*.

Eh bien, j'ai passé par toute cette série-là d'émotions avant de prendre la grande résolution de vous avouer mon ignorance ; j'ai remué ciel et terre pour arriver à mes fins sans l'aide de S. G., et aujourd'hui, au moment de livrer mon griffonnage aux compositeurs, j'en suis, comme je vous l'ai déjà dit, pour mes 157 fr. 35 c.

Connaissant le nom et l'adresse de la jeune femme qui avait écrit le petit billet (pièce n° 2), je m'étais dit que le moyen le plus simple serait encore de m'aboucher directement avec elle.

Mal m'en prit, je vous le jure.

J'arrive chez elle ayant sur mes talons un concierge hargneux, qui m'accablait d'injures, parce que je fumais dans son escalier, et au nez duquel j'avais jeté la porte qu'un cerbère femelle aussi désagréable que le concierge ne m'avait ouverte qu'après mille hésitations. J'entre dans le plus affreux des taudis : des fenêtres donnant sur une sale cour, presque pas de jour dans les chambres, de vieux rideaux aux fenêtres, des meubles impossibles à décrire, tout cela dénotant une misère d'autant plus navrante qu'elle singeait effrontément le luxe.

« Que voulez-vous? me dit le cerbère sans même me regarder.

— Parler à madame.

— Qui êtes-vous?

— Un ami de S. G.

— Comment vous appelez-vous? »

Je déclinai mon nom.

« Attendez. »

Peste! me dis-je, comme elle y va : Que voulez-vous? qui

êtes-vous? et comment vous appelez-vous? et attendez, pardessus le marché. Allons, elle est encore bien bonne de ne pas avoir dit : Attends. Mais j'étais décidé à subir toutes les humiliations, toujours à cause de cette fatale échéance, et j'attendis un bon quart d'heure devant une gravure qui représentait *le Débarquement de Fernand Cortez au Mexique.*

Au bout d'un quart d'heure, le cerbère reparut avec une lettre à la main. Je pris la lettre et je lus ce qui suit :

« Je ne puis vous recevoir ; mais puisque vous êtes son ami, sauvez-moi, je meurs de faim ! »

J'avais cent francs sur moi, je les glissai dans les mains de cette femme, et je m'esquivai à la hâte, le cœur serré.

Je ne rentrai chez moi que fort tard ce jour-là, et je trouvai sur ma table une lettre contenant ces lignes, qui me jetèrent, je l'avoue, dans la stupéfaction la plus profonde :

« Tu as fait une bonne action, aussi ai-je placé tes cent
« francs à la caisse d'épargne au nom de Césarine, qui t'a
« ouvert la porte et qui t'a si mal reçu. C'est te dire que
« j'étais dans la pièce à côté et que j'ai tout entendu. Tu es
« décidément un bon diable, mais tu es trop curieux.

« S. G. »

Allons, me dis-je, c'est le Mexique qui m'a porté malheur, mais encore une fois qu'est-ce que tout cela veut dire?

*
* *

Les courses de dimanche dernier ont attiré à Longchamp tous les mondes que renferme Paris ; il serait superflu de les qualifier et de les énumérer ici. Au retour, cette longue file de brillants équipages, de fiacres, de *coucous* et de véhicules de toutes les dimensions et de toutes les formes, offrait les contrastes les plus saisissants. Les cheveux rouges ou tirant sur le rouge dominaient. Est-ce un pronostic de guerre ? N'était l'humeur conciliante de ces dames, on serait tenté de le croire. D'ailleurs les pronostics ne manquent pas, et sans parler de la question du Luxembourg, qui passionne tous les esprits, que doit-on penser du voyage d'Alexandre Dumas à Francfort-sur-le-Mein ? Est-ce une reconnaissance ou un défi jeté à la Prusse ? Qui vivra verra.

Comte Escamerios.

REVUE DES SALONS

On avait beaucoup dit que l'exposition deviendrait le centre des réunions élégantes, que ce serait un incomparable salon cosmopolite divisé en coteries comme tous les salons nombreux, et, au lieu de cela, elle n'est jusqu'ici qu'un entrepôt de ballots dans une telle poussière que les marchands hésitent à déballer et les visiteurs à affronter un tel chaos! On s'accorde à dire qu'il aurait mieux valu retarder l'ouverture que d'étaler un tel désordre aux yeux de l'univers! Ce qui sauve la situation, c'est que l'*univers* n'est pas aussi nombreux qu'on le pensait et que les étrangers ne brillent guère que par leur absence!

Comme il faut être juste pour tout le monde, il faut convenir aussi que ceux qui sont arrivés étalent des toilettes si fantastiques, que l'on ne regrette pas leur nombre restreint, parce que l'on n'aurait pas le temps d'admirer les détails d'un tel ensemble s'il était plus considérable! Ils marchent dans la rue comme des gens habitués à ne rencontrer personne dans leur ville natale et ils ne perdent pas une occasion d'envoyer aux Parisiens inoffensifs un parapluie dans l'œil, une canne dans la figure ou une violente *bourrade* au coin de chaque rue! Le Parisien s'emporte, et l'étranger cherche à lui faire comprendre, pour s'excuser, qu'il ne pouvait pas s'attendre à une chose aussi inouïe que de se heurter contre quelqu'un au détour d'une rue! Et puis ils sont disposés à confondre ce qui leur est dû avec ce qu'ils désirent prendre.

L'autre jour la baronne de L... laisse son coupé arrêté contre le trottoir du boulevard des Italiens et va faire une visite. Un monsieur à mine excentrique ouvre la portière, s'installe et donne un ordre au cocher. Celui-ci répond qu'il attend sa maîtresse. L'étranger fait un signe d'assentiment, et le cocher croit que c'est un ami inconnu de ses maîtres, qui a le droit d'agir ainsi. La baronne revient dans tout l'éclat de sa radieuse beauté et de son élégante toilette; elle voit avec effroi le conquérant de son coupé, et, sur sa prière de lui rendre son bien, il la regarde et lui répond : *Bonne voiture, jolie femme. Allons dîner ensemble!* Il voulait croire, le misérable, que les coupés armoriés sont au premier occupant et que les plus jolies baronnes de Paris ont été inventées pour l'amusement des Esquimaux en villégiature.

Depuis le 1ᵉʳ avril, ce qui nous paraît le plus *exposé*, c'est positivement le Parisien, qui était si heureux avant cette invasion des barbares! Et encore on ne les trouve pas assez nombreux et l'on aspire à en voir arriver des milliers! Espérons qu'alors la saison, plus avancée, permettra aux Parisiens de se mettre en sûreté aux eaux ou à la campagne!

Le comte de Salat a remarqué qu'à l'exposition les femmes d'un certain monde se rendent plus de justice qu'on ne pense et qu'elles se classent d'elles-mêmes de la manière suivante : Les femmes trop graves, du côté de l'exposition turque ; les sentimentales, du côté allemand; les prétentions musicales, du côté de l'Italie; les grands yeux, du côté de l'Espagne; enfin que chacune cherche ce qu'elle croit être *sa couleur locale,* mais que *toutes* se laissent volontiers entraîner vis-à-vis des buffets, quelle que soit leur nationalité!

Il faut constater aussi que jusqu'ici ces buffets ne sont pas encombrés. Le plus recherché est le buffet russe, et samedi il n'y a pas eu vingt visiteurs pendant toute la journée! On dit que l'on ira y souper quand l'organisation permettra d'y rester le soir, et que cela aura plus de succès que le concert Musard. Cela ne nous semble pas probable, parce que le grand air du concert a fait la moitié de son succès. Et puis il faut du temps pour apprécier les meilleures choses, et, en admettant que l'exposition s'organise bien et *devienne* agréable le soir, elle fermera au moment où elle commencera à avoir de la vogue.

Tout cela n'empêche pas de faire des projets de voyage et les pensées se dirigent beaucoup vers l'Allemagne. Elles y sont attirées par le joli livre que vient de publier le comte de Bussy sous le titre : *Indiscrétions d'un touriste.* C'est bien écrit et cela donne envie de voir Bade ou d'y retourner. M. de Bussy a su très-bien peindre *le Français en voyage,* type charmant qui embellit tous les pays qu'il traverse.

Les salons, encore ouverts jusqu'à la semaine sainte, ne sont pas aussi remplis, mais on y fait toujours de la bonne musique et l'on y étale des toilettes merveilleuses. La duchesse de Mouchy a eu un grand succès d'élégance avec une toilette bleue et marron ornée de plumes de faisan qui était très-nouvelle et très-originale. C'est M. Eugène Chapus qui a mis les garnitures de plumes à la mode en les vantant avec cette parole charmante qui fait loi en toute chose d'élégance, et tous les premiers faiseurs y ont puisé les plus jolies garnitures de l'automne et de l'hiver. M. Chapus a un tact qui lui fait prévoir les choses dont l'élégance doit être particulièrement vantée par lui, et il a compris qu'une mode qui, tout en parant la femme, fait valoir l'adresse de chasseur du mari, était essentiellement de son domaine.

La baronne de Forgêt a fait jouer jeudi un joli proverbe de la princesse de la Tour d'Auvergne, dans son charmant hôtel de la rue de La Rochefoucauld. La princesse a joué elle-même le gracieux rôle de cette jeune Française qui revient de Turquie veuve et avec une fortune si colossale, qu'elle sent le besoin d'éprouver celui qui l'aime avant de lui confier le bonheur de sa vie. MM. de Montgommery, de Carrère et de Beauffranchet ont eu le succès le plus mérité, et le comte de Salat a été un jardinier plein de talent et de malice dans sa définition des toilettes de bal. Il a demandé, avec une naïveté adorable, pourquoi sa maîtresse met un fichu sur ses belles épaules pour venir lui donner ses ordres et pourquoi elle oublie tout à fait de mettre le corsage de sa robe quand elle va le soir au bal, où il y a tant de monde... Il a prêté tout son charmant esprit à ces réflexions si justes, et nous avouons être de l'avis du jardinier modèle.

Le monde a des usages plus ou moins discutables, mais le

plus étrange de tous est bien celui qui fait un crime le matin de ce qui est ordonné le soir.

On annonce encore quelques concerts pour la semaine prochaine, puis le dimanche des Rameaux éteindra les lustres, fera taire les rossignols, et ils ne se réveilleront qu'à Pâques, et probablement pour danser alors.

On cherche bien à assombrir les esprits en parlant de la guerre, mais personne n'y croit, excepté une bonne dame qui arrive l'autre matin de Nevers avec un énorme cabas contenant d'innombrables papiers. Elle se précipite, à l'arrivée du chemin de fer, chez sa cousine, la marquise de S., à laquelle elle crie du seuil de la porte : *Suis-je arrivée à temps?* La marquise, effrayée de cette brusque entrée, lui demande des explications, d'où il résulte que l'on a dit à cette bonne dame que la guerre est imminente, que la France est perdue, la Banque en faillite, les chemins de fer coupés, le Crédit foncier en fuite..., enfin des choses si terribles qu'elle n'a pris que le temps de réunir ses titres de toutes sortes pour accourir et tâcher de recueillir quelques épaves de ce naufrage d'un pays entier.

La marquise la rassure un peu et l'engage à déjeuner avant de procéder à cette liquidation. Elle y a consenti, mais rien n'a pu la dissuader de l'idée qu'elle était *arrivée à temps*, et que tous les malheurs prévus n'étant pas accomplis hier arriveront incontestablement demain.

Elle a tout vendu ; elle a changé ses titres contre des billets de banque, ses billets contre de l'or, et comme elle en a pour une somme très-considérable, elle va partir avec un véritable chargement californien, et elle ne sait pas si elle se décidera à acheter des terres, parce que la terre est bien exposée si toutes les catastrophes prévues arrivent... Elle ne cesse de dire combien le ciel l'a protégée en lui permettant d'arriver pendant que la Banque et le Crédit foncier *payent encore.*

Il faut espérer que son retour rassurera un peu les populations du Nivernais, et leur prouvera que la France est moins en danger qu'on ne leur avait dit d'abord.

Comtesse de Marly.

LES REINES DE LA TRAGÉDIE

I.I

RACHEL FÉLIX

Pour se faire une idée exacte de l'effet produit sur un auditoire quelconque par ce que l'on pourrait appeler la plastique scénique, il suffit de constater le succès étourdissant obtenu aux États-Unis par Rachel et Ristori.

Certes, on ne saurait reconnaître aux Anglo-Saxons le don des langues. Leur idiome, quelque peu harmonieux et riche qu'il soit, leur suffit : d'abord, en raison de cet orgueil superbe et invétéré qui les porte invinciblement à considérer leur idiome comme le plus beau du monde et à supposer qu'il doit être compris partout ; ensuite, et c'est là, je crois, le véritable motif, parce que le goût de cette race est parfaitement réfractaire à toute espèce de langage, autre que l'anglais, bien entendu.

Il est donc fort peu d'Anglo-Saxons, surtout de l'autre côté de l'Atlantique, et je parle de ceux qui ont reçu l'éducation la plus libérale, auxquels le français ou l'italien soient familiers ; et cependant les deux grandes tragédiennes, grâce à la mimique seule, ont profondément impressionné le peuple le plus positif de l'univers et, par conséquent, le moins susceptible de se laisser prendre aux émotions artificielles de la scène.

Je parlerai en son lieu de l'excursion tout à fait contemporaine de Ristori aux États-Unis.

Il ne s'agit ici que de Rachel, et je manque de mots pour exprimer l'enthousiasme soulevé dans l'autre monde par l'illustre tragédienne, sous les masques de Camille, de Roxelane, d'Hermione, de Chimène et d'Adrienne Lecouvreur.

Parmi les spectateurs indigènes, il n'en était pas un peut-être qui comprît le magnifique langage qui s'échappait de ses lèvres ; mais elle parlait à l'âme de tous par son jeu, son regard, sa prestance si éminemment dramatique. Il semblait, en réalité, que la connaissance de la langue fût inutile pour donner une juste appréciation d'une artiste qui parlait avec tant d'éloquence la voix universelle de la nature, et qui frappait l'imagination par les yeux.

Les représentations de Rachel aux États-Unis furent pour elle le chant du cygne. Elle ne reparut plus sur la scène française et mourut à Cannes, immense bosquet d'orangers baigné par les flots bleus de la Méditerranée, le 14 janvier 1858, d'une maladie de poitrine aggravée, sinon causée, par l'ardeur même qu'elle déployait dans les luttes incessantes de sa noble profession.

Elle usa sa vie dans ce travail de toutes les heures, dans ses voyages répétés en Russie, en Angleterre, en Amérique. Elle cherchait dans des efforts surhumains la gloire et la fortune, et rencontra, avec ces deux divinités si insaisissables pour la plupart des êtres sublunaires, une mort prématurée.

Rachel est née en Suisse, le 24 mars 1821, de parents israélites, Abraham Félix et Esther Haya.

Comme mistress Siddons, elle ouvrit les yeux à la lumière dans une petite auberge du village de Munf, canton d'Aarau.

Comme la tragédienne anglaise encore, son père exerçait une profession errante; ce n'était qu'un pauvre colporteur qui porta sa balle de grand chemin en grand chemin, jusqu'au jour où il ouvrit à Lyon une modeste échoppe de fripier.

Tandis que le couple juif poursuivait, tant bien que mal, son petit commerce, sa fille aîné, Sarah, chantait dans les cafés; Rachel l'accompagnait en qualité de quêteuse.

En 1830, la famille Félix vint s'établir à Paris et y mena le même genre d'existence.

Rachel obtint peu à peu son admission dans un cours gratuit de déclamation.

Son engagement avec le Théâtre-Français date de 1837, et elle débuta le 12 juin 1838. A partir de ce moment, elle marcha de succès en succès.

La tragédie classique, que l'on croyait bien morte, se ranima, grâce à la pure et énergique déclamation, à la plastique sans défaut de cette nouvelle muse tragique. Le génie de Rachel donna une seconde existence à ces merveilleuses productions de l'esprit humain que d'habiles interprètes rendent toujours si émouvantes.

Rachel ne devait à personne ses traditions de la scène. La nature avait tout fait pour elle. Jamais, peut-être, diction plus correcte et plus harmonieuse dans sa sévérité n'a fait ressortir la force, la majesté et la grâce de l'art dramatique du XVIIe siècle.

Là était le grand talent de Rachel. Son originalité, qui se développait sans effort dans l'interprétation de la tragédie antique, s'amoindrissait ou s'affaissait complétement dans le drame moderne. Elle avait la conscience de cette aptitude particulière et se trouvait mal à l'aise autrement que sous la tunique ou le peplum des héroïnes de Corneille, de Racine et de Voltaire.

Passée presque sans transition de l'obscurité la plus profonde à la gloire la plus éclatante, Rachel fut aveuglée par les rayonnements mêmes de son auréole. Ses succès sur la scène française ne suffirent pas à son ambition ; les roubles russes, les guinées anglaises, les dollars américains exercèrent sur son esprit une séduction à laquelle elle ne sut pas résister. Elle céda au magnétisme de l'or autant qu'à l'attrait de la gloire.

Gaspiller ainsi son admirable talent, c'était en altérer la pureté ; plus fidèle à l'art, elle n'aurait pas abrégé son existence.

Neuf ans se sont écoulés depuis que s'est éteinte la Melpomène française, mais personne n'a pu oublier la saisissante figure de Rachel, ni les cordes spéciales de son génie dramatique.

Son physique se prêtait merveilleusement aux passions qu'elle était susceptible de faire vibrer. Son vaste front surplombant rendait plus fulgurantes les flammes qui jaillissaient de ses yeux si profondément encaissés.

Superbe dans l'ironie, la colère et l'imprécation, la sensibilité lui faisait à peu près complétement défaut. Pour prendre un exemple dans l'histoire de sa race, c'était Judith et jamais Noémi.

Son jeu était plutôt terrible que touchant. Ses larmes, amères, évoquaient rarement celles de l'auditoire. Elle n'éprouvait ni n'éveillait la sympathie ; mais elle tenait le spectateur palpitant sous l'étonnement et l'épouvante.

Je frissonne encore au souvenir de la sensation qu'elle m'a fait éprouver dans la scène sixième du quatrième acte de *Phèdre*, alors qu'elle dit à OEnone :

> Je respire, à la fois, l'inceste et l'imposture ;
> Mes homicides mains, promptes à me venger,
> Dans le sang innocent brûlent de se plonger.

Non, quand on n'a pas entendu Rachel dans cette magnifique apostrophe, il n'est pas possible de se faire une idée de l'impression qu'elle produisait. Voix, regard, geste, maintien, tout était à l'unisson et d'une grandeur sublime autant que sauvage. Mon imagination se trouvait surexcitée à ce point que, littéralement, il m'a semblé voir perler des gouttes de sang à chacun de ses doigts convulsivement agités.

Rachel, qui fut beaucoup aimée et qui laissa deux enfants, fils d'un personnage bien connu, n'éprouva véritablement qu'une passion violente, celle de l'or.

Peu contente des splendides appointements dont elle était pourvue, elle discutait sans cesse pour les faire augmenter. Ses conditions devaient faire loi, et l'administration du Théâtre-Français était bien obligée de passer sous ces fourches caudines.

Cette âpreté trouvait son atténuation dans un sentiment largement développé chez la grande tragédienne, l'amour de la famille. Elle a fait la fortune de tous les siens.

On doit se rappeler la sensation produite à Paris par la vente des effets personnels de Rachel; il y fut adjugé des objets de la plus grande valeur, souvenirs *précieux* d'amants et d'admirateurs appartenant au plus grand monde.

Rachel fut précédée sur la scène française par des artistes illustres par leur talent, illustres par leur beauté : Lecouvreur, Clairon, Duchesnois, Mars, Georges, Dorval; mais aucune ne parvint à la même somme de gloire et de fortune que la fille maigre et basanée du colporteur israélite.

Hippolyte de Vattemare.

(*La fin prochainement.*)

LA SEMAINE D'UN BADAUD

Je viens de lire la première conférence du révérend père Félix, intitulée : *l'Objet et la nature de l'art*. Le titre seul de cette conférence avait particulièrement attiré mon attention. Depuis quelques années, des prédicateurs d'un immense talent se sont donné comme mission de quitter les hauteurs du mysticisme catholique, et ils ne craignent pas de nous suivre dans les sentiers de la vie mondaine, tout en conservant l'Évangile à la main.

Je trouve qu'ils ont cent fois raison et qu'ils font preuve de bon sens en même temps que de courageuse initiative.

La première conférence du père Félix n'est, ni plus ni moins, que l'exposé de ses doctrines en matière d'art.

Le père Félix se propose de prouver que l'art a été purifié, agrandi, transfiguré par le christianisme, et surtout par le catholicisme..... — Comme je suis catholique, il ne m'en coûte nullement de le croire sur parole, et ce n'est pas à cette partie de sa démonstration que je désire m'arrêter.

Mais il va plus loin, il spécifie, il entre dans le détail; il abandonne un moment l'idée religieuse qui domine sa pensée et il pose ouvertement cette question : « Qu'est-ce que l'art? Quelle est la vraie notion de l'art ? » — Et il répond : « L'art est l'expression de la beauté idéale sous une forme créée. Cette simple définition nous révèle tout d'abord dans l'art ces deux points essentiels, à savoir : *le beau* comme objet, et la création comme œuvre propre de l'art. »

Ici je me sens plus à l'aise pour aborder la question. — Il ne s'agit plus de religion; le culte catholique et son influence ne sont pas en jeu, et nos lecteurs, quelles que soient leurs croyances, sont tous au même degré appelés à *en connaître.*

Eh bien, je le déclare, n'en déplaise à M. Courbet, je trouve que le père Félix est dans le vrai, et j'adopte cette définition : « L'art est l'expression de la beauté idéale sous une forme créée, » comme la plus simple et la plus pure que je connaisse.

Voilà bien assez longtemps que, sous prétexte de *réalisme,* on étale à nos yeux la représentation de toutes les laideurs et de toutes les difformités humaines ; je crois que l'art a une mission toute différente, et qu'il n'est permis à un peintre de consacrer son pinceau à la reproduction de la laideur et de la malpropreté humaine qu'à la condition qu'il en ressorte pour le spectateur un dégoût profond pour ce qui est malpropre et ce qui est laid.

Une œuvre d'art en général, un tableau en particulier, doit contenir, tout comme une pièce de théâtre ou un roman, sa moralité, sous peine d'être condamné d'avance comme une œuvre malsaine ; et de même qu'un écrivain n'a pas le droit de nous initier aux scandaleux mystères des existences interlopes, si ce n'est pour les flétrir, de même un peintre ne doit pas nous offrir de parti pris la représentation fidèle de ce qui est laid, sale, difforme, hideux à voir, pour la simple et vulgaire satisfaction de pouvoir dire à tout le monde : « Jusqu'à ce jour on vous a montré ce que la nature contenait de grand et de beau, moi je vous montrerai ce qu'elle contient de difforme et de laid. »

Ce parti pris, hautement avoué, n'est pas autre chose, au fond, qu'un aveu complet d'impuissance, et cela est si vrai que les artistes d'un grand mérite (et ici je nommerai encore M. Courbet) qui se sont plu à affirmer ces étranges doctrines ont tôt ou tard été entraînés eux-mêmes, par l'irrésistible élan de leur véritable nature, à produire des œuvres, leurs plus belles et les seules durables, qui, mieux que toutes mes critiques, suffiraient à condamner les théories *à l'envers* dont ils se sont faits les apôtres.

Après avoir développé sa pensée dans une langue plus harmonieuse que concise, le père Félix arrive à la seconde partie de sa démonstration. Le trait caractéristique de l'art, dit-il, c'est la puissance de créer : « L'homme créant *le beau*, qu'il exprime à l'image de l'idéal qu'il contemple ; l'homme réalisant, par sa force créatrice, une beauté qui est l'œuvre propre de son esprit, une fille radieuse de son génie. »

Ici encore j'applaudis de toutes mes forces à cette superbe définition de l'artiste, et il me semble que si, au nom du *réalisme*, on lui déniait le droit et le devoir de créer, l'artiste serait réduit au rang du copiste le plus vulgaire, puisqu'il n'aurait pas même le mérite de l'exactitude.

A ce compte, la photographie devrait remplacer la peinture, et Phidias se ferait photosculpteur.

Mais je vais plus loin. — Si, pour faire le procès aux *réalistes*, on se servait des expressions du père Félix, voici ce qu'il faudrait dire : « Le réaliste est l'homme créant *le laid*, qu'il exprime à l'image de l'idéal qu'il contemple. »

Car il est un talent que l'on ne saurait refuser aux adeptes de cette singulière école, c'est qu'ils ne se contentent pas de copier la nature, ils font mieux, ils inventent, ils créent, ils attellent leur génie (j'allais dire au char) au *coucou* de leurs convictions, et ils font plus laid que nature.

En cela, du moins, ils sont artistes dans le sens du père Félix, puisqu'ils ne copient pas....., *ils créent.*

Si je ne craignais de dépasser les bornes de cette causerie sans façon, je pourrais poursuivre cette critique facile, mais je ferai pour la laideur ce que le père Félix fait pour la beauté : « je ne porterai pas sur elle le scalpel outrageant d'une froide analyse. » — *Non est hic locus.*

Laissant de côté toute question d'art, la conférence du père Félix m'a causé une surprise d'un autre genre : cette conférence et celles qui doivent suivre sont spécialement destinées aux hommes. — L'accès de Notre-Dame demeurant facultatif pour l'un et l'autre sexe, il en résulte simplement que les dames sont prévenues que l'orateur se réserve le droit d'aborder telle thèse philosophique dont les développements pourraient, dans certains cas, froisser leurs oreilles délicates.

Cela dit, je suis étonné de la sévérité d'expression dans laquelle se renferme l'orateur catholique, et si l'élévation et la pureté du style n'étaient des qualités purement personnelles, la réserve extrême du père Félix pourrait donner lieu à d'étranges commentaires.

En effet, il y a quelques années, un prédicateur d'une

grande éloquence, que je ne nommerai pas, annonça qu'il allait faire, dans une église de Paris, des conférences spécialement destinées aux dames. — Le nom seul du révérend père suffit à attirer la foule, et bon nombre de femmes du monde, convaincues que cette mention : *destinée aux dames*, excluait tout sujet d'inquiétude, se rendirent à la conférence en compagnie de leurs filles, qui ne pouvaient que gagner (pensaient-elles) à écouter les saintes paroles du prédicateur.

La curiosité me conduisit à l'église, et j'ai eu l'honneur d'assister à l'une des conférences du père X...

Le sujet, par lui-même, me causa une surprise extrême : il ne s'agissait rien moins que de démontrer aux femmes les inconvénients des *liaisons dangereuses*. — Notez bien, s'il vous plaît, que la conférence avait été annoncée *pour les dames*, et qu'aucune restriction n'avait pu faire comprendre au public que les jeunes filles feraient sagement de s'abstenir.

Comme une mère a souvent plusieurs filles, et que jamais une fille n'a plusieurs mères, le nombre des demoiselles était plus considérable que celui des femmes mariées.

Qu'importe ! — Le prédicateur aborda résolûment la question. — Il exposa, avec un talent rare, quels sont les moyens de séduction à l'usage de notre sexe, et par quelle pente rapide une femme, vertueuse hier, peut être entraînée vers sa chute.

Le terrain me semblait déjà bien brûlant, et pour l'honneur de nos familles je veux croire qu'un grand nombre de jeunes personnes ne comprirent qu'à peine les dangers énumérés complaisamment par le révérend père.

Mais ce n'est pas tout. Quand il eut bien longuement et bien clairement démontré que la vertu d'une femme est plus facile à ternir que le miroir le plus poli, il ajouta ces paroles dont j'ai gardé fidèle mémoire :

« Savez-vous, malheureuses créatures, ce qui vous arrive quand vous vous êtes abandonnées à un homme? Eh bien, je vais vous le dire, si vous ne le savez pas : *il vous tutoie, il vous rudoie, il vous renvoie!!!* »

Comme je n'avais ni sœur ni fille dans l'église, je ris de bon cœur de cette argumentation *ad hominem;* mais je me demandai s'il était absolument nécessaire de faire entrevoir à d'honnêtes jeunes filles des hypothèses qu'elles n'avaient évidemment pas prévues jusqu'alors.

Cela me frappa d'autant plus que les paroles du révérend ne lui étaient point échappées au milieu d'un discours improvisé; l'agencement singulier des rimes suffisait à prouver que cette *bordée* avait été méditée et rédigée dans le silence du cabinet.

Si aujourd'hui je m'érigeais en critique des orateurs de la chaire, et si j'établissais une comparaison entre les façons de dire des deux prédicateurs, dont l'un s'adresse aux hommes, l'autre aux femmes, et qui sont tous deux d'une vie sans reproche, d'intentions également pures, et d'un incontestable talent, j'en tirerais cette conclusion singulière que la pudeur des hommes paraît aux orateurs sacrés plus facile à effaroucher que celle des femmes.

Je veux croire simplement que la méditation comporte ses entraînements comme l'improvisation, et que le révérend père avait cru devoir signaler à ses ouailles les dangers les plus hypothétiques, préférant prévoir tout, et encore davantage, que d'oublier la faute la plus invraisemblable.

Mais puisque les prédicateurs jugent à propos (et je les en remercie) de se mettre au courant de la vie moderne et d'entrer dans le détail de nos habitudes pour nous signaler les périls qui nous menacent, puisqu'ils se font les guides compétents de notre pèlerinage en ce monde, je me demande pourquoi l'étude des traités de commerce et des conventions internationales ne les a pas conduits à prendre certaines mesures spirituelles spécialement destinées à la durée de l'exposition universelle.

Pour être logiques avec leurs tendances, ils auraient dû se dire que le monde entier, qui va défiler sous nos yeux, aurait peut-être grand besoin d'emporter de son voyage le souvenir de notre morale en même temps que le souvenir de notre civilisation.

En suivant le même ordre d'idées, je rencontre de singulières lacunes dans l'hospitalité que nous allons offrir à l'univers.

On se préoccupe en effet, de tous côtés, de préparer aux nobles étrangers qui voudront bien nous honorer de leur visite des repas, des vêtements, des couchettes à la mode de leur pays.

Tel restaurateur, que je pourrais nommer, a passé avec une compagnie américaine un traité aux termes duquel il s'engage à nourrir mille individus par jour; chaque matin, pour ce faire, il recevra 16,000 francs; un cautionnement de 100,000 francs est déjà déposé par la compagnie, et pour que rien ne manque à cette petite réunion de famille, on a engagé un cuisinier américain.

Voilà des estomacs servis à souhait, et s'ils trouvent leur cuisine mauvaise, nous ne saurions en assumer la responsabilité.

Des tailleurs de toutes les parties du monde se feront un véritable plaisir de vêtir leurs compatriotes suivant la mode de leur pays, s'ils ne préfèrent adopter la nôtre.

Tout cela est fort bien, et le côté matériel de l'existence est assuré à Paris pour tous les peuples connus.

Mais cela ne suffit pas; il est nécessaire qu'on donne à ces braves gens la nourriture de l'âme comme celle du corps, et il faudrait préparer, dans ce but, des temples cosmopolites, où les cérémonies de tous les cultes auraient lieu tour à tour en pleine liberté, et où les prêtres de toutes les religions pourraient exposer leurs doctrines.

Si la chose paraît impraticable, il me paraît dès à présent nécessaire que les prédicateurs français étudient les mœurs des différents peuples qui vont respirer la poussière du macadam, pour leur prêcher tout au moins une morale à la portée de leur intelligence et en rapport avec les vices principaux qui les distinguent.

Sinon, la nourriture de l'âme fera tout à fait défaut aux étrangers, et peut-être même y aurait-il danger pour eux à suivre les conseils qui descendent de la chaire catholique.

Supposez, par exemple, que dans deux mois, en pleine exposition, alors que Paris sera peuplé de Patagons, de peaux rouges, d'Iroquois et de tous les genres de sauvages connus ou à connaître, un prédicateur prenne pour texte de ses conférences *le luxe effréné des femmes !!*

Pour les quelques Françaises fidèles au poste, et pour la majeure partie des femmes de l'Europe, le sermon sera de circonstance; ces dames l'écouteront avec le plus grand respect, et comme *cette gamme* leur est parfaitement connue, elles rentreront chez elles avec la ferme intention de raconter à leurs compatriotes les splendeurs de l'éloquence française, mais avec l'intention aussi ferme de ne pas diminuer d'un pouce la queue de leur robe.

Jusque-là je n'y vois aucun inconvénient : — si le sermon n'a pas fait de bien, il n'a pas fait de mal ; — mais supposez qu'une famille de peaux rouges, homme, femme et enfants (*sachant le français comme père et mère*), assiste au même prêche, dans le simple appareil..... d'un sauvage qui a scalpé son ennemi, — c'est-à-dire avec une ou deux chevelures à la ceinture. — Voilà des gens à l'âme simple et naïve, qui se trouveront fortement impressionnés par la parole du prédicateur : — tant qu'il sera question de jupons, de robes à queue ou de crinolines, ils pourront croire qu'on ne s'adresse pas à eux ; — mais quand l'orateur arrivera à parler des folles dépenses auxquelles se livrent nos femmes pour acquérir de fausses nattes et de faux chignons, les sauvages n'auront rien de plus pressé que de retirer immédiatement la chevelure qui constitue leur primitif et unique vêtement.

De sorte qu'ils scandaliseront la pieuse assemblée par la simplicité de leur accoutrement, et qu'on les emmènera au poste avec tous les honneurs dus à des particuliers qui se promènent dans le costume d'Adam avant la faute.

Pour bien faire, il faut donc que chaque religion ait son temple pendant la durée de l'exposition, et que les sauvages ne soient pas amenés à se méprendre sur les intentions d'un prédicateur, de façon à exagérer *le négligé* de leur costume national.

On dit que pendant six mois il sera impossible, à Paris, de se procurer des domestiques ; ces messieurs comptent sur le nombre prodigieux de capitalistes étrangers qui vont nous envahir pour exiger que leurs gages soient doublés et triplés. Ce serait le cas, ou jamais, de suivre l'exemple des Romains.

Montesquieu raconte, d'après le jurisconsulte Pomponius, que « les peuples avec lesquels les Romains n'avaient ni amitié, ni hospitalité, ni alliance, n'étaient pas considérés comme leurs ennemis. » Cependant, ajoute-t-il, si une chose à eux appartenant tombait entre les mains des Romains, ceux-ci s'en emparaient et en devenaient propriétaires. Ils en usaient de même à l'égard des personnes, qui devenaient leurs esclaves, et les peuples étrangers répondaient à cet aimable procédé par la plus touchante réciprocité

Ce sera le moment de se procurer, sans bourse délier, des domestiques nombreux et de toutes les couleurs. Pour mon compte, si j'aperçois un Apache sur les boulevards, je l'attache à mon char, je l'emmène dans ma case, je le confine sous clef jusqu'au départ général, après quoi je lui achète un feutre, un carrick et des bottes molles, j'en fais un groom, et je lui fais apprendre le droit romain pour le convaincre qu'il y a... *des précédents.*

G. de KERGOLVEN.

THÉATRES

THÉATRE DES FOLIES-SAINT-GERMAIN. — *La Fille du Millionnaire*, comédie en quatre actes et en prose, de M. Émile de Girardin.

Nous sommes en retard avec *la Fille du Millionnaire*, mais ce n'est pas notre faute, la première représentation a eu lieu jeudi passé, et notre *Revue* paraît le mercredi soir.

Il y a une chose qui fait que M. de Girardin sera toujours contesté au théâtre : on se dit que l'homme de 48, que le bouillant champion du prince Napoléon, le brillant polémiste politique, ne saurait descendre aux futilités du théâtre ; qu'il a l'esprit trop sérieux, trop tendu vers un autre ordre d'idées, pour pouvoir et savoir faire une bonne comédie, et le public s'en va entendre ses pièces avec ce parti pris. Or rien n'est plus difficile à déraciner qu'un parti pris, on le sait ; un chef-d'œuvre n'en aurait pas raison. Sa dernière pièce n'est pas un chef-d'œuvre, mais c'est une production saine, c'est une idée logique et juste, finement et élégamment exprimée, la pièce est de bon ton et de bonne compagnie, le dialogue est vif et animé; on sent dans chaque phrase la plume nerveuse du rédacteur de *la Liberté*, ainsi que son esprit enclin à pousser la logique à ses dernières limites, ce qui gêne parfois bien des gens.

Malgré toutes ces qualités, qui certes ne brillent pas souvent dans les pièces qu'on applaudit chaque soir, *la Fille du Millionnaire* a été sifflée à outrance à la première représentation. Ce qui ne prouve qu'une chose, c'est que M. de Girardin a des ennemis, et beaucoup. N'en a pas qui veut. A présent, cette comédie est écoutée avec calme et même avec plaisir. C'est le vrai public, celui qui est désintéressé, qui juge.

Je ne donnerai pas le scenario de la pièce, j'arrive trop tard.

*
* *

OPÉRA-COMIQUE. — *La Grand'Tante*, opéra-comique en un acte, paroles de MM. Adenis et Granvallet, musique de M. Massenet.

L'Opéra-Comique a donné un petit acte d'un lauréat du concours de Rome, M. Massenet, qui a prouvé une fois de plus que les directeurs feraient bien d'être accessibles aux jeunes; que mieux vaut une œuvre d'un talent prime-sautier, fût-elle encore un peu incolore, que l'œuvre d'un talent usé et vieilli, où la verve se montre en vieille bonne femme cassée, violâtre et tremblante. En France on est difficile pour admettre un auteur; mais, une fois qu'on l'a admis, on use son talent, sa verve jusqu'à la corde; on recueille les derniers soupirs de sa muse agonisante ; les nouveaux venus doivent se courber devant ces fantômes et leur céder le pas. Arriver est tout. Ayez un succès à Paris, vous pouvez ensuite vous laisser aller à une douce paresse, donner n'importe quoi ; le public applaudira, les directeurs vous accueilleront, et vous vivrez éternellement sur ces lauriers, sans avoir besoin d'en mériter d'autres.

M. Massenet a vaincu cette difficulté, il est arrivé à être joué. Son acte, sa *Grand'Tante*, prouve un talent sérieux, une étude consciencieuse de l'art et de la méthode ; ce petit opéra contient un rayon de soleil printanier, il y a de l'amour pur et désintéressé, de la jeunesse enfin... Bravo ! monsieur Massenet, et bon courage !

Max.

LA MODE

Le temps favorise peu les modes de printemps, car il est d'une inconstance irritante ; il passe de la pluie au vent, du vent à la pluie ; le beau a son tour, mais rarement. Pourtant, nos élégantes risquent des toilettes printanières : aux courses de Boulogne, dimanche, on en remarquait une foule d'excentriques, car l'originalité, l'excentricité, sont poussées cette année-ci à leurs dernières limites. Les chapeaux varient à l'infini ; les modistes ne semblent se préoccuper que d'une chose, trouver des formes bizarres, et elles y arrivent, leurs efforts sont couronnés d'un plein succès ; elles ont trouvé le chapeau égyptien, le chapeau chinois, le chapeau-casque, le chapeau feuille de vigne, le chapeau fanchon. Du reste, cette folie de la mode a du bon, une femme peut mettre n'importe quoi sur la tête, un bout de dentelle, une fleur, un oiseau, un brin de feuillage, et elle est coiffée.

La crinoline persiste, mais elle se dissimule ; la mode veut que l'on soit plate, très-plate. Aussi M. Dailly, 107, boulevard Sébastopol, a-t-il inventé un jupon impérial que toutes nos élégantes ont adopté avec empressement; ce jupon soutient la robe dans le bas, et il laisse le haut applati comme la mode l'exige, il se dissimule parfaitement tout en empêchant les robes de battre les jambes; il réalise donc ce problème difficile : conserver l'utile de la cage tout en lui enlevant le ridicule et le disgracieux; de plus, au moyen d'une tirette, il se rétrécit et s'élargit à volonté. Les femmes se jettent assez volontiers dans les extrêmes : après s'être ballonnées à faire concurrence au fameux ballon Nadar, c'est à qui à présent ressemblera le plus à un balai.

Les *robes à traîne* traînent d'une façon incommode et réclameraient un page porte-queue; les robes de pavé, courtes, le sont tellement, qu'au plus léger mouvement les femmes sont exposées à ce qu'un indiscret voie la couleur, leurs chevilles; du reste, la robe courte sera presque exclusivement portée cette année-ci sur le pavé; on les fait toujours à deux jupes de nuances se mariant bien. Pour ces petites toilettes, rien n'est plus joli que les foulards que met en vente la maison des Indes, 43, rue de Grenelle (ne pas confondre avec les autres maisons). On trouve dans ce magasin des foulards unis de nuances nouvelles, qui sont des toilettes ravissantes. J'en ai vu une que je vous citerai entre bien d'autres, c'est une première jupe en foulard cerise, avec plissé dans le bas; sur cette jupe, une seconde plus courte relevée sur le côté par un nœud; celle-ci est en foulard fond noir avec un petit semé de fleurs couleur cerise.

Dans les nuances havane, camaïeux, maïs, lilas et bleue, le magasin des Indes a aussi des robes distinguées et élégantes. C'est la maison faubourg Saint-Germain par excellence : là le goût exquis remplace l'excentricité.

M. Violet va décidément établir un second magasin sur les boulevards, en face du Jockey-Club. Il veut éviter ainsi à ses clients la peine d'aller jusqu'à la rue Saint-Denis, 317.

M. Violet captive la confiance des femmes à la mode ; il est leur fournisseur exclusif pour tous les engins de beauté ; il leur vend des boîtes dites *boîtes de Jouvence,* ou coffret mystérieux renfermant des talismans secrets pour la beauté : de l'acidule de violettes, bains de fleurs rafraîchissantes, la rosée des abeilles, de l'eau de fleurs de lis, de l'eau de fleurs de nangasaki, qui rend aux cheveux blancs leur couleur primitive : elle opère ce miracle en agissant sur le cuir chevelu et en donnant de la force à l'huile colorante qu'il contient.

La maison Violet a une spécialité très-appréciée des femmes, celle des parfums orientaux.

La parfumerie de cette maison jouit, du reste, d'une vogue méritée, car elle est très-fine et très-saine.

ANNE DE BRIANNE.

L'ORIENT

ET

SES PEUPLADES

UN VOLUME GRAND IN-18 DE 500 PAGES.

PRIX : 5 FRANCS.

Chez DENTU, libraire, Palais-Royal.

Mon embarras est assez grand. Je veux annoncer mon nouvel ouvrage sur l'Orient; je désirerais même en faire faire le compte rendu, mais... ah! il y a plusieurs mais... Le faire moi-même!... j'en serais bien capable, car, en toute franchise, je ferais remarquer le bien et le mal, le bon et le mauvais...; mais ma critique tout comme mon éloge paraîtrait suspectes.

Je pourrais encore prier un de mes collaborateurs chargés des comptes rendus de livres de faire l'analyse de celui-là, mais ce serait le mettre peut-être dans la cruelle alternative ou de commettre un crime de lèse-galanterie envers son rédacteur en chef, ou de louer ce qu'il aurait envie de censurer.

Vous le voyez, j'ai raison de dire que mon embarras est

grand! Un seul parti me reste, c'est celui d'en détacher un passage, de vous le donner à juger, et de vous dire ce que contient le volume.

Il contient cinq cents pages sur Pétersbourg, la chasse à l'ours, Varsovie, Pesth, Bude, la légende de Gusler-Baba (père des roses), quelques mots sur le Danube, Constantinople, une biographie des dix mille moines qui peuplent exclusivement le mont Athos, quelques mots sur Mahomet, son Coran, son paradis, un historique, au courant de la plume, de l'empire ottoman, des détails de mœurs sur les Enseriès, les Kurdes, les Turkomans, des notes sur Alep et Damas, et enfin un chapitre sur Jérusalem et toutes les fêtes, latines, grecques, arméniennes, coptes, qui se célèbrent au saint sépulcre.

Je n'ai pas, à l'exemple de plusieurs auteurs, écrit à Paris mon volume sur l'Orient, mais j'ai pris mes notes sur les lieux mêmes; j'ai vu, par mes yeux vu : l'exactitude et la véracité sont donc les deux principales qualités de ce volume. Si mes lecteurs indulgents et bienveillants lui en découvrent d'autres, j'en serai heureuse et charmée, et je fais des vœux pour que ces cinq cents pages leur soient légères.

OLYMPE AUDOUARD.

Latakiè, l'antique *Laodicée*, est bâtie sur une langue de terre qui s'avance à plus d'une demi-lieue dans la mer. Ses maisons peintes à la chaux, ses petits bouquets d'arbres les séparant les unes des autres, ses trois minarets s'élevant fièrement vers le ciel, font de loin un effet charmant.

Aly me dit : « Ne vous occupez de rien, montrez-moi vos bagages et laissez-moi traiter avec les bateliers. » C'est ce que je fis, et je vis avec plaisir que maître Aly prenait mes intérêts, car il débattait très-bien le prix avec eux ; et quand, une fois payés, ils me demandèrent encore un *backchich*, Aly leur donna quelques robustes coups de poing en guise de bonne main.

La ville de *Latakiè* n'offre rien de curieux à voir : les beaux vignobles qui étaient jadis la richesse de ce pays sont remplacés aujourd'hui par des plantations de tabac ; le *djébéli* de Latakiè est connu du monde entier.

En fait d'antiquités, cependant, il existe encore, à l'angle sud-est de la ville, un reste d'arc de triomphe sur lequel on voit un trophée assez bien conservé, composé de casques, de javelots et de boucliers, le tout d'un travail et d'une finesse extraordinaires. — Beaucoup de colonnes sont encore debout ; seulement, avec ce goût artistique qui caractérise les sectateurs de Mahomet, les musulmans ont eu l'idée ingénieuse de remplir de maçonnerie les intervalles laissés entre les colonnes, et ils y ont fait des espèces de niches !

En fait d'hôtels pour les voyageurs, il n'en existe pas à Latakiè. Aly me conduisit chez l'aga, beau vieillard à barbe blanche, qui me confia à sa femme, chez laquelle je devais loger. Pour lit la bonne femme m'offrit ce qu'elle avait de mieux, un tapis par terre, mais dans une chambre qui avait, il est vrai, l'immense avantage de donner sur la mer.

Ce lit me parut un peu dur, et je fus sur pied de grand matin. Je fis demander Aly : « J'espère, lui dis-je, que nous n'allons pas rester longtemps ici. Hier tu m'as montré *Latakiè* et ses curiosités : où irons-nous aujourd'hui ? »

Mon Arabe était réellement un garçon inappréciable, car il m'annonça qu'il avait commandé trois chevaux avec un guide, et que dans une heure nous pourrions partir.

J'étais curieuse de savoir où il voulait me mener.

« Nous allons, me dit-il, suivre une vallée qui nous conduira à *Behlouliyeh* et jusqu'au bord du *Nahr-el-Kébir* (grand ruisseau); puis de là nous continuerons jusqu'à Alep. »

Le nom d'Alep me fit faire la grimace; je songeai au fameux bouton d'Alep, et lui dis : « Sais-tu, mon ami, que j'aimerais mieux aller ailleurs qu'à Alep !

— Et pourquoi cela, madame?

— Pour mille raisons, dont la principale est le bouton d'Alep.

— Oh! que madame ne se préoccupe pas de ce bouton; il n'est pas dangereux, et, du reste, on peut s'en préserver.

— Comment cela? J'ai entendu dire, au contraire, que personne n'échappait à ce mal.

— C'est que tous les habitants d'Alep, ainsi que les voyageurs qui y vont, ont l'imprudence de boire de l'eau du pays, et c'est l'eau qui donne ce bouton. Mais nous, nous ferons une provision d'eau à *Nahr-el-Kébir*, et nous ne boirons pas de celle d'Alep : c'est bien simple. »

Tout cela me paraissait moins simple qu'à Aly, mais comme je l'avais choisi pour guide et que de quinze jours aucun bateau ne devait plus toucher à *Latakiè*, autant valait passer mon temps en excursions que de rester à m'ennuyer et à coucher sur un mauvais lit.

« Va pour Alep! dis-je à Aly; seulement, pense bien à emporter tout ce qu'il faut pour ce voyage. Voici l'argent pour acheter les provisions. »

Aly me demanda, d'un air très-naturel, combien j'avais

d'argent, quels bijoux je voulais prendre avec moi. Cette question me parut singulière ; pourtant je lui tendis ma bourse mon portefeuille et le petit sac où j'avais placé les quelques bijoux que je possédais.

Il compta le tout avec soin, puis il me dit, toujours d'un air très-naturel :

« Il faut que madame me confie tout cela, car autrement je n'en réponds pas. »

Connaissant déjà le caractère arabe par mes longs voyages en Égypte, j'eus confiance et me laissai dévaliser par mon domestique, ne gardant pas une seule piastre sur moi.

Il prit toute ma petite fortune, la plaça avec soin dans une ceinture qu'il portait autour du corps, tailla un petit roseau, sortit un encrier avec un chiffon de papier de sa ceinture et se mit à écrire quelque chose. Au bout de quelques minutes il me tendit le papier.

« Qu'est-ce que ce grimoire ? lui dis-je.
— C'est un écrit par lequel je reconnais que vous vous êtes confiée à moi pour faire une excursion, que vous m'avez remis une somme de .... et tels et tels bijoux. — Vous allez donner cela à votre agent français, qui gardera ce papier ; et s'il vous arrivait malheur, si je vous volais ou vous laissais voler, la police me ferait rechercher et pendre.
— C'est inutile, Aly, je te crois sur parole.
— Madame est bien bonne, et je l'en remercie, mais c'est égal, il faut être en règle. Je crois être en effet le guide le plus honnête de la Syrie et de la Palestine ; bien sûr, et je le jure sur le Prophète, je me ferais plutôt tuer dix fois que de laisser tomber un cheveu de la tête des gens qui se confient à moi, et il faudrait que je fusse mort pour qu'on pût m'enle-

ver l'argent qu'ils m'ont confié. Néanmoins, la police elle-même m'en voudrait si je ne faisais pas déposer ce papier chez l'agent du voyageur que je conduis, car cette police me rend responsable de tout ce qui peut vous arriver. Si l'on vous tuait, je serais pendu pour n'avoir pas su vous défendre ; si vous êtes blessée, j'aurai cinq cents coups de bâton, et enfin si je vous volais, la police vous rendrait la valeur, se réservant d'agir contre moi. Je prie donc madame de porter ce papier à son agent, de le faire traduire devant elle et de le signer après. »

Je me rendis au désir d'Aly. Mon agent me confirma la vérité de tout ce qu'il venait de me dire et m'assura le connaître parfaitement. Souvent déjà il avait accompagné des voyageurs, et tous s'étaient loués de sa probité et de son intelligence.

Je quittai *Latakiè* rassurée sur le bon choix du guide que j'avais pris, et bien décidée à suivre ses conseils en tout.

Aly avait installé mes malles sur un cheval, l'autre devait être monté tantôt par lui et tantôt par le conducteur. Enfin, le troisième, un charmant petit pur sang arabe, à la robe noire et luisante, ayant les quatre pieds blancs et les deux oreilles blanches, un cheval non-seulement joli, mais doux et aux pieds sûrs, m'était tombé en partage. Nous nous engageâmes dans une vallée au milieu de laquelle coule la petite rivière de *Nahr-el-Kébir*. Figurez-vous un ruisseau large, peu profond, dont l'eau est légèrement bleue, qui coule entouré de fleurs, de figuiers sauvages et de plantes agrestes ; une vallée verte et riante, où les pins, les mûriers blancs et les platanes se trouvent à profusion ; — avec cela un ciel magnifique, un soleil brillant, une atmosphère d'une limpidité étonnante, figurez-vous tout cela, et vous comprendrez ma joie et ma satisfaction d'avoir suivi les conseils d'Aly, et surtout d'avoir abandonné le sale pavé de Constantinople.

Au bout de quatre heures de marche nous sortions de la vallée, prenant à gauche dans la direction d'un petit village. Aly m'expliqua que c'était le premier village appartenant à la tribu des *Ensériès*. Tout en cheminant au petit pas de nos montures, je me mis à causer avec mon guide et le questionnai à ce sujet. Voici ce qu'il me dit, et je pus me convaincre plus tard qu'il m'avait exactement informée :

« Les *Ensériès* habitent toute cette contrée montagneuse que nous voyons devant nous; ils sont à peu près cent mille. On les appelle *Ensériès* ou *Nasariens*. Ils sont sujets de la Sublime Porte. D'un caractère doux et inoffensif, ils payent très-régulièrement leurs impôts, ce qui n'empêche pas que tant en Syrie qu'à Constantinople ils sont peu aimés ; les Turcs ont surtout un profond mépris pour eux. Mais comme ils ne donnent aucun ennui au gouvernement, on les laisse tranquilles.

— Selon toi, demandai-je à Aly, en quoi ces *Ensériès*, doux, inoffensifs, soumis et bons sujets du sultan, méritent-ils ce mépris dont on les gratifie ?

— C'est à cause de leur religion, madame.

— Ils ne sont donc pas musulmans ?

— Non. Du reste, tous ne professent pas le même culte, et la plus grande partie pratique une religion qui n'en est pas une. C'est parmi ceux-là surtout que madame fera des études curieuses.

— Ah vraiment ! Mais quel est le moyen, à ton avis, d'arriver à obtenir des renseignements exacts sur ces gens-là ?

— Le meilleur moyen, le seul même qui soit praticable, c'est de visiter leur pays. Seulement, comme nous n'y trouverons pas d'hôtels, nous demanderons l'hospitalité aux cheiks, qui sont des hommes instruits, et qui nous mettront au courant de tout. Les *Ensériès* sont bons et hospitaliers, ils nous recevront bien ; quant à les faire causer, cela vous regarde, madame, car je vous avouerai que ceux surtout qu'on nomme les *Nasariens* aiment peu à confier aux étrangers les secrets de leur religion. »

Je suivis de point en point le conseil de mon guide, et je parcourus toute la contrée montagneuse qu'habitent les *Ensériès*, logeant chez les cheicks, et toujours parfaitement accueillie par les habitants.

Ces gens-là rappellent, par leurs mœurs et leur façon de recevoir l'étranger qui frappe à leur porte, les patriarches dont nous parle la Bible. Dès que vous avez mis le pied dans leur demeure, ils vous disent avec cordialité : « Ma maison vous appartient, ainsi que tout ce qu'elle renferme. » Et ce n'est pas une simple formule de politesse ; on voit la joie qu'ils éprouvent à vous être agréables, et cela vous met à votre aise sur-le-champ.

Chaque tribu, chaque village, chaque bourgade a son cheik ; il est nommé à l'unanimité, et le choix se porte d'ordinaire sur le plus vieux et le plus honorable. Le cheik remplit les fonctions de juge de paix et d'arbitre dans tous les différends ; ses jugements sont acceptés avec la plus grande soumission, et on lui témoigne la plus respectueuse déférence. Un étranger qui arrive dans le pays doit toujours commencer par présenter ses salutations au cheik, et ce dernier se fait un plaisir de le loger et de lui être utile et agréable.

C'est ainsi que je parvins à captiver la confiance de plusieurs de ces cheiks, et c'est grâce à cela que je suis arrivée à obtenir des renseignements très-exacts sur la religion des *Ensériès* et leurs mœurs. Sous le rapport de la religion, on peut les diviser en trois catégories :

La première est formée des sectateurs de *Nassr*, le Calvin de la religion musulmane. *Nassr* était une espèce de fou, assurent les uns, un aventurier et un ambitieux, affirment les autres.

Ses adeptes disent que ce fut un saint inspiré. Cet homme vivait au IXe siècle; il appartenait à la tribu des *Nasariens*. D'un esprit contemplatif, d'un caractère sauvage, il vivait retiré dans une espèce de masure bâtie dans la vallée, au bord du *Nahr-el-Kébir*, se contentant des produits d'un troupeau de buffles, de moutons et de chameaux, qu'il conduisait lui-même dans les pâturages et qu'il soignait de ses propres mains. Il avait parmi les siens la réputation d'un homme de bien et d'un homme aimé de Dieu; il était bon et serviable, et souvent on le voyait, la face tournée vers le levant, prier Dieu des heures entières. Un jour il disparut, sans qu'on pût retrouver ses traces. On se perdait en conjectures sur cette mystérieuse disparition, lorsque, quinze jours après, il reparut soudain, le visage illuminé, la parole inspirée. On le questionna. Alors il rassembla autour de lui le plus de monde qu'il put, et se mit à raconter que, se trouvant un jour en prière, il se sentit enlevé vers le ciel par une force surnaturelle, et que là, ébloui par une lueur extraordinaire, il n'avait pu voir le paradis, mais qu'au milieu d'une nuée blanchâtre il avait entrevu Dieu, et Mahomet couché à ses pieds. Alors Mahomet, l'apercevant, lui avait dit : « Prends bien note des paroles que je vais prononcer, et lorsque tu seras redescendu sur la terre, tu les répéteras à tes coreligionnaires. Rappelle-toi seulement que si tu ne réussis pas à convaincre sept mille hommes, au moment de ta mort les portes du paradis te seront fermées par mon ordre. »

Alors le Prophète lui indiqua plusieurs passages du Coran qui avaient été mal interprétés et dénaturés par ses sectateurs. *Nassr* jurait qu'il était resté au ciel pendant tout le temps de sa disparition et qu'il n'avait fait qu'écrire, sous la dictée du Prophète, les points qu'il fallait changer dans le Coran. Il raconta cette fable d'une voix inspirée, accompagnant son récit d'une foule de détails imagés et colorés sur les merveilles du ciel, et finit par montrer les pages qu'il avait écrites dans le séjour des élus.

Ses auditeurs l'écoutèrent d'une oreille attentive. Quelques-uns se dirent : « C'est un fou ou un ambitieux, » et ils s'éloignèrent de lui ; le plus grand nombre fut convaincu. « *Nassr* a été toujours un saint homme aimé de Dieu, se disaient ces braves gens : qu'y a-t-il d'étonnant que Dieu l'ait choisi pour son prophète? » Et ils adoptèrent les changements.

Du reste, ce qui est merveilleux séduit toujours les Arabes, qui ont l'imagination ardente et portée au surnaturel ; la fable débitée par *Nassr* d'un air inspiré et avec une gravité parfaite trouva donc créance parmi beaucoup de ses compatriotes. *Nassr* a dû entrer au ciel après sa mort, car il eut certainement dix ou douze mille adeptes. Aujourd'hui, si le nombre n'en est pas accru, c'est par la simple raison que les musulmans, tolérants de leur nature, et persuadés que tout honnête homme, quelle que soit sa religion, peut aller au ciel, n'ont pas jugé à propos de persécuter *Nassr* et ses sectateurs.

La seconde catégorie se compose de ceux qui croient à l'existence d'un dieu principe moteur et créateur de toutes choses, qui est immortel par lui-même et a donné aussi aux hommes une âme immortelle. Cette âme doit un jour aller dans un autre monde, rejoindre Dieu au ciel, mais il faut auparavant qu'elle reste mille ans sur la terre, passant d'un corps dans un autre, sans distinguer l'homme de la bête.

Selon eux, tous les animaux de la création, depuis le ver de terre et le serpent jusqu'au chameau et à l'éléphant, appartiennent à la même famille que nous ; l'âme est condamnée à prendre diverses enveloppes terrestres et à subir mainte transformation pour expier ses fautes. Rien n'est amusant comme les raisonnements que font les *Ensériès* qui sont partisans de cette espèce de métempsycose.

Un vieux cheik, très-instruit du reste, parlant le turc et pas trop mal le français, me fit sur cette théorie, qu'il approuvait du reste, des récits charmants.

Nous étions assis sur des tapis devant sa porte, ses enfants jouaient autour de nous, sa femme les surveillait ; je voyais passer devant moi des chevaux et des chameaux que leurs propriétaires conduisaient à une citerne voisine pour les abreuver. Mais j'écoutais le cheik attentivement afin de lui inspirer confiance.

Je traduis notre conversation mot à mot.

« Vous savez, madame, comment Dieu a créé les premiers hommes ?

— Oui, je le sais, d'après ce que nous enseigne notre catéchisme.

— Si vous ne savez que ça, vous ne savez rien.

— C'est possible, mais je ne demande qu'à m'instruire, parlez.

— Dieu, qui a existé de tout temps, avait peuplé son monde, son ciel, si vous aimez mieux, de créatures destinées à le servir. Ces créatures, qu'on appelle des anges ordinairement, n'en étaient pas, puisqu'elles n'avaient pas de corps. Elles se révoltèrent un jour contre leur maître, contre Dieu. Celui-ci, moins pour se venger (car son cœur est miséricordieux) que pour les rendre dignes de son pardon, créa la terre, ou plutôt l'univers entier tel que nous le connaissons. Puis il logea dans un corps organique l'âme de tous les mauvais anges, et c'est ainsi que fut créé le genre humain.

L'univers fut livré à l'homme et à la femme. Dieu leur dit :
« Vous avez le choix entre le bien et le mal ; allez, vivez
« comme vous l'entendrez, mais l'heure viendra où je rom-
« prai la prison de votre âme ; alors ceux qui par leur con-
« duite ici-bas auront mérité mon pardon reviendront vers
« moi ; ceux, au contraire, qui auront encouru ma disgrâce,
« seront forcés de subir de nouvelles incarnations. » Les
anges, devenus hommes, se laissèrent aller aux penchants
de leur nature. Il y en eut de bons qui, à l'heure fixée par
Dieu, retournèrent au ciel ; d'autres, ni bons ni mauvais,
subirent de nouvelles incarnations ; d'autres enfin, pervers
endurcis et d'une méchanceté incorrigible, furent changés
en serpents, en reptiles, en bœufs, en moutons, en
chiens, etc., etc. »

Sur ces incarnations successives, le bon cheik me raconta mille légendes très-amusantes.

« Un homme, me dit-il, qui s'était montré traître et perfide, ennemi de ses semblables, entra après sa mort dans la peau d'un serpent. — Un autre, qui abusait de sa force et battait ceux qu'il savait être trop faibles, fut changé en taureau. — Un autre enfin, qui trouvait un grand plaisir à calomnier ses semblables et à en médire, et cela avec d'autant plus de malice que sa figure douce et candide ne laissait pas soupçonner la noirceur de son âme, fut le plus attrapé de tous : le Créateur suprême lui dit : « Je vais te donner un
« corps repoussant et hideux ; de ta bouche difforme sortira
« toujours une bave malsaine, et on ne pourra plus se trom-
« per sur ton compte ! » — Et il en fit un crapaud... »

C'est ainsi, toujours suivant le cheik, que l'univers fut peuplé de créatures de toutes sortes, mais ayant toujours une âme de la même essence que la nôtre. Ces âmes se promènent mille ans sur la terre, à l'exception de celles qui atteignent avant le temps le degré de perfection que Dieu leur demande.

« Alors, dis-je au cheik, c'est parce que vous croyez que tous les animaux sont nos égaux et possèdent comme nous une âme immortelle, que vous ne tuez jamais aucune bête et que vous ne mangez jamais de leur chair?

— Précisément, madame; car tuer un de ses semblables est un acte d'impiété impardonnable. »

Toute la tribu, qui appartient à cette religion, observe la même règle. — Un animal y est respecté à l'égal de l'homme, et ces braves gens ne vivent que de légumes, d'herbages et de fruits. — Ne croyez pas qu'ils s'en portent plus mal pour cela; non, ils sont très-robustes, atteignent un âge avancé, et ne connaissent aucun de ces maux auxquels nous sommes si sujets.

Un chameau passait à cet instant devant nous, chargé de lourds paquets et portant en plus cinq personnes sur son dos.

« Tenez, me dit le cheik, voyez cette pauvre bête ainsi chargée, eh bien, elle doit avoir une âme mauvaise, fière, hautaine et lente à rendre service. Sans cela, serait-elle soumise à un aussi triste sort?

— Et vous croyez, lui dis-je, qu'après cette dure expiation elle ira au ciel?

— Non, elle subira encore une quantité d'autres incarnations.

— Mais savez-vous que rester mille ans sur la terre est un peu long!

— Cela dépend. Tenez, madame, me dit le cheik d'un air

mystérieux et se rapprochant de moi, la meilleure preuve que nous sommes dans le vrai et que notre croyance est la seule logique, c'est que je me souviens très-bien de plusieurs de mes incarnations antérieures. Je ne vous raconterai que l'une d'elles, car elle vous intéresse.

— Elle m'intéresse, moi? m'écriai-je tout intriguée, et je fus tout oreilles.

— Quand vous vous êtes présentée ici, dans mon village, et que vous m'avez fait demander par votre guide, une voix secrète m'a dit : « C'est une ancienne connaissance à vous « qui arrive! » Je suis venu vous voir tout ému, vous avez dû vous en apercevoir. Je vous regardais attentivement; je cherchais à rappeler mes souvenirs, et je vous jure que je vous ai reconnue.

— Ah bah! ce n'est pas possible! Nous nous serions donc connus dans de précédentes incarnations?

— Précisément, madame, me répondit le cheik d'un air grave et convaincu.

— Contez-moi donc cela, m'écriai-je, je suis très-curieuse de savoir ce que j'étais avant d'être ce que je suis. »

Il se recueillit un instant et commença à parler d'une voix lente et persuasive :

« Essayez, vous aussi, de rappeler vos souvenirs, et vous verrez que les miens sont exacts.

« Tamerlan n'était rien encore qu'un aventurier; vous étiez la fille d'un riche Scythe, et vous vous appeliez *Nalita*. — Tamerlan vous vit et vous demanda en mariage. — Votre père le reçut fort mal, lui disant que sa fille n'était pas destinée à devenir la femme d'un vilain boiteux et borgne comme lui. Alors il dit à votre père : « J'aime *Nalita*, et s'il « faut être roi pour l'avoir pour épouse, eh bien, je me ferai

« roi ! » Votre père se mit à rire et répondit : « Je te promets
« que si tu reviens chez moi le front ceint d'une couronne,
« je t'accorderai la main de ma fille ! » Six mois après, Tamerlan fut acclamé empereur des Scythes, et vous l'épousiez...
Vous en souvenez-vous ?

— Hélas ! non, répondis-je, mais je suis très-flattée d'avoir
su, dans ma vie antérieure, inspirer une passion aussi violente au fier Tamerlan, que j'ai toujours beaucoup admiré.

— Moi, reprit le cheik, j'étais Persan de naissance et
adonné à l'art de la peinture. Je fus le seul à ne pas applaudir
à votre union, car je vous aimais aussi. Je m'éloignai de vous
l'âme ulcérée et gardant rancune à mon heureux rival. —
L'an d'après, mes compatriotes prirent les armes contre les
Scythes et leur souverain. — Je me joignis à eux, mais,
hélas ! nous fûmes vaincus et beaucoup des nôtres furent
faits prisonniers. J'étais du nombre. — Déjà une vingtaine
d'entre nous avaient été passés au fil de l'épée par l'ordre de
Tamerlan et en sa présence ; j'allais subir le même sort,
lorsque tout à coup je vis sortir de la tente du souverain une
femme voilée. C'était vous, madame, mon cœur vous avait
devinée. Cette femme dit à Tamerlan, en se penchant vers lui
affectueuse : « Mon doux seigneur et maître, accordez-moi
« une grâce. Vous ignorez peut-être que lorsque vos occu-
« pations vous retiennent loin de moi, mon cœur est en deuil
« de ne pas voir votre chère image. L'homme que vous allez
« faire tuer a le talent de fixer sur la toile la figure des gens
« avec une ressemblance parfaite. Ordonnez-lui de faire
« votre portrait, et vous le tuerez après si telle est votre bon
« plaisir. » Tamerlan, touché de cette proposition qui lui
prouvait votre affection pour lui, vous répondit qu'il n'avait
rien à vous refuser, et me demanda si réellement j'étais
capable de faire ce que vous disiez. J'acceptai l'épreuve avec
empressement, en vous bénissant au fond de mon cœur, car

je comprenais que vous aviez voulu sauver d'une mort certaine l'ancien ami de votre père. Dès le lendemain mon illustre modèle vint poser pour son portrait. Sachant que le plus sûr moyen de plaire aux hommes est de les flatter et de sembler ne pas voir leurs défectuosités morales et physiques, je m'arrangeai en conséquence : Tamerlan était boiteux du côté droit et borgne du côté gauche ; je le peignis dans l'attitude d'un homme prêt à décocher une flèche, ayant la jambe droite courbée et l'œil gauche fermé pour bien viser. Tamerlan fut enchanté du portrait et de la flatterie pleine de courtoisie. Il m'accorda la vie et me renvoya en Perse chargé de riches présents. — Voilà, madame, comment je vous ai dû la vie, et, quoiqu'il y ait fort longtemps que tout cela s'est passé, je m'en souviens encore.

— Je crois bien, lui dis-je en riant, qu'il y a fort longtemps, car, sauf erreur, Tamerlan vivait sous le règne du sultan Bajazet, qu'il mit en cage l'an 1401, et si depuis quatre siècles nous sommes sur la terre, nous pouvons nous vanter de n'être pas jeunes tous deux. »

Je compris, après ce récit, pourquoi le cheik avait montré tant de zèle et de dévouement à me servir. Comme je lui avais sauvé la vie, il me devait bien une cordiale hospitalité !

Vous avouerai-je ce qui m'arriva ? Il est tellement vrai qu'à force de vivre avec les fous on devient fou soi-même, que je commençai à croire réellement que j'avais été cette *Nalita*, et il me sembla que je me souvenais même — vaguement — de la vie que j'avais menée sous la tente du fameux souverain des Scythes. Je le voyais passant d'un air fier en face du pauvre peintre, qui souriait en lui-même de l'idée ingénieuse qu'il avait eue en dissimulant les deux infirmités de son modèle.

Certes, ces *Ensériès* ont une façon très-originale de comprendre et d'expliquer la métempsycose ; ils sont fous, mais leur folie est amusante, et tandis que le cheik me contait toutes ses différentes incarnations, je ne pouvais m'empêcher de penser que ces braves gens pouvaient bien être dans le vrai. Car enfin, me disais-je, le bon Dieu doit être souvent embarrassé des âmes qui lui arrivent !

Mme ..., par exemple, passe sa vie à faire des méchancetés ; elle ne peut pas parler sans lancer une horrible calomnie sur tous ceux qu'elle connaît ou qu'elle ne connaît pas ; faire du mal semble être le seul but de sa vie.

Eh bien, en l'incarnant après sa mort dans le corps d'une vipère, Dieu lui donnera la seule forme qui lui convienne : elle pourra mordre à son aise, bondir pour mordre encore, et elle aura la joie de voir que ses victimes ne pourront jamais échapper à ses morsures envenimées !

M. X... s'amuse, bêtement, à répéter tout ce qu'il entend : où serait-il mieux placé que sur le perchoir d'une cage ?...

Un autre, que je ne puis nommer, serait charmant en paon : il déploierait son plumage avec satisfaction et ne cesserait de dire : « Voyez comme je suis beau !... »

Z..., qui passe sa vie à troubler les ménages, porterait les cornes d'un bœuf en guise de punition.

Quel beau troupeau d'oies on ferait de bon nombre de sceptiques !

Les parasites et les sangsues seraient changés en fourmis.

Les infidèles passeraient dans le corps des chiens et seraient forcés à cette fidélité qui est dans la nature même de ces animaux.

Les envieux deviendraient des chevaux de luxe, obligés de traîner partout, et malgré eux, les grands et les riches de la terre !

Mme X... ne ressemble-t-elle pas à une jolie petite chatte blanche, avant même de s'incarner en elle ?

Non, les *Ensériès* ne sont pas tout à fait fous, et il y a au fond de leurs doctrines un enseignement qui n'est pas à dédaigner.

Quant à la troisième catégorie, elle se compose de ceux qui, au dire d'Aly, pratiquent une religion qui n'en est pas une, et je me range de son avis. Ces sectaires, qui sont les plus nombreux et les plus riches, ont, en effet, un culte et des mœurs bizarres. — Pour arriver à surprendre les secrets de leur culte, dont ils font un mystère, il m'a fallu déployer beaucoup de patience et encore plus de diplomatie; mais sans Aly j'aurais peut-être échoué. Ce garçon, aussi brave qu'intelligent, joua une petite comédie qui aurait pu lui coûter la vie. — Il se fit *Ensériè*, ou plutôt simula le désir d'embrasser leur religion. De mon côté, j'offris à leur grand cheik un superbe pistolet, et j'accompagnai ce cadeau d'un mensonge qui me réussit à merveille :

« Je veux, lui dis-je, écrire sur votre religion; je veux prouver aux Européens qu'elle est la seule bonne et la seule logique. Mais comme je ne la connais qu'imparfaitement, ne pourriez-vous pas m'initier à vos mystères? Je ne puis vous faire des adeptes si je ne suis pas moi-même renseignée. »

Malgré cela j'ai eu bien du mal avant de pouvoir me rendre compte de quelque chose; et lorsque je compris, je fus tellement saisie d'épouvante que je regrettai presque d'en avoir trop appris sur ce sujet.

Cette religion, ou plutôt cette absence de religion, est un mélange de croyances et de pratiques païennes qu'on est vraiment étonné de retrouver au siècle où nous vivons.

Vous expliquer cela, chers lecteurs, est presque impossible. — Rien que de vous en parler est déjà bien difficile !

Essayons pourtant :

Les *Ensériés* de cette catégorie ne sont ni musulmans, ni protestants, ni catholiques, ni juifs ; on pourrait les appeler athées, car ils ne croient ni à Dieu ni au diable, mais c'est encore leur faire trop d'honneur. Ils sont tout simplement idolâtres, ils adorent une déesse, l'entourent de respect et la servent avec ardeur.

Leur déesse n'est pas en marbre ou en métal précieux : c'est une femme de leur choix qu'ils élèvent à cette dignité de la manière suivante. Tous les trois ans, on réunit dans le grand temple (car ils ont des temples) les filles les plus belles, les plus chastes, celles qui pourraient poser pour la Vénus de Milo ou une autre Vénus quelconque, et là elles se montrent aux sectateurs de leur culte dépouillées des vains atours dont l'art et la pudeur se servent ordinairement. La plus belle est proclamée déesse à l'unanimité des suffrages de ces députés, et reste déesse pendant trois ans. Elle peut être réélue si elle a conservé sa beauté...; mais si elle la perd avant ce délai ou si elle faillit aux lois qui lui sont imposées, elle est déchue de sa divinité. »

Jusque-là il est facile de s'expliquer. Mais quant à vous apprendre les mystères de ce culte, le rôle que joue la déesse et de quelle façon on lui rend hommage, j'y renonce. Ceux qui seront curieux de connaître ces détails, qui rappellent les rites de Cérès, n'ont qu'à prendre à Marseille le bateau à vapeur pour Latakièh, s'enfoncer dans la vallée du *Nahr-el-Kébir* et pénétrer jusque chez les *Ensériés* idolâtres, et ils verront, ils sauront, s'ils sont adroits et patients.

Je me bornerai à citer dans Hérodote le passage suivant :

« On voit à *Saïs* des sépultures dont je ne puis sans impiété dire les noms. Elles sont dans l'enclos de Minerve, derrière le temple, et touchent au mur extérieur. L'enclos renferme aussi des obélisques de pierre, et tout auprès est un lac rond, entouré d'une bordure de pierre ; il est grand, à ce qu'il me semble, comme ce qu'on appelle le lac circulaire.

« Sur ce lac, pendant la nuit, les Égyptiens font les représentations mimiques de faits réels auxquels ils donnent le nom de *Mystères*. Quoique je les connaisse, et de plus tout ce qui s'y rattache, que cela repose en un silence religieux, ainsi que les rites de Cérès, appelés *Thesmophories* par les Grecs. Je ne dirai que ce que l'on peut dire en toute sainteté. Les filles de *Danaüs* sont celles qui ont apporté d'Égypte ces rites et les ont enseignés aux femmes des Pélasges. »

Eh bien, probablement une de ces filles de *Danaüs* aura abordé sur la côte des *Ensériès*, et là elle aura enseigné aussi aux femmes de cette contrée les scènes mimiques de l'ancien lac de l'enclos de Minerve. Celles-ci, trouvant ces fêtes de leur goût, auront persuadé aux hommes que cette religion était la seule bonne et logique, et une fois élevées au rang de déesses, elles surent conserver la tradition.

Les hommes ont accepté le culte, car on croit toujours facilement à ce qui plaît ; seulement ils ont bâti des temples pour remplacer le lac, ce qui est moins étonnant.

Je ne trouve que cette explication qui puisse jeter quelque lumière sur l'origine et la durée d'un culte qui est, sans contredit, le dernier mot de l'aberration humaine.

Tous les missionnaires, voire même les anglicans, connus par leur persévérance, ont vainement essayé de ramener ces malheureux à un sentiment plus élevé de la Divinité. Ils ont tâché de leur prouver que la femme pouvait être jolie, aimable, charmante, et même fort respectable, puisqu'elle joue un si grand rôle dans la reproduction de l'espèce humaine ; mais qu'enfin, elle n'était qu'une simple mortelle ne pouvant prétendre à la divinité ; — qu'il est un autre Dieu qu'il faut adorer, parce qu'il est le créateur de toutes choses Tous y ont perdu leur latin ! — Les *Ensériès* leur font bon accueil, ils les laissent parler, mais les écoutent en riant, et finissent toujours par leur dire : « Quoi qu'il en soit, c'est nous qui sommes dans le vrai et vous dans le faux. »

Les musulmans civilisés n'aiment pas qu'on leur parle de cette peuplade barbare : ils semblent honteux d'avoir pour compatriotes des gens arriérés de trois mille ans. D'un autre côté, comme ils considèrent eux-mêmes la femme comme un être qui leur est inférieur, ils sont indignés de voir que les *Ensériès* en font une divinité.

O. AUDOUARD.

GRANDE EXPOSITION PUBLIQUE

AUX STATUES DE SAINT-JACQUES

RUE SAINT-DENIS, 191-193, & RUE MAUCONSEIL, 1.

Cette exposition a commencé lundi 8 et elle se continuera jusqu'au vendredi 13 avril.

La maison des Statues de Saint-Jacques est une des plus anciennes de Paris, et elle est à juste titre réputée par son honorabilité et la façon consciencieuse dont s'y traitent les affaires ; elle est la seule qui fasse une escompte de 2 p. 100 sur tout achat de 100 francs, et qui envoie *franco*, à partir de 25 francs, dans toute la France, la Suisse et la Belgique. Aussi cette maison a-t-elle pour clients toute la bourgeoisie de province ; on ne trouve point dans cette maison ces étoffes futiles, d'apparence jolie, mais de durée nulle ; on y trouve de belles et bonnes étoffes, d'un dessin élégant, de teinte solide ; ses confections sont celles que doivent porter les femmes du monde, les mères de famille ; les coupes en sont gracieuses, nouvelles, les garnitures de bon goût, mais les excentricités tapageuses ne s'y trouvent pas ; en un mot, les magasins des Statues de Saint-Jacques sont pour les femmes du monde qui, quoique tenues à une mise soignée, n'ont pas vingt mille francs à dépenser par an à leur toilette ; c'est le magasin de confiance des honnêtes et bons bourgeois, des mères de famille ; là elles trouvent des *peplums*, des paletots en gros grain, richement ornés, pour 45 francs, des *matinées* orientales, en cachemire brodé et orné de jais, à 15 francs.

X.

OUVRAGES DE Mme OLYMPE AUDOUARD

Chez DENTU, Palais-Royal

(GALERIE D'ORLÉANS)

Les Mystères de l'Egypte dévoilés, fort in-18,
2e édition. . . . . 5 »

Les Mystères du Sérail et des Harems turcs,
in-18, 3e édition. 3 50

Le Canal de Suez (brochure in-8) . . . . 1 »

Histoire d'un Mendiant, in-18. . . . . 2 »

Un Mari mystifié, in-18 . . . . 3 »

Comment aiment les hommes, in-18, 4e édition. . . 3 »

Guerre aux hommes, in-18, 2e édition. . . . . 3 »

VIENT DE PARAITRE :

L'Orient et ses Peuplades, fort in-18 de 500 pages. 5 »

PARIS, IMPRIMERIE JOUAUST, RUE SAINT-HONORÉ, 338.

CAUSERIE

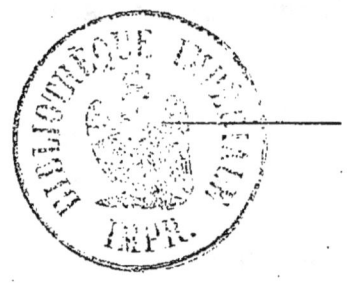

Nos sœurs des États-Unis entonnent *la Marseillaise des femmes*, elles lèvent l'étendard de la révolte, elles demandent une coopération active dans la vie politique, et.... les Français ne le croiront jamais!... un mouvement important se produit en Amérique en faveur de ces femmes; on trouve qu'elles ont raison, et non-seulement on ne rit pas de leurs prétentions, mais on les soutient... *La Tribune*, de Topeka (Kansas), dit que plusieurs dames de l'État s'occupent de fonder un journal ou d'acheter des journaux établis pour en faire l'organe des droits politiques de leur sexe. Certes, pour mon compte, je n'ai jamais songé à demander qu'on ouvrît les portes de la vie politique aux femmes... Il faut certaines grâces d'état pour cette carrière : il faut d'abord n'avoir pas un entêtement trop prononcé, savoir prestement

« brûler ce que l'on a adoré, et adorer ce qu'on a brûlé ! » et les femmes ont une fermeté de caractère, une persistance d'opinion qui leur enlèverait cette souplesse adroite qui fait la force de l'homme d'État... Qu'elles restent donc en dehors de la politique, elles n'y auraient aucun succès. Par exemple, la diplomatie pourrait leur aller, car la femme est née diplomate, elle redonnerait des points à Talleyrand. Ce que j'ai réclamé souvent pour mon sexe, c'est le droit au travail ! Car lui refuser celui-là me paraît illogique, injuste et imprudent, avec la législation que nous avons en France surtout.

Il y a quelques mois j'ai publié un volume dans lequel je disais à peu près ceci :

« Les hommes accaparent tous les métiers lucratifs et qui ne demandent pas une force physique trop grande; ils laissent les autres aux femmes.

« Ce qui est incompréhensible et très-répréhensible.

« Ainsi, dans les merceries, dans les magasins de nouveautés, ou voit de grands gaillards qui, au lieu de servir la patrie ou de labourer la terre, sont là à mesurer des rubans et du tulle, à faire ressortir la beauté de leurs marchandises; ils ont la bouche en cœur et prennent des allures de gandin : ce sont les petits *crevés* de la démocratie !

« Les modistes !... Baste ! la mode en est passée; il faudra trouver bientôt un masculin à modiste.

« Les couturières !... Fi ! c'est de mauvais ton : les femmes chiffonner !... Allons donc ! elles n'y entendent rien !

Les chiffons sont faits, paraît-il, pour les mains rugueuses de ces messieurs, et nous avons des *couturiers*, quoique aucun dictionnaire ne donne un masculin à ce mot-là. Mais, en revanche, si les hommes sont modistes, *couturiers*, s'ils vendent les fleurs, les rubans, la gaze, la mousseline, nous voyons de pauvres jeunes filles balayer péniblement les rues ; nous voyons des femmes hâves et brisées par la maladie traîner de lourdes charrettes de légumes... Dans les mines... Oh! là on leur laisse de la place... le travail y est lourd et dangereux !

« Eh bien, je voudrais que l'opinion publique, à défaut de lois, forçât les hommes, ces êtres créés forts et qui savent si bien s'enorgueillir de leur force, à occuper de préférence les postes dangereux, à prendre les métiers pénibles, et que l'on réservât exclusivement aux femmes, les fleurs, les robes, les dentelles ; que ces mille places de commis de nouveautés et de rubannerie fussent données à ces milliers de femmes qui meurent de faim et que la misère jette souvent dans l'abîme de la corruption. Je suis persuadée que beaucoup (si ce n'est toutes) de ces femmes qui à présent se vendent pour un bijou, se sont vendues la première fois pour un morceau de pain. Je voudrais enfin que nos députés qui, au milieu des graves questions qu'ils délibèrent souvent, trouvent parfois des heures à donner à des sujets futiles, tels que la crinoline par exemple, trouvassent une heure pour s'occuper sérieusement du sort de la femme, et qu'on leur permît à toutes, dans leur sphère, de trouver les moyens de gagner honorablement leur vie ; que l'on renvoyât à la terre, qui manque de bras, les jeunes gandins de magasin ; que l'on renvoyât des mines et des postes dangereux et fatigants les femmes, se souvenant qu'elles ne peuvent braver impunément certaines fatigues physiques. Je voudrais que les femmes de la bourgeoisie, de la finance et de la noblesse qui se voient, par un revers de fortune obligées à gagner leur vie, et qui ont en plus un vieux père ou de jeunes enfants à nourrir, pussent voir disparaître des préjugés absurdes, injustes et imprudents, et qu'elles pussent trouver des carrières honnêtes ouvertes devant elles.

« Si les lois ne sont pas à l'avantage de la femme en France, il faut convenir que l'opinion, encroûtée, tenace, leur est encore plus contraire. La braver est chose grave ; une femme forte, courageuse au travail, n'osera pas braver l'opinion, sentant qu'elle serait tuée, dans cette lutte, par cette arme terrible, le ridicule. Qu'une femme, par exemple, veuille étudier la médecine... Osera-t-elle aller à l'école? Non... Comment y serait elle reçue? Que dirait-on?

« Qu'elle n'est qu'une folle désireuse de faire parler d'elle.

« Et pourtant, ne serait-il pas convenable d'avoir des femmes médecins? Si on leur ouvrait une bonne école spéciale, comme elles ont tout comme les hommes leur petite dose d'intelligence, elles arriveraient à guérir tout autant de malades que leurs confrères. La femme est née, par grâce d'état, excellente garde-malade ; elle aurait des soins plus minutieux, davantage de dévouement, et franchement ne serait-il pas plus convenable de faire soigner ses filles et sa femme par une doctoresse que par un docteur? Dans un cas grave on pourrait appeler un célèbre praticien en consultation, mais la femme serait là pour l'aider dans les détails, et elles pourraient sauvegarder la pudeur de leurs clientes. Cette pensée a du bon, je l'affirme, et si le gouvernement établissait des écoles de médecine pour former des doctoresses, s'il les aidait dans cette voie, cela ouvrirait une carrière honorable à beaucoup de femmes, et la pudeur ne pourrait qu'y gagner. Eh bien, le Français, qui est le peuple routinier par excellence, trouvera mon idée absurde, ridicule : cela ne s'est pas fait, cela ne doit pas se faire ; tel est son avis.

« Je sais cela, mais, par acquit de conscience, je persiste à trouver et à dire qu'il serait plus sage et plus logique que les hommes fussent traités par des hommes et les femmes par des femmes.

« Je persiste aussi à dire que nos orateurs, au lieu de fulminer contre la corruption du siècle, feraient mieux d'en rechercher les causes : alors ils verraient peut-être que les difficultés que rencontrent les femmes pour gagner honorablement leur vie pourraient bien être la cause qui pousse un si grand nombre d'entre elles à la gagner d'une façon qui ne l'est pas.

« Ce n'est pas la liberté qu'il faut réclamer pour la femme, ce n'est pas son égalité devant la loi, c'est son égalité devant le travail, c'est son droit d'aborder toutes les carrières où elle peut réussir et rendre des services tout en gagnant sa vie.

« Cette phrase : la femme est faite pour faire cuire le pot-au-feu, n'a pas le sens commun, car celles qui ont le pot-au-feu ne sont pas en cause, mais bien celles seulement qui ne l'ont pas ; et si la première condition pour faire un civet est d'avoir un lièvre, la première condition pour faire le pot-au-feu c'est de pouvoir l'acheter.

« Le député qui prendrait la parole à la Chambre pour demander des écoles gratuites d'arts et métiers pour les femmes, ainsi que des écoles de médecine, s'exposerait à se faire rire au nez par ses collègues, par la seule raison que le Français s'est dit : la femme est heureuse en France ! et qu'il ne veut pas en démordre. »

Voilà ce que je disais dans mon volume *Guerre aux hommes*... M. Ernest Dréole a trouvé cela immoral ; il a demandé du chlore pour un pareil livre...

Il paraît que ce monsieur trouve plus moral que la femme, même celle qui n'a rien, vive dans l'amour du *dolce far niente !*

Franchement, en écrivant ce livre, je m'attendais peu à me voir accuser d'immoralité ! En Amérique on ne m'aurait certes pas fait ce reproche.

Je m'aperçois que ma causerie est un sermon... Nous sommes en semaine sainte, sans quoi j'aurais déchiré ces pages, inspirées par l'article du journal des États-Unis, du reste — rassurez-vous, la conférence est close, — je sais que je prêche dans le désert... L'opinion une fois faite a la force du fait accompli dans notre chère France, il faut en prendre son parti !

OLYMPE AUDOUARD.

INDISCRÉTIONS PARISIENNES

La population flottante de Paris commence à changer d'aspect et le Parisien à ne plus s'y reconnaître ; de tous les points du globe arrivent chaque jour de nombreuses caravanes de visiteurs plus ou moins illustres, qui viennent admirer les merveilles de l'Exposition universelle et s'abattre sur la grande ville, semblables à des nuées de sauterelles prêtes à tout dévorer, et on ne sait déjà plus où se réfugier aujourd'hui pour entendre parler français. Que sera-ce donc dans un mois ou deux? Cette invasion pacifique de la France a certes ses bons côtés : ce contact fraternel de tant de peuples divers resserrera peut-être des liens disposés à se relâcher quelque peu, grâce aux fusils à aiguille et aux canons portatifs; mais jusqu'à présent, il faut bien l'avouer, si je vois beaucoup de gens qui s'amusent, ou qui du moins ont l'air de s'amuser et d'en avoir pour leur argent, j'aperçois une victime au milieu de ce tohu-bohu universel, un pauvre diable écrasé et foulé aux pieds : c'est l'habitant de Paris, le Parisien, puisqu'il faut l'appeler par son nom.

Ne vous étonnez pas de ce début, cela me déconcerterait, j'ai tant de choses étonnantes à vous dire !

L'étranger qui arrive à Paris pour voir l'Exposition y arrive muni de ressources extraordinaires, — je n'entends point parler ici des gens qui disposent de très-gros revenus, ceux-là constituent une majorité respectable et hors de cause dont je n'ai point à m'occuper pour le moment ; — il a probablement réuni quelques économies faites en vue de ce voyage, ou écorné un tant soit peu son capital, s'il en possède un, ou contracté quelques dettes, ou escompté quelque crédit; en un mot, il a fait provision d'argent comptant et ne se trouve pas à Paris dans des conditions normales.

En est-il de même pour le Parisien? Non. — Ses ressources sont restées identiquement les mêmes ; ses économies, il n'a jamais songé à en faire ; son capital, il y a longtemps qu'il est mangé ; les dettes, depuis l'abolition de la contrainte par corps, les prêteurs d'argent ne sont pas encore fixés sur le taux de l'intérêt ; son crédit, il est usé ; et, à moins d'aller s'embusquer la nuit au détour de quelque rue et d'y rester à l'affût du premier capitaliste qui passera par là, je ne vois pas trop comment ce pauvre déclassé s'y prendrait pour faire provision d'argent comptant. Ajoutez à cela les vexations quotidiennes auxquelles il est en butte depuis l'ouverture de l'Exposition, et, la main sur la conscience, dites-moi si la position est tenable pour lui.

Non, elle ne l'est pas.

N'allez pas me demander : Où est le Parisien, que fait-il, à quel signe le reconnaît-on? etc., etc. Je prévoyais toutes ces questions insidieuses et je suis décidé d'avance à garder à ce sujet le silence le plus obstiné. D'ailleurs je connais des ministres qui se tirent d'affaire comme cela, qui répondent par anticipation à des questions qu'on ne leur adresse pas et s'arrangent de façon à ne pas entendre celles qu'on voudrait bien leur adresser. C'est un bon système. Et puis je plaide en ce moment la cause des Parisiens, cause plus compromise que ne le pensent les étrangers, et il ferait beau voir que je perde mon temps à indiquer les signes particuliers auxquels ces mêmes Parisiens se reconnaissent entre eux!

On a chanté et entendu chanter à Paris pendant nombre de mois : *Rien n'est sacré pour un sapeur.* Eh bien, ce pauvre sapeur si injustement calomnié est un ange à côté des restaurateurs, des entrepreneurs de dîners cosmopolites, américains, européens et autres, n'en déplaise au baron Brisse. Ces gaillards qui n'ont jamais songé, je vous le certifie, à prélever sur les gains illicites qu'ils réalisent chaque jour et qu'ils réaliseront pendant la durée de l'Exposition de quoi fonder des hôpitaux ou des caisses de retraite pour la vieillesse, ont-ils seulement eu la pensée d'offrir un dîner gratis à tout Français qui justifierait de sa qualité de Parisien et qui prouverait dûment n'avoir aucune accointance avec l'Exposition, ses annexes, ses pompes et ses œuvres?

Les grandes pensées viennent du cœur, a dit Vauvenargues, mais allez donc parler de cœur et de Vauvenargues à des gens qui se mettraient eux-mêmes à la broche ou se feraient sauter au beurre de Montpellier ou au madère, s'ils étaient sûrs de pouvoir ressusciter au moment où le consommateur demandera l'addition !

J'ai parlé tout à l'heure de vexations, j'aurais du dire humiliations. En effet, y a-t-il quelque chose de plus humiliant pour un Parisien que d'être pris pour un étranger et d'être traité comme tel? Eh bien, s'il entre dans un restaurant quelconque à l'heure du déjeuner ou du dîner, s'il commet l'imprudence insigne de s'asseoir à une de ces tables, aussitôt son supplice commence.

Le garçon, dès qu'il l'a aperçu, s'est dit *in petto* : « Enfin nous en tenons un! » et après que notre victime s'est installée tant bien que mal, il a disparu un instant pour reparaître aussitôt portant triomphalement deux ou trois assiettes de hors-d'œuvre.

Ces hors-d'œuvre, c'est le poison caché sous les fleurs, c'est une tentation grosse de conséquences pour votre porte-monnaie, et prenant traîtreusement les formes d'une aimable attention de la part du garçon ; en un mot, ce n'est rien et c'est tout : rien, en ce sens qu'on ne peut mettre ces hors-d'œuvre au nombre des aliments sérieux et qu'ils ont l'air d'être aussi innocents que peu chers ; tout, parce que, si vous avez le malheur d'y toucher, vous les verrez s'étaler effrontément sur votre addition dans la colonne des francs.

Le Parisien, qui connaît le piége, regarde tranquillement le garçon exécuter son manége, et lui dit : « Remportez tout cela, mon ami; j'habite Paris depuis vingt ans. »

Le garçon ne dit mot et remporte les hors-d'œuvre.

Arrive le sommelier. Le Parisien, né malin, le laisse venir.

« Quel vin prendra monsieur? du château laffitte, du château margaux, du clos vougeot?... Nous avons surtout un château margaux excellent. »

Le traître! comme si le château margaux était encore dans le commerce, comme si le château laffitte courait les caves, et comme si le clos vougeot était aussi répandu que ces fameuses eaux-de-vie de fine champagne âgées de cinquante ans, qui ont vieilli de dix lustres en dix mois!

Il est rare que le Parisien ne perde point patience devant cette énumération de vins fantastiques que MM. de Rothschild, Aguado ou de Pomereu peuvent seuls posséder dans leurs caves, étant seuls propriétaires des crus de Bordeaux ci-

dessus nommés. Toutefois, s'il est calme, il dira au sommelier :
« Mon ami, j'ai dit tout à l'heure au garçon que j'habitais Paris depuis vingt ans ; donnez-moi une bouteille de saint-julien, et souvenez-vous que je le renvoie si c'est du château laffitte. »

Le sommelier comprend, ne dit mot, et s'en va quérir le vin demandé.

Et pourtant le sommelier comme le garçon sont généralement Parisiens tous les deux, mais la rapacité de leur patron a transformé leurs instincts au point que leur flair habituel leur fait défaut, qu'ils voient l'étranger partout, et que de peur de manquer leur coup, ils tirent dans la mêlée, certains d'avance qu'une fois au moins sur dix la balle atteindra un homme.

Si ces tentatives que je dénonce au public ne réussissent pas auprès du Parisien, il est rare qu'elles ne produisent pas l'effet désiré sur l'étranger tout frais débarqué, qui ne vient pas à Paris pour faire des économies et n'y regarde pas de trop près par conséquent, surtout lorsqu'il a par-dessus le marché les appétits du célèbre baron de Gondremark.

J'ai assisté à dix scènes du genre de celles qui précèdent, et elles m'ont prouvé que le cynisme n'avait plus de limites chez l'homme quand il était stimulé par l'appât d'un gain immédiat.

Voici une histoire qui date de quinze jours.

Un mien ami dînait à une table du restaurant ***, qui s'était acquis autrefois une juste célébrité pour la bonté de sa cuisine et de sa cave, la modération de ses prix et la tranquillité de ses garçons. Cet ami, connu dans l'établissement depuis environ quinze ans, en était au dernier plat de son dîner et appelait le garçon *par son prénom* pour lui demander une tasse de café aussi brûlant que possible. Le garçon, occupé autre part, ne répondit pas, mais un autre apparut et, s'approchant de mon ami :

« Monsieur veut-il que je lui serve des fraises?

— Des fraises! pourquoi faire, mon Dieu? »

Survient le garçon qu'on avait appelé par son prénom, il donne un coup de coude à l'autre, qui comprend instantanément et qui s'excuse de la façon suivante :

« Pardon, je croyais que monsieur était étranger. Si j'avais su... Oh! maintenant que je sais que monsieur est Parisien, je puis bien le lui dire, ces fraises sont détestables, elles n'ont pas de goût. »

Avis aux amateurs de primeurs.

Mon ami, qui est un homme essentiellement flegmatique, ne dit rien, mais n'en pensa pas moins. Heureusement que j'étais là, à deux tables plus loin, que j'avais tout entendu, et que nous avions échangé un regard.

Depuis que les étrangers ont pris le haut du pavé, bien d'autres déceptions attendent le Parisien. — S'il est célibataire et philosophe, il se tiendra coi et se dira à lui-même qu'il n'y a pas de si fortes crises qui n'aient pour résultat de produire une réaction égale à l'action qui les a déterminées — s'il est marié, je lui conseillerai d'aller passer de suite six mois à la campagne avec sa femme, s'il ne se sent pas assez fort pour braver l'orage et assez riche surtout pour satisfaire à toutes les fantaisies de sa douce moitié. — Sinon, gare aux étrangers!

*
* *

Dernièrement, une Parisienne dont le mari émarge annuellement au budget pour une somme de 50,000 francs rencontre dans un magasin une de ses amies, Parisienne comme elle. La conversation s'engage, on parle d'abord chiffons et coiffures — ce sujet est inépuisable entre femmes, — mais la première ne voulait pas s'en tenir là.

« Eh bien, chère belle, et vos leçons d'anglais?

— Cela marche très-bien, je commence déjà à baragouiner quelques phrases.

— Vraiment! comment se nomme donc votre maître d'anglais?

— C'est M. X.

— Quel homme est-ce, ce M. X.?

— Un homme fort bien élevé et qui connaît beaucoup d'étrangers. Comme il est lui-même très-connu à Paris, les étrangers se l'arrachent, il leur apprend le français et leur sert d'interprète. C'est un véritable polyglotte, il sait le français, l'espagnol, l'italien et l'anglais.

— Voulez-vous me l'envoyer?

— Volontiers, mais quand cela?

— Demain à trois heures. »

Ce qui fut dit fut fait ; mais voici le joli de l'aventure. Notre héroïne, qui n'avait nullement l'intention d'apprendre une des quatre langues que possède M. X., le reçut le lendemain, l'invita à dîner pour le surlendemain, et lui tint ce langage au salon après le dîner, tandis que les invités étaient occupés à humer leur café et à regarder le plafond.

« Vous connaissez beaucoup d'étrangers venus à Paris pour voir l'exposition, n'est-ce pas, monsieur?

— Mais oui, madame.

— Ne pourriez-vous pas me faire faire quelques connaissances? »

Vous voyez d'ici la mine du maître ès langues.

« Mais, madame, savez-vous à quoi vous vous exposez et à quoi vous m'exposez moi-même?

— Bah! en temps d'exposition il faut bien s'exposer un peu! »

Le maître ès langues à ces mots perdit tout à fait contenance, son interlocutrice haussa les épaules, s'approcha de lui et lui glissa quelques mots dans l'oreille en ajoutant tout haut :

« C'est à prendre ou à laisser, tout est devenu si cher aujourd'hui ! »

M. X. s'esquiva, prit ses jambes à son cou et court encore.

Comte Escamerios.

REVUE DES SALONS

On annonce une foule de concerts pour après Pâques. Ordinairement ils finissent avec le carême, mais cette année ils se prolongeront très-tard. Le mardi de Pâques, 23 avril, Mlle Marthe Bierfuhrer donnera un concert à la salle Souffleto. En outre de la jolie voix de la jeune et intéressante bénéficiaire, on y entendra Mlle Mella et Mme Dreyfus, dont le merveilleux talent est une si puissante attraction pour tous. Mme Perrière-Pilté en organise aussi un à l'Athénée, en faveur de la section de l'œuvre des Crèches dont elle est présidente. On y entendra Mlle Marie Battu, MM. Capoul et Delle Sedie, qui a été si justement applaudi cet hiver dans les meilleurs salons.

Le 5 mai, Mlle Virginie Huet donnera à la salle Herz un concert où chanteront les premiers artistes, Capoul et la charmante Marie-Roze, mais dont la grande, très-grande attraction sera une pièce inédite de Mme Olympe Audouard, qui sera jouée par Mlle Bianca, du Vaudeville. Le titre est *Trop tard!* et l'on y retrouve tout le charme du style ordinaire de Mme Audouard. Quand les concerts auront des bonnes fortunes pareilles, nous comprendrons qu'ils soient sûrs d'attirer, même après Pâques, le public d'élite qui se donne rendez-vous dès aujourd'hui à celui de Mlle Virginie Huet !

L'épisode artistique et élégant de la semaine a été la soirée de la comtesse de Noé. Elle avait réuni samedi dans ses salons toutes les illustrations de Paris, et l'on y a vu et entendu ce que tout Paris est friand de voir et d'entendre. On a beaucoup applaudi une jolie pièce de Méry, *la Soubrette de Clairon*, qui a été parfaitement jouée par Saint-Germain et la charmante Mlle Damain. On a joué pour finir *Adélaïde* et *Vermouth*. Levassor a fait rire ; Nadaud et Malézieux ont eu leurs succès accoutumés, et l'on a entendu avec un plaisir infini une pièce de vers, *Il ne faut jurer de rien*, dite à merveille par son jeune et charmant auteur, Mlle Gabrielle de Fleuzy, qui n'a pas voulu se contenter d'être jolie à ravir et qui est appelée à avoir de grands succès si elle continue à traduire son cœur avec sa plume. Il y avait de très-jolies femmes et de très-belles toilettes, ce cadre obligé de toute réception réussie ; la princesse Jablonowska était bien belle en tulle blanc à péplum de satin bleu garni de plumes blanches ; la comtesse de Noé en maïs avec de superbes malachites ; la vicomtesse de Renneville en jaune et noir ; la comtesse Dash en satin blanc et dentelles noires ; Mme Dreyfus en taffetas blanc ; Mme Olympe Audouard ravissante en satin vert broché de blanc avec une profusion de petites jacinthes roses diamantées en collier, berthe, et dans ses admirables cheveux blonds. C'était le type Louis XV dans sa plus charmante expression.

Le comte de Noé n'a pas voulu se contenter de l'illustration de sa famille aux croisades et il a pris le nom de Cham, pour charmer à Paris et dans le monde entier tous ceux qui sont dignes de comprendre l'esprit français dont il est l'incarnation. Il fait rire *de tout* et toujours avec ce bon goût qui est pour lui une question de race et le complément de son beau talent. La comtesse de Noé fait les honneurs de ses salons avec tout l'esprit et toute la grâce qui la distinguent; leur soirée a eu un de ces succès qui ne laissent pas la place au plus petit *mais*... On y a encore parlé de la mort du baron Le Jeune, écuyer de l'Empereur, enlevé à la fleur de l'âge à l'affection de sa charmante femme. Leur ménage était de ceux qui, selon M. Guizot, résument le paradis sur la terre par l'amour dans le mariage, et le voilà brisé!... Combien y aurait-il de choses à dire sur le malheur qui vit et le bonheur qui meurt!... Mais puisque nous sommes en carême, contentons-nous de pleurer surtout sur ceux qui restent, et de dire combien le baron Le Jeune est profondément regretté de tous ceux qui l'ont connu. On riait aussi d'un ménage morganatique, composé d'un schismatique très-dissident et d'une célébrité très-connue, qui est parti pour aller passer les fêtes de la semaine sainte à Rome! On disait que c'est l'histoire des grandes positions qui facilitent tout et qui envoient à Rome tant de gens peu catholiques, tandis que les plus fervents ne peuvent pas aller chercher des bénédictions dont ils sont si dignes et dont ils seraient si heureux!

Il y aura, le mardi de Pâques et les deux jours suivants, dans les beaux salons et les jardins de l'ancienne nonciature, 69, rue de l'Université, une vente au profit de l'œuvre de Saint-Joseph la Faye, fondée par Mme Fleurat, pour l'éducation des jeunes garçons pauvres. — Les boutiques seront tenues par les plus grands noms de France, et l'on vendra des gâteaux jusque dans le jardin. — Mme Fleurat a déjà

fondé à Obazine, dans la Corrèze, une maison où des masses de jeunes filles vont apprendre à devenir de bonnes ouvrières et d'honnêtes femmes; — l'œuvre de Saint Joseph la Faye est appelée à compléter celle d'Obazine en donnant aux frères les mêmes soins, les mêmes avantages qu'aux sœurs.
— Mme Fleurat est une sainte dont voici l'histoire : elle était malheureuse en ménage et elle avait un de ces cœurs que la douleur élève au lieu de les aigrir. Elle débuta donc par disposer de sa fortune personnelle pour *commencer* la réalisation de ses grandes idées de charité, puis quand elle n'eut plus rien, mais rien au monde, elle fit vœu de donner tout son temps, toutes ses peines, à faire du bien aux malheureux, et surtout à ces jeunes infortunés que souvent la misère rend coupables. — Elle ne se rebuta devant rien, elle alla quêter aux diligences, aux chemins de fer, aux courses, à toutes les réunions, et de partout elle recevait des dons de toutes sortes, qui venaient apporter une pierre de plus à son œuvre. Enfin elle vint à Paris, ce grand centre de charité, et là, sous le patronage de la marquise de La Garde et de sa sœur, la comtesse Arthur de Montalembert, elle organisa des quêtes et des matinées qui achevèrent de payer Obazine. — Mme Fleurat avait réuni, sous les auspices de ces dames, cinquante patronnesses et vingt-cinq commissaires, dont les noms sont un abrégé de l'armorial de France et des galeries de Versailles. — Aujourd'hui la comtesse du Chastenet est présidente de l'œuvre de Saint-Joseph, les patronnesses sont devenues des vendeuses, et vous trouverez à cette vente, — car vous irez, n'est-ce pas, mesdames? — les dames du Chastenet, Récamier, Sauguier, Loudun de Maupas, de Thuisy, de La Garde, de Montalembert, de Beauvau, de Vaublanc, de Sombreuil, de Fontanges et trente autres, réunissant les derniers deniers de l'œuvre de Saint Joseph, pour laquelle il ne manque PLUS que quatre-vingt mille francs, Mme Fleurat

en ayant déjà obtenu plus de vingt mille! — Vous y trouverez le vicomte de Chauvigné, qui a beaucoup contribué au succès d'Obazine, en lui prêtant le concours de son admirable talent de prestidigitation, et enfin vous y verrez Mme Fleurat, le type de la charité, et son cabas noir, qui est devenu historique à l'égal de la boîte de Pandore et de la bourse du Juif errant, ainsi que l'a si bien dit M. Eugène Chapus.

Le comte de Greffulhe a le don d'*étonner* Paris, qui pourtant ne s'étonne pas facilement! par l'immensité de la fortune qu'il laisse et par l'entente avec laquelle il a réparti les cinq millions qu'il laisse aux pauvres. — On dit que, grâce à ses ordres si précis, cette énorme somme fera un nombre d'heureux tout à fait proportionné à son importance, et n'ira pas se perdre d'une manière inintelligente comme cela n'arrive que trop souvent avec les meilleures intentions. Béranger a dit que *voir c'est avoir;* si c'était vrai de son temps pour les choses du monde des bohémiens, cela est bien modifié aujourd'hui, et les pauvres ont besoin d'avoir non-seulement de l'argent pour leurs refuges, mais encore une direction intelligente comme celle de M. Greffulhe pour en faire un bon emploi. — On dit que la grâce double le prix de la charité, mais elle est complétée par l'intelligence qui la dirige.

Le cruel accident arrivé au bois de Boulogne au fils du baron de Budberg, ambassadeur de Russie, a profondément attristé la cour, le monde diplomatique et le faubourg Saint-Germain, parmi lesquels M. de Budberg compte de vrais amis. Il est effrayant de penser qu'un fils adoré et bien digne de l'être, part à dix heures plein de joie, de santé, et qu'à midi sa pauvre mère le trouve presque mourant, dans une maison amie, car l'accident a été si grave que l'on n'a pas pu le ramener chez lui! — Cela se voit souvent, ces accidents malheureux et inattendus, mais les douleurs sont toujours neuves, et chaque victime y trouve des amertumes qu'elle croit avoir été créées pour elle !

Deux belles Espagnoles occupent la haute société sous deux aspects bien différents : la duchesse de Frias, qui vient d'arriver à Paris, par sa grâce, sa beauté, sa grande position, les succès qu'elle recueille dans tous les salons où elle se montre, et la duchesse de Veragua, aussi jeune, aussi belle, aussi riche, et qui vient d'entrer au Sacré-Cœur avec l'entraînement de son âge et heureuse d'apporter à Dieu une beauté de madone, un cœur d'ange et une fortune de reine ! — Là encore le contraste, l'antithèse, l'inconnu, car Dieu seul connaîtra ce qu'il y aura au fond du cœur de la duchesse du monde et de la duchesse du cloître... Il est à croire qu'elles arriveront au même but par des routes opposées ; mais comme il serait intéressant de connaîtres les étapes de ces deux vies partant du même point pour arriver au même but, et dont le milieu seul sera différent !

COMTESSE DE MARLY.

MARSEILLE

LA GRAND'RUE ET NOTRE-DAME DES ACCOULES.

Si de la rue Impériale vous prenez à votre gauche, en venant du port, l'amorce de la Grand'Rue, après une centaine de pas faits dans une voie large, bordée de hautes et belles constructions, vous arrivez dans une ruelle salle, étroite, aux maisons vieilles, noires et décrépites : c'est ce qui reste de l'ancienne Grand'Rue. A vos premiers pas vous êtes immanquablement heurtés par des hommes au costume sombre, au visage blême et sans poils : ces gens sont les pourvoyeurs des cimetières de Marseille : les croque-morts, comme dit le peuple. A cent mètres de vous, vous les voyez entrer et sortir, comme des fourmis de leur trou, d'une maison d'aspect plus triste encore que les autres, si c'est possible. C'est là que se trouvent les bureaux et les magasins de la société industrielle qui opère sur la mort et réalise d'énormes bénéfices en temps de choléra. En 1865 et 1866 elle a eu de beaux bilans. C'est une triste boutique au physique et au moral; boutique qui ne craint point la concurrence comme l'épicier du coin, et qui, sachant que son client ne peut aller ailleurs, le traite avec un laisser-aller dégoûtant !

Prenez garde de n'avoir point la tête cognée par le choc d'une bière ou d'un brancard mortuaire que les croque-morts emportent en se hâtant lentement, et arrêtez-vous un instant en face de la maison qui fait le coin de la rue Negrel, à gauche en descendant vers le port.

Cette construction noircie par le temps, à l'aspect sévère, aux fenêtres larges, coupées en croix par des traverses de pierre et ornées de légères colonnettes, mérite de fixer votre attention à double titre : comme échantillon d'architecture d'autrefois et par le souvenir du prêtre Gaufredy qui l'a habitée, et celui de la jeune et belle Magdeleine de La Palud, sa maîtresse.

Le rez-de-chaussée de cette maison, seigneuriale jadis, est occupé par un débit de tabac et une buvette. Au premier étage, sur la pierre d'appui d'une fenêtre, se trouve une cage aux barreaux peints en vert où un couple de canaris voltige, chante et fait l'amour. Cette fenêtre est peut-être celle de la chambre où le prêtre et son amante se livrèrent, emportés par la passion, à toutes les voluptés de la chair.

Gaufredy était vicaire à Notre-Dame des Accoules. Jeune, beau, passionné et d'une nature ardente, il oublia bientôt ses vœux de chasteté et donna force coups de canif dans sa soutane. Il eut de faciles et vulgaires amours, mais qui ne purent satisfaire entièrement cette terrible et orageuse nature. Il rêvait mieux.

Il avait vingt-six ans lorsqu'un jour, pendant qu'il prêchait aux Accoules, son regard s'arrêta sur une jeune fille belle comme un ange, radieuse de ses seize ans, de sa pureté et de l'ardeur contenue d'un sang riche et impétueux : c'était Magdeleine de La Palud. Le prêtre tressaillit; il venait de rencontrer l'incarnation de ses rêves.

Depuis ce jour, lorsque Gaufredy prêchait, et cela lui arrivait souvent, il tenait constamment sous son regard la pieuse

Magdeleine de La Palud ; il semblait puiser dans la contemplation de la jeune fille toute son éloquence, les hardiesses de son style et la puissance de conviction de sa parole.

Les débordements du prêtre n'étaient point encore connus ; ses liaisons furtives avec quelques filles de joie, auxquelles il n'avait demandé que l'apaisement des sens, n'avaient point fait scandale, et la grande réputation du prédicateur attirait à son confessionnal de nombreuses pénitentes. Magdeleine de La Palud vint un jour s'y agenouiller.

Que se passa-t-il alors dans l'ombre mystérieuse de la vieille église, dans cette niche de bois où le prêtre était d'un côté et la jeune fille de l'autre, séparés seulement par une mince cloison percée à jour dans sa partie supérieure ? Le prêtre tirait sur lui une porte qui le dérobait à tous les regards ; la pénitente, agenouillée, cachait la tête dans ses mains et pouvait dissimuler la rougeur de son front. La nef était silencieuse, presque déserte, à demi obscure.

A la voix de Magdeleine, au parfum de ses cheveux, à la chaleur de son haleine qu'il recevait sur les lèvres en collant le visage contre les jours de la cloison, le prêtre se sentait défaillir.

La jeune fille avait une imagination ardente, portée au mysticisme ; plus d'une fois déjà elle avait eu des frémissements étranges et cependant pleins de douceur lorsque dans l'église son regard, levé vers la chaire, avait rencontré celui du prêtre, lançant sur elle des effluves mystérieux et magnétiques qui envahissaient son être : bien souvent la voix de Gaufredy, alors qu'elle tonnait sonore et énergique, mais pleine de charme pour elle, au-dessus des fidèles accourus pour l'entendre, l'avait profondément émue et captivée ; maintenant elle, Magdeleine, elle était là, agenouillée tout près de cet homme dont le regard l'avait fascinée, dont la voix la troublait. Et cette voix ne parlait plus pour tous ; elle n'était plus que pour elle ; elle était devenue douce et tremblante ; elle murmurait à son oreille d'étranges théories sur l'amour de Dieu et sur celui de la créature ; elle ouvrait à son âme des horizons inconnus ; elle faisait battre son cœur et ses tempes et allumait dans son sang de vierge des ardeurs terribles. Puis il sembla à la jeune fille que le prêtre haletait et que sa voix se changeait en sanglots. Gaufredy lui parlait de souffrances, de feux dévorants, d'enfer, de paradis, d'amour ; il criait pitié. La jeune fille éperdue, anxieuse, pressa à le meurtrir son visage contre le grillage de bois. Elle sentit comme la sensation d'un fer brûlant courir sur ses lèvres.

Quand Magdeleine de La Palud quitta le confessionnal son âme appartenait à Gaufredy : voir cet homme, entendre cette voix qui l'enivrait et lui donnait de brûlantes extases, était devenu un besoin pour elle. Elle retourna au confessionnal ; elle vit le prêtre chez lui : Gaufredy triompha.

La vieille maison de la Grand'Rue pourrait redire ces terribles amours. Elle durèrent peu.

Pour arriver à ses fins, le prêtre avait tellement perverti le sens moral de la jeune fille ; tellement exalté et troublé son intelligence, que bientôt Magdeleine de La Palud tomba dans un état voisin de la folie. Tout fut dévoilé et le scandale fut grand.

Gaufredy fut emprisonné, conduit à Aix, jugé par le parlement assemblé, et condamné, le 30 avril 1611, comme coupable de rapt, séduction, magie, sorcellerie et autres abominations, à « être ardé et brûlé tout vif, » sur la place des Prêcheurs à Aix.

Le supplice du malheureux prêtre fut horrible ; ses souffrances si atroces, qu'il s'écria : « C'est à croire qu'il n'y a pas de Dieu ! »

Magdeleine de La Palud fut acquittée ; elle mourut quarante jours après, presque entièrement folle.

Où diable nos bons aïeux prenaient-ils de la magie et de la sorcellerie dans cette affaire ? Le prêtre avait vingt-six ans, la jeune fille seize : voilà toute la magie.

Donnons une dernière pensée à ces deux infortunés, victimes de leurs passions, des erreurs et des préjugés de leur époque, puis continuons notre marche, consolés par une pensée pleine de philosophie : c'est que leur sort eût-il été le plus heureux du monde, nos deux amants n'en seraient pas moins à cette heure ce qu'ils sont depuis plus de deux siècles, débris et poussière.

Quelques pas encore et nous voici en plein air et lumière, sur une place d'un aspect tout particulier et réellement pittoresque : la place du *Palais,* ainsi nommée du palais de justice, construit en 1745, et dont nous voyons à notre gauche la façade et le fronton de pierre, noircis par le temps. Ce temple de Thémis — style de jadis — est aujourd'hui abandonné ; la magistrature s'est transportée à la place Montyon.

A notre droite, l'Hôtel-Dieu s'étend en arrière d'un square aux terrains superposés. Nos édiles, moins généreux que le dessinateur de *l'Illustration,* dans *la France nouvelle,* ont lésiné, lorsqu'il s'est agi de débarrasser le monument élevé sur les plans de Mansard, d'un rideau de vieilles maisons qui l'obstruait ; la façade centrale de l'édifice est seule en pleine vue ; les deux pavillons avancés de droite et de gauche se trouvent encore masqués en partie par de tristes bâtisses, dont tôt ou tard, nous l'espérons, le marteau fera justice.

En face de nous, derrière de grands et vieux ormes, le clocher des Accoules dresse vers les cieux sa flèche peu élancée ; à ses pieds s'élève un calvaire en rochers, apportés là par la main de l'homme.

Cette place a quelque chose de triste et de majestueux ; ce lieu est plein de vieux souvenirs marseillais. Déjà en l'an mil, une chapelle consacrée à la Mère du Christ s'y élevait sous le vocable de : *la Vierge de Bon-Secours*. Les malades et les marins y affluaient ; les murs étaient couverts de nombreux *ex-voto*, et des cierges brûlaient sans cesse devant l'autel.

Tout près du sanctuaire de Marie, un des plus anciens hospices de France recevait les pauvres malades, et à côté de l'Asile de la souffrance, un vaste cimetière clos de murs servait de temps immémorial à la sépulture des habitants de la ville ; des tombeaux en ornaient le pourtour.

Lorsque le Parlement marseillais avait à délibérer sur les intérêts de la cité, le son des cloches le convoquait dans ce cimetière. Les fils des Phocéens établissaient leur forum dans ce lieu de repos éternel, s'inspiraient du souvenir de leurs aïeux et demandaient conseil à leur cendre.

Jusqu'en 1400, la justice fut rendue publiquement et gratuitement, devant la porte de la chapelle des Accoules, et plus tard dans une salle de l'hôpital.

Tous ces souvenirs ont quelque chose de grand.

Dans la suite des siècles une vaste et magnifique église, Notre-Dame des Accoules, remplaça la modeste et primitive chapelle ; cette église dont le clocher seul subsiste encore, a été détruite à l'époque de la Révolution par le vandalisme populaire.

Actuellement, un petit édifice assez insignifiant sert au culte et reçoit une population de *Porteiris*, de Génois et de matelots italiens. Une grotte s'ouvre sur le devant du calvaire placé au pied de l'ancienne flèche des Accoules (1).

---

(1) L'étymologie des *Accoules* est, selon nous, tellement tirée par les cheveux, que nous nous dispensons de la donner.

Entrez par ce passage sombre et humide et vous arrivez dans une chapelle à demi souterraine, où, dans une façon de bière, un Christ colossal, en bois peint, gît sur un lambeau de linceul.

Tout autour de cette image de l'Homme-Dieu brûlent, dans des verres pleins d'huile, des lumignons fumeux; des couronnes d'immortelles, des bouquets, les uns frais les autres à demi fanés, couvrent presque le corps du Christ.

Placez-vous dans l'ombre et attendez.

Voici venir une jeune femme, elle s'agenouille, prie, pleure, se prosterne sur le sol humide, puis baise avec ferveur les pieds du Christ. Après elle arrive un vieillard qui fait de même; il est suivi par d'autres femmes : chapelet dévot et sans fin qui va s'égrenant tout le jour.

Les pieds de bois du Christ ne pouvaient y tenir; ils étaient mangés, c'est le mot, par les baisers délirants des fidèles, et le besoin d'en avoir de rechange se faisait vivement sentir, lorsque l'administration des *Accoules* a eu l'heureuse idée de faire doubler et cheviller en cuivre les extrémités du Christ.

En ce lieu l'air est froid et humide; puis on s'y sent oppressé par un sentiment indéfinissable : sortons.

Nous avons vu venir là de telles douleurs, de tels désespoirs, que notre plume doit se garder de toute parole irrévérente.

Sylva.

THÉATRES

THÉATRE-DÉJAZET. — *Les Vacances de l'Amour*, comédie en 5 actes, de MM. Dunan-Mousseux et J. Allevarès.

Quel charmant titre, et comme il faisait doucement rêver quand il se pavanait sur l'affiche avant la première représentation! On se creusait l'imagination pour deviner ce que ce titre enchanteur pouvait enfermer de tableaux gracieux ou de scènes entraînantes, et sans vouloir édifier dans sa pensée l'échafaudage du drame encore inconnu, l'esprit chercheur se demandait si les auteurs avaient voulu peindre l'amour sérieux, chaste et pur, dominant la vie dans les extases d'une tendresse sans nuage, et créant d'éternelles vacances à ses heureux disciples. Ou bien peut-être, hélas! allaient-ils nous montrer cet amour rageur, exclusif, dominateur et crampon qui, fatigué d'une année de luttes et de bonheur trop tyranniquement réglé, se voit enfin forcé, comme le grincheux pédagogue, de rendre un peu de liberté à la pauvre victime du sentiment, pour lui permettre de prendre ses vacances et se retremper dans les douceurs d'une bienfaisante indépendance. Enfin on se demandait encore si, pleins de souvenirs mythologiques et charmants, les auteurs n'allaient pas nous représenter le dieu joyeux et vagabond de nos rêves conduisant avec son sceptre rose dans les sentiers fleuris de l'existence la troupe folâtre et capricieuse qui, avide de mouvement, de plaisir et de surprise, se plaît à tresser elle-même ses chaînes et à se couronner de roses en chantant l'éternelle chanson de la nature, comme l'écolier qui, débarrassé de ses lisières, prend gaiement ses ébats dans de joyeuses vacances. On s'adressait toutes ces questions, quand la toile s'est levée sur un tapageur phalanstère du quartier latin, où se trouvaient réunis étudiants et étudiantes de toute provenance et de tout âge, tous et toutes mordus au cœur, suivant leur tempérament et leurs goûts, par l'amour qui prépare ses vacances dans une fête d'adieux.

Ce festin, ordonné par un fruit sec de toutes les facultés, est présidé par les héros de la pièce, qui ne sont pas d'une gaieté folle, il faut l'avouer.

Le sceptique de Chatenay compte trop sur la puissance de l'or et sur l'irrésistible entraînement des robes de soie, des diamants et du palissandre, et il s'imagine en s'éloignant qu'il peut payer les dettes de son cœur avec une rente 3 p. 100 ou des obligations de la Ville de Paris. La jeune et sentimentale Berthe n'entend pas l'amour ainsi, et elle pleurniche son sentiment et sa douleur pendant toute la pièce, malgré l'amour dévoué d'un jeune peintre qui ne demanderait pas mieux que de la consoler et de l'épouser, ce qu'il fait à la fin de la pièce. Je ne l'en blâme pas au point de vue des principes, mais j'avoue que j'aimerais mieux autre chose pour les spectateurs du théâtre Déjazet, et surtout pour la gracieuse et charmante artiste qui, avec beaucoup de talent est obligée de se débattre dans un rôle des plus ingrats. Espérons qu'un plus heureuse création viendra dédommager Mlle Nantier et nous la montrera dans un personnage digne d'elle.

Heureusement pour *les Vacances de l'Amour* qu'au milieu du drame ennuyeux qui est le pivot de la pièce se trouvent de charmantes scènes dites avec un brio sans égal par l'amusante Boisgontier; elle jette ses mots et ses pointes avec un aplomb qui enlève toujours le succès, et elle n'a qu'à paraître en scène pour émoustiller de suite agréablement son public.

Mlle Daudoir joue les travestis avec beaucoup d'entrain et de naturel, et elle a tiré de son rôle, charmant d'ailleurs, tout le parti possible, enlevant le couplet et la situation avec une égale facilité, et faisant, au dernier acte, le plus parfait enfant prodigue qu'on puisse voir. Il y a de l'étoffe dans cette jeune artiste, et j'ai bien peur pour le théâtre Déjazet qu'on ne la lui enlève bientôt. Il faut, parmi les hommes, citer en première ligne M. Oscar, qui a joué son rôle très-bien tracé d'oncle faible et de commerçant folichon avec une bonhomie et une gaieté sans égales.

En résumé, jetant un voile complaisant sur le thème ennuyeusement dramatique, qui vous permet d'ailleurs de vous reposer de temps en temps, en bâillant, des scènes comiques de la pièce et des bouffées de bon rire qu'elles ramènent, *les Vacances de l'Amour* possèdent de nombreux éléments de succès qui attireront longtemps la foule. Il y a de très-spirituels couplets, des mots heureux, des situations bien réussies et une musique bien inspirée qui sera bientôt populaire et fait honneur au talent de M. E. Déjazet.

Olympe Audouard.

VAUDEVILLE. — *Les Souvenirs*, comédie en 4 actes, de M. Adolphe Belot.

Le sujet de cette comédie est fort simple : un jeune homme, Maurice de ***, a depuis cinq ans une liaison dans le grand monde avec la comtesse Hélène de Brionne, reine d'un de ces salons comme il n'y en a plus depuis que les cercles ont remplacé les salons. Cinq ans de bonheur, c'est beaucoup trop pour un faible habitant de notre planète; et voilà précisément ce qui pèse à ce pauvre Maurice. Il en veut à sa maîtresse de ne pouvoir lui adresser le moindre reproche, et la néglige depuis quelque temps pour se rapprocher d'une sienne cousine, je crois, qu'il espère pouvoir traîner à l'autel et à la mairie. Au fait, ce Maurice est un homme pratique, il veut se laisser glisser tout doucement des bras de la comtesse dans ceux d'une chaste jeune fille dont il fera sa femme, et cela sans secousses, sans désagréments, comme on passe en dînant du potage au poisson. Je crois même, soit dit entre nous, que Maurice n'est pas trop à plaindre, lorsqu'à la suite d'une de ces scènes si fréquentes entre un amant fatigué de son bonheur et une maîtresse jalouse, il reprend la liberté que la comtesse lui offre, et court faire publier les bans de son mariage.

Voilà pour le premier acte. M. Belot a été vrai et il a admirablement rendu une situation assez banale en y adjoignant comme hors-d'œuvre quelques scènes gaies entre les habitués du salon de M*me* de Brionne et un *jeune crevé* qui s'est fourvoyé là on ne sait trop pourquoi et que la maîtresse de la maison jette à la porte, à la grande satisfaction de ses habitués et surtout de l'un d'eux, le baron de Livry, qui me fait l'effet de tenir énormément à *son* fauteuil.

Au second acte nous trouvons Maurice marié et installé déjà au coin de son feu, — vous voyez qu'il va bien, — et ne songeant qu'à faire le bonheur de sa femme, sans manifester trop de mépris pour le sien propre. Sa chambre est tapissée de souvenirs, encombrée même : un crocodile empaillé dans un coin, souvenir des bords du Nil ; un casque de la garde russe sur un guéridon, autre souvenir de la guerre de Crimée, etc., etc. Survient la jeune femme, qui se met à fureter partout le plus gentiment du monde, pour fournir l'occasion à son mari de placer quelques tirades sentimentales sur la sainteté des souvenirs en général.

Tandis que Maurice en est à goûter les douceurs du foyer domestique, la comtesse de Brionne est devenue veuve, elle a gagné son bâton de maréchal ; mais le coup que lui a porté Maurice l'a frappée au cœur et ses salons sont restés fermés depuis la scène de la séparation. Le baron de Livry, qui n'entend pas de cette oreille-là et qui regrette son fauteuil, tombe comme une bombe chez Maurice pour lui raconter tout cela, et cherche vainement dans la chambre un fauteuil aussi douillet que celui dans lequel il se plongeait voluptueusement chez la comtesse. Exaspéré, il sort pour courir chez cette dernière et essayer de forcer la consigne. Nous le retrouverons au troisième acte et même au quatrième, car il paraît que c'est l'homme indispensable de la pièce. En attendant, voilà Maurice qui se souvient que la comtesse l'avait tendrement aimé, — le baron de Livry, sans le vouloir, a fait appel à ces souvenirs; — il se précipite sur une petite cassette renfermant les lettres de sa maîtresse et se met à les relire, le lâche! C'était le cas de le faire surprendre par sa femme légitime durant cette lecture. M. Belot n'a pas manqué de saisir l'occasion par les cheveux, et il a écrit la plus jolie scène de sa comédie, la scène des lettres. Maurice brûle ces pauvres lettres et en fait le sacrifice à sa jeune femme, prise d'un accès de folle jalousie, grâce aux demi-révélations du *jeune crevé* du premier acte, que l'on flanque derechef à la porte au quatrième, probablement pour le punir d'avoir assisté à cette scène intime, où il joue un rôle passablement ridicule. La pièce pouvait finir là, mais il fallait faire quatre actes; M. Belot n'est pas embarrassé pour si peu, il sauve une lettre de l'incendie, et Maurice ne l'a pas plutôt lue qu'il se lève, prend son chapeau et court chez sa maîtresse.

Il faut avouer que ce jeune marié-là pousse un peu trop loin le culte des souvenirs. Franchement, ce Maurice n'est nullement intéressant, il est égoïste au suprême degré et ne me plaît pas du tout. Desrieux a réellement du mérite d'en avoir fait un personnage sympathique.

Le troisième acte est le plus faible. Le baron de Livry, toujours à la recherche d'un fauteuil, a fini par forcer la consigne et par pénétrer chez Mme de Brionne, et au moment où la toile se lève, nous le trouvons dans le salon du premier acte, en train de faire jaser le vieux valet de chambre de la comtesse. Le salon est vide, la table de jeu du vicomte et du chevalier est dressée, affaire de tradition ; le fauteuil du baron est là qui lui tend les bras, il ne manque que la maîtresse de la maison, et elle ne tarde pas à apparaître dans un gracieux négligé, pour demander au baron des détails sur l'intérieur de Maurice. Jusqu'ici rien que de très-naturel, mais ne voilà-t-il pas que la porte s'ouvre et que Maurice lui-même apparaît ! Vous comprenez que le baron devenait gênant, pour le moins aussi gênant que le *jeune crevé* dans la scène intime de l'acte précédent ; mais comme c'est un vieil ami de la maison, on le renvoie dans l'antichambre, reprendre sa conversation avec le domestique. La scène qui suit, entre Maurice et la comtesse, est encore une scène prise sur le vif et admirable de naturel ; mais la rentrée du baron gâte tout et jette passablement de froid sur la situation. Heureusement qu'il tombe là à merveille, ce cher baron, pour offrir son bras à la comtesse et la ramener à la porte de son appartement, tandis que Maurice est condamné à reprendre le chemin du domicile conjugal.

Au quatrième acte, nous sommes dans un bal de bienfaisance, auquel il ne manque que la présence de M. Buzançois, le notaire retiré des *Brebis galeuses*. La comtesse de Brionne a fait une réapparition dans le monde et, armée de tout l'éclat de sa beauté, elle est décidée à lutter pour enlever Maurice à sa femme. Les deux rivales se rencontrent, se tâtent et essayent leurs forces dans une conversation aussi extraordinaire qu'invraisemblable, interrompue juste à temps par l'apparition du *jeune crevé*, qui vient brouiller les cartes et précipiter le dénoûment avec un commérage. Ce dénoûment est ravissant et l'auteur aurait dû en rester là. La jeune femme a un de ces élans de cœur qui subjuguent même les plus endurcis : c'est elle qui doit quêter pour les pauvres, elle prend sa rivale par la main et l'entraîne en lui disant : « Venez, nous quêterons ensemble et vous me couvrirez de votre protection. » Il fallait faire tomber la toile là-dessus, car le reste se devine facilement et va de soi ; mais M. Belot tenait absolument, à ce qu'il paraît, à faire jeter une seconde fois à la porte le *jeune crevé*, et il a condamné Saint-Germain à jouer une scène du dernier mauvais goût, avec les deux ganaches du salon de la comtesse de Brionne, ressuscitées pour la circonstance, et le baron de Livry. Quant à la comtesse, elle est décidée à partir, à quitter Paris, et le baron de Livry est encore là fort à propos pour lui offrir son bras.

Voilà la pièce. Sauf quelques détails de forme, elle est bien conduite et contient nombre de scènes très-heureuses. Que l'auteur consente seulement à faire par-ci par-là quelques coupures, qu'il supprime la scène dont je viens de parler, et sa comédie aura vraiment de la valeur.

Les interprètes de l'ouvrage se sont bien tirés de leurs rôles : la jeune débutante Mlle d'Avril est fort gracieuse dans celui de la jeune mariée, et Mlle Thèze pleine de dignité et de passion, selon les circonstances.

*
* *

VARIÉTÉS. — *La Grande-Duchesse de Gérolstein*, opéra-bouffe en 3 actes; paroles de MM. Henri Meilhac et Ludovic Halévy, musique de Jacques Offenbach.

Voilà une œuvre d'actualité ! Au moment où un quadrilatère prussien surgit aux frontières même de la France, au moment où le fusil Chassepot devient le *vade mecum* de l'infanterie française, au moment enfin où un souffle belliqueux a ranimé nos ardeurs guerrières et nos velléités conquérantes, il fallait braver M. de Bismark et son fusil à aiguille par un sonore éclat de rire qui fût entendu de l'autre côté du Rhin. C'est ce qu'Offenbach s'est chargé de faire, aidé par MM. Henri Meilhac et Ludovic Halévy, toujours aussi intrépides à eux trois et ne doutant jamais du succès.

Le premier acte est décidément dédié à l'armée : on respire tout le temps l'odeur de la poudre, depuis le coup de pistolet du général Boum jusqu'au défilé final de l'armée de la grande-duchesse ; et j'ai vu le moment où la salle entière allait se précipiter sur la scène pour suivre le grand panache et le grand sabre de Couder. Ce *voilà l'ennemi !* a dû faire tressaillir M. de Girardin, qui assistait à la première, et l'on prétend même qu'il s'est retourné vivement, croyant apercevoir Virmaître qui lui apportait son fusil à répétition. Quelle verve et quel entrain dans ce premier acte ! On ne peut le comparer qu'à un verre de champagne ; c'est petillant de bons mots, rempli de situations comiques ; et quant la musique, je prédis à Offenbach le plus légitime des succès dans l'armée française. Les couplets de Mlle Schneider qui ont pour refrain :

    Ah ! que j'aime les militaires !

passeront le Rhin, je n'en doute pas.

Le sujet du *libretto* est quelque peu compliqué et tiré par les cheveux. La grande-duchesse de Gérolstein, qui a les mêmes instincts que la belle Hélène et Boulotte, sixième femme de Barbe-bleue, passe en revue ses troupes placées sous le commandement du général Boum, qui s'entend avec le grand chambellan baron Puck pour empêcher le mariage de sa souveraine avec le fils d'un électeur, le prince Paul, ce mariage pouvant les gêner infiniment dans l'exercice du pouvoir qu'ils se sont divisé à eux deux. Heureusement que les instincts de la grande-duchesse les servent à merveille dans leurs projets; car ne voilà-t-il pas qu'elle remarque le beau grenadier Fritz, qu'elle le fait sortir des rangs, lui fait sauter en dix minutes tous les degrés de la hiérarchie militaire jusqu'au grade de capitaine, et l'envoie endosser son nouvel uniforme. Ici il y a un fait important à noter et qui sert de pivot à toute la pièce, c'est l'amour de Fritz pour sa bonne amie, Mlle Garait, qui, soit dit entre parenthèses, ira loin si elle gagne un peu d'aplomb et un peu plus de justesse dans la voix. Cet amour de Fritz, joint à sa fidélité, toutes choses qui ne laissent pas que de déplaire un peu à la grande-duchesse, seront les causes de sa disgrâce future.

L'entrée du prince Paul a été saluée par d'unanimes acclamations. Vous figurez-vous Grenier dans un petit uniforme blanc, étriqué, à revers roses, écrasé sous un énorme tricorne à plumet vert, et ressemblant, à s'y méprendre, à ces anciennes gravures représentant l'empereur Ferdinand d'Autriche encore enfant? Quelle tête! comme on dit en termes techniques. Il commence par chanter, ou plutôt par dire, des couplets ravissants, que l'on a fait bisser tant ils étaient jolis et bien dits surtout; puis le conseil de guerre s'assemble et l'on s'apprête à discuter le plan de campagne du général Boum, sous la présidence de la grande-duchesse. Fritz, en capitaine et l'épée au poing, assiste à ce conseil, sous prétexte de veiller à la personne de sa souveraine, et ne se gêne pas pour manifester tout haut son opinion sur les conceptions stratégiques de son général.

Bien que le général Boum me paraisse avoir des idées fort nettes sur l'art de la guerre, qu'il résume par ces mots : *couper et envelopper*, une malheureuse question d'étiquette soulevée par ce maladroit de grand chambellan baron Puck amène une véritable révolution de palais. Fritz est nommé généralissime des troupes du grand-duché, et Boum, tout en restant général, doit lui céder son grand panache.

Cette simple circonstance suffit pour faire de Boum, de Puck et du prince Paul trois conspirateurs déterminés à tout risquer pour se défaire de Fritz.

Toujours est-il que le nouveau général en chef, à peine entré en fonctions, doit se mettre à la tête des troupes et poursuivre le plan de campagne qu'il a opposé à celui du général Boum. La grande-duchesse le sait bien ; aussi, en femme prévoyante, a-t-elle fait apporter par son aide de camp, une sorte de hussard habillé comme au temps du duc de Brunswick, généralissime des armées alliées, *le sabre, le sabre de son père*. Ce sabre-là vaut à lui seul le *Roi barbu qui s'avance* de la *Belle Hélène*, et cette nouvelle création aura fait avant peu le tour de Paris. Bref, le nouveau général n'a pas plutôt ceint ce grand sabre que l'armée se met en campagne. Le finale qui termine cet acte est plein de *brio* et d'entrain, et jamais hostilités n'ont commencé si gaiement.

Je me suis un peu étendu sur cet acte, car c'est le meilleur. Le second, qui se passe dans le palais de la grande-duchesse, malgré l'adjonction du chambellan Grog, est bien faible. Il ne contient qu'un seul morceau remarquable, c'est le trio des conjurés; Kopp, Grenier et Couder s'y surpassent; Kopp sautille bien un peu trop, mais la musique est si gaie que je lui pardonne ses gambades. Ce trio-là est un des meilleurs morceaux qu'Offenbach ait écrits.

Au troisième acte, le duo entre le général Fritz et sa femme, duo interrompu par des roulements de tambour et une sérénade donnée sous les fenêtres des appartements royaux par la musique militaire du duché, est un morceau fort original et qui mérite d'être signalé aux amateurs d'incartades musicales; mais quant au chœur des conjurés, je suis loin d'approuver cette parodie de la bénédiction des poignards, une des plus belles inspirations de Meyerbeer. Le public a accueilli très-froidement cette excentricité de mauvais goût, et il a eu raison; rien ne pouvait le disposer plus mal en faveur de l'intervention de ces meules portatives sur lesquelles les conjurés s'amusent à aiguiser leurs armes après s'être permis de parodier Meyerbeer. Aussi personne ne riait-il dans la salle.

Le dernier tableau, qui constitue une sorte de quatrième acte, nous ramène dans le camp des troupes de la grande-duchesse, et nous assistons à la disgrâce de Fritz, à la rentrée en faveur de Boum, qui reprend son panache, et aux premiers épanchements amoureux du prince Paul, lequel a fini par épouser la grande-duchesse, grâce à l'intervention de Grog, *qui a été brûlant*, — tout cela sur l'air du *tra la la la la*. On dirait que la verve du maestro est tarie : beaucoup de bruit et de grosse caisse, et un dernier éclair seulement, une chanson à boire qui, heureusement pour les auteurs, a enlevé les suffrages du public, dont l'enthousiasme commençait à se calmer.

Mlle Schneider s'est surpassée, ainsi que Couder; ils ont eu les honneurs de la soirée. Dupuis, Grenier, Kopp, Baron, n'ont fait que soutenir l'ensemble par leur gaieté et leur entrain; Dupuis mériterait peut-être le reproche d'être par trop monotone et de se répéter sans cesse dans chacune de ses nouvelles créations, mais puisqu'il plaît ainsi au public, c'est peut-être moi qui suis dans l'erreur en hasardant ce reproche.

Comte ESCAMERIOS.

SOUVENIRS D'UN SPAHI

EL ROUMI

I

Nous avions le matin même quitté l'oasis de Biskra. Notre colonne volante, sous les ordres du général Neyrand, se composait de trois compagnies de zouaves, d'une de zéphyrs, de trois escadrons de chasseurs d'Afrique et de l'escadron de spahis dont je faisais partie. Nous allions faire ce que les troupiers appelaient *la tournée du désert,* c'est-à-dire inspecter, le fusil sur le dos, nos nouvelles possessions. L'année précédente, toutes les tribus des oasis avaient été soumises; Tuggurth et Ouargla, ces deux postes avancés du Sahara algérien, étaient tombés entre nos mains.

Devant nous s'étendait, morne, la plaine couverte de hautes herbes desséchées. La journée était dure, nous marchions depuis l'aube sous un soleil de plomb et il ventait un sirocco d'enfer.

J'étais ce jour-là d'escorte, et je suivais au pas, avec mes huit spahis, le général, qui, tout en causant avec le capitaine de Flers, chef du bureau arabe, marchait à une centaine de pas en avant de la tête de la colonne. Vers les trois heures, un épais nuage de poussière s'éleva à l'horizon. Le général arrêta son cheval, prit une lunette d'approche dans une des fontes de sa selle et, après avoir regardé quelques minutes, la tendit au chef du bureau arabe.

« C'est le goum d'El Roumi, n'est-ce pas, de Flers ? »

Le capitaine regarda un instant.

« Oui, mon général. Il a dû camper la nuit dernière à El Bach et partir avant le jour pour rejoindre la colonne. Tenez, un peu à droite, voilà le *seigneur* El Roumi en personne. Ne distinguez-vous pas son burnous rouge.

— Si. Il est monté, si je ne me trompe, sur sa jument alezan brûlé, cette admirable bête qui a gagné le grand prix aux courses de Constantine. Entre nous, de Flers, continua le général, quelle est votre opinion sur cet El Roumi ? Vous, un vétéran des affaires arabes, vous devez le connaître de longue main.

— Oh ! parfaitement. Est-ce mon opinion sur le caïd, le soldat ou l'homme, que vous voulez savoir, mon général ?

— Mais sur les trois.

— Le caïd est intelligent et fidèle, le soldat brave comme son sabre, l'homme... l'homme...

— Eh bien !

— Il y a une vilaine histoire sur l'homme, dit le capitaine en baissant la voix. »

C'est tout ce que je pus entendre. Le goum arrivait sur nous en fantasia, dans un nuage de poudre et de poussière.

Cavalerie essentiellement irrégulière, le goum se compose des cavaliers des tribus requis par l'autorité française pour marcher à l'ennemi. Montés, équipés, armés à leurs frais, et Dieu sait comment! ces miliciens sauvages, sous les ordres d'un chef indigène, ne reçoivent de la France que des cartouches et n'ont pour solde que le pillage. Apres à la curée, mous au combat, toujours prêts à trahir, embarras ou danger, ils campent et marchent en dehors des troupes régulières, faisant bande à part, et ne sont guère bons qu'à battre l'estrade. Les derniers événements ont prouvé quel fond il fallait faire sur leur bravoure et surtout sur leur fidélité.

S'il est trois choses que l'Arabe aime ici-bas, ce sont, sans conteste, les douros, les chevaux et les femmes; mais il préfère encore la poudre à tout cela. Traversez un *douar*, un troupeau de gamins nus, sales, dépenaillés, vous serre de près; ils tendent vers vous des mains suppliantes et crasseuses; ce ne sont pas des sous qu'ils demandent : *Sidi Allou chouya baroude* (Seigneur, donne-nous un peu de poudre), crient-ils tous en chœur. Les hommes n'osent pas, par dignité, se livrer aux mêmes tentatives sur votre cartouchière, mais ils en sèchent d'envie. Faire *parler la poudre* dans une fantasia est pour le *fezz* (cavalier) arabe le *summum* de la félicité humaine, et cette opinion était certes partagée par les cavaliers du goum d'El Roumi, qui, ivres de poudre et de soleil, se livraient à une vraie débauche de charges à fond et de coups de fusil. A chaque nouvel exploit équestre, les *sangiak* (drapeaux) s'agitaient et la musique du goum redoublait de furie.

Pendant cette bacchanale de ses administrés, le caïd El Roumi, officier de spahis au titre indigène, chevauchait paisiblement auprès du général, qui lui demandait des renseignements sur le pays. Le caïd répondait à ses questions ainsi qu'à celles du chef du bureau arabe dans le plus pur français, mais, ce qui m'étonna, avec un accent italien des plus prononcés. C'était un homme de quarante ans environ, grand, osseux, au poil roux et aux larges épaules, à l'œil faux et au profil d'oiseau de proie ; admirable cavalier d'ailleurs, maniant supérieurement sa monture et portant avec une magnifique désinvolture un riche costume de fantasia chamarré de soie et d'or.

Un jeune homme, un enfant de dix-sept ou dix-huit ans, beau comme une femme, et monté et vêtu aussi richement que lui, portait sa carabine Lefaucheux en bandoulière et sa *saudla* (écuelle) en argent ciselé au *kerbous* (pommeau) de sa selle. Il était venu se mêler à l'escorte lorsque son maître était venu rendre ses hommages au général. Celui-ci l'avait remarqué.

« Où diable déterres-tu des *nokates* (porte-fusil) de ce plumage, caïd ? dit le général en riant. C'est Chérubin au désert que tu as enrôlé là. Parle-t-il le français ? »

Un nuage passa sur le visage tanné d'El-Roumi. « Aussi bien que moi, mon général. Cet enfant est de ma famille, c'est le frère d'une de mes femmes morte il y a une douzaine d'années. Ali était orphelin, je l'ai recueilli ; il est du reste plein de bonnes qualités et j'ai beaucoup d'affection pour lui. »

Je regardai l'enfant pendant que le caïd faisait son éloge, il me sembla qu'il pâlissait, ses grands yeux noirs étincelèrent, un sourire amer crispa sa lèvre rouge, ce ne fut qu'un éclair...

L'arrivée au bivac put seule mettre un terme aux fusillades et aux galopades de messieurs les goumiers.

II

Mon camarade de tente s'appelait Kœnig. Le maréchal des logis Kœnig, mon ami, Gaulois de tempérament et Bourguignon de naissance malgré son nom d'outre-Rhin, n'avait jamais boudé devant l'ennemi ou une peau de bouc de vin. Je le dépeindrai d'un mot en disant que ses chefs, ses camarades et ses subordonnés ne l'appelaient que père Kœnig. Ce vétéran des guerres d'Afrique — vingt ans de services, trente-deux campagnes — était chevalier de la Légion d'honneur et espérait être retraité comme adjudant. Borgne, sa grosse face noire couturée de trois coups d'yatagan, le père Kœnig, malgré les *trois certificats de bêtise* qui agrémentaient la manche de sa veste et son manque absolu d'orthographe, était loin d'être bête. Il était bourré d'histoires et connaissait l'armée d'Afrique comme le fond de sa blague à tabac. Chef de *popotte* en campagne, de fondation, le père Kœnig gouvernait despotiquement nos appétits. Ses décisions comme ses recettes culinaires étaient sans appel. Pour Fleur-de-Suie il était passé à l'état de fétiche. Redjem, dit Fleur-de-Suie, nègre de la plus belle couleur, remplissait depuis douze ou treize ans auprès du père Kœnig les fonctions de valet de chambre en garnison et de cuisinier en campagne.

Partis bien ravitaillés de Biskra, Kœnig et Redjem s'étaient, pour notre premier dîner de bivac, surpassés comme conception et comme exécution. Le café était corsé et une certaine bouteille de rhum, de laquelle on pouvait dire à juste raison « qu'elle ne touchait pas terre, » — toujours en main, — déliait les langues ce soir-là devant le feu de la *popotte*.

L'arrivée du goum et les incidents de la fantasia étaient naturellement sur le tapis. Les jambes croisées à l'arabe, le père Kœnig fumait son chibouk avec la majesté d'un cadi.

« J'étais au convoi, dit-il, en partant du repos, et je n'ai, pour ma part, assisté qu'à la fantasia des chameaux et des mulets de bât. Est-ce que cette affreuse canaille d'El Roumi a vieilli? Je ne l'ai pas vu depuis le jour de la trahison. »

Je le lui dépeignis.

« Le traître n'a pas changé, dit-il comme se parlant à lui-même. Écoutez donc les bonnes gens qui vous disent que les remords vieillissent. Ah! si c'était vrai, en voilà un qui devrait être plus vieux et plus blanc que l'Atlas. »

Nous le regardâmes tous, étonnés.

« Oh! je sais ce que je dis et je ne radote pardieu pas! reprit le père Kœnig. C'est que c'est déjà une vieille histoire et il n'y a plus que quelques anciens qui la savent. On a passé l'éponge sur le passé; El Roumi est caïd, officier, riche; on dit qu'il a rendu des services, possible! mais le père Kœnig, qui n'est qu'une vieille bête, dit que rien n'efface la trahison. C'est son opinion à ce vieux. Il y a treize ans de cela, et pas un de vous ne pensait alors à endosser le burnous rouge. Si vous voulez savoir l'histoire d'El Roumi, moi seul peut-être peux vous la raconter dans tous ses détails, et vrai! elle n'est pas propre. »

Nous nous pressâmes tous autour de lui.

« Si nous voulons la savoir! dis-je interprétant le désir général, je le crois certes bien, mon vieux Kœnig; mais avant de nous envoyer ton histoire, laisse-moi te faire une question.

— Fais.

— Pourquoi El Roumi parle-t-il le français ou l'arabe avec l'accent italien?

— Par la raison toute simple qu'il n'est ni Français ni Arabe et qu'il est Italien. La trouves-tu suffisante?

— Certes.

— Eh bien, alors, passe-moi la bouteille que je me mette en voix. »

Le père Kœnig but une longue goutte, essuya ses moustaches d'un revers de main, aspira deux ou trois fortes bouffées de fumée et commença en ces termes :

(*La fin au prochain numéro.*)

Eugène Razoua.

OUVRAGES DE Mme OLYMPE AUDOUARD

Chez DENTU, Palais-Royal

(GALERIE D'ORLÉANS)

Les Mystères de l'Egypte dévoilés, fort in-18,
2e édition. . . . . 5 »

Les Mystères du Sérail et des Harems turcs,
in-18, 3e édition. 3 50

Le Canal de Suez (brochure in-8) . . . . 1 »

Histoire d'un Mendiant, in-18. . . . . 2 »

Un Mari mystifié, in-18 . . . . 3 »

Comment aiment les hommes, in-18, 4e édition. . . 3 »

Guerre aux hommes, in-18, 2e édition. . . . . 3 »

VIENT DE PARAITRE :

L'Orient et ses Peuplades, fort in-18 de 500 pages. 5 »

PARIS, IMPRIMERIE JOUAUST, RUE SAINT-HONORÉ, 338.

CAUSERIE

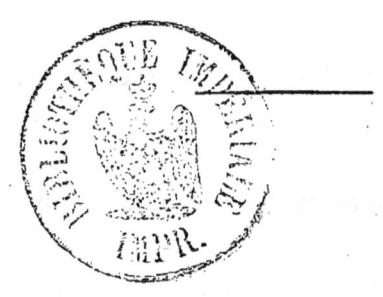

 Longchamps se meurt! Longchamps n'est plus! C'est en vain que pendant les trois premiers jours consacrés à cette traditionnelle promenade j'ai cherché à retrouver les traces d'un passé qui disparaît emporté par la marche du temps, je n'ai pas pu découvrir, en dehors du monde muet habituel, une de ces brillantes exhibitions qui autrefois attiraient la foule et faisaient époque dans la vie parisienne. Non, tout s'est évanoui, et les gardes municipaux ou gardes de Paris restent tranquillement dans leurs casernes, n'ayant plus à maintenir les curieux et à faire ranger le flot de voitures et de cavaliers qui, encombrant jadis les grandes voies de Paris, commençaient leur défilé sur le boulevard pour aller jusqu'à Longchamps, en parcourant l'avenue des Champs-

Élysées et le bois de Boulogne. La promenade de Longchamps, où se montraient autrefois dans une lutte courtoise d'élégance toutes les célébrités du monde, étalant leurs plus riches toilettes et leurs plus beaux équipages, cette promenade où les grands maîtres de la mode venaient dicter leurs arrêts et montrer les savantes combinaisons de leur esprit, cette promenade enfin où tailleurs, couturières, bijoutiers, carrossiers et maquignons venaient exposer les œuvres de leur génie inventeur, a désormais disparu ! Mais hâtons-nous d'ajouter que cette exposition des produits de l'industrie, qui en définitive ne durait que trois jours, en restant soumise aux caprices d'un soleil qui faisait souvent défaut, comme pendant cette pluvieuse année, hélas ! est heureusement remplacée par les réunions quotidiennes du bois de Boulogne et par les courses de Longchamps, qui permettent largement à tous les luxes d'étaler aux regards de la foule l'élégance des toilettes, la richesse des équipages et la beauté des attelages, qui ne laissent plus rien à envier à l'Angleterre. Disons donc adieu au vieux Longchamps, qui d'ailleurs, de chute en chute, au milieu de ses diverses transformations, n'avait plus de raison d'être aujourd'hui, et qui a dû laisser la place à de nouvelles habitudes. En recherchant l'origine de cet ancien pèlerinage, on trouve que l'abbaye de Longchamps, qui était située sur la rive droite de la Seine, auprès de Bagatelle, était hantée autrefois par les jeunes seigneurs de la cour, qui s'y donnaient volontiers rendez-vous. Sous Louis XVI, le pèlerinage de Longchamps devint très à la mode ; on y allait entendre pendant la semaine sainte une cantatrice célèbre, Mlle *Lemaure,* qui y avait fait profession et qui, secondée par les chœurs de l'Opéra, y attirait la foule. Mais bientôt, le prétexte religieux lui-même disparu, la chapelle ne pouvant pas contenir le flot des visiteurs et des curieux, on se contenta peu à peu de la simple promenade, et les femmes, rivalisant de luxe avec les courtisanes et les impures, comme les appelaient nos pères, se montraient couvertes de pierreries, dans les toilettes les plus élégantes. Le scandale devint même si grand que l'archevêque de Paris, espérant le faire cesser, interdit la musique aux religieuses. Mais l'habitude était prise, la promenade n'en continua pas moins, et si l'église devint déserte, les cabarets se remplirent.

En 1792 enfin, la chapelle fut démolie et les pèlerinages cessèrent. Mais en 1796, les *incroyables* et les *merveilleuses*, en habit carré, coiffés en caniche, et en costumes grecs, rétablirent la fameuse promenade, qui s'est ainsi perpétuée jusqu'à nos jours, mais qui vient d'être définitivement détrônée par les promenades autour du lac et les courses fréquentes du bois de Boulogne. Mais je me suis laissé entraîner plus que je ne voulais par ce sujet, je me dépêche d'aborder une autre causerie. Parlons donc un peu, si vous voulez, de la grève.

*
* *

La grève, on n'entend plus de tous côtés que retentir ce mot, et de proche en proche la grève, avec ses appétits exigeants et ses ardentes polémiques, finit peu à peu par gagner tous les corps d'état.

Oui, nous avons vu tour à tour les maçons, les charpentiers, les menuisiers, les bronziers, les ciseleurs, les chapeliers, les fileurs et les égouttiers se mettre en grève et réclamer, à l'abri de la loi, augmentation de salaire et diminution de travail; les musiciens eux-mêmes ont fait une petite grève à leur façon, en mesurant leurs sons à l'étendue de leurs appointements qu'ils trouvaient trop faibles. En ce moment, faute de s'entendre, les tailleurs ferment leurs magasins, en mettant sur l'affiche : *pour cause de grève*, et les malheureux clients sont obligés, à la fin d'une saison, de se promener en pantalons effrangés, en habits râpés et en paletots montrant la corde. Pour peu que cela dure, ces pauvres messieurs en arriveront à rappeler Diogène ou Chodruc-Duclos.

Imitant ce funeste exemple, les garçons coiffeurs font aussi leur petit *pronunciamento,* réclamant une infinité de choses et déclarant énergiquement qu'ils se refuseront désormais à toute espèce de coup de brosse : tant pis si en sortant de leurs mains le client est poudré à blanc. On lui dira d'aller se faire... brosser ailleurs. Certes, je ne veux pas mettre le doigt entre l'arbre et l'écorce et me faire juge d'intérêts que je ne connais pas, mais je suis certaine que si par un coup de baguette on pouvait pour un moment renverser l'ordre des choses et faire passer patrons les ouvriers en grève, ils se montreraient moins exigeants. On dit que bien d'autres grèves prêtes à éclater couvent encore, celle des employés de toutes les administrations, des hommes et femmes de service. Il est vrai que les maîtres pourraient aussi se déclarer en grève, ce qui serait plus grave. On cite encore beaucoup de femmes qui veulent entrer dans cette voie à l'égard de leurs maris, et enfin des cocodès et petits crevés qui, vu la dureté des temps et la difficulté des rentrées, seraient sur le point de recourir à cette mesure extrême. M. Émile Olivier doit être satisfait, chacun utilise sa petite loi suivant ses goûts.

* *

Il faut que je vous raconte encore une petite histoire qui, malgré son enseignement, ne guérira, j'en suis très-convaincue personne de la curiosité. Il est vrai, pardonnez-moi cette petite digression, que c'est bien le péché le plus facile et le plus dans notre nature qui soit au monde, et je suis sûre que lorsque Dieu abandonna la pauvre espèce humaine aux tentations du diable, c'est sur ce péché mignon que Satan dut le plus compter pour asseoir son empire ; et sans vouloir remonter dans le passé et parler de cette Ève curieuse qui croqua la pomme pour savoir ce que renfermait l'arbre de science, on peut dire :

> Partout on la retrouve attirant notre espèce
> Par ce charme puissant qui, de l'enfer venu,
> Nous fait abandonner parents, amis, maîtresse,
>   Pour courir après l'inconnu.

Mais retournons à notre histoire. Un jeune homme, allant ces jours derniers faire une visite à une dame fort aimable, fut introduit dans un salon en attendant l'arrivée de la belle paresseuse qui achevait sa toilette. Après avoir examiné tous les tableaux qui ornaient les murs, il aperçut un album de photographie qui se prélassait sur une table. Ma foi, étant tout seul, il pensa que pour charmer les ennuis de l'attente il n'y aurait pas une grosse indiscrétion à entr'ouvrir le volume, qui en définitive ne devait pas renfermer de gros secrets. Aussi, faisant jouer le fermoir, il se met résolûment à examiner la galerie de portraits. Mais à peine a-t-il tourné le premier feuillet, qu'un véritable orchestre se met à éclater sous ses doigts, et l'album musicien déroule ses airs les plus variés. C'est en vain qu'il cherche à comprimer cette tapageuse explosion, rien n'y fait, le mécanisme accusateur continue sa série d'airs et les galops succèdent aux valses, les polkas aux mazurkas, sans que rien puisse les arrêter, pas même l'arrivée de la maîtresse de la maison qui entr'ouvrit la porte en riant au nez de notre curieux pris sur le fait. Si je n'avais pas peur d'avoir l'air de faire une réclame, je vous dirais où l'on trouve ces amusants albums.

*
* *

Les courses de lundi ont été favorisées par un temps superbe, aussi une foule élégante se pressait-elle dans l'enceinte du pesage, et l'on y remarquait quelques jolies toilettes. Mme la princesse de Metternich portait une robe courte en taffetas noir ornée de dentelle noire qui était d'un goût parfait. Beaucoup de sous-jupes en satin rouge, blanc et lilas, noir et bouton d'or, blanc et bleu, avec jupe de dessus en soie noire. Les chapeaux sont toujours plus petits, mais ils n'en sont que plus jolis.

S. M. l'Empereur s'est promené au milieu de la foule s'appuyant sur le bras du prince Oscar, frère du roi de Suéde et de Norwége; il a assisté aux trois dernières courses. Le grand vainqueur des courses de lundi a été le comte de Lagrange. Son cheval *Néméa* a gagné le prix de 5,000 fr., et son cheval *Ajax III* a gagné le 1er prix, 2,000 fr.

Ruy-Blas, à M. André, a gagné le prix *des Cars*, de 4,000 fr.; il a gagné de deux longueurs de tête et il avait une surcharge de cinq kilos.

Normandie, à M. de la Charme, a gagné le grand prix, composé d'un objet d'art du prix de 10,000 fr., plus 10,000 fr. en espèces.

Cet objet d'art est réellement très-beau; son sujet est tiré de la mythologie, il représente un concours entre Neptune et Minerve. L'auteur de cet œuvre de mérite est un sculpteur d'un grand talent, M. Salmeson.

Le prix de 4,000 fr., pour chevaux de quatre ans, a été gagné par *Milton II*, à M. Fould.

Mais je m'aperçois que je bavarde outre mesure et que, si je n'y prends garde, je finirai par envahir la place réservée à mes collaborateurs. Je tourne donc court et je ne dis plus qu'un mot. Que le fameux baron Brisse me le pardonne, car, sans vouloir faire en aucune façon concurrence à ses élucubrations culinaires, je vais vous citer le menu d'un dîner des plus orthodoxes servi vendredi dernier, et qu'il aurait pu recommander sans crainte à ses abonnés de *la Liberté* pour les austérités du vendredi saint.

Huîtres.
Potage bisque.
Barbue sauce crevettes et hollandaise.
Filets de sole aux champignons.
Darnes de saumon beurre de Montpellier.
Homards à la bordelaise.
Éperlans frits.
Salade.
Asperges sauce au beurre.
Brioche garnie d'une macédoine.
Mousse glacée au café.
Gaufres.
DESSERT : Fraises, etc., etc.

On ne parle pas des vins sortant d'une cave où sont brillamment représentés les grands vins et les vins les plus estimés.

Qu'on dise donc après cela qu'il est difficile de faire son salut en carême !

OLYMPE AUDOUARD.

LA QUESTION DES QUADRILATÈRES

Une nouvelle question, question palpitante d'actualité, a surgi et tient le public en suspens. Cette question, nommons-la tout de suite, c'est la *question des quadrilatères*.

Soulevée et posée par M. de Girardin, elle a le charme de la nouveauté d'abord et de l'originalité ensuite ; elle est instructive pour ceux qui ont des données vagues sur la géographie des États qui avoisinent la France ; elle est inépuisable, car elle ouvre un vaste champ aux hypothèses les plus fantastiques ; elle est sérieuse, car elle touche à la fois aux plus graves intérêts de la France et aux branches les plus arides et les plus épineuses de l'art de la guerre.

Connaissez-vous les *serpents de Pharaon?*

Si vous ne les connaissez pas, procurez-vous à ce sujet des renseignements que je ne puis vous donner ici, et achetez un de ces petits cônes de matière inflammable enveloppée dans un papier métallique, mettez avec une allumette le feu au sommet de ce petit cône, et vous en verrez sortir une sorte de reptile, inoffensif d'ailleurs, qui se tordra en spirales sous l'action du feu et ira mourir d'inanition, quelques secondes après sa naissance, non sans que vous ayez fait involontairement un rapprochement dans votre esprit entre la longueur de cet innocent animal et la petitesse du cône qui le renfermait à l'état embryonnaire.

Eh bien! la question des quadrilatères est un serpent de Pharaon.

Qu'est-ce qu'un quadrilatère?

Si nous consultons la géométrie, elle nous apprend que toute figure plane, convexe ou concave, ayant quatre côtés, est un quadrilatère. Les quatre angles respectivement opposés à chacun de ces côtés sont les angles du quadrilatère, les sommets de ces angles sont dits les sommets du quadrilatère, les lignes qui joignent les sommets opposés en sont les diagonales.

Franchissons d'un seul bond la distance qui sépare la géométrie de la stratégie, et empruntons aussi, pendant que nous y sommes, quelques définitions à la stratégie.

Qu'est-ce qu'un point stratégique?

On appelle point stratégique tout point dont l'occupation peut avoir une influence directe ou indirecte sur les opérations d'une armée.

Les places fortes constituent des points stratégiques fort importants pour une armée, en tant qu'elles lui servent de points d'appui ou de pivots de manœuvres.

Deux ou plusieurs places fortes appuyées à un obstacle naturel, tel qu'un cours d'eau ou une chaîne de montagnes, forment une *ligne* : Peschiera et Mantoue sont les points constitutifs de la ligne du Mincio; Vérone et Legnago, et non pas Legnano, comme l'écrit M. de Girardin, sont ceux de la ligne de l'Adige.

Étant données plusieurs places fortes le long d'un fleuve, par exemple, celle qui ne se trouve pas sur la même rive que les autres prend le nom de *tête de pont*, relativement à ces dernières, parce qu'elle protége le passage du fleuve au point même où elle se trouve, et permet à une armée maîtresse de toute la ligne de se porter sans être inquiétée d'une rive à l'autre de ce fleuve.

Mayence, Coblentz, Cologne, seraient des têtes de pont sur le Rhin pour une armée prussienne qui se trouverait sur la rive droite du Rhin.

Trois places fortes non appuyées au même obstacle naturel constituent le plus simple des *camps retranchés*, c'est-à-dire un espace de terrain dans lequel une armée peut manœuvrer à son aise, sans risquer d'être attaquée par l'ennemi, car dès que l'ennemi veut se porter dans l'intérieur du triangle, il se met lui-même sous l'action stratégique d'une des trois places fortes qui en forment les sommets.

Si au lieu de trois places fortes disposées en triangle il y en a quatre, le camp retranché prend le nom de quadrilatère.

Le fameux quadrilatère autrichien, formé par les places de Peschiera, Mantoue, Vérone et Legnago, est un camp retranché d'autant plus formidable que ces places sont appuyées deux à deux à d'importants cours d'eau, le Mincio et l'Adige. La place de Peschiera, rendue presque imprenable par des travaux récents, n'était vulnérable que du côté du lac de Garde : une flottille cuirassée munie de canons puissants en aurait eu raison après un bombardement de quelques heures. Mantoue elle-même, tête de pont sur le Mincio, devait en partie son importance stratégique à la tête de pont de Borgoforte, sur le Pô : à un moment donné, une armée autrichienne qui aurait pris une offensive hardie pouvait se jeter par Guastalla sur les communications de deux armées italiennes manœuvrant l'une contre la ligne du Mincio, l'autre contre la ligne du Pô en avant de Bologne, et isoler ces deux armées, opération d'autant plus facile que toute cette région, appelée *i distretti mantovani*, située sur la rive droite du Pô, appartenait à l'Autriche. Quant à Vérone, non-seulement c'est une des plus fortes places de l'Europe, mais son importance dérive surtout de sa position. En effet, Vérone se trouve précisément au point d'intersection de deux lignes importantes de communication : 1° la voie ferrée qui part de Vérone, passe par Vicence, Padoue, Venise, Trévise, Udine, Trieste et Vienne ; 2° la voie ferrée du Tyrol, qui s'arrête à Bolzano après s'être enfoncée dans la vallée de l'Adige, et qui met Vérone en communication directe par une route magnifique avec l'intérieur de l'empire d'Autriche. Legnago est la place la moins importante du quadrilatère autrichien, elle servait pour ainsi dire à relier Vérone à Rovigo, autre tête de pont sur le bas Adige, garnie de tours maximiliennes, et qui complétait admirablement tout le système de défense de l'armée autrichienne en Vénétie, — abstraction faite de Venise dont nous n'avons pas à nous occuper ici.

Les quatre sommets du quadrilatère autrichien sont reliés entre eux par des voies de communication excellentes et dans le meilleur état :

De Peschiera à Vérone, chemin de fer ;

De Vérone à Mantoue, dans la direction de la diagonale du quadrilatère, autre chemin de fer.

De Vérone à Legnago, une chaussée magnifique et admirablement entretenue ;

De Mantoue à Legnago, une autre chaussée semblable à la précédente,

Sans compter une troisième chaussée de Vérone à Ostiglia, sur le Pô, passant par Isola della Scala, petite ville placée au centre même du quadrilatère.

Passons maintenant au quadrilatère prussien inventé par M. de Girardin et formé par les quatre places fortes suivantes : Luxembourg, Mayence, Coblentz et Sarrelouis.

C'est un quadrilatère incontestablement, mais où M. de Girardin y voit-il une place qui soit dans les conditions de

Vérone et dont l'action stratégique s'étende sur le quadrilatère tout entier? Est-ce Coblentz? Est-ce Mayence? Je ne veux pas même nommer Luxembourg et Sarrelouis, ce serait donner à ces villes plus d'importance qu'elles n'en méritent. Luxembourg se trouve sur une petite rivière nommée l'Alzette, Sarrelouis sur la Sarre; l'Alzette et la Sarre se jettent dans la Moselle, qui ne passe ni à Luxembourg ni à Sarrelouis. Ces deux dernières places ne se trouvant pas appuyées à un même obstacle naturel, peuvent-elles constituer une ligne? Ce sont tout au plus des stations de chemin de fer fortifiées. Une armée prussienne qui voudrait défendre Luxembourg et Sarrelouis se verrait coupée de sa base d'opérations, isolée et obligée de mettre bas les armes. Les Prussiens le savent bien, pourquoi vouloir leur persuader le contraire, surtout quand ils ne vous demandent pas de conseils?

Avez-vous oublié avec quelle rapidité vraiment surprenante l'armée d'Italie, en 1859, se transporta avec son matériel et ses approvisionnements de l'autre côté des Alpes? Une armée française pourrait être sous les murs de Cologne avant que les Prussiens eussent passé la Moselle, et alors qu'en feraient-ils de leur quadrilatère? Et puis, croyez-vous que les fortes têtes de l'armée prussienne s'exposeraient aux chances d'une grande bataille ayant le Rhin derrière eux?

Admettons maintenant le cas d'une troisième invasion de la France. Le quadrilatère deviendrait par ce fait même une base d'opération secondaire pour l'armée envahissante; mais si on le tourne soit par Francfort-sur-le-Mein, soit par Cologne ou par Bonn, croyez-vous que la circulation continuerait à être aussi facile sur ce magnifique réseau ferré, dont il est question dans *la Liberté*, et qui relie les places du quadrilatère avec l'intérieur de la Prusse? Nous rentrons immédiatement, ce me semble, dans les théories que le général Boum émet chaque soir au théâtre des Variétés, en plein conseil de guerre, *nous coupons et nous enveloppons* l'armée d'invasion, car je ne puis supposer que le quadrilatère prussien fasse à lui tout seul tomber les armes des mains des soldats français, de la *furia* desquels M. de Girardin me paraît faire trop bon marché quand il évoque je ne sais quels sombres fantômes.

Pour occuper le quadrilatère prussien, cent mille hommes pour le moins sont nécessaires, et ces cent mille hommes détachés du gros de l'armée peuvent se trouver à un moment donné dans une position très-précaire, soit qu'une armée française qui aurait passé le Rhin à Strasbourg marchât sur Francfort-sur-le-Mein, soit qu'une autre armée française passât le Rhin entre Bonn et Cologne et fût tentée d'aller faire un pèlerinage à Iéna. Dans le premier cas, si les cent mille Prussiens se portent sur Rastadt pour se jeter sur le flanc gauche de l'armée française et la couper de sa base d'opération, croyez-vous qu'ils s'amuseront à laisser des garnisons à Luxembourg et à Sarrelouis? Et dans le second cas, si les cent mille Prussiens en question sortent de leur quadrilatère et se jettent de tout leur poids sur la ligne d'opération des Français, croyez-vous que c'est la garnison de Rastadt qui empêcherait la première armée française de marcher sur Francfort?

Quelque hypothèse que l'on fasse, il sera toujours désavantageux pour les Prussiens de risquer une bataille en deçà du Rhin dans le seul but de conserver Luxembourg et Sarrelouis. En cas de guerre, Mayence et Coblentz leur suffisent; avec ces deux têtes de pont et *toutes leurs forces* au delà du Rhin, ils rendront toute action offensive de la part des Français bien plus difficile et surtout bien plus dangereuse.

Que M. de Girardin se rassure donc : si tous les triangles, tous les quadrilatères se ressemblent, parce qu'ils ont respectivement trois et quatre côtés, tous les triangles et tous les quadrilatères ne sont pas semblables dans le sens géométrique de ce mot. Autant le quadrilatère autrichien était menaçant pour l'indépendance et la sécurité de l'Italie, autant le quadrilatère prussien est inoffensif et ressemble peu à un pistolet braqué sur la France. Il ne suffit pas de choisir quatre places fortes sur un espace donné de terrain et de faire au public le raisonnement suivant : « Quatre places fortes prussiennes aux portes de la France forment un quadrilatère ; Vérone, Legnago, Peschiera et Mantoue formaient aussi un quadrilatère aux portes de l'Italie : donc la France est aussi menacée par la Prusse que l'Italie l'était par l'Autriche. » Il faudrait ne pas oublier que les Autrichiens possédaient dans toute leur longueur les cours du Mincio et de l'Adige, tandis que les Prussiens ne possèdent qu'une partie du cours du Rhin, et que Luxembourg et Sarrelouis sont des places isolées, séparées même par la Moselle.

Après cela, s'il est dans les intentions de M. de Girardin de prêcher une croisade contre les Prussiens, alors il n'y a plus de raisonnement qui tienne, et de mon esprit je perds ici tout l'effort ; qu'il me soit seulement permis, *seulement permis !* en terminant, d'adresser au rédacteur en chef de *la Liberté* une simple question : S'il prêche une croisade, et que, joignant l'exemple au précepte, il marche le premier à la conquête de son quadrilatère, croit-il fermement que le baron Brisse le suivra ? Et s'il le suit, qui remplacera le baron à Paris dans le *monde gastronomique ?*

Comte Escamerios.

REVUE DES SALONS

Il n'y a pas eu cette semaine une seule grande réception du soir, aussi faut-il chercher les petites nouvelles ailleurs que sous nos lustres habituels.

Parmi les pénitents de cette semaine sainte, il y en a, certes, beaucoup qui ne se préoccupent pas vivement de son côté religieux, mais qui seraient *humiliés* que l'on *pût croire* qu'ils ont reçu ou qu'ils sont sortis.

La nouvelle la plus saillante, c'est qu'il va enfin y avoir *quelque chose* de gratuit à l'Exposition. Cela paraîtra d'abord tout à fait invraisemblable, mais on y croira quand on saura que l'Impératrice a pris sous son patronage le jardin réservé et qu'elle a donné l'ordre d'y organiser des concerts *gratuits*. Ce sera réellement heureux pour notre amour-propre national et ce sera une petite compensation pour tout le reste, pour les chaises surtout, que l'on paye autant de fois qu'on les touche du bout du doigt. Une dame a payé *sept fois* sa chaise l'autre jour dans une longue visite ; aussi a-t-elle trouvé plus commode et plus économique de se faire suivre le lendemain par un valet de pied porteur d'un pliant. Comme tout le monde ne peut pas avoir cette ressource, il serait peut-être plus juste de donner une carte qui permît de s'asseoir partout après avoir payé une première fois.

On a beaucoup ri du certificat approbatif donné au cocher du comte de Lanjuinais par ceux de MM. de Damas, de la Valette, de Kersaint et Basilesky. Ce ne sont plus maintenant les maîtres qui donnent des certificats à leurs gens, ce sont ces messieurs qui s'en donnent entre eux et qui bientôt en donneront ou en refuseront à ceux qui devraient être leurs seigneurs. C'est si prodigieux que cela devient risible. Un cocher vend sous le nom de son maître, et sous sa garantie par conséquent, un cheval taré ; le marchand réclame, le maître se fâche et le cocher demande à *ses pairs* une attestation comme quoi il est d'usage entre eux d'en agir ainsi et que tous l'auraient fait, bien entendu. Cela n'aurait pas été trop rassurant pour les possesseurs de grandes écuries si le tribunal n'était pas venu mettre un frein à ces déplorables tendances en disant que nul marché n'est et ne sera valable sans l'autorisation du maître. Les cochers ne sont pas contents, mais comme, au fait, tout le monde n'est pas cocher, cet arrêt a causé une satisfaction générale.

Le monde russe est très-occupé des merveilleuses mines de pierreries que l'on vient de découvrir dans l'Oural.

Il paraît que les saphirs, les topazes, les turquoises et les émeraudes sont tellement abondants que l'on n'a jamais rien vu de pareil. Comme il y a des gens qui ne peuvent pas se contenter *de l'infini* sans y ajouter quelque chose de plus, un monsieur a pensé bien faire en ajoutant que ces mines contenaient aussi *des roses*. On se demande si ce monsieur, ami du naturel, a cru compléter sa nomenclature en y ajoutant des fleurs, ou s'il a cru que les diamants appelés *roses* se trouvaient tout taillés sur le bord des chemins de l'Oural ou au fond de ses mines. Ce qu'il y a de sûr, c'est que ces pierreries font rêver les personnes qui en font leur dieu et que la question de connaître M. Balakine, leur heureux possesseur, leur paraît bien plus importante pour le moment que celle de la paix ou de la guerre.

La mort du jeune comte Charles de Gontaut-Biron a mis en deuil sa nombreuse famille et toutes celles auxquelles il est allié. Le voilà mort à vingt-quatre ans, alors que la vie était si belle pour lui ! Les Gontaut-Biron ont conservé un esprit de famille qui les rendra plus sensibles que d'autres parents à cette cruelle perte.

Le frère aîné du comte Charles, le comte Armand de Gontaut, qui sera après son père marquis de Saint-Blancard, a épousé Mlle de Clérembault, petite-fille de ce riche marquis de Sobre qui vient de laisser le superbe château de Quincampoix, près de Bruxelles, à sa fille, Mme de Clérembault, mère de Mme Armand de Gontaut.

La mort de M. Jules Hochet est aussi de celles qui ont été tristement senties cette semaine. M. Jules Hochet était un de ces hommes dont l'intelligence et le cœur se complètent l'un par l'autre. Il avait épousé Mlle Dumon, fille de l'ancien ministre. Elle est une des femmes les plus distinguées de Paris par ses qualités aussi brillantes que solides.

Il y aura deux beaux mariages à la fin du mois. M. Armand Rolle, l'élégant député, avec la riche et charmante Mlle Manceau, et M. Chauvi, secrétaire de M. Rouher, avec Mlle Rhoné, petite-fille de M. Émile Péreire. Les deux fiancées sont aussi jolies que possible et aussi aimables qu'elles sont jolies. Elles font mentir le vieux proverbe qui disait : *Laide comme une héritière.* Du reste, depuis bien des années, les jeunes filles se croient obligées à être d'autant plus charmantes qu'elles sont plus riches. Il me semble que les maris ne peuvent que gagner à cette nouvelle mode, et il y en a si peu qui leur soient favorables que nous ne pouvons que les en féliciter !

Ainsi que nous l'avions annoncé, les innombrables bals que l'on devait donner après Pâques seront bien moins nombreux qu'on ne l'avait annoncé. Comme cela arrive chaque année, des deuils ferment plusieurs maisons qui devaient recevoir, et on ne dansera pas autant qu'on le pensait.

Il va y avoir quelques grandes réceptions officielles, et la fête que la princesse de Metternich veut donner aux exposants de son pays, et où elle déploiera, dit-on, un grand luxe de fleurs.

Il y aura aussi une comédie chez la marquise de Saint-Clou, et des *soirs dansants* chez la marquise d'Aoust, la duchesse Pozzo et la comtesse de Béhague.

La santé de l'ex-reine de Naples s'aggrave journellement, et l'état de la princesse de Galles et de l'impératrice du Mexique donnent de l'inquiétude.

Quelle triste chose de voir des jeunes femmes, couronnes à part, décliner ainsi à la fleur de l'âge !

La maréchale Regnault de Saint-Jean-d'Angély a fait exécuter, mercredi, dans la chapelle de l'École militaire, un *stabat* qui a été admirablement chanté par Mme Marie Sasse. La maréchale a le don de faire réussir tout ce qu'elle entreprend, aussi tous les élus du vendredi sont-ils venus avec bonheur apporter leur offrande à la quête qui a suivi le *stabat*.

Les Marseillais sont tellement enthousiasmés de Thérésa que les places de son concert ont atteint le chiffre de vingt francs, qui n'avait pas été payé pour entendre la Patti, Duprez et Nourrit, quand ils sont allés charmer les Marseillais. En même temps que Thérésa, une comète est apparue dans le ciel phocéen, et les lettres qui parlent de ces deux astres les avaient tellement confondus dans une commune admiration que l'on avait cru d'abord à une image figurée et que la comète était Thérésa et Thérésa la comète; mais une plus ample information a tout remis à sa place, Thérésa sur la terre et la comète au ciel !...

Malgré l'exposition, on commence à faire des projets d'été et l'on attend avec impatience de savoir si l'Allemagne ne nous sera pas fermée par la guerre. Il y a des gens si égoïstes qu'ils ne voient qu'à leur tout petit point de vue les plus grands cataclysmes politiques ! Il est question d'un égorgement général, et ils ne voient qu'une chose, c'est que cela pourrait les empêcher de diriger leur villégiature du côté exact où ils le désiraient ! On a beaucoup ri l'autre soir des fausses oreilles qui viennent d'être inventées en Angleterre ! Au moment où les amateurs du vrai prêchent une croisade contre les chignons, voilà une nouvelle invention pour leur faire déployer leur éloquence. Quant à nous, nous avouons préférer le faux quand il est joli au naturel quand il est laid, mais nous reconnaissons que c'est beaucoup d'avoir quatre oreilles au lieu de deux, et que si elles ne doivent pas recouvrir *les anciennes*, il vaudra peut-être mieux y renoncer !

Comtesse de Marly.

LES REINES DE LA TRAGÉDIE

III

ADELAÏDE RISTORI

La renommée d'Adélaïde Ristori est universelle comme son génie dramatique.

Elle s'illustra tout d'abord dans la comédie; et, en Italie, de 1844 à 1846, année de son mariage, elle fut considérée comme la première artiste du monde, dans le genre comique.

Tous ceux qui ont suivi sa carrière depuis le moment où, à l'âge de quatorze ans, elle ne craignit pas de se charger du rôle de Francesca di Rimini, devinèrent la grande comédienne dans la jeune enthousiaste; mais nul peut-être n'eût osé prédire que cette gracieuse jeune fille, dont le génie éclatait cependant partout, dans le geste, dans l'accent, dans la voix, deviendrait la puissante et incomparable tragédienne qui devait un jour, défiant toute comparaison, personnifier plus que personne la muse tragique.

⁂

Le père d'Adélaïde, Antonio Ristori, et sa mère, Maddalena Pomatelli, appartenaient tous deux à la compagnie dramatique ambulante connue en Italie sous le nom de troupe de Caviechi.

Elle naquit dans le petit village de Friuli, en 1826. On pourrait dire qu'elle fut mise au monde sur les planches d'un théâtre, et qu'elle s'épanouit dans ce milieu, comme une plante indigène à qui le temps devait donner parfum et beauté.

« Petit prodige, » à quatre ans elle remplissait des rôles d'enfant. A douze ans, engagée par le célèbre acteur Moncalvo, elle aborda les soubrettes ; deux ans après, comme je l'ai déjà dit, elle remplit avec le plus grand succès le rôle de Francesca di Rimini.

A mesure que grandit Adélaïde dans la faveur du public, elle se fatigua de la vie errante et réussit à entrer dans la troupe du roi de Sardaigne, dirigée alors par l'un des plus célèbres impresarios de l'époque, Gaëtano Bazzi. Cette troupe comptait parmi ses pensionnaires une artiste éminente, Carlotta Marchioni, qui perfectionna l'éducation dramatique de sa jeune camarade.

Le nom d'Adélaïde Ristori devint bientôt populaire. En 1842 elle entra dans la troupe du duc de Parme, et dès lors, astre resplendissant, elle éclipsa par ses rayonnements, de jour en jour plus intenses, toutes les étoiles qui brillaient sur la scène italienne.

Un événement, capital dans la vie d'une femme, devait arracher momentanément Adélaïde aux ovations dont elle était l'objet.

En 1846, à Rome, pendant le cours de ses représentations, elle fit la rencontre du rejeton de l'une des plus grandes familles de l'Italie. Attirés l'un vers l'autre par une irrésistible sympathie, qui se changea bientôt en amour ardent, les deux jeunes gens s'engagèrent réciproquement leur foi.

Le noble duc n'entendait pas raillerie à propos de mésalliance. Il sépara les imprudents qui n'avaient pas daigné le consulter pour s'aimer, se le dire et peut-être se le prouver.

Mais l'amour rapprocherait les montagnes, à plus forte raison deux êtres vivants qui ne demandent pas mieux que de marcher l'un vers l'autre.

Un jour, les deux amants se rencontrèrent, *par hasard*, dans un petit village. C'était un dimanche ; la porte de l'église était ouverte et la messe finissait. Les jeunes gens, se tenant par la main, s'avancèrent, déclarèrent devant toute la congrégation leur désir de s'unir par le mariage, l'officiant y accéda de bonne grâce, et la cérémonie s'accomplit aussitôt.

C'est ainsi qu'Adélaïde Ristori devint marquise Capranica del Grillo.

Après des difficultés sans nombre, aplanies en partie par l'intervention du cardinal Pecca, surtout par la bonne renommée d'Adélaïde, une réconciliation s'effectua enfin avec le duc, et la jeune marquise abandonna le théâtre.

Il était douteux cependant qu'une artiste si heureusement douée, si ambitieuse aussi d'une noble gloire, consentît à renoncer pour toujours à une profession qu'elle avait illustrée. La Providence l'avait destinée à figurer dans les fastes de notre siècle ; elle le sentait et aspirait à accomplir ce qu'elle considérait comme une mission.

Les feux de la rampe brûlaient ses yeux ; le bruit des applaudissements retentissaient à ses oreilles ; la scène était la patrie absente qu'elle regrettait sans cesse, et la nostalgie accomplissait peu à peu son œuvre dissolvante.

Longtemps elle résista aux voix intérieures qui la sollicitaient. Mais un jour la charité y mêla ses plaintifs accents. L'occasion se présenta sous l'apparence la plus séduisante, au moins pour la conscience ; la grande dame s'effaça, la grande artiste reparut.

Un malheureux impresario gémissait dans la prison où le retenaient ses créanciers. Sa vie s'éteignait dans des angoisses de toute nature. Pareille à l'ange de la miséricorde, Ristori lui tendit la main et donna à son bénéfice trois représentations. L'impresario était sauvé.

Le public, de son côté, complice involontaire des désirs d'Adélaïde ; le public, qui avait retrouvé les pures jouissances de l'intelligence dont la retraite de son idole l'avait trop longtemps privé, ne voulut pas y renoncer une seconde fois.

Ristori s'inclina devant cette exigence si flatteuse pour son amour-propre, si bien d'accord avec ses saintes aspirations.

Alors, pour la première fois, elle aborda la tragédie et personnifia tour à tour Médée, Myrrah, Marie Stuart, Judith, Lady Macbeth et Phèdre.

Grâce à l'étude et à la méditation, qui avaient mûri son talent et doublé sa puissance dramatique, elle se dévoila tragédienne consommée. Un verdict unanime ratifia la façon dont elle savait maîtriser toutes les passions, son exquise interprétation de la poésie tragique, son incarnation parfaite dans les grandes figures historiques et mythologiques, qui lui devaient ainsi une seconde existence.

Ristori vint à Paris en 1855. Elle débuta, le 22 mai, par le rôle de Francesca di Rimini. On se rappelle assez son triomphe complet dans chacune des identifications présentées au public d'élite qui se pressait dans la salle Ventadour pour que j'aie besoin d'y insister.

Le même succès d'enthousiasme l'attendait en Angleterre, en Espagne, en Allemagne, en Russie. Les spectateurs l'accablèrent de fleurs; les souverains lui transmirent à l'envi des témoignages de sympathique admiration.

L'impératrice de Russie lui donna le brevet de dame du palais; l'impératrice d'Autriche la nomma sa lectrice; la reine de Prusse lui offrit un album revêtu d'une dédicace autographe; le roi de Prusse lui envoya l'Ordre du mérite, enchâssé dans un bracelet de grand prix, et l'autorisa à le porter, distinction d'autant plus flatteuse que Mme Ristori est la première femme qui l'ait obtenue.

Aux États-Unis, qu'elle vient de parcourir du Nord au Sud, les transports qu'elle souleva, vraie fureur dans toute l'acception du mot, se résolurent en pluie de dollars. En trois mois, elle a réalisé plus d'un million de francs en or américain; et elle n'a pas épuisé encore la durée de son engagement.

*
* *

Dans la vie privée, la marquise del Grillo déploie une grande noblesse de caractère, une fidélité absolue à tous ses devoirs de famille et une charité inépuisable.

Elle se trouvait à Rome en 1848, lorsque commença le siége de la ville éternelle. Abandonnant aussitôt sa profession, la marquise revêtit le costume de sœur de charité et parcourut les hôpitaux, soignant les blessés, veillant au chevet des mourants.

Après la campagne d'Italie, elle donna à Milan et à Turin une série de représentations dont le produit fut consacré au soulagement des victimes de la guerre.

Quant au patriotisme de Mme Ristori, il est des plus vigoureusement trempés. Les mots *liberté* et *unité* ont trouvé dans son cœur un écho toujours vibrant. Le comte de Cavour la tenait en haute estime et correspondait régulièrement avec elle.

*
* *

Chez Mme Ristori, la forme extérieure, la plastique, est un auxiliaire puissant de l'effet scénique. L'âme et le corps sont ici dans un accord parfait.

Un auteur dramatique allemand (Gutzkow) a tracé d'elle le portrait suivant :

« Taille grande, noble et majestueuse ; traits d'où l'intelligence rayonne ; œil profond qui réfléchit une âme ; front dont l'ampleur, la forme et le contour laissent deviner de sublimes pensées et une énergie virile ; longues et épaisses tresses de cheveux noirs ; maintien simple et digne, commandant tout d'abord le respect, et témoignant à la fois de la conscience de son génie et de la conviction de n'être inférieure à aucune position sociale, quelle qu'elle soit ; voix imposant forcément l'attention, et dont les modulations suffisent à l'interprétation de toutes les pensées, à la gradation de tous les sentiments.

⁂

Le jeu de Mme Ristori a certains points de contact avec celui de Mme Rachel. Elle partage avec la tragédienne française la faculté de refléter toutes les émotions de l'âme, au moyen d'une modification dans l'expression de sa physionomie ; elle a le même superbe talent de déclamation. Mais là où Rachel n'éveillait chez les spectateurs que des sentiments d'horreur, de crainte, de stupeur, de surprise, Ristori a le pouvoir de toucher le cœur.

J'ai dit, à propos de Rachel, qu'il était bien rare que les larmes qu'elle versait à la scène provoquassent celles du public.

Il n'en est pas de même chez Ristori, qui non-seulement s'identifie complétement avec le personnage qu'elle représente, mais encore oblige ses auditeurs à s'y incarner en même temps.

Aussi l'émotion qu'elle excite, se produisant sans secousse, se prolonge sans fatigue, précisément parce qu'elle fait doucement vibrer les fibres les plus délicates de l'âme et qu'entre elle et le spectateur s'établit peu à peu un courant permanent de sensations identiques.

En cela, Mme Ristori se rapproche davantage de la grande tragédienne anglaise, M^ess Siddons.

HIPPOLYTE DE WATTEMARE.

CONCERT SPIRITUEL DU SAMEDI SAINT

AU THÉATRE IMPÉRIAL ITALIEN.

La chambrée, samedi, était très-belle; le noir était l'uniforme général, et rien n'est aussi seyant que cette couleur lorsqu'elle est rehaussée de dentelles et de diamants; mais, comme il faut toujours quelques exceptions, deux dames avaient voulu faire disparate : l'une d'elles portait une toilette d'un rose criant, et l'autre une robe du plus joli vert d'eau; ce vert et se rose tranchaient sur ce fond sévère d'une façon peu heureuse.

Les coiffeurs sont en grève ou à la veille de s'y mettre; aussi plusieurs dames avaient-elles adopté une coiffure d'une simplicité complète, elles portaient leurs cheveux dénoués sur les épaules, et je vous jure bien que le coiffeur le plus habile n'aurait rien trouvé d'aussi gracieux. Une jeune Américaine, enveloppée dans les boucles et les ondulations de ses beaux cheveux noirs-bleus, était tout simplement idéalement belle! Je donne le conseil tout à fait désintéressé aux coiffeurs de ne pas trop prolonger leur grève, sans quoi ils donneront le temps à leurs clientes de s'apercevoir qu'elle ne peuvent que gagner à ne pas être coiffées.

Une certaine loge couverte des premières m'a fait faire la réflexion que la liberté est une chose bien subtile et bien difficile à définir. Cette loge était occupée par deux dames et un monsieur. Ces gens-là se disaient probablement qu'ils avaient payé leur loge, et que par conséquent ils étaient chez eux, libres d'agir à leur guise, et ils causaient, riaient tout haut; leurs voisins n'entendaient plus la musique de Schubert, de Poniatowski et de Rossini, mais seulement les éclats de voix de trois personnes, et, furieux, ils disaient : « Mais nous avons payé, nous sommes chez nous, nous avons le droit d'entendre, d'admirer à notre aise cette belle musique ; ces gens-là portent atteinte à notre liberté! »

Qui était dans le vrai, qui était dans le faux? Liberté pour chacun!... Facile à dire... Mais, hélas! le plus souvent, elle ne peut exister pour les uns qu'au détriment des autres!

Après cela, on me répondra que celui qui n'aime pas la musique est libre de ne pas aller aux Italiens... Pas toujours: un bras à offrir, une dame à conduire.

La musique me rappelle un bien joli mot d'un ennemi forcené de ce bruit. Le marquis de X... était l'autre jour dans une soirée. On causait, on faisait de l'esprit ; ceux qui en avaient le montraient, ceux qui n'en avaient pas en empruntaient aux autres. Le marquis en a beaucoup, il était dans son élément, et très-enchanté de la pensée qu'il allait passer une soirée charmante. Tout à coup, un enfant-prodige prend son violon et se met à jouer une heure durant, se jouant du reste avec grâce et facilité des difficultés les plus ardues. Le marquis reste le coude appuyé sur la cheminée, les yeux au plafond, pendant tout le temps. Lorsque le morceau est terminé, il s'avance vers moi et me dit d'un air de profonde conviction : « Et dire que l'on a inventé des poudres insecticides pour détruire les animaux désagréables, et que l'on laisse vivre ceux qui naissent aussi malfaisants que celui-là! » Il me montrait le virtuose en herbe.

C'est pousser l'aversion de la musique aux limites extrêmes; et à coup sûr, si ce forcené ennemi de ce genre de plaisir était au pouvoir, il le supprimerait au plus vite, agissant au nom de dame liberté, et cela au détriment des dilettanti.

La deuxième partie se composait de la messe du prince Poniatowski, qui comme on le sait a obtenu dernièrement un grand succès à Saint-Eustache.

Le prince Poniatowski est un maestro savant qui consciencieusement a étudié son art, car il ne se contente pas de fraîches et jolies mélodies, il fait de la musique sans cesse et il l'orchestre d'une façon savante. Le *Credo* de sa messe est une œuvre remarquable comme orchestration, de plus il s'y trouve un quatuor avec accompagnement de chœur qui est d'un effet saisissant. La musique de cette messe a de la vigueur, de l'originalité et un cachet tout particulier. L'*O salutaris*, duo de ténor et de baryton, a été fort bien chanté par MM. Gardoni et Agnesi. Mlle Krauss, dans le solo du *Kirie*, s'est fait applaudir chaleureusement. Le prince Poniatowski n'avait certes pas besoin d'affirmer son talent, mais en tout cas sa messe est une œuvre de grand maestro.

La troisième partie se composait de la *Rédemption* de G. Alary, et de l'*Ave Maria* de Schubert, de la romance de Pierre Dupont *Divin Jésus*, qui a été dite avec âme et sentiment par M. Nicolini.

Voilà un concert de carême qui ferait désirer de voir se prolonger ce temps de pénitence et d'abstinence.

OLYMPE AUDOUARD.

A MIA PEPICITA

———

Que ne suis-je un oiseau ! de duvet et de mousse,
Je construirais un nid au sommet de l'ormeau,
Nid où tu grandirais, heureuse et sans secousse,
Sous l'aile de ta mère, ainsi qu'en un berceau.

Que ne suis-je un oiseau ! que de notes joyeuses
Retrouverait ma voix, muette, hélas ! aujourd'hui ;
Je remplirais les bois de mes chansons rieuses ;
J'étourdirais l'écho pour chasser ton ennui.

J'irais cueillir pour toi la blanche marguerite,
La pervenche au ton bleu, le jaune bouton d'or,
Le muguet, le jasmin ; pour toi, pauvre petite,
Je ravirais aux champs leurs plus riches trésors.

Puis j'irais dans les blés, pour mon enfant gourmande,
Dérober l'épi blond, espoir du moissonneur ;
Je prendrais aux jardins la verte et douce amande,
La prune veloutée, au parfum séducteur,

Et je serais heureuse en contemplant ta joie
A l'aspect du festin par mes soins préparé;
De ton duvet naissant je lisserais la soie,
Coquette aussi pour toi, mon enfant adoré.

Si j'étais un oiseau!... Mais, hélas! sur la terre,
Pauvre enfant, il nous faut végéter et souffrir.
Oh! dors encor longtemps sur le sein de ta mère,
Qui ne peut que t'aimer, prier et te bénir!

J.-B. Courmont.

SOUVENIRS D'UN SPAHI

EL ROUMI

III

« Il y a, je vous l'ai dit, treize ans de cela. J'étais alors brigadier à l'escadron de Sétif et de service ce jour-là chez le général. Un Arabe couvert de haillons vint à moi, demandant avec instance à lui parler. Je le repoussai d'abord, mais il insista tellement que je prévins le général, qui me dit de le lui amener. Mon Kabyle, à peine entré, se précipita vers lui, lui baisa la main avec humilité et alla ensuite s'accroupir humblement sur le tapis.

« Appelle l'interprète! » me dit le général, qui, quoique depuis longtemps en Afrique, ne savait pas un mot d'arabe.

« L'interprète était absent, ce fut moi qui le remplaçai.

« Seigneur, dit le Kabyle, voilà bientôt trois ans
« qu'El Hadj-Ahmed, l'ancien cheik des Ouled-Déradj, tient,
« à la tête des insoumis, tes soldats en échec. Que donne-
« rais-tu à l'homme qui te livrerait El Hadj-Ahmed et sa
« *smala?* »

« Je traduisis.

« Dis-lui, dit le général dont l'œil étincela, que le *beylik*
« (gouvernement) français est généreux et que l'homme
« fixera lui-même sa récompense. J'ai pleins pouvoirs.

« — Seigneur, reprit le Kabyle, l'homme qui te livrera
« El Hadj-Ahmed et sa smala est devant toi. Rassemble
« demain, à la douzième heure, trois cents cavaliers et cinq
« cents fantassins. Je guiderai ta colonne. Après-demain,
« au lever du soleil, El Hadj-Ahmed et sa smala seront entre
« tes mains.

« — Qui es-tu donc? dit le général.

« — Le gendre d'El Hadj-Ahmed.

« — Qu'offres-tu pour garantie?

« — Ma tête.

« — Et quelle récompense exiges-tu?

« — Suis-je ici sous la sauvegarde de ton honneur? J'ai
« entendu dire au pays kabyle que quand le Roumi avait
« juré sur l'honneur, il ne violait jamais son serment. Jure
« sur l'honneur, dit-il en étendant la main, que tu m'ac-
« cordes d'avance ce que je demanderai, et que, si tu n'ac-
« ceptes pas mes propositions, je pourrai regagner libre-
« ment mes montagnes.

« — Je le jure sur l'honneur, dit le général. Et, si ce que
« tu demandes est possible, je te l'accorde d'avance.

« — Oh! très-possible! Une vétille pour vous, mon géné-
« ral! dit en très-bon français et en changeant de ton le
« Kabyle, qui s'était levé et avait fait deux pas en avant. Je

« ne suis pas plus Arabe que le brigadier qui est là, dit-il en
« me montrant du doigt, n'est Chinois. Je suis Italien, et
« voilà bientôt cinq ans que j'ai déserté de la légion étran-
« gère. Pour une malheureuse égratignure à mon caporal
« on voulait me fusiller. J'ai pris la clef des champs et ai été
« apprendre la charge en douze temps à messieurs les Kabyles.
« J'ai été très-choyé par eux ; El Hadj-Ahmed m'a donné sa
« fille en mariage — après circoncision bien entendu — et
« compte sur moi comme sur son plus ferme appui. Je suis
« las de la Kabylie, des Kabyles en général et de mon beau-
« père en particulier. Je ne demande pour toute récompense
« que l'oubli du passé, un burnous rouge de spahi indigène
« et la vie de ma femme. Kabyle et musulman, j'ai oublié
« mon nom italien ; je servirai sous mon nom actuel El
« Roumi. »

« Le renégat avait débité son discours avec un aplomb
imperturbable, et avait même souri en voyant le général et
moi faire un mouvement au nom bien connu d'El Roumi. Le
misérable depuis cinq ans nous avait fait bien du mal.

« Ah ! tu es El Roumi ! dit le général en le toisant de la
« tête aux pieds. Eh bien, tu as peut-être bien fait de te
« mettre à l'abri sous ma parole d'honneur ; j'eusse résisté
« difficilement sans ça, je l'avoue, à l'envie de te faire fusil-
« ler. Ce qui est dit est dit, je t'accorde grâce pleine et
« entière et le burnous rouge dans un escadron de spahis.
« Quant à ta femme, c'est ton affaire. Tu vois que je m'exé-
« cute sans sourciller ; mais si, d'un autre côté, ta proposi-
« tion est un piége, si tu n'exécutes pas le pacte loyalement,
« je jure Dieu que tu ne sortiras pas vivant de mes mains.

« — C'est entendu, mon général. Que la colonne soit
« demain à trois heures au gué de l'*Oued-Kébir* (la grande
« rivière), à l'entrée du défilé. Je l'attendrai là.

« — J'y serai, dit le général, et malheur à toi si tu me
« trompes !

« — Je suis trop intéressé à ne pas vous tromper, mon gé-
« néral, pour que vous ne soyez pas content de moi. Donc
« à demain, dit le prétendu Kabyle en se dirigeant vers la
« porte. »

« Je le suivis dans la rue. Un petit cheval bai brun à tous crins l'attendait, les rênes traînantes, au coin d'un mur. Le bandit sauta en selle et partit au galop, sans même tourner la tête.

IV

« Quoique j'eusse à peine, en ce temps-là, sept ans de service, le général, qui m'avait vu à l'œuvre dans quelques circonstances, avait confiance en moi. Je portais son fanion. Je revenais à mon poste lorsque je me croisai avec lui.

« Tu peux t'en aller, me dit-il, je n'ai pas besoin de toi.
« Tu fais naturellement partie de l'expédition de demain, le
« fanion est inutile, j'ai une mission de confiance à te donner.
« La voici en deux mots : ne pas quitter El Roumi plus que
« son ombre et lui casser la tête en cas de trahison. Ça te
« va-t-il ?

« — Oh ! mon général !

« — Bon ! bon ! il est presque inutile, je suppose, de te
« recommander le silence le plus absolu sur ce que tu viens
« de voir et d'entendre. Le succès de notre expédition en
« dépend. A demain donc et à cheval à midi. »

« Deux cents chasseurs d'Afrique et cent spahis formaient

notre cavalerie; trois cents zouaves et cent turcos notre infanterie. Une heure sonnait comme nous sortions de la redoute. Nous étions à la fin de septembre et il faisait un temps de demoiselle. Aussi gens et bêtes marchaient comme s'ils eussent été à la noce. Deux heures après nous arrivions au gué. Les rênes de la bride passées au bras, El Roumi, nous attendait, couché près de son cheval au bord de la rivière. Il se leva à notre approche, se mit en selle, vint droit au général, avec lequel il causa un instant à voix basse et, se mettant à dix pas en avant de la tête de la colonne, entra le premier dans la rivière.

« Je m'étais détaché sur un signe du général et étais venu me ranger auprès de lui.

« Ah ! ah ! dit-il en ricanant, interprète hier, garde du
« corps aujourd'hui...

« — Et peut-être *chaouch* demain, si tu ne marches pas
« droit, *mio caro*, dis-je en lui rendant son ricanement : la
« confiance n'est décidément pas à l'ordre du jour.

« — Bon ! bon ! dit-il, je comprends cela. »

« Le gué franchi, nous nous engageâmes dans le défilé. C'était là le moment critique : nous pouvions être assaillis, coupés et pris entre deux feux entre ces deux murailles de rochers, je serrai mon homme de près. Nous débouchâmes, au bout de quatre heures de marche pénible, sur un petit plateau, on fit halte et on cassa une croûte ; nous nous remîmes en route à dix heures. Le temps était toujours beau, ni lune ni étoiles aux ciel, la nuit — une nuit à surprises — était noire à souhait. A deux heures du matin les pipes et les langues furent consignées. Nous approchions.

« La tête dans les capuchons de ses burnous, El Roumi n'avait plus prononcé une parole depuis les quelques mots échangés entre nous au départ. Côte à côte avec lui, j'avais réglé l'allure de mon cheval sur l'allure du sien, travaillant de toutes mes forces à combattre le sommeil qui m'accablait.

« Il faut que je parle au général, me dit-il tout à coup,
« nous sommes près de la smala. Entends-tu les aboiements
« des chiens ? »

« Je tendis en vain l'oreille.

« Si tu étais aussi familiarisé que moi, continua-t-il,
« avec les bruits de la montagne, tu les entendrais ; nous
« sommes à une demi-lieue à peine. C'est le moment d'agir. »

« Nous nous dirigeâmes vers le général qui fit faire une pause. Je m'écartai un peu, ils causèrent dix minutes à voix basse ; mais j'entendis leurs dernières paroles au moment où ils se séparèrent :

« J'ai mis, en cas de malheur, ma femme en lieu de
« sûreté. Je l'ai, sous un prétexte, envoyée à trois lieues
« d'ici, chez un de ses parents, elle est partie ce matin avec
« son frère, un enfant de cinq ans.

« — Tu as bien fait, dit le général. J'ai, en tout cas, donné
« l'ordre qu'on respectât scrupuleusement les enfants et les
« femmes. »

« Nous étions arrivés, grâce à un pli de terrain, à portée de l'ennemi sans être éventés. Les chiens faisaient bien l'effroyable vacarme que vous connaissez ; mais comme, les trois quarts du temps, ils hurlent la nuit pour leur plaisir, pour rien, il n'y avait pas grand'chose à craindre de ce côté-là. De l'autre, El Hadj-Ahmed n'avait pas plus de quatre cents fusils à la smala ; nous avions, vous le voyez, tous les atouts en main, la partie n'était pas douteuse.

« L'aube commençait à teinter les sommets des montagnes de ses lueurs blafardes ; les zouaves et les turcos se formèrent en colonne d'attaque et, courbés dans les hautes herbes, se mirent en marche. Les chasseurs d'Afrique et les spahis se déployèrent en fer à cheval, enveloppant le campement et fermant toute issue à la fuite. Tous ces mouvements s'exécutèrent dans le plus profond silence. Rivé à El Roumi, je dus rester avec lui auprès du général, qui, campé sur un petit mamelon d'où il dominait la scène, avait gardé près de lui deux officiers d'ordonnance et un peloton de spahis.

« De la hauteur où nous étions, nous distinguions parfaitement la smala dont les tentes étaient disposées en rond autour de celle d'El Hadj-Ahmed qui occupait le centre du cercle. Les colonnes d'attaque s'arrêtèrent à vingt pas des tentes, les fusils s'abattirent, le plateau fut comme illuminé par un immense éclair, et une clameur désespérée répondit à la formidable détonation. « A la baïonnette, mes enfants ! », cria dans la fumée une voix tonnante, et zouaves et turcos se ruèrent dans la smala comme des démons.

« Je n'oublierai jamais, dit le père Kœnig en changeant de ton, cette lutte monstrueuse, je devrais dire cette boucherie, aux pâles lueurs de l'aube. A un moment je détournai la tête et regardai El Roumi : le misérable était livide et se tenait cramponné d'une main convulsive à la crinière de son cheval. J'aurais donné en ce moment un an de ma vie pour pouvoir brûler la cervelle à ce hideux coquin.

« Resserrant toujours leur fer à cheval, les cavaliers qui cernaient la smala étaient arrivés presque botte à botte... Rien ne devait passer..., rien ne passa.

V

« Le capitaine Repic — mon capitaine — venait sur nous au galop, escorté d'un spahi indigène de votre connaissance, le seigneur Fleur-de-Suie.

« — Quoi de nouveau, capitaine? lui cria de loin le général
« impatient.

« — L'affaire est finie, mon général, tout est tué ou pris ;
« deux cents prisonniers à peu près, sans compter les femmes,
« les enfans et les vieux.

« — El Hadj-Ahmed ?

« — Je vous amène quelqu'un qui vous en donnera des
« nouvelles positives. — Redjem, continua-t-il en arabe, le
« seigneur général te demande ce qu'est devenu El Hadj-
« Ahmed? »

« Notre Fleur-de-Suie évasa en tromblon ses grosses lèvres noires, se mit à rire de ce rire que vous savez, plongea la main dans sa musette et en tira une tête fraîchement coupée. Il la tenait par son *catoutcha* (1) blanc et la tendait vers nous sanglante, défigurée.

« Le général fit un geste de dégoût.

« — Cette tête est la tête de Si-El Hadj-Ahmed, dit le
« nègre en arabe et à voix haute, El-Roumi est là pour
« l'attester. »

Celui-ci, qui avait en ce moment la tête basse et n'avait rien vu, la releva ; les yeux vitreux du décapité semblaient le regarder ; il fit un si brusque mouvement en arrière qu'il faillit tomber de cheval.

« — Trêve de simagrées ! dit rudement le général. Est-ce
« là la tête d'El Hadj-Ahmed, oui ou non ?

« — Oui, mon général, répondit-il d'une voix étouffée.

« — Capitaine Repic, dit le général en se mettant en

---

(1) On appelle *catoutcha*, en arabe, la mèche de cheveux que les musulmans laissent pousser au sommet du crâne soigneusement rasé. C'est par cet appendice, dit la légende, qu'Asraël, l'ange de la mort, saisit les croyants pour les transporter au paradis.

« marche, dites à votre spahi que je lui accorde quatre parts
« de razzia et que je ne l'oublierai pas ailleurs. Vous veillerez
« à ce que cette tête soit mise sur un poteau et exposée au
« milieu de la smala. »

« Ce fut vers cette époque, dit le père Kœnig en prenant un charbon avec les doigts et le mettant sur le fourneau de sa pipe, que j'attachai Fleur-de-Suie à ma personne. Quoiqu'il eût en ce temps-là bâti force châteaux en Espagne sur la promesse du général, le brave garçon — je tiens Fleur-de-Suie, quoique nègre et Bédouin, pour un brave garçon — n'hésita pas à me prêter son concours. Inutile d'ajouter que le général l'oublia avec un soin infini. »

Maître Fleur-de-Suie, qui en ce moment jetait sur le feu presque éteint une brassée de bois résineux, parlait mal le français, mais l'entendait fort bien ; aussi vint-il déposer sur l'épaule du père Kœnig un baiser reconnaissant.

La flamme jaillit tout à coup claire et brillante. Je vis à quelques pas de nous, sous un vieil olivier, un Arabe à cheval. Enveloppé de la tête aux pieds dans un grand burnous noir, le capuchon tiré très-bas, les plis de son haïk ne laissaient voir que deux yeux étincelants attachés obstinément sur ceux du vieux Kœnig. Je poussai celui-ci du coude en le lui montrant.

« Eh bien, tant mieux! Si c'est un espion d'El Roumi, et s'il comprend le français, dit-il en élevant la voix, c'est une raison de plus pour ne pas laisser mon histoire en chemin.

« Lorsque nous entrâmes dans l'enceinte de la smala, un chœur de cris, de sanglots et de plaintes s'éleva du troupeau des femmes et des enfants gardés par une douzaine de zouaves, l'arme au pied. A gauche, le groupe des hommes, désarmés et sanglants, était impassible et silencieux. Une section de turcos veillait sur eux. Autour des tentes déchirées, renversées, des cadavres, le ventre ouvert, se tordaient sur la terre dans les convulsions de l'agonie. Nous avions eu sept hommes tués, douze blessés, les deux aides-majors de service s'étaient partagé la besogne et allaient de l'un à l'autre, ami ou ennemi.

« Les trompettes sonnèrent à l'ordre, les officiers se groupèrent autour du général.

« —Nous ne pouvons passer la nuit ici, messieurs, dit celui-
« ci, nous pourrions être assaillis et enveloppés; que les
« hommes se reposent et prennent des forces, —les vivres
« ne manquent pas. —Nous partirons à midi et nous irons
« camper de l'autre côté du défilé. »

« Les officiers s'éloignèrent pour transmettre l'ordre.

« Le général se tourna vers El Roumi, toujours à cheval derrière lui.

« — Je pense que tu rentres avec nous : l'air du pays ne doit pas être sain pour toi, lui dit-il.

« — Pas précisément, mon général. Je voudrais seulement
« que vous me permettiez d'envoyer un des prisonniers qui
« sont là-bas, et qui m'est dévoué, chercher ma femme et
« son frère au douar, pour les conduire à Sétif.

« — Accordé, dit le général. Ne le perds pas de vue, con-
« tinua-t-il en s'adressant à moi lorsqu'il se fut éloigné ; ta
« consigne est toujours la même. »

« Je suivis El Roumi. Il se dirigeait vers un pan de rocher, derrière lequel je le trouvai mettant son cheval à l'entrave.

« — Mets ton cheval près du mien, me dit-il, j'ai par-là un
« silos d'orge, un supplément de ration ne leur fera pas de
« mal. Veux-tu me rendre un service? Les factionnaires ne
« laisseront pas Mabrouk venir à moi, tandis que si tu vas
« l'appeler, autorisé par le général, ils ne feront aucune
« difficulté. Mabrouk m'est absolument dévoué, Aïcha a

« confiance en lui, je lui donnerai mes instructions et elle
« n'hésitera pas à le suivre.

« — En es-tu bien sûr, El Roumi ? » dit tout à coup derrière nous une voix mordante et âcre. Nous nous retournâmes vivement. Tenant un enfant par la main, roulée dans son haïk de soie blanche, une femme de vingt ans, belle et pâle, dardait sur mon compagnon ses yeux ardents de haine et de mépris.

« Aïcha ! » dit celui-ci avec terreur, et, les mains étendues, la bouche entr'ouverte, il resta comme pétrifié.

« Aïcha, oui ! c'est bien Aïcha qu'on me nomme. Aïcha,
« fille d'El Hadj-Ahmed, Aïcha, femme d'El Roumi, qui,
« en femme fidèle, accourt à la rencontre de son mari. Que
« trouves-tu d'extraordinaire à cela, El Roumi ? Je vais te
« dire, continua-t-elle en étendant la main, ce qui m'a fait
« rentrer plus tôt à la smala. J'ai eu cette nuit un rêve affreux.
« J'étais seule sur un rocher et autour de moi clapotait une
« mer de sang. A chaque coup de ressac, le flot laissait à
« mes pieds d'horribles épaves, des corps mutilés, des têtes
« livides. Ces corps et ces têtes étaient de ma race et de ma
« tribu : ces corps levaient vers le ciel leurs mains mutilées ;
« ces têtes, entr'ouvrant leurs lèvres et fixant sur moi leurs
« yeux blancs, ne disaient que ces trois mots : « El Roumi !
« Trahison ! Vengeance ! » La dernière qui vint s'échouer à
« mes pieds était celle de mon père. Je poussai un cri ter-
« rible et je m'éveillai haletante et brisée. Je pris l'enfant
« par la main et je partis sur l'heure. »

« El Roumi n'avait pas changé de position, des gouttes de sueur coulaient le long de sa face terreuse, tout son corps frissonnait « Aïcha ! » dit-il encore en étendant vers elle des mains suppliantes.

« Elle fit un pas vers lui : « Viens ! » dit-elle en le saisissant par le bras. Chancelant comme un homme ivre, il suivit Aïcha d'un pas d'automate.

« La femme traînait l'homme vers le poteau où l'on avait exposé la tête d'El Hadj-Ahmed.

« Regarde cette tête, El Roumi, dit-elle, elle en vaut bien
« la peine, c'est la tête d'un vaillant et d'un juste. La tête de
« celui qui, vagabond, t'a reçu sous son toit ; qui, nu et af-
« famé, t'a vêtu et nourri ; qui, parce qu'il t'aimait comme
« un fils, t'a donné sa fille ; la tête d'El Hadj-Ahmed enfin,
« ton bienfaiteur et mon père. »

« Elle s'arrêta un instant, le dévorant des yeux et le se-
« couant avec fureur.

« Oh ! misérable ! disait-elle d'une voix rauque, oh ! tu
« n'es pas un roumi ! Le roumi, qu'il soit maudit ! est cruel,
« mais il est brave, il est loyal. Le juif seul, le juif immonde
« ne recule pas devant l'argent de la trahison. Oh ! lâche !
« tu dois être juif ! Tiens, dit-elle, en lui crachant au vi-
« sage, voilà le mépris. » Elle tira un pistolet de sous son
« haïk et en dirigea le canon vers lui. « Et après le mépris, la
« mort ! » finit-elle en lui crevant la poitrine à bout portant.

« El Roumi tomba comme une masse.

« Je m'élançai vivement vers elle ; son pistolet fumait encore, elle le jeta près du cadavre et m'arrêta d'un geste.

« Laisse la pauvre Aïcha, spahi, me dit-elle d'une voix
« brisée, elle ne fera plus de mal à personne ; maintenant
« que son père et sa race sont vengés, sa mission est finie
« ici-bas. »

« Ému, interdit, je regardais cette femme majestueuse et douce.

« Adieu, Ali, dit-elle en baisant l'enfant sur les yeux et
« sur la bouche. Tu iras vivre auprès de ton oncle Si Ma-
« mar. Tu sais combien il t'aime. » Elle se pencha vers lui,

lui dit quelques mots à voix basse et l'embrassa une dernière fois. « Adieu, dit-elle, va rejoindre les enfants de la smala et souviens-toi de ta sœur Aïcha. »

« L'enfant s'éloigna. Alors, les yeux fixés sur la tête du décapité, lentement et comme savourant la mort, elle s'enfonça un long couteau kabyle sous le sein gauche et alla s'affaisser au pied du poteau.

. . . .

. . . .

« J'ai remarqué, dit le père Kœnig en frappant le fourneau de sa pipe sur sa botte pour en faire tomber la cendre, que les coquins ont l'âme chevillée dans le corps, et la preuve, c'est que je rencontrai quelques mois après, à *Dar-el-Bey*, à Constantine, le seigneur El Roumi frais et dispos, en tenue de spahi. La balle, me dit-il, avait glissé le long des côtes, il en avait été quitte pour une quarantaine de jours d'hôpital. Il ne prononça pas le nom de sa femme. J'avoue que je fus fort désappointé en le trouvant encore de ce monde, car je l'avais rayé de l'effectif des vivants, n'ayant plus entendu parler de lui depuis le jour où je l'avais laissé à la smala, entre les pattes des chirurgiens. J'étais parti de là, ce même jour, conduire les prisonniers les plus importants à Constantine.

« Le jeune homme que tu as vu aujourd'hui, et qui lui sert de *mokali*, est le petit Ali, le frère de la pauvre Aïcha. Remords ou plutôt prévoyance, El Roumi l'a recueilli et a, dis-tu, l'air de l'aimer beaucoup. Mais, as-tu ajouté, l'œil de l'enfant est devenu bien ardent et son sourire bien amer en l'entendant parler de son affection pour lui. Il y a du sang entre eux. A-t-il oublié? Se souvient-il? Voilà la question. Le cas échéant, le père Kœnig n'hésiterait pas à lui rafraîchir la mémoire.

— C'est un soin inutile que tu prendrais là, *baba* (père) Kœnig, dit tout à coup d'une voix jeune et fraîche le cavalier au burnous noir. Il poussa son cheval en avant et l'arrêta au bord du brasier. — Ali n'a rien oublié, dit-il en rejetant en arrière haïk et capuchons et laissant voir le pâle et charmant visage du beau-frère d'El Roumi ; ce soir il s'est souvenu. » Il plongea la main dans sa musette et jeta une tête sanglante et hideuse aux pieds de Kœnig.

« Je la destinais au poteau d'El Hadj-Ahmed, ton histoire m'a arrêté en chemin, baba Kœnig. Tu as glorifié Aïcha et tu as flétri l'infâme. Ali, fils d'El Hadj-Ahmed et frère d'Aïcha te fait hommage de la tête d'El Roumi. »

Il enleva son cheval de la main et de l'éperon et s'enfonça dans la nuit comme un tourbillon... Fleur-de-Suie riait de toutes ses dents blanches.

. . . .
. . . .

Six mois après, la Kabylie était en feu et nous partions encore en expédition. Un *chérif* (envoyé de Dieu) prêchait la guerre sainte et les fusils kabyles s'étaient massés derrière lui.

Ce chérif s'appelait Ali ben El Hadj-Ahmed.

EUGÈNE RAZOUA.

LA MODE

Les étrangers et les provinciaux qui auraient pris au sérieux Longchamps seraient exposés à porter une mode vieille de plusieurs années, *déparisiennisée*, car la province se pique de porter ce qu'on porte à Paris, mais elle arrange toutes les modes à sa façon : c'est la même forme, la même coupe, moins le cachet... Cette année-ci, nos élégantes, nos Parisiennes, ont boudé au traditionnel Longchamps, si bien qu'on n'y a vu que des Chinois, des Anglais, des Italiens et des provinciaux. Ces dames, du reste, ont eu raison, car par le temps détestable dont la Providence nous gratifie, le moyen, s'il vous plaît, d'étaler de belles et fraîches toilettes !

On est obligé de se composer une mise à peu près convenable avec les vieilles robes du printemps passé, et avec les confections de cet hiver ; ces deux mélanges font un tout qui n'est pas précisément joli, mais que faire ?... A chaque instant des coups de vent et des ondées... Le matin, le soleil brillant et chaud vous convie à sortir vêtue en toilette printanière ; l'après-midi, l'air devient piquant et incisif, et vous voilà forcée de rentrer bien vite pour jeter sur vos épaules un manteau d'hiver.

Je crains bien que les toilettes du printemps n'aient pas plus de chance que l'Exposition.

Le chapeau seul se dessine carrément dans tous ses innombrables caprices ; il varie de forme, et tend de plus en plus à se dissimuler : s'il conserve le nom, la forme en disparaît complétement ; ce qu'on appelle chapeau, c'est un rien : un ruban, une fanchette, un semé de fleurs ou une guirlande. La mantille pourtant paraît triompher, plusieurs élégantes lui ont accordé des lettres de noblesse : du reste, rien n'est plus gracieux et plus seyant que la mantille espagnole, on ne peut qu'applaudir à sa naturalisation en France.

Le foulard des Indes a, lui aussi, remporté une éclatante victoire, nos élégantes délaissent pour lui le petit taffetas et les étoffes de fantaisie elles, vont prendre leurs toilettes légères à la Compagnie des Indes, rue de Grenelle-Saint-Germain, 45. Pour le foulard comme pour la mantille on doit approuver la mode, car si la coiffure espagnole rendrait jolie la femme la moins douée par dame nature, le foulard, souple, tombant sans raideur et ayant des nuances douces et harmonieuses, fait des robes charmantes et d'un goût exquis.

Ce qu'on peu conjecturer presque en toute sûreté, c'est que les robes courtes seront de mode cet été pour le pavé, et, par parenthèse, les femmes ont joliment bien fait de ne plus offrir leurs traînes comme auxiliaires aux balais municipaux...

Le règne de l'ancienne jupe-cage est fini à présent ; il s'agit de trouver un jupon qui soutienne la robe sans grossir, sans ballonner. M. Bailly, 107, boulevard Sébastopol, a vaincu la difficulté : son jupon-cage impérial est adopté par les femmes élégantes, c'est le seul jupon qui s'élargisse et se rétrécisse à volonté au moyen d'une tirette ; il rappelle par son ingéniosité les paniers de nos aïeules, qui s'ouvraient et se fermaient à volonté aussi.

La bise tant soit peu froide qui souffle ces jours-ci est néfaste aux teints délicats, car elle gerce la peau. Mais heureusement que M. Violet, 317, rue Saint-Denis, offre aux dames mille petits secrets pour prévenir ou faire disparaître ces inconvénients ; il leur vend des pâtes qui conservent à l'épiderme le poli et le velouté... C'est encore M. Violet qui leur vend le secret de se faire, selon leur caprice, blondes ou rouges. Il a la poudre d'or, l'eau dorée, que sais-je encore!... Les parfumeurs savants chimistes comme lui savent si bien flatter les caprices et les manies des femmes, toujours prêtes à s'insurger contre les ravages des ans et contre ceux du temps, et constamment à la recherche de l'eau de Jouvence.

Anne de Brianne.

PARIS, IMPRIMERIE JOUAUST, RUE SAINT-HONORÉ, 338.

L'EXPOSITION

LE PALAIS DE YUEN-MING-YUEN (PALAIS D'ÉTÉ). — LE PAVILLON DU THÉ. — ABD-EL-KADER PROPAGATEUR DE LA RELIGION CHRÉTIENNE. — EXPOSITION DE L'ISTHME DE SUEZ.

Si rien ne vient entraver la marche des choses, l'exposition sera prête à être visitée et admirée d'ici à un bon mois; pour le quart d'heure on déballe, on cloue, on scie, on bâtit, on peint encore, si bien que les curieux barbotent dans la boue et dans le plâtre.

Si ce désordre manque de charme à un certain point de vue, il n'est pas sans intérêt de pouvoir considérer à l'œuvre cette ruche d'ouvriers cosmopolites.

Dans la partie du parc destinée à l'Orient et à l'extrême Orient, il y aura des choses très-belles et très-curieuses : le temple égyptien, qui s'édifie sous la savante et intelligente direction de M. Mariette-Bey, sera sans contredit une des plus belles. Ce monument, fait avec le plus grand soin jusque dans ses plus petits détails, sera réellement une œuvre d'art; nous en ferons le sujet d'un chapitre spécial quand il sera enrichi de quelques-unes des merveilleuses antiquités égyptiennes que M. Mariette a su classer, déchiffrer et réunir dans le musée de *Boulak*, au Caire.

La section chinoise, sous les auspices et la direction de M. le comte de Tarbé, a fait construire un édifice curieux et d'une originalité charmante : c'est la copie exacte du *palais du Thé*, un des pavillons du palais de *Yuen-ming-yuen* (palais d'Été). Tout le monde se souvient de ce fameux palais de l'empereur de Chine, palais que nos soldats, tant soit peu profanes au point de vue des arts de l'extrême Orient, ont sans façon pillé et brûlé. Suivant la mode orientale, ce palais n'était pas composé d'un seul et grand édifice, mais d'une foule de petits pavillons, disséminés dans un parc aussi grand que notre bois de Boulogne. L'un était habité par les femmes, l'autre par le service, un autre servait de cabinet de travail à l'empereur; il y avait enfin une trentaine de pavillons formant ce qu'on appelait le palais de *Yuen-ming-yuen* ou palais d'Été; un de ces pavillons était nommé le *palais du Thé*. C'était là où sa majesté chinoise allait prendre son thé et faire son *kieff*. Eh bien, c'est la reproduction de ce petit palais que M. le comte de Tarbé a eu l'heureuse idée de nous montrer. Grâce à un album de dessins représentant le palais d'Été en détail, il a pu le rétablir d'une façon exacte.

Cette construction, située au milieu d'un joli jardin qui est, notez bien cela, soigné et arrangé par des jardiniers chinois, se compose d'une grande salle-café au rez-de-chaussée : dans le fond se trouve une belle cuisine dans laquelle se tiennent, prêts à entrer en fonctions, deux cuisiniers chinois ; deux escaliers conduisent sur une vaste terrasse à galeries couvertes, de laquelle on a une jolie vue, car on domine une partie de l'exposition. Je crois cette terrasse appelée à un grand succès : ceux même qui ne sont pas fanatiques du thé viendront s'y installer pour jouir de la vue. A gauche se trouve un petit pavillon dans lequel, d'ici à peu de jours, il y aura deux jeunes et jolies Chinoises qui débiteront du thé excellent, du vrai thé chinois. Il paraît qu'en fait de thé nous ne connaissons qu'une affreuse herbe que l'on a nommée, bien à tort, *thé*. Du vrai thé chinois, nous n'en avons jamais goûté. Le commissaire général de l'exposition de ce pays a eu l'obligeance de m'expliquer que vis-à-vis de cette plante nous nous trouvons absolument dans la même situation où se trouveraient des Chinois ne connaissant du vin que le gros bleu. Jugez de leur étonnement s'ils venaient un jour à déguster du château-margaux, du château-laffitte, du clos-vougeot, du champagne, etc., etc. ! Eh bien, nous allons éprouver ce même étonnement ! Il y a en Chine cent sortes de thé dont nous ne soupçonnons même pas l'existence. Dans le café on vous servira toutes ces qualités différentes, vous ferez votre choix, et les jolies Chinoises vous vendront dans des boîtes en fer-blanc celui que vous aurez choisi. C'est on ne peut plus ingénieux.

Tout ce petit palais est construit en verres de couleur, avec ciselures de bois : les dentelures du bois sont fines et élégantes, les couleurs ont cette vivacité de nuances dont les Chinois seuls ont conservé le secret. Enfin il est du plus pur style, ce n'est pas du chinois de fantaisie.

Dans une salle du rez-de-chaussée on va mettre en draperies de ces superbes soies de Chine, et l'on exposera beaucoup d'objets rapportés de ce pays par nos militaires; ce sera un curieux musée, et les Chinois pourront se dire tout bas : Nous sommes ici chez nous.

J'allais oublier de vous signaler un joli petit théâtre en plein air, installé dans le fond du jardin; on jouera des pièces chinoises, mais avec accompagnement de musique française : de l'avis même des Chinois, leur musique est peu harmonieuse. A propos de ce théâtre, nous donnons plus loin un petit aperçu du genre de pièces jouées en Chine, et quelques détails sur leurs théâtres.

Le jardin et le palais du Thé ne sont pas encore terminés, aussi le public ne peut y pénétrer. Si j'ai pu entrer et me renseigner, c'est grâce à la courtoisie d'un jeune Chinois venu ici pour voir l'exposition, le jeune *Y-u-c-chunig* est très-intelligent, il a des manières affables, c'est un gentleman chinois; il parle l'anglais très-purement et un peu le français. J'avais eu le plaisir de le rencontrer à la soirée de Mme la comtesse de Noé, il m'a reconnue, et s'est empressé avec galanterie de me faire ouvrir les portes du jardin et de me faire les honneurs de chez lui. A la soirée de Mme de Noé, il a étonné par la justesse et la vivacité de ses reparties. On l'entourait avec curiosité, ce qui avait l'air de le gêner un peu, et comme on lui demandait pourquoi il était venu à Paris : « Je suis venu, a-t-il dit, envoyé par mon gouvernement pour voir l'exposition; mais je m'aperçois, hélas! que c'est moi-même qui suis exposé, ce qui ne m'amuse guère. » Interrogé sur l'impression que lui faisait Paris et notre civilisation, il a répondu toujours avec un tact exquis et une grande justesse d'appréciation.

En sortant du pavillon chinois, j'ai été accostée par un Arabe portant le burnous blanc de l'Algérie, il m'a offert des petites brochures. « Qu'est-ce? » lui ai-je demandé en mauvais arabe; il m'a répondu en très-bon français : « Ce sont des livres pour rappeler les hommes dans la bonne voie. » J'ai cru que l'exemple des anglicans avait gagné les sectateurs de Mahomet. « Oh! oh! lui ai-je dit, tu veux me convertir au mahométisme? — Non, s'est-il écrié en faisant le signe de la croix, Abd-el-Kader, qui te parle, est dans la patrie du juste, dans le royaume de la vérité, il aime Jésus.

— Tu es chrétien?

« Oui, et je suis si heureux d'avoir quitté le sentier de l'erreur pour celui de la vérité, que je vais tout le long du jour cherchant à prêcher la religion de Jésus. Et lorsque j'ai fini ma journée, je rentre chez moi pour gagner mon pain. »

Ce bon Abd-el-Kader, qui n'est nullement le parent du grand émir, est natif d'Oran; il est converti depuis quatre ans, et depuis cette époque il fait une zélée propagande. Les petits livres qu'il m'a donnés gratis, car il a refusé mon argent avec indignation, sont intitulés : *l'Épouse de l'officier, Une jeune fille indienne* et *le Bon Soldat.* Tous parlent de conversion et finissent par ces mots : « Achetez un Nouveau Testament, la parole de Dieu s'y trouve, elle vous en apprendra plus que moi. »

Voilà un Abd-el-Kader que l'émir n'appellera pas son cousin!

L'isthme de Suez a aussi son exposition, et elle n'est pas la moins intéressante; on y voit d'abord une carte en relief de tout le désert, depuis le Caire jusqu'à la mer Rouge et à la Méditerranée, avec le tracé du canal maritime et du canal d'eau douce; les villes de *Port-Saïd, Ismaïlhia, Kantaras, le Seuil* et Suez y sont marquées, ainsi que le lac *Mensaleh* et les lacs Amers. C'est un beau travail, sur lequel on peut se faire une idée très-exacte de l'œuvre colossale entreprise par M. de Lesseps.

On y voit ensuite des échantillons des pierres du désert, des gros morceaux de bois pétrifié, des poissons également pétrifiés, une collection de coquillages, de ces coquillages dont le sable du désert est parsemé à des distances de plusieurs lieues de la mer, un dromadaire empaillé, et la collection des jolis petits habitants du désert, les serpents à cornes et autres.

OLYMPE AUDOUARD.

FUSILS A AIGUILLE

Ma tâche est rude aujourd'hui, car, à moins de vous entretenir du quadrilatère prussien, comme la semaine dernière, ou de quoi que ce soit qui se rattache aux éventualités que tout le monde considère comme prochaines, il me serait sinon difficile, du moins pénible, de traiter un sujet moins sérieux au milieu des grandes préoccupations du moment.

J'ai bien là, au fond de mon sac, quelques histoires qui derideraient peut-être vos fronts assombris, mais qu'est-ce qui a envie de rire à cette heure?

Et pourtant, il faut bien que je l'avoue, quand il m'est donné d'assister à certains conseils de guerre tenus par des stratégistes *in partibus* et des tacticiens amateurs, durant lesquels on mange du Prussien au lieu de boire de l'eau sucrée, je suis pris d'un tel fou rire que je regrette sincèrement de ne pouvoir, pour la plus grande joie de mes contemporains, leur communiquer séance tenante le procès-verbal de toutes ces extravagances. Il fait beau voir gesticuler tous ces gens graves qui en fait de feu ne connaissent que celui de leur cheminée et de leurs cigares et n'en verront probablement jamais d'autres, il fait beau les voir, dis-je, trancher d'un seul mot toutes les difficultés, passer le Rhin, fondre en vainqueurs sur la capitale de la Prusse et enchaîner M. de Bismark à leur char de triomphe, quand, animés de sentiments diamétralement opposés, ils n'ont pas installé le roi Guillaume au palais des Tuileries.

Je causais l'autre jour, à l'issue d'un de ces conseils de guerre, avec un fanatique du fusil à aiguille prussien, qui, à force de raisonnements et surtout à force de gestes, m'avait acculé dans un des coins du salon où je me trouvais. Tandis que mon interlocuteur s'évertuait à me prouver que c'en était fait de l'armée française, je constatais avec désespoir que je n'avais plus de ligne de retraite et que c'en était fait de moi ; mais lui, il continuait toujours :

« Voyez-vous, tous ces fusils Chassepot, cela ne vaut ab-
« solument rien, mieux vaudrait pour nous en revenir aux
« fusils à percussion... Suivez bien mon raisonnement : le
« fusil à aiguille a donné de bons résultats, notre fusil à
« nous a fait de glorieuses campagnes ; c'est donc une affaire
« de tradition, et nous serons battus. »

Que dites-vous de cette logique? Je connais un syllogisme de ce genre appliqué aux épinards, et ma pensée se reportait involontairement sur ces vertueux légumes tandis que je subissais l'affreux supplice que je viens de décrire.

Il faut en finir une fois pour toutes avec ces lieux communs.

Le fusil à aiguille a certainement contribué beaucoup aux victoires récentes des Prussiens, et comme l'a dit un homme compétent à tous égards en pareille matière, « en dehors et
« au-dessus de l'effet matériel, l'inégalité de l'armement jugée
« à l'avance par les troupes produit un effet moral, de con-
« fiance pour celles-ci, de doute pour celles-là, qui est
« presque invincible. Quels efforts, je le demande aux
« hommes qui ont fait la guerre, pourraient rendre l'assu-

« rance et la foi qui créent le succès à une infanterie saisie
« par le sentiment contagieux de l'impuissance relative de
« son arme ? Le fusil à aiguille est donc un élément très-réel
« de supériorité, mais tous les militaires capables d'impar-
« tialité reconnaissent que l'armée prussienne a fait preuve
« de solidité, d'esprit de suite et qu'elle a montré une rare
« activité (1). »

Ceux qui veulent attribuer exclusivement aux fusils à aiguille les victoires des Prussiens commettent la même erreur que ceux qui à l'issue de la campagne de 1859 en Italie voyaient dans les canons rayés l'explication des succès de l'armée française. Étant données deux armées belligérantes, celle qui se présente sur le champ de bataille avec des armes à feu reconnues plus parfaites, dans le sens le plus absolu de ce mot, se trouve certainement dans des conditions plus avantageuses que sa rivale ; mais, qu'on se le persuade bien, de tels éléments de succès, quoique non indifférents, sont purement *passifs*, et la victoire ne s'achète pas aujourd'hui seulement à ce prix.

J'ai sous les yeux un ouvrage du colonel prussien A. Borbstaedt, intitulé *Campagnes de la Prusse contre l'Autriche et ses alliés* en 1866 (2), et je suis tombé par hasard sur le passage suivant :

« L'infanterie avait une confiance entière dans son fusil à
« aiguille, et comme on avait approfondi et soigné l'in-
« struction du tir, elle savait s'en servir. En tout cas, le fusil
« à aiguille était bien supérieur au fusil d'infanterie autri-
« chien, et il a contribué beaucoup aux succès et à l'attitude
« pleine de confiance de l'infanterie prussienne ; mais c'est

---

(1) *L'Armée française en* 1867. Paris, Amyot, éditeur.

(2) Traduit de l'allemand par Furcy-Raynaud, lieutenant à l'école de Saint-Cyr.

« exagérer que d'attribuer à lui seul les grands résultats obte-
« nus sur les champs de bataille : dans la plupart des cas
« les Prussiens étaient les agresseurs, et par conséquent ils
« ont certainement tout aussi souvent brisé la résistance de
« l'ennemi en combattant corps à corps ou en chargeant à la
« baïonnette qu'en employant le feu de leur fusil à aiguille.
« Ce n'est que lorsqu'ils étaient obligés momentanément de
« se tenir sur la défensive ou lorsqu'ils poursuivaient l'en-
« nemi à coups de fusil, après l'avoir repoussé, que la rapidité
« du feu a réellement pu causer des ravages. Ce qui assurait
« au fantassin prussien une supériorité réelle, c'était son
« courage impassible, son habitude de la marche et la
« rapidité de ses mouvements, sa grande habileté à profiter
« du terrain, et enfin c'était que chacun, étant instruit, savait
« se retrouver promptement et sûrement dans toutes les
« phases du combat. »

Il n'est pas inutile de mettre cette citation en regard du tableau indiquant le chiffre des munitions consommées par l'infanterie prussienne pendant la guerre de 1866.

Ce document est officiel.

Les première et deuxième armées, l'armée de l'Elbe et l'armée du Mein, comptaient en tout (y compris les renforts) 268,000 fusils. Elles ont consommé, y compris les munitions perdues ou mises hors de service, 1,850,000 cartouches.

Ainsi, pour toute la durée de la guerre, la consommation par fantassin est, en moyenne, de 7 cartouches seulement.

Si nous voulons entrer dans le détail, nous trouvons qu'elle a été en moyenne :

Pour l'armée du Mein, de 11 cartouches par homme;

Pour la première et la deuxième armée, de 6 cartouches seulement.

Les combats où il a été tiré le plus de cartouches sont ceux de Nachod, Skalitz, Trautenau; il a été consommé par bataillon, dans chaque journée, de 22,000 à 23,000 cartouches, ce qui donne de 22 à 23 cartouches par homme, c'est-à-dire un tiers seulement des munitions que chaque fantassin porte dans sa giberne.

Il n'y a pas d'exemple qu'un seul soldat ait tiré toutes ses cartouches.

Dira-t-on encore maintenant que ce sont les fusils à aiguille qui ont conduit les Prussiens jusqu'aux portes de Vienne ?

« Nous sommes arrivés, dit l'auteur de *l'Armée française*
« *en* 1867, à l'une de ces périodes de transition dans l'exis-
« tence et la fonction des armées qui marquent la fin de
« certains procédés employés dans les guerres passées, pour
« en inaugurer d'autres à employer dans les guerres pré-
« sentes. C'est le mérite et la fortune de la Prusse en 1866,
« comme autrefois, au temps du grand Frédéric, d'avoir
« prévu *cette évolution* des voies et moyens de la guerre, d'en
« avoir étudié très-attentivement les conditions *pendant une*
« *longue paix*, de les avoir trouvées pour la plupart, d'en
« avoir fait opportunément et résolûment l'application. »

Voilà le véritable secret des succès de la campagne de 1866.

Comte Escamerios.

THÉATRES

THÉATRE-LYRIQUE. — *Roméo et Juliette*, opéra en cinq actes, libretto de MM. Jules Barbier et Michel Carré, musique de M. Gounod.

Dire que l'opéra de M. Gounod a obtenu un grand succès serait manquer à la vérité, car il a obtenu un triomphe éclatant; cette première représentation restera longtemps présente à la mémoire de ceux qui ont eu le bonheur d'y assister, et les jeunes gens qui étaient là diront, dans trente ans : « Ah! si vous aviez assisté à la *première* de *Roméo et Juliette*, vous auriez vu comme la salle, transportée, électrisée par cette musique, trépignait, pleurait, comme elle s'agitait sous le coup de l'émotion poignante qui s'emparait d'elle! Je me souviens encore, diront-ils, qu'à la fin du duo entre les deux amants, duo placé à la fin du quatrième acte, cette émotion est devenue si forte que les acteurs eux-mêmes en ont ressenti le contre-coup et que le spectacle a été suspendu un moment. » Voilà ce qu'on dira encore dans trente ans, car cette première représentation est une des rares qui restent inscrites en lettres d'or dans les fastes du théâtre.

M. Gounod s'est surpassé ; son *Roméo* est une œuvre grandiose qui s'élèvera au-dessus de *Faust;* sa nouvelle partition n'a pas une seule page qui ne soit un chef-d'œuvre dans son genre : les unes sont palpitantes d'amour et de passion, la tendresse y est rendue d'une façon saisissante ; d'autres pages contiennent des larmes et de la tristesse, et celles-là en font tomber des yeux des spectateurs : passion, ivresse, amour, douleur, tristesse, sombre désespoir, fureur guerrière, joie et crainte, tout cela est peint d'une façon admirable, avec une ampleur remarquable, une puissance de verve vigoureuse et un coloris brillant.

Certes, les librettistes méritent aussi une large part d'éloges : leur poëme, savamment conduit, est digne de la belle musique que M. Gounod lui a adaptée. Cet opéra débute d'une façon neuve et originale : après une très-courte introduction, le chœur se met à réciter le prologue ; tous les personnages qui vont jouer un rôle dans l'action sont là groupés en un superbe tableau, et ils expliquent le drame qui va se dérouler :

>   Vérone vit jadis deux familles rivales,
>   Les Montaigus, les Capulets,
>   De leurs guerres sans fin, à toutes deux fatales,
>   Ensanglanter le seuil de ses palais.
>   Comme un rayon vermeil brille en un ciel d'orage,
>   Juliette parut et Roméo l'aima ;
>   Et tous deux oubliant le nom qui les outrage,
>   Un même amour les enflamma.

Sort funeste ! aveugles colères !
Ces malheureux amants payèrent de leurs jours
La fin des haines séculaires
Qui virent naître leurs amours !

Le chœur chante cela, et dès ce moment on se sent captivé, car cette page est d'une facture large, d'un style élevé, d'une ampleur magistrale qui font pressentir les beautés de l'œuvre qu'on va entendre.

La toile se baisse après ce chœur, et elle se relève bientôt sur le premier acte.

De joyeux accords succèdent à la sombre tristesse de l'ouverture, et l'on voit le palais Capulet brillamment éclairé; une foule joyeuse et masquée s'y presse. Juliette, gaie et jeune, est là entourée, fêtée, admirée, et, heureuse, elle chante comme un vrai petit rossignol exhalant son bonheur de voir revenir le printemps désiré. Il y a dans cette page un parfum de jeunesse, de fraîcheur, de grâce prime-sautière qui charme. Au milieu de ce bal on voit apparaître Roméo sombre et rêveur ; il vient, grâce au bénéfice du masque, narguer l'ennemi de sa famille, Capulet. Il aperçoit Juliette, et soudain l'amour s'empare de lui en vainqueur ; il vient de voir Juliette pour la première fois, et pourtant son cœur déborde si bien de tendresse et d'admiration, qu'il s'approche d'elle et lui exprime ce qui se passe en lui ; mais bientôt, reconnu pour un de ces Montaigus exécrés, il est chassé du bal. Il s'en va emportant gravée dans son cœur l'image de Juliette.

Le second acte peint d'une façon saisissante les ardeurs des deux amants : ils se cherchent, ils se retrouvent en dépit de la vigilance paternelle, et les obstacles irritant encore davantage leur passion, tout dans leurs paroles et dans leurs regards révèle le secret de leur âme. Bientôt nous retrouvons nos deux jeunes amants dans la cellule d'un religieux, le frère Laurent; ils sont aux genoux du saint homme et ils lui demandent de les unir devant Dieu; le prêtre les bénit, la musique devient grave et recueillie, et puis tout à coup elle éclate en fanfares joyeuses, en cris d'ivresse et de bonheur, les époux sont radieux.

Il y a après ces accents d'ivresse et de joie, des cris de colère et de rage, des cliquetis d'épées : les gens des Capulets sont insultés par ceux des Montaigus et ils se battent dans la rue. Cette page est d'une sonorité et d'un brio remarquables. Mais le chef-d'œuvre de tous ces chefs-d'œuvre c'est le duo de Roméo et de Juliette; ils sont à se redire cent fois combien est grande leur tendresse; leur passion éclate en notes qui font frissonner le spectateur le plus froid. Pourtant l'aurore aux doigts de rose leur apprend qu'il est l'heure de se dire adieu; alors la main dans la main, les yeux noyés d'amour et de tristesse, ils veulent se séparer, mais ils n'en ont pas la force. Ce duo est si beau, il est tellement imprégné de passion, que les spectateurs ont été pris de vertige et les acteurs eux-mêmes se sont sentis entraînés par ce courant magnétique, et comme je l'ai dit en commençant, le spectacle a dû être un instant interrompu.

Capulet ignore le mariage de sa fille, et il vient soudain lui annoncer que dès le lendemain il la mariera au comte de Paris. L'heure fixée pour la cérémonie nuptiale arrive, Juliette paraît, blanche et chancelante, puis elle s'affaisse sur elle-même et tombe inerte; on la croit morte, elle n'est pourqu'endormie par un puissant narcotique que lui a donné frère Laurent. Roméo lui-même s'y trompe : en la voyant froide et immobile, son désespoir éclate d'une façon qui va à l'âme, car c'est bien là la voix de la vraie et immense douleur.

Il veut mourir, lui aussi, pour revoir celle qu'il aime et

s'unir à elle pour toujours : il s'empoisonne. Au moment où il va rendre le dernier soupir, sa bien-aimée revient à elle, mais c'est pour se plonger un poignard dans le sein, car elle aussi ne veut pas survivre à son Roméo. Nos deux amants entrelacés quittent la vie en se donnant un long baiser, gage de leur nouvelle union dans le ciel. Ce dernier acte transporte, émeut le spectateur. Mme Carvalho est une Juliette tendre, passionnée, ardente ; elle s'acquitte pas seulement de ce rôle avec le superbe talent de chanteuse que tout le monde lui reconnaît, mais elle y déploie encore un grand talent de comédienne.

Michot est un excellent Roméo. Enfin il n'y a pas la plus légère critique à formuler, et pour être dans le vrai il faut rester dans la gamme admiratrice, quoiqu'elle soit difficile à soutenir longtemps ; la mise en scène même est parfaite de détails et de soins.

MAX.

REVUE DES SALONS

La plus grande réception de la semaine, en dehors du monde officiel, a été celle qui a eu lieu le jour de Pâques à l'hôtel Lambert. La famille illustre qui s'est trouvée par sa position et par ses sacrifices à la tête de l'émigration polonaise a conservé les moindres usages du pays regretté et a donné chaque année *le bénit*, qui a eu lieu dimanche. C'est un splendide lunch où sont admis tous les gens connus du plus au moins par les amphitrions. En outre de l'ampleur inaccoutumée du menu, *le bénit* exige que les maîtres de la maison se tiennent à la porte de leurs salons pour offrir à chacun de leurs invités, à mesure qu'ils entrent, une parcelle d'œuf dur, dont eux-mêmes doivent manger une autre miette pour accomplir ainsi la communion de l'hospitalité. Le prince Ladislas Czartoriski, veuf de la belle et charmante fille du duc de Rianzarès, et la comtesse Dzialinska, née princesse Czartoriska, sa sœur, étaient à la porte de leurs appartements pour obéir à ce premier usage *du bénit*, et il faudrait un armorial polonais complet pour dire tous les noms illustres qui ont défilé devant eux avant d'aller s'asseoir au souper, dont le merveilleux service a été renouvelé plusieurs fois. Pour beaucoup, *le bénit* n'est qu'une belle réception dans de beaux salons ; mais, en y réfléchissant mieux, il y a un côté touchant et sympathique à voir cette aristocratie démocratique si forte, si unie, et qui se retrouve à chaque Pâque depuis trente-cinq ans pleurant ses morts, fière des succès de chacun de ses membres, aimant tous la patrie, même ceux qui ne la connaissent pas, et mangeant cette Pâque avec la ferme confiance de la partager une fois sur le sol natal ! Il ne nous appartient pas de juger ici le côté politique de l'émigration polonaise ; mais il est impossible à tout homme de cœur de ne pas envoyer son hommage à un parti qui a su rester une famille unie au sein de l'adversité, à une époque où souvent l'on trouve la désunion même dans la prospérité.

Le monde élégant est très-occupé d'un cercle des étrangers que l'on va créer au palais Pompéien. Ce quartier, habité par tant de notabilités aristocratiques, est privé de tout point de réunion, et l'on assure que la pensée du cercle a inspiré une satisfaction générale. On dit que les statuts en seront conçus avec la plus grande intelligence, la plus grande sagesse, et le nom de celui qui s'en occupe est un sûr garant du succès le plus complet. On est heureux de voir le palais Pompéien recevoir une destination digne de lui et ne pas risquer de devenir une succursale de Mabille ou une auberge pour tous les Japonais, Esquimaux et Iroquois qui voudront planter pour un temps un peu long leur tente à Paris.

Le mariage du vicomte de la Guéronnière avec Mlle Claire Colmet avait attiré le monde le plus élégant et les plus belles toilettes à la chapelle du Sénat. Ce jeune homme a toutes les sympathies de la marine, où il sert d'une manière brillante, et la jolie et riche fiancée a gagné tous les cœurs de sa nouvelle famille et de leurs nombreux amis.

Versailles a eu aussi ses succès par le beau concert qu'y a donné la Société des Amis de l'art. Mlle Rives a eu un vrai triomphe, qui lui a prouvé qu'elle ne fait que changer d'admirateurs en changeant de public.

Les adieux de la Patti ont été cette année encore plus magnifiques qu'à l'ordinaire. La saison à Paris avait été plus longue, les fanatiques plus fervents, aussi les adieux ont-ils été plus splendides sous tous les rapports. On raconte qu'un étranger avait été au concert spirituel du jeudi saint croyant entendre la Patti, qu'il avait vainement cherché dans un autre gosier les notes qu'on lui avait promises, et qu'étant revenu au bénéfice de la Patti, il ne cessait de dire : « C'est bien, c'est mieux, c'est parfait!... mais est-ce bien elle, cette fois ? »

Londres aussi acclame son Théâtre-Italien et toutes les lettres sont pleines des éloges de la Lucca et de Naudin. Quand la Lucca a chanté,en passant à Paris au mois de septembre, on avait prédit ses succès ; mais il paraît qu'ils dépassent beaucoup encore ce que l'on en espérait.

Le bal d'enfants costumé du général Fleury a été ravissant. Il y avait les costumes les plus frais et les plus jolis minois de Paris. On a cité des mots charmants qui *doivent* avoir été dits par des mousquetaires de huit ans à des marquises de quatre ; mais, quant à nous, nous aimons encore mieux leurs élans enfantins que leurs conversations sentimentales : le charme des enfants, c'est l'enfance, et rien ne peut la remplacer pour eux.

La création de la place de directeur des promenades pour M. Alphand a été une de ces justices qui ont la sympathie de tous. C'est à M. Alphand que l'on doit les squares et les promenades dont on jouit tous les jours; aussi la position qui vient de lui être donnée a-t-elle eu l'approbation générale.

La soirée de lundi chez Mme Perrière-Pilté a été fort belle. *La Bonne Mère* de Florian a été très-bien jouée par Mmes Damain et Devoyode, et il y avait parmi la nombreuse assistance de très-jolies femmes et de très-belles toilettes.

Il y a eu au palais Pompéien un lunch très-copieux offert par le capitaine Hudson à la presse, pour lui faire admirer le fameux petit vaisseau américain venu de New-York en trente-huit jours, comme une coquille de noix sur l'Océan. On a admiré, bu, fumé, chanté un peu même, mais cela ne fera pas la fortune du capitaine Hudson, car le lendemain il a fait mettre un tourniquet qui n'a pas dépassé le nombre *douze* pour compter les admirateurs du petit navire! Le touriste devient exigeant, et il a déclaré que 1 franc d'entrée pour le palais Pompéien et 1 franc d'entrée pour le petit vaisseau, cela fait 2 francs pour ne rien voir, et qu'il aime mieux payer 1 franc pour voir beaucoup à l'Exposition. Ce calcul ne manque pas de justesse et a fait penser à ce monsieur auquel on proposait deux futures, une grasse et une maigre, qui lui déplaisaient également. Pressé de se décider, il a choisi la grasse, disant qu'au moins il n'aurait pas la peine de chercher à l'engraisser!

Les deux bals de la maréchale Niel et de Mme Rouher ont eu leur magnificence accoutumée. Les salons de ces deux ministères ne se ressemblent point et donnent à ces fêtes des caractères tout à fait différents. Celui qui aura lieu le 30 à la Marine aura aussi son cachet tout à fait exceptionnel. On en annonce plusieurs autres, en outre de celui du samedi 4 chez Mme Forcade de la Roquette. Le monde officiel se met en frais pour recevoir les exposants et les étrangers.

On raconte une histoire qui fait rire en attendant qu'elle fasse pleurer. Une mère qui désire vivement marier un fils vieux, pauvre et un peu amoindri dans le demi-monde, l'a présenté à une belle et riche veuve américaine, qui le reçoit sans y penser. La mère, pour dessiner la situation, dit à tout le monde que cette pauvre madame une telle adore son fils et brûle de l'épouser, mais que quant à lui *il l'étudie*, parce qu'il ne veut pas se marier légèrement. Il y a des gens naïfs qui ne comprennent pas les hésitations de ce monsieur... Ceux qui connaissent les allures de la mère et du fils sont mieux informés et attendent l'explosion de cette mine? Aura-t-elle lieu à l'église ou simplement par l'expulsion du monsieur, c'est ce que l'on se demande.

Ce qu'il y a de sûr, c'est que l'on a souvent parlé des vols à l'américaine, et qu'ici la position est changée : c'est l'Américaine qui sera volée, si elle n'y prend pas garde !

COMTESSE DE MARLY.

LA GOULE

Ce fut en l'année 1840 que le hasard me fit faire connaissance avec mon ami le comte Ferdinand Zapory. Ce jeune homme, qui était Hongrois, m'avait été présenté à un des bals de l'ambassade d'Autriche. Une sympathie mutuelle établit entre nous une intimité qui devint bientôt une amitié dévouée de sa part ainsi que de la mienne. A une élégance de manières, à une intelligence rare, Ferdinand joignait une grande douceur de caractère et une indifférence mélancolique que j'attribuais à quelque douleur profonde et mystérieuse. Je dus renoncer à pénétrer les causes de cet incurable découragement en voyant que mes questions donnaient à la tristesse de mon ami un caractère morne et accablant.

Par une belle journée du mois de mai, voyant Ferdinand

sombre et concentré, je lui proposai une promenade à cheval : c'était là un moyen que j'employais souvent pour combattre les accès de sa mélancolie. Nous remontions au pas l'avenue des Champs-Élysées, quand je remarquai avec étonnement et inquiétude que mon ami, qui était excellent cavalier comme tous les Orientaux, laissait son cheval maître de ses mouvements, refusant malgré mes observations réitérées de le soutenir de la bride et du mors.

« Tu as beau dire, m'écriai-je impatienté des mauvaises raisons que me donnait Ferdinand et prévoyant un accident inévitable, il vaut mieux conduire son cheval que de se laisser guider par lui. M'expliqueras-tu le caprice qui te pousse à exposer ta vie en laissant Black-Devil, le cheval le plus ombrageux du monde, chercher son chemin au milieu de toutes ces voitures conduites par des cochers imprudents et la plupart du temps à moitié endormis sur leurs siéges ? Si tu veux absolument qu'il t'arrive un accident, dis-le-moi, car je ne resterai certainement pas à côté de toi pour y assister.

— Ce que tu appelles un caprice est tout simplement le fait d'un homme qui ne craint pas les accidents.... il s'en faut !... J'en ai fait bien d'autres, va, ajouta mon ami avec un sourire mélancolique, et tu le vois, je ne suis pas encore mort.

— En attendant, voilà une victoria qui a manqué de renverser Black-Devil !... Eh ! gare, Ferdinand, range-toi ! »

Je n'avais pas achevé ces mots, qu'un énorme omnibus arrivant de Passy au trot soutenu de ses chevaux berrichons eut, en moins de temps que je ne mets à le dire, renversé Black-Devil et son cavalier.

Je laissai les sergents de ville courir après l'omnibus, qui pour cette fois n'était qu'à moitié coupable, et me précipitai à bas de mon cheval pour secourir Ferdinand qui gisait évanoui sur la chaussée. Je me hâtai de le mettre dans une voiture que je fis conduire chez moi, rue du Helder : je ne pouvais ramener mon ami chez sa mère, qui, faible, maladive et idolâtrant son fils, serait morte de saisissement en le voyant tel qu'il était là, évanoui, sanglant, et peut-être dangereusement blessé.

Arrivé chez moi, mon premier soin fut d'arracher les habits de Ferdinand, qui gênaient sa respiration et m'empêchaient de voir s'il ne s'était pas cassé ou démis un membre dans cette chute, qui avait été, comme tous les malheurs de ce monde, prévue, prédite, et jamais empêchée.

Je ne remarquai que quelques légères contusions à la tête, qui, quoique sans gravité, pouvaient expliquer la durée de son évanouissement ; déjà je remerciais Dieu, car j'aimais Ferdinand comme un frère, quand la vue d'une blessure pourpre et béante à l'endroit même du cœur, me fit pousser un cri d'épouvante. Je tombai à genoux à côté de mon ami que je croyais déjà mort ; je portai la main sur cette horrible blessure, de laquelle à mon étonnement stupide je ne voyais pas sortir de sang. Ma main tremblante rencontrait en touchant la plaie des chairs fermes et fraîches, le cœur battait sous cette cavité sanglante dans laquelle il semblait qu'on avait remué un poignard. Ferdinand ouvrit les yeux, la connaissance lui revint spontanément ; il vit sa poitrine découverte, il me vit moi tremblant et hagard à genoux à côté de lui.

« Il n'y a que toi qui l'as vue ? me dit-il en montrant sa poitrine découverte qu'il cherchait à couvrir de ses mains défaillantes.

— Il n'y a que moi, » répondis-je...

J'entendis du bruit dans l'antichambre, je n'eus que le temps de réparer le désordre du lit et d'aller au-devant du médecin, que j'avais envoyé quérir au moment même de l'accident. J'appelai l'attention de l'homme de l'art sur les contusions de la tête, en l'assurant que du reste l'état de son malade me semblait dépourvu de gravité.

Le docteur parut surpris de mon insistance, il prit la main de Ferdinand et l'ayant entendu affirmer lui-même qu'il ne souffrait pas, il ordonna des compresses d'eau glacée, une potion calmante et se retira.

Vingt-quatre heures de soins suffirent pour guérir mon ami, qui le lendemain avait écrit à sa mère pour la tranquiliser par quelque pieux mensonge, et enveloppé dans ma robe de chambre, sa belle tête encore un peu endolorie appuyée sur le dossier de son fauteuil, il se tenait assis en face de moi, remis de son accident, mais me regardant avec un regard si triste que j'en avais froid au cœur.

« Tu ne me questionnes pas, me dit-il tout d'un coup en se levant et en s'approchant de moi. Soit! j'aime mieux te faire ma triste confidence sans que tu l'aies exigée de moi. Tu en feras ce que tu voudras quand ma mère et moi nous ne serons plus de ce monde; tu te tairas tant que elle et moi nous vivrons. »

Je fis un mouvement.

« Ne m'interromps pas, continua-t-il, et écoute. »

Il prit ma main dans sa main glacée et commença ainsi :

« Il est dans nos pays des légendes, des mystères que vos intelligences trop positives ont de la peine à admettre. Nous ne cherchons pas à approfondir les causes dont nous subissons les tristes effets. Le hasard t'a déjà dévoilé en partie le malheur qui, présidant à ma naissance, a poursuivi ma vie et doit me conduire au tombeau. Ce fait exceptionnel et terrible est hors des bornes de vos croyances, je le sais. Mais oseras-tu le révoquer en doute quand je t'aurai juré que les paroles que je confie à ton amitié aujourd'hui un prêtre les entendra près de mon lit de mort?

« Mon père avait épousé ma mère par amour! Des difficultés sans nombre s'étaient opposées à l'union de l'unique et riche héritier de l'illustre maison de Zapory avec l'orpheline Béatrix Calvo, qui, quoique descendant d'une maison princière de l'ancienne république de Venise, n'était plus aujourd'hui qu'une pauvre jeune fille vivant humblement du travail de ses mains.

« Deux mois après leur mariage, mon père et ma mère quittèrent ensemble cette belle Venise, où ils s'étaient connus et aimés, pour aller à Vienne, où ils comptaient passer les derniers mois de l'hiver.

« Tout en aimant ma mère avec la plus vive tendresse, mon père cherchait quelquefois des distractions loin de son intérieur, ce qui faisait cruellement souffrir ma pauvre mère, qui, elle, aimait son mari avec la jalousie inquiète d'un sentiment exclusif et toute l'idolâtrie d'une âme tendre et passionnée.

« Il se trouva qu'un jour encore mon père fut invité à un joyeux dîner de garçons et qu'il se rendit à cette invitation.

« Une femme vêtue d'une robe blanche bizarrement garnie et brodée d'or se tenait assise au coin de la cheminée; d'une main plus blanche que sa robe de satin elle tisonnait et ravivait la flamme. Mon père, par une fascination étrange, ne pouvait détourner les yeux de ce corps à demi ployé qui semblait un marbre vivant. Enfin elle leva sa tête que des tresses noires couronnaient d'un sombre diadème, et montra à mon père ébloui une beauté étrange, d'une pureté et d'une finesse de lignes inouïes : un front mélancolique et superbe, un regard triste et fatal.

« Mon père demanda quelle était cette femme. On lui dit qu'elle était Hongroise, arrivée à Vienne depuis deux ans; on lui avait connu deux amants depuis, et tous les deux étaient morts suicidés. On l'avait surnommée la Goule; le lugubre surnom lui en était resté, et pourtant tous ceux qui étaient là auraient donné leur main droite pour être aimés d'elle, quittes à mourir de cet amour.

« Que te dirai-je? Mon père fut heureux; il devint bientôt l'amant aimé d'Esther Rozgony. On se préoccupa fort de cet amour, on fit des paris pour préjuger l'époque à laquelle Stephen Zapory serait mort. La Goule l'aimait; mais cet amour devait-il, pouvait-il durer longtemps?

« Pendant ce temps, ma mère se mourait de chagrin et de jalousie dans la maison solitaire que mon père avait abandonnée. Dans les larmes qu'elle versait, dans les prières qu'elle adressait à Dieu, il n'y avait pas un reproche pour celui qui l'abandonnait, il n'y avait qu'une douleur profonde, un désespoir sans bornes, auxquels Dieu seul pouvait porter remède.

« Mon père s'arrachait quelquefois aux caresses d'Esther pour aller revoir ma mère, qui, elle, ne demandait plus à Dieu dans ses prières ardentes que le salut de l'âme immortelle de son mari.

« Il revenait triste et sombre de ses visites, et ses remords résistaient quelquefois aux caresses, aux baisers et même aux larmes d'Esther; car ceux qui avaient dit qu'elle aimait Stephen Zapory avaient dit vrai, et depuis, des accès d'un morne abattement s'étaient emparés d'elle. Et pourtant qu'attendait-elle, que voulait-elle de plus? Il l'aimait tant, son amant, qu'un jour, elle l'avait voulu, il lui avait juré de quitter pour elle le monde, sa famille, l'univers et de la suivre partout où elle voudrait le conduire.

« Quelquefois une expression sinistre contractait les traits d'Esther, et alors elle hâtait les préparatifs du voyage; mais ses accès de désespoir devenaient plus fréquents. Le jour du départ approchait et, en tordant ses bras et regardant le ciel, elle murmurait des paroles sans suite et disait qu'ils ne partiraient pas.

« Le jour du départ arriva. Mon père, sans lever les yeux et tremblant comme un criminel, avait serré dans ses bras Béatrix Zapory, il croyait la voir pour la dernière fois. Il revint chez Esther, qu'il trouva aussi pâle, aussi abattue que ma mère elle-même! Mon père devenait fou.

« Je t'aime, je pars avec toi, je te donnerais ma vie, ô ma pâle bien-aimée : qu'as-tu donc à pleurer ainsi? »

« Esther ne répondait pas; sa tête appuyée sur l'épaule de mon père, ses deux mains dans les siennes, elle semblait attendre.

« Dix heures, la demie, le quart avant onze heures, sonnèrent à la pendule du salon; alors elle se leva toute droite; au même instant la porte s'ouvrit avec violence, et ma mère, Béatrix Zapory, se précipita dans l'appartement, aperçut cette femme debout devant la porte et s'arrêta, elle aussi, le regard fixe et hautain.

« Comtesse Zapory, dit-elle, vous êtes venue, je vous at-
« tendais. Stéphen est à vous, je l'ai aimé, il ne peut donc
« plus m'appartenir. J'ai encore le temps à moi, celui qui
« me sépare de l'éternité, je l'emploierai pour vous dire ce
« que vous écouterez, madame, ce que toi tu écouteras,
« mon Stéphen bien-aimé.

« Le père de celle que l'on appelle la Goule était un des
« magnats les plus puissants de la Hongrie; il était maître
« de terrains plus vastes que des principautés, et il avait
« droit de vie et de mort sur ses vassaux. Il tua sa fille, qui
« était devenue la maîtresse d'un misérable bohémien am-
« bulant qui venait tous les soirs jouer sous sa fenêtre les
« chants de son pays, ces mélodies douces et tristes dont,
« jusqu'au seuil de l'enfer, le souvenir rappelle une larme
« dans les yeux desséchés de la Goule. Le vieux sei-
« gneur tua sa fille et retourna deux fois un poignard dans
« son cœur. Il y a une seconde entre la vie et la mort, pen-

« dant laquelle les pêcheurs recommandent leur âme à Dieu,
« une seconde pendant laquelle la fille de Rozgony, qui ne
« *voulait* pas encore mourir, appela Satan!... Satan parut!...
« La plaie se referma..., la Goule vécut!.. Mais chaque an-
« née elle a envoyé un suicidé à son maître, et si elle manque
« une fois elle doit mourir.

« Vous, comtesse Zapory, vous tenez dans votre main le
« poison qui devait mettre fin à vos jours, sous les yeux même
« de l'époux que je vous arrachais!... Vous, comte Zapory,
« les remords auraient armé votre main et dans moins d'un
« an vous aussi vous seriez mort suicidé. J'aurais vécu deux
« années encore, tu aurais été à moi jusqu'à la mort, mon
« beau Stéphen bien-aimé. Je renonce à mon amour, je re-
« nonce à la vie pour toi!... pour toi j'avance le moment de
« mon éternel supplice!... Stéphen, encore un baiser, pour
« l'emporter avec moi dans l'éternité. »

« Esther appuya ses lèvres sur la bouche de mon père et
le serra dans ses bras blancs. Ma mère voulut se précipiter,
elle tomba sur ses genoux.... et la Goule s'arracha à l'étreinte
désespérée de mon père.

« A pareil jour, il y a trois ans, il était onze heures la nuit,
« quand mon père m'a tuée, dit-elle d'une voix sourde,
« c'est donc aujourd'hui et dans un instant que je dois mou-
« rir. Vous, ne m'oubliez pas, ajouta-t-elle en regardant
« mon père avec amour, ma mère avec un horrible regard. »

« Quand le premier coup de onze heures sonna à Saint-
Étienne, un cri lugubre retentit en même temps, et sous le
sein gauche de la Goule la plaie que tu as vue hier sur ma
propre poitrine s'était ouverte...; elle était morte pour la
deuxième fois.

« Le lendemain mon père était dans un couvent où jusqu'à
sa mort il a fait pénitence. Ma mère, que l'on avait emportée

mourante, à moitié folle, est restée une année entre la vie et la mort.

« J'ai à peine connu mon père, mais du jour où il passa de la vie au trépas, l'amour que sans doute dans l'autre monde encore la Goule lui avait voué s'est reporté sur moi ! Souvent je la vois qui me suit des yeux, comme les mères regardent leurs enfants. Le spectre se croit le droit de m'aimer, car je lui ressemble tant que bien des fois j'ai vu ma mère trembler et pâlir en me regardant.

« Mais quelquefois Dieu semble m'abandonner, et alors le fantôme devient terrible!... ses lèvres mortes et toujours vivantes se rapprochent et cherchent les miennes!... ses bras m'étreignent et je vois ses horribles caresses sans les sentir!... Oui, alors, malheureux que je suis, j'appartiens au spectre, qui revoit et aime en moi le mort que vivant elle aima d'un amour humain et charnel. »

Ferdinand cessa de parler, il était livide, je passai la nuit à côté de lui. Il est toujours resté mon meilleur ami. Sa mère et lui sont morts le même jour. Dans un jour de miséricorde, le Seigneur les rappela tous les deux à lui. »

André Thourzo.

LES THÉATRES EN CHINE

Nous empruntons quelques renseignements sur les théâtres de la Chine, ainsi que la traduction d'une comédie, au charmant et intéressant ouvrage : *la Chine et les puissances chrétiennes*, de D. Sinibaldo de Mas, ancien envoyé extraordinaire et ministre plénipotentiaire de la reine d'Espagne en Chine, un des plus remarquables polyglottes de notre siècle.

. . . .

Le spectacle théâtral est beaucoup plus répandu en Chine qu'en Europe. Il y a bien peu de fêtes publiques ou particulières sans une représentation dramatique.

A Pékin et dans les grandes villes, des édifices sont construits exprès pour les représentations. Dans les pagodes on trouve presque toujours une grande cour : d'un côté s'élève le temple, en face une plate-forme en pierre destinée aux acteurs, afin d'amuser les dieux. Généralement, sur les deux autres côtés de la cour, il existe des chapelles au même niveau que le théâtre ; ces chapelles, où il y a des idoles, servent de loges et se louent pour environ un franc. Le public est admis gratis dans la cour. Tout le monde reste debout.

Quand un mandarin prend possession d'une nouvelle place, quand un négociant a fait une bonne affaire, quand un père apprend que son fils a gagné un grade littéraire ou obtenu une place, ou dans toute autre circonstance semblable, celui qui veut donner une fête loue une troupe de comédiens qui parcourent les provinces. Le spectacle est gratuit pour le public ; souvent les frais de la représentation sont payés par quelques amis qui ont souscrit pour cela.

La représentation a lieu ordinairement pendant la journée, et elle dure parfois du matin au soir, si la pièce est longue.

Les comédiens chinois sont ambulants, excepté dans la capitale et dans quelques grandes villes ; ils courent les provinces et vont jouer dans les maisons particulières, où on les appelle lorsqu'on veut joindre l'amusement de la comédie aux délices du festin. Au moment où l'on se met à table, on voit entrer dans la salle quatre ou cinq acteurs richement vêtus; ils s'inclinent tous ensemble et si profondément que leur front touche la terre, ensuite l'un d'eux présente au principal convive une liste des pièces qu'ils peuvent jouer sur-le-champ.

Le principal convive ne fait son choix qu'après que la liste a passé par toutes les mains. La représentation commence au bruit des tambours de peau de buffle, des flûtes, des fifres et des trompettes.

Le même acteur joue souvent plusieurs rôles dans la même pièce... Les sujets des pièces théâtrales varient depuis la mythologie et les fées jusqu'à la vie réelle; la plupart sont puisés dans l'histoire ancienne du pays. Si le drame est composé par un sectateur de Lao ou de Fô, on y voit le ciel et l'enfer.

Les règles de l'unité sont rarement observées, surtout celles du lieu et du temps; le décor est chose inconnue. L'acteur, en entrant en scène, annonce que la pièce se passe dans un salon, dans un bois, dans un jardin, etc., et explique, comme dans le théâtre grec antique, ce qu'il est, ce qu'il fait; parfois il dit avec gravité et simplicité qu'il est à cheval.

Les hommes mettent des masques, surtout pour représenter un personnage célèbre ou un vaillant guerrier, et dans ce dernier cas, l'acteur crie et gambade tant qu'il peut. Ce sont des signes certains de courage.

Les acteurs chantent et parlent alternativement, à peu près comme dans les vaudevilles français, mais toujours seuls. Ils ne font jamais de duos ni de trios, qui peut-être ne leur semblent pas assez naturels. On ne prend pas, comme en France, la peine de faire une musique nouvelle pour chaque pièce; il est en Chine cinq airs fondamentaux que l'on applique à tous les ouvrages : l'un est gai, l'autre triste, un autre amoureux, un autre guerrier, etc.; comme cela les acteurs n'ont pas la fatigue d'apprendre des airs nouveaux.

En voyant jouer un drame chinois en plein air, sans changement de décors, avec des paroles chantées par des acteurs avec des masques, on songe aux tragédies de Thespis et d'Eschyle, on comprend même les cinq *modus* composés pour les pièces grecques et latines et dont l'explication embarrassa tous les érudits.

La profession de comédien est flétrie dans l'empire; les prostituées elles-mêmes ne consentiraient à monter sur les planches que pour une excessive rétribution (combien elles diffèrent en cela de certaines petites dames de Paris!); aussi les rôles de femmes sont-ils remplis par de jeunes garçons.

MM. Bazin, Davis, Saint-Julien, Pavie, Pauthier et autres

sinologues, ont traduit plusieurs pièces du théâtre chinois qui, comparées à nos chefs-d'œuvre, font voir que ce pays est encore dans l'enfance de l'art. Néanmoins on trouve parfois des scènes tracées avec beaucoup d'esprit et d'exactitude et des plans heureusement conçus. D. Sinibaldo de Mas a fait une très-jolie traduction d'une comédie chinoise : *La Soubrette accomplie*. Je lui en emprunte une scène, afin de donner à mes lecteurs un échantillon de cette curieuse littérature.

. . . .
. . . .

Une veuve, Mme *Han*, a placé auprès de sa fille unique une jeune personne, *Fan-Sou*, très-enjouée et très-spirituelle, qu'elle destine à son neveu *Ngot-Chang*.

Le mari de Mme *Han* lui a recommandé, en mourant, de donner la main de leur fille *Siao-Man* au fils d'un de ses amis, Pé-Min-Tchong, qui bientôt arrive chez *Mme Han*. Les rites chinois défendent, hélas! de parler du mariage projeté. Le jeune homme est installé dans la salle des dix mille volumes, c'est-à-dire dans la bibliothèque, qui est située dans un pavillon au milieu du jardin. L'amour ne tarde pas à naître entre *Pé-Min-Tchong* et *Siao-Man*.

Le jardin, depuis qu'un jeune homme l'habite, est interdit aux deux jeunes filles; de là une scène charmante, dans laquelle *Siao-Man*, allant le soir dans le parc, veut avoir l'air de céder aux instances de son évaporée soubrette. Voici cette scène :

FAN-SOU.

Mademoiselle, écoutez donc.

SIAO-MAN.

Que veux-tu que j'écoute?

FAN-SOU (*Elle chante.*)

Entendez-vous les modulations pures et harmonieuses de

l'oiseau *tou-kiouen?* sentez-vous le parfum des pêchers qui vient réjouir l'odorat?... Mademoiselle, promenons-nous à la dérobée.

Siao-Man.

Fan-Sou, garde-toi de faire du bruit. Retenons nos ceintures, qui sont garnies de pierres sonores, et marchons tout doucement.

Fan-Sou. (*Elle chante.*)

Les pierres de nos ceintures s'agitent avec un bruit harmonieux; que nos petits pieds, semblables à des nénuphars d'or, effleurent mollement la terre (*bis*). La lune brille sur nos têtes, pendant que nous foulons la mousse verdoyante (*bis*). La fraîcheur humide de la nuit pénètre nos légers vêtements. (*Elle parle.*) Voyez donc comme ces fleurs sont vermeilles : elles ressemblent à une étoffe de soie brodée ; voyez la verdure des saules : de loin on dirait des masses de vapeurs qui se balancent dans l'air. Nous jouissons de toutes les beautés du printemps.

Siao-Man.

Que ces perspectives sont ravissantes !...

Fan-Sou. (*Elle chante.*)

Les fleurs et les saules semblent sourire à notre approche; le vent et la lune redoublent de tendresse. Dans ces moments délicieux, un poëte se sentirait pressé d'épancher en vers les sentiments de son âme. (*Elle parle.*) Mademoiselle, les sites que vous voyez m'enchantent à tel point que je voudrais profiter de cette heure délicieuse de la nuit pour composer quelques vers. Je vous prie, ne vous en moquez pas.

Siao-Man.

Je désire les entendre.

Fan-Sou. (*Elle chante.*)

« Un *han-lin* (académicien), avec tout son talent, ne pourrait décrire les charmes de ces ravissantes perspectives; un peintre habile ne pourrait les représenter avec ses brillantes couleurs. Voyez la fleur *hai-tang,* dont la brise agite le calice entr'ouvert; la fraîcheur de la nuit pénètre nos robes de soie ornées de perles; les plantes odoriférantes sont voilées d'une vapeur légère; notre lampe jette une flamme tranquille au milieu de la gaze bleue qui l'entoure; les saules laissent flotter leurs soies verdoyantes, d'où s'échappent des perles de rosée qui tombent comme une pluie d'étoiles dans cet étang limpide : on dirait des balles de jade qu'on jetterait dans un bassin de cristal. Voyez la lune qui brille à la pointe des saules, elle ressemble au dragon azuré qui apporta jadis le miroir de Hoang-ti. »

(*Pé-Min-Tchong joue de la guitare.*)

Siao-Man.

C'est sans doute ce jeune étudiant qui joue de la guitare ; écoutons au bas de cette fenêtre.

Pé-Min-Tchong. (*Il chante en s'accompagnant de la guitare.*)

« La lune brille dans tout son éclat; la nuit est pure; le vent et la rosée répandent leur fraîcheur; mais, hélas! la belle personne que j'aime ne reparaît point à mes yeux! Elle repose loin de moi, dans sa chambre solitaire! Depuis qu'elle a touché mon cœur, aucun oiseau messager ne m'apporte de ses nouvelles. Il lui est difficile de trouver quelqu'un à qui elle puisse confier une lettre. Mon âme se brise de douleur, ma tristesse s'accroît de plus en plus, et cependant ma chanson n'est pas encore finie. Les larmes inondent mon visage. Mille lis me séparent de mon pays natal; j'erre à l'aventure comme la feuille emportée par le vent. Quand serai-je assez heureux pour posséder la belle jeune fille ? »

Siao-Man.

Les paroles de ce jeune homme vous attristent le cœur.

Fan-Sou. (*Elle chante.*)

A peine l'ai-je entendu que j'ai senti s'accroître mes ennuis. La douceur de ses accents faisait naître par degré le trouble au fond de mon âme ; sa voix touchante inspire l'amour. Avec quelle vérité il a dépeint les tourments de cette passion ! Ne croirait-on pas qu'en prenant sa guitare il a voulu décrire votre abandon, votre tristesse ?...

Pé-Min-Tchong. (*Il chante de nouveau en s'accompagnant de sa guitare.*)

« Le phénix solitaire cherche la compagne qu'il aime ; il chante d'une voix plaintive : où est-elle pour écouter ses tendres accents ? »

Fan-Sou.

Que ne joue-t-il un autre air ? il semble faire allusion à nos peines. Mademoiselle, allons-nous-en.

Siao-Man.

Pourquoi es-tu donc si pressée ?

Fan-Sou.

Holà ! mademoiselle, est-ce que vous ne voyez pas un homme qui vient ?

Siao-Man.

De quel côté vient-il ?

Fan-Sou. (*Elle chante.*)

Les bambous froissés résonnent sur son passage ; les fleurs

laissent tomber avec bruit leurs pétales décolorés ; les oiseaux qui dormaient sur les branches s'envolent de frayeur. (*Elle écoute.*) J'ai écouté longtemps avec inquiétude : je n'entends personne ; autour de nous règnent la solitude et le silence.

Siao-Man.

A quoi bon faire l'effrayée ? Comment un homme pourrait-il venir à cette heure ? Il faut que tu sois folle.

Fan-Sou. (*Elle chante.*)

Ah ! j'ai entendu résonner l'anneau de la porte ; il m'a semblé voir quelqu'un venir. Le bruit m'annonçait une personne qui marche dans l'ombre. Soudain j'ai arrêté mes yeux de ce côté : ce n'était que le bruit des gouttes de rosée, ce n'était que le murmure de la brise du soir. Les fleurs balancent capricieusement leur ombre ; elles ont failli me faire mourir de frayeur. (*Elle parle.*) Mademoiselle, allons-nous-en, j'appréhende qu'il ne vienne quelqu'un.

Siao-Man.

Écoute encore un air. Qu'as-tu à craindre ?

Fan-Sou.

Si madame vient à le savoir, elle dira qu'elle connaît la coupable, que c'est Fan-Sou, cette petite scélérate ; puis elle m'appellera et me fera mettre à genoux. La nuit devient obscure ; retournons-nous-en. Holà ! je crois entendre l'arrivée de quelqu'un... La nuit devient sombre ; retirons-nous.

Siao-Man.

Eh bien ! marche la première, je te suivrai.

Fan-Sou. (*Elle chante.*)

L'éclat de la lune peut nous trahir ; je meurs d'inquiétude.

(*Traduit du chinois.*)

UNE PETITE-FILLE

DU

ROI JEAN SOBIESKI

NOUVELLE HISTORIQUE (1)

Vingt ans suffirent, après la mort du roi Sobieski, pour disperser dans toutes les directions sa nombreuse progéniture. Sa veuve, Marie-Casimire de la Grange d'Arquien, séjourna une dizaine d'années à Rome, puis vint mourir au château de Blois, à l'âge de soixante-dix-sept ans.

Le plus jeune de ses fils, Constantin, resta à *Zolkiew*, ancienne propriété de la famille en Pologne.

---

(1) La nouvelle que nous publions est traduite du polonais; elle se trouve dans un recueil intitulé : *Esquisses historiques*, dont l'auteur, M. Szajnocha, est un des écrivains les plus renommés en Pologne. Né en 1818, près de Sambor, en Gallicie, Szajnocha fit ses études à Léopold, et commença sa carrière littéraire par des drames qui eurent un certain succès. En 1848, il changea de direction et se voua aux travaux historiques. Plusieurs de ses écrits parurent dans la *Revue de la Bibliothèque*

Le second, Alexandre, portrait vivant de son père, s'éteignit à Rome, au couvent des Capucins.

L'aîné enfin, le prince-royal Jacques, épousa la princesse palatine de Neyburg, Hedvige, et s'établit avec elle en Silésie, dans la ville d'*Olaw*, qui lui avait été cédée par son beau-frère l'empereur Léopold, comme garantie d'une somme que le jeune prince lui avait prêtée.

De ce mariage avec la princesse palatine naquirent un fils, mort en bas-âge, et trois filles remarquables par leur beauté et leur intelligence.

La plus âgée, Casimire, élevée auprès de sa grand'mère à Rome et à Blois, avait vingt-trois ans à l'époque où commence notre récit. La seconde, Caroline, épousa successivement, à l'âge de vingt ans, deux princes de la maison de Bouillon, parents et alliés de la maison royale de France. La plus jeune, Clémentine, venait d'atteindre sa dix-septième année.

Par leur mère Hedvige, dont une sœur avait épousé l'em-

Ossolinski, recueil littéraire fort important, paraissant à Léopold depuis de longues années. — En 1857, il devint lui-même un des directeurs de ce grand établissement (la *Bibliothèque Ossolinski*), et dans ce poste, qui convenait si bien à son talent et à son caractère, il traça avec un art infini les plus belles pages de l'histoire de son pays. Dans ses écrits, il est à la fois poëte et savant, et c'est ce qui en fait le plus grand charme. Atteint depuis quelques années d'une cruelle maladie, il s'est retiré à la campagne, où, malgré sa cécité, il travaille, dit-on, toujours. Ses ouvrages principaux sont : *Des Études historiques sur Boleslas Ier, roi de Pologne; Première régénération de la Pologne au XIVe siècle; les Origines Léchites de la Pologne*. Mais son œuvre capitale, celle où son talent d'écrivain semble avoir atteint sa pleine maturité, est l'histoire d'*Hedvige et Jagellon*, publiée en trois volumes. Cette œuvre le met au rang des premiers historiens de notre époque. On a de lui aussi les trois volumes d'*Esquisses historiques* que nous avons cités plus haut.

(*Note du traducteur.*)

pereur Léopold, l'autre le roi d'Espagne Charles, et la troisième le roi de Portugal, ces trois petites-filles du roi Jean étaient apparentées avec les premières cours de l'Europe. — A l'éclat de leur naissance elles joignaient les plus belles qualités du cœur. — L'aînée, n'étant encore qu'un enfant, sut mériter les bonnes grâces du pape Clément XI et le surprendre par la vivacité de ses reparties. — La plus jeune, Clémentine, filleule du même pape, fut admirée pour sa beauté de même qu'elle fut citée plus tard pour ses vertus chrétiennes. — La cour d'*Olaw* ne manquait donc pas, comme on voit, d'un certain charme.

Or il arriva qu'au mois de juillet de l'année 1718 apparut à cette cour un étranger inconnu de tout le monde, un gentilhomme irlandais nommé *Murray*, qui se dit porteur d'une missive importante, devant intéresser au plus haut point toute cette famille d'exilés. — Jacques Stuart, surnommé plus tard *le Prétendant,* qu'on traitait dans toute l'Europe occidentale comme le roi légitime de la Grande-Bretagne, faisait demander la main de la plus jeune des petites-filles du grand Sobieski, de la princesse Clémentine; et c'était Murray qui était chargé de cette négociation. — Quoique les Stuarts vécussent dans l'exil, cette demande de mariage était un grand honneur pour la famille des Sobieski, car les Stuarts jouissaient dans tout le monde catholique d'une considération incontestable, sans parler du rang élevé qu'ils occupaient, grâce à l'éclat des trois couronnes qu'ils avaient portées avec honneur pendant plus d'un siècle. On admirait aussi en eux une ferveur religieuse peu commune. — La belle et infortunée Marie Stuart, catholique ardente, persécutée et sacrifiée par les protestants, apparaissait toujours entourée de l'auréole d'une martyre. — Son arrière-petit-fils, le roi d'Angleterre Charles Ier, victime de la révolution de 1649, avait payé de sa tête une fidélité scrupuleuse à la foi de ses ancêtres. — Le plus jeune de ses fils, Jacques II, préféra reprendre le chemin de l'exil que d'abjurer ses croyances, et mourut sur le sol français. Son fils Jacques, surnommé *le Prétendant*, fut élevé dans les mêmes principes, et ayant été reconnu, après la mort de son père, comme roi légitime de la Grande-Bretagne par presque toutes les cours catholiques de l'Europe, il se trouva, sous le rapport de ses croyances religieuses, digne de ses ancêtres.

Pieux, d'un caractère doux, d'un commerce facile, rien, pas même l'espoir d'une couronne, ne put lui faire abjurer sa foi. Sa sœur, la reine Anne, qui avait passé à la religion anglicane pour monter sur le trône de la Grande-Bretagne, lui offrit de le faire accepter pour son héritier, à condition qu'il changerait sa foi; mais il repoussa cette offre avec indignation, et préféra le triste sort attaché à l'exil, ce qui doubla l'admiration pour lui de ceux qui lui étaient restés fidèles.

Lorsque la paix fut conclue entre la France et la Grande-Bretagne, le jeune prince fut privé même de la protection diplomatique du roi Louis XIV. Il ne lui resta que la sympathie de la cour de Rome, le bon vouloir de l'Espagne catholique et la fidélité à toute épreuve de son ancien parti en Angleterre et en Écosse. Cet appui lui parut suffisant pour faire valoir par une tentative armée ses droits contre le successeur déclaré de la reine Anne, le prince Georges de Hanovre, cousin éloigné des Stuarts.

Cette tentative, qui eut lieu deux ans avant l'époque dont nous parlons, ne fut pas couronnée de succès. Le parti du roi Georges l'emporta, et Jacques, obligé de se retirer en France, reçut le triste surnom de *Prétendant*, qui lui est resté dans l'histoire.

Abandonné par les Bourbons, le royal exilé se mit sous la protection de la cour de Rome. Le pape Clément XI, qui occupait à cette époque le siége apostolique, l'invita à venir à Avignon, et l'emmena plus tard en Italie ; où il fut reçu avec les honneurs d'un souverain. Des revenus considérables lui furent assurés sur le trésor pontifical, et on lui donna la ville d'*Urbino* pour résidence. Ce fut alors qu'en vue des éventualités de l'avenir, ses partisans et ses protecteurs songèrent à le marier pour assurer un héritier à la cause qu'ils défendaient avec tant de persévérance. Différents projets furent mis en avant : les conseils et les propositions ne manquèrent pas.

Mais le saint-siége se déclara en faveur de la famille des Sobieski, en fixant son choix sur la princesse Clémentine, la plus jeune des filles du prince royal de Pologne, résidant, comme nous l'avons dit, en Silésie, dans la petite ville d'*Olaw*.

Le portrait qu'on fit au Prétendant de la jeune princesse éveilla en lui une tendre sympathie : ce sentiment se changea plus tard en une passion réciproque. On en trouve la preuve dans toute la conduite du prince, dans sa correspondance amoureuse, dans les rapports qu'il eut pendant plusieurs années avec sa fiancée, et surtout dans le témoignage de ceux-là mêmes qui, étant contraires à cette union, se plaignaient sans cesse de la trop vive affection du prince Jacques pour sa fiancée (1).

---

(1) Tous les détails qui suivent sont extraits d'un manuscrit qui se trouve dans la *Bibliothèque Ossolinski* et qui est intitulé : *Lettres et Mémoires concernant l'évasion de la princesse royale Clémentine Sobieska, promise au Prétendant d'Angleterre, en* 1719. Ce manuscrit se compose de deux parties : dans la première, il y a vingt-trois lettres écrites par le Prétendant et le pape Clément XI à la princesse Clémentine, à son père et à sa mère. La seconde partie est un rapport détaillé des événements que nous raconterons plus loin. Ce rapport, fait par un témoin oculaire, M. Gaydon, major au régiment de Dillon, et un des acteurs principaux de ce drame étrange, est daté de Bologne 1719 et mérite la plus grande créance.

Ce fut donc avec un véritable trouble dans l'âme que le prince Jacques expédia sa première lettre d'amour à la princesse Clémentine ; cette lettre était accompagnée d'une autre pour ses parents. Celle qui était adressée à la princesse porte la date d'Urbino du 24 juin 1710.

« Il y a longtemps déjà, dit le jeune prince, que vos vertus et votre personne font l'objet de mon admiration. Les flatteries et les vaines paroles ne pourraient pas satisfaire une âme comme la vôtre. J'ai l'espoir néanmoins que vous ne repousserez pas un cœur qui se donne à vous, non par devoir, mais par affection, et qui ne connaît d'autre souhait que celui de vous voir toujours heureuse. Vos vertus attireront de nouvelles bénédictions sur la justice de ma cause, et doubleront l'amour et le dévouement de mes fidèles sujets. Puisse ce surcroît de bonheur devenir le commencement d'une félicité plus éloignée, que je n'apprécierai qu'à la condition de la partager avec vous... »

Rien ne s'opposa aux désirs du Prétendant à la cour du prince royal de Pologne. Depuis longues années le prince Jacques Sobieski avait donné au jeune Stuart des preuves non équivoques de sa sympathie et de sa considération. Sa femme, la princesse palatine du Rhin, alliée à la famille des Stuarts et cousine du Prétendant, ne demandait qu'à l'appuyer de toute son influence. La princesse Clémentine elle-même était loin d'être indifférente. Cette vivacité d'impressions qu'elle a su conserver dans tout le cours de sa vie, son imagination ardente, l'élévation de ses sentiments devaient la porter à se complaire dans l'image de ce jeune homme, chevaleresque et malheureux, lui apportant en dot le sceptre de trois royaumes, et ne lui demandant en échange que son amour, suprême consolation de son infortune.

Le glaive de la persécution qu'elle voyait sans cesse suspendu sur sa tête, ce jeu prestigieux du hasard auquel le sort le condamnait, étaient autant d'arguments qui plaidaient en faveur du prince dans le cœur noble et courageux de la jeune fille. Cette profondeur dans le sentiment, cette fermeté de caractère dont la princesse Clémentine se montra plus tard capable, changèrent avec le temps cet amour romanesque en un dévouement absolu. Elle donna son âme sans réserve, pour répondre dignement au choix de son fiancé. Dans ces conditions la réponse à la missive du prince ne pouvait se faire attendre longtemps. Le mariage fut agréé et la princesse Clémentine solennellement promise au Prétendant.

Un début aussi heureux fut entravé cependant par des difficultés qu'il était impossible de prévoir. Les puissances hostiles aux Stuarts, surtout la Grande-Bretagne, voyaient d'un œil jaloux les projets matrimoniaux du Prétendant, craignant les complications qu'ils pouvaient amener. La maison d'Autriche partageait ces inquiétudes, et comme elle se trouvait dans les rapports les plus intimes avec le roi Georges, grâce à l'appui qu'il lui avait donné dans la guerre qu'elle venait de terminer en Espagne, elle s'y opposait également.

Le prince Jacques Sobieski, tant à cause de son séjour sur le territoire autrichien (la Silésie était encore autrichienne à cette époque) qu'à cause de ses liens de parenté avec la famille impériale, ne pouvait rien décider sur le sort de sa fille sans le consentement de la cour de Vienne. S'attendant à un refus de sa part, il préféra garder le silence sur ses projets; mais l'embarras que toute cette affaire pouvait causer à l'Angleterre lui valut l'opposition hostile des deux cours de Londres et de Vienne, opposition puissante, et qui était certes de force à briser des projets bien autrement solides. Pour ne pas se heurter contre des obstacles insurmontables, on fut obligé d'user de la plus grande prudence; c'est pourquoi, au lieu d'envoyer une ambassade en Silésie, le Prétendant se borna à confier à un agent obscur la lettre dont dépendait son sort.

Le fidèle compagnon de son exil, l'Irlandais Murray, partit donc tout seul avec un mince bagage. Les papiers étaient cachés de manière à pouvoir disparaître au besoin; on crut même nécessaire de laisser les lettres sans signature. Tout ce mystère donna aux premières relations des amants une teinte romanesque, qui contribua sans doute à accroître leur passion. On retrouve les plus vives émotions dans la correspondance du jeune prince. Six semaines après sa première lettre (3 août), en répondant à celle qui lui annonçait son bonheur, il écrivait à Clémentine les lignes suivantes :

« J'éprouve un sentiment de joie et de bonheur que vous seule êtes capable d'éveiller en moi, mais je suis en même temps plein de crainte et d'inquiétude. Cela vous dépeindra l'état de mon âme depuis la réception de la lettre où vous me donnez l'assurance de mon bonheur. Mais ce bonheur sera incomplet aussi longtemps que je ne vous verrai pas à côté de moi. Ne tardez donc pas, je vous en supplie, de combler ma félicité, et comme tout ce qui a l'apparence de l'imperfection serait indigne de vous, complétez ce que vous avez si bien commencé. Il faut que vous consentiez non-seulement à un prompt départ, mais que vous le hâtiez par tous les moyens, cela seul peut modérer les souffrances de votre adorateur et serviteur fidèle. Excusez la franchise de ma lettre, car elle est écrite par un cœur qui vous est acquis à tout jamais. En vous conformant à mes prières et conseils cette seule et unique fois, vous resterez à l'avenir maîtresse (si j'ose employer ce mot) de votre volonté et de la mienne..... »

Les lettres adressées aux parents de la princesse Clémentine respirent le même sentiment. Les désirs du prince furent bientôt exaucés. La princesse Sobieska mère, voyant l'impossibilité dans laquelle se trouvait le Prétendant d'arriver pour faire la connaissance de sa fiancée, partit avec sa fille pour l'Italie. On se décida à faire le voyage incognito, sans la moindre ostentation, et à éviter le passage par Vienne, pour détourner l'attention. La suite fut peu nombreuse et composée seulement de quelques intimes et habitués de la cour d'*Olaw*.

« Une simple robe blanche suffit à la tristesse de mon cœur, » écrivait le Prétendant au père de sa fiancée. Il expédia un homme de confiance à la rencontre de ces dames, un certain M. de Hay, qui devait leur servir de courrier, et lui-même alla à leur rencontre jusqu'à Bologne.

Mais l'homme propose et Dieu dispose : après un silence de huit jours, la nouvelle arriva au jeune prince que les deux princesses avaient été arrêtées à *Inspruck*, par un ordre arrivé de Vienne, et qu'on les empêchait de continuer leur voyage. Comme elles ne voulurent pas revenir honteusement sur leurs pas, on les garda prisonnières en ville.

Cet événement n'était pas imprévu, mais il n'en fut pas moins douloureux pour le Prétendant.

« Je vous laisse à imaginer, écrit Jacques à sa fiancée le lendemain du jour où il reçut la fatale nouvelle, dans quel état m'a mis le coup dont je viens d'être frappé : mais je ne veux pas m'étendre sur mes plaintes et lamentations, comme indignes de vous et ne pouvant vous profiter en rien. Qu'il me soit permis seulement de faire une seule observation. — C'est le moment et l'occasion pour nous de montrer que nous sommes dignes l'un de l'autre. Prouvons-le par notre fermeté inébranlable, et notre persévérance, laquelle, avec le secours de Dieu, bravera les obstacles qu'on veut opposer à notre bonheur. Nos cœurs sont créés l'un pour l'autre. Les lois divines et humaines sont pour nous. Il n'y aurait que notre faiblesse et notre pusillanimité qui pourraient rompre ce que Dieu a voulu lier sur cette terre. Je vous prie donc, madame, et vous supplie d'être ferme, et de ne pas consentir à retourner en Silésie; la moindre faiblesse nous perdrait, tandis que si vous restez inébranlable, vous vaincrez sans aucun doute. Je déplore que tout le poids de cette triste affaire retombe sur vous; si vous croyez que ma présence peut vous être utile, daignez dire un mot ou faire un signe, et j'arriverai, dussé-je traverser sur des ailes l'espace qui nous sépare. Quand il s'agit de venir à votre aide, les fatigues et les dangers ne sont rien pour moi. J'aimerais mieux être prisonnier avec vous que de régner sans vous. »

A quoi la princesse répond cinq jours après : « La lettre de Votre Majesté à apporté une grande consolation à ma tristesse. On nous retient sans raison, aussi ai-je l'espoir que Dieu ne permettra pas qu'on nous tourmente trop longtemps. Soyez patient, sire, et avant tout ne vous exposez pas à des dangers inutiles. La princesse ma mère ne cédera en rien, soyez tranquille. Quant à moi, je sens trop qu'il y va de mon bonheur et de mon honneur pour que je ne suive pas en cela son exemple; du reste, mon cœur me conseille la même chose. Quoi qu'il advienne donc, je tiendrai bon à toute extrémité, et ne donnerai ma main à personne, excepté à Votre Majesté ! »

(Traduit du polonais.)

(*La suite au prochain numéro.*)

Mon article sur le Concert spirituel du vendredi saint, qui se trouve dans le dernier numéro de la Revue, contient une bévue typographique dont je dois l'explication au prince Poniatowski. J'avais écrit, page 573, ligne 10 : « il fait de la musique *sérieuse* », et le compositeur m'a fait dire : « il fait de la musique *sans cesse* ». Il serait fort à désirer, pour les nombreux admirateurs de son talent, que le prince Poniatowski fît toujours de la musique. Mais il se borne à en faire peu, et de très-bonne; et il faut bien s'en contenter : avec les princes on ne peut pas être exigeant.

O. AUDOUARD.

PRIX DE L'ABONNEMENT :

Paris. . . 25 francs. — Province. . . 30 francs.

Allemagne	35 fr.	Espagne	35 fr.
Amérique	37	Italie	32
Belgique	31	Russie	38
Brésil	40	Turquie	35
Égypte	33	Suisse	32

La *Revue cosmopolite* se trouve chez les principaux libraires et, par une permission spéciale du préfet de police, se vend dans toutes les gares de chemins de fer et dans les kiosques des boulevards.

www.ingramcontent.com/pod-product-compliance
Lightning Source LLC
Chambersburg PA
CBHW050320240426
43673CB00042B/1475